WISO: Die richtige Immobilie – suchen, finden, bewerten

Claudia Krafczyk ist WISO-Redakteurin in der ZDF-Wirtschaftsredaktion. Seit 1997 moderiert sie den WISO-Tipp.
Holger Zimmer ist selbstständiger Architekt seit 1994. Sein Architekturbüro erhielt viele Auszeichnungen, Preise und Anerkennungen. Er ist Mitglied im Bund deutscher Architekten, BDA, und seit 2001 Dozent an der Fachhochschule Wiesbaden.

CLAUDIA KRAFCZYK
HOLGER ZIMMER

ZDF WISO

Die richtige Immobilie

– suchen, finden, bewerten

Neu oder gebraucht, Anlage oder Selbstnutzung, Lagen prüfen, Umgang mit Maklern, Auslandsimmobilien, Zwangsversteigerungen

Campus Verlag
Frankfurt/New York

Bibliografische Information der Deutschen Bibliothek

Die Deutsche Bibliothek verzeichnet diese Publikation in der Deutschen Nationalbibliografie.
Detaillierte bibliografische Daten sind im Internet über http://dnb.ddb.de abrufbar.
ISBN-13: 9783593380582
ISBN-10: 3-593-38058-7

Die Erstausgabe erschien 2004 bei Redline Wirtschaft, Redline GmbH, Frankfurt/M.
Ein Unternehmen der Süddeutscher Verlag Hüthig Fachinformationen
Umschlaggestaltung: grimm.design, Düsseldorf
Umschlagmotiv: corbis Düsseldorf
Satz: Publikations Atelier, Dreieich
Druck und Bindung: Finidr, s.r.o.
Gedruckt auf säurefreiem und chlorfrei gebleichtem Papier.
Printed in the Czech Republic

Besuchen Sie uns im Internet: www.campus.de

Inhalt

Vorwort

Die richtige Immobilie findet man nicht mit links

„Einmal im Leben" – der Titel einer Fernsehsendung aus den Siebzigerjahren wurde Kult. Alles, was schief gehen konnte, ging bei Familie Semmeling schief. Bauherren, die sich ihren Traum vom Eigenheim erfüllen wollten und ahnungslos von einer Misere in die nächste gerieten – ein Drama mit unfreiwilliger Komik.

Damit Ihnen das nicht passiert, haben wir dieses Buch geschrieben. Es soll Ihnen das Suchen und Finden, das Bewerten und Auswählen einer Immobilie erleichtern. Denn nur wer gut informiert ist, kann auch beurteilen, ob das angebotene Haus, die Wohnung oder das Grundstück seinen Preis wert ist.

Was muss eine Immobilie heute haben, damit sie ihren Wert behält oder sogar noch steigern kann? Wie wichtig sind dabei die Lage, das Umfeld und das Entwicklungspotenzial der Gegend? Was bedeutet zeitgemäße Architektur? Wir helfen Ihnen mit Checklisten, konkreten und praktischen Tipps dabei, treffsicher die für Sie richtige Immobilie zu finden

Wir geben Ihnen in diesem Buch einen Überblick darüber, was heute am Bau möglich ist – von der Eigentumswohnung über das Reihenhaus bis hin zum Null-Energiegebäude. Wir zeigen Ihnen, was ökologisch und ökonomisch sinnvoll ist, und bringen Sie auf den neuesten Stand.

Darf es ein bisschen mehr sein? Auf diese Frage von Maklern und Bankern sollten Sie gut vorbereitet sein. Nur die Immobilie ist die Richtige, die man sich auch leisten kann. Bedenken Sie: Zu groß wird schnell auch zu teuer. Für den einen ist eine Eigentumswohnung ausreichend, für den anderen ist ein Haus mit Garten ein Muss. Um es vorwegzunehmen: Beides hat Vor- und Nachteile. Mit einer Eigentumswohnung kommen Sie sicher schneller ans Ziel. Die Auswahl ist riesig, auch bei den Preisen. Mit der preisgünstigen Wohnung in zentraler Lage sind Sie zudem flexibel. Das ist wichtig, wenn Sie vermieten oder verkaufen wollen, zum Beispiel, weil Sie aus beruflichen Gründen umziehen müssen. Doch das eigene Haus ist immer noch der größte Traum für viele Deutsche. Nichts ist unmöglich!

Die Lage auf dem Immobilienmarkt ist zurzeit so günstig wie schon lange nicht mehr. Die Zinsen sind seit Jahren auf sehr niedrigem Niveau und es gibt ein Überangebot an Immobilien. Das kann Ihr Vorteil sein, denn Sie als Käufer haben die bessere Verhandlungsposition. Also nutzen Sie die Gunst der Stunde. Doch lassen Sie sich nicht zu einem überstürzten Kauf drängen. Wer Immobilienverträge unter Zeitdruck schließt, ist schlecht beraten.

Bekanntlich steckt der Teufel im Detail. Das gilt vor allem für gebrauchte Immobilien. Deshalb sollten Sie gleich zu Beginn sehr sorgfältig vorgehen und sich vor dem Kauf Sachverstand einholen. Wer hier den richtigen Griff tut, kann preiswert zum eigenen Häuschen kommen, denn die meisten Secondhand-Objekte sind für den Abriss viel zu schade. Ein Umbau oder eine Aufstockung können aus einem faden Gebäude ein wahres Schmuckstück machen.

Schnäppchenjägern ist für die Suche die Zwangsversteigerung zu empfehlen. Wer hier den richtigen Riecher hat, kann eine Menge Geld sparen. Doch Vorsicht: Wenn der Hammer gefallen ist, gibt es nur noch schwer ein Zurück. Deshalb ist hier das richtige Vorgehen besonders wichtig.

So mancher Bauherr entscheidet sich nach allen Abwägungen dann doch für den Neubau. Die eigenen Wünsche eins zu eins umsetzen, keine Kompromisse – das Haus soll genau so werden, wie man es haben will. Es gibt eine Flut von unterschiedlichen Anbietern und Häusertypen, deren Vor- und Nachteile kaum noch zu durchschauen sind. Wer etwas Passendes gefunden hat, stößt jedoch gleich auf das zweite Problem: Wie findet man den richtigen Partner, wem kann man vertrauen und sein Geld überlassen? Es gilt die Guten von den Schlechten zu trennen. Dieses Buch hilft Ihnen auch dabei, nicht nur die richtige Immobilie, sondern auch den richtigen Bauträger, Architekten oder Makler zu finden.

Heute gibt es für Bauherren viele Informationen. Fast in jeder Zeitung werden Hitlisten der günstigsten Baugeldanbieter veröffentlicht, und auch im Internet gibt es ein reichliches Angebot. Ein Immobilienkauf ist aber immer individuell und persönliche Beratung unbedingt notwendig. Dabei sollten Sie eher zu viel als zu wenig fragen. Sachverständigen- und Expertenrat ist fast unentbehrlich: Baubeschreibungen müssen kontrolliert und Verträge geprüft werden. Es gilt die Finanzierung zu optimieren und Steuerfragen zu klären. Wo Sie fragen können und wer sein Geld wert ist, erfahren Sie in diesem Buch.

Die Deutschen bauen am liebsten massiv und für die Ewigkeit, vom Keller bis zum Giebel. In anderen Ländern ist das durchaus anders. Es wird mehr umgezogen, billiger gebaut und seltener schon beim Bauen ans Vererben gedacht. Wie wäre es also mit einer Auslandsimmobilie?

Ein Ferienhaus in Frankreich, eine Finca in Spanien oder ein Rustico in Italien – das wäre doch schön. Schätzungsweise eine Million Deutsche sind stolze Besitzer einer Auslandsimmobilie, und es werden mehr. Für die Altersruhe ins Ausland ziehen, mildes Klima genießen und weit weg vom geschäftigen Treiben hierzulande sein, klingt gut. Aber: andere Länder, andere Sitten. In jedem Land müssen Sie bei der Kaufabwicklung mit Besonderheiten rechnen. Das gilt nicht nur beim Verhandeln, sondern auch für das Bau-, Erb- und Steuerrecht.

Egal, wo Sie sich auf die Suche nach Ihrer Immobilie begeben, egal, wie Sie sie finden – in der Zeitung, beim Spaziergang, im Urlaub oder auf einer Zwangsversteigerung –, Sie werden auf viele Helfer treffen: Makler, Bauträger, Fertighausanbieter, Architekten und Finanzierungsberater. Sie alle verfolgen unterschiedliche Interessen – aber handeln Sie auch in Ihrem Sinne? Der Bauträger will verkaufen, die Bank Geld verleihen und der Makler Provision kassieren. Wir zeigen Ihnen, worauf Sie beim Umgang mit den Immobilien-Profis und bei der Vertragsgestaltung achten müssen!

Vorfreude ist die schönste Freude – diesen Wahlspruch sollten Sie sich auch für Ihre Immobilie erhalten. Gehen Sie gut informiert auf die Suche, dann werden Ihnen die großen Fehler erspart bleiben.

Claudia Krafczyk Holger Zimmer

Einleitung

Aufgeschoben ist nicht aufgehoben

Nicht alles kann man sofort haben. Dennoch ist es sinnvoll, sich auf seine Wünsche und Ziele vorzubereiten, auch dann, wenn sie erst in ein paar Monaten oder Jahren Wirklichkeit werden können. Zum Beispiel muss für die Prüfung gebüffelt werden, auf die Geburt bereiten sich die Eltern mit Schwangerschaftsgymnastik vor und für den Kauf einer Immobilie bespart man einen Bausparvertrag – und immer wieder bedarf es der Information und der Literatur.

Für rund 80 Prozent der Bundesbürger steht Wohneigentum ganz oben auf der Wunschliste. Doch Informationen darüber, was für das Erreichen des Ziels zu beachten ist, fließen nur spärlich zum Immobilieninteressenten. Schritt für Schritt muss das Terrain individuell erarbeitet werden. Ein Patentrezept beim Immobilienkauf gibt es nicht!

So individuell wie die Immobilie, so individuell sind auch ihre Käufer. Allen gemein ist: Sie sind zu Opfern bereit. Die Landesbausparkasse (LBS) fand bei einer repräsentativen Einkommens- und Verbraucherstichprobe heraus, dass die 500.000 Haushalte, die sich jedes Jahr den Traum von der eigenen Immobilie verwirklichen, anfangs auf 20 Prozent ihres Konsums verzichten. Um die Kreditlast tragen zu können, sind viele Neueigentümer bereit, sich an anderer Stelle einzuschränken. Am meisten wird am Auto gespart, gefolgt vom Möbelkauf, auch auf den Restaurantbesuch verzichten etwa genauso viele. Die Sparrate bei Bekleidung und Schuhen liegt mit Pauschalreisen gleichauf. Schließlich brauchen auch Bauherren Urlaub! Kaum jemand will aber für sein eigenes Haus oder seine eigene Wohnung auf Nahrungs- und Genussmittel verzichten, hier sind die Einsparungen gering.

Ein Beispiel: Während der typische Mieterhaushalt mit zwei Kindern und einem Haushaltsnettoeinkommen von 3.000 Euro pro Monat im Schnitt 208 Euro für den Kauf von Autos ausgibt, sind es bei hoch belasteten Wohneigentümern nur noch 51 Euro, also 75 Prozent weniger.

Der Pkw wird aber nicht generell abgeschafft, sondern eine Neuanschaffung lediglich aufgeschoben und auf einige Jahre weiter nach hinten verlagert. Eine Einschränkung der Mobilität geht damit nicht einher. Der Benzinverbrauch ist etwa gleich geblieben. Wer für seine Immobilie spart, gewinnt auch etwas: mehr Platz für die Familie, mehr Wohnqualität und ein besseres Umfeld. So ist es zumindest die Regel, denn mit dem Umzug in die eigenen vier Wände sollen sich auf lange Sicht die Lebenssituation und auch die finanzielle Lage verbessern. Das tut sie auch, denn nach 15 Jahren verringern sich die Aufwendungen für Zins und Tilgung derartig, dass das Konsumverhalten der Selbstnutzer auf gleicher Höhe oder sogar über dem von Mietern liegt. Am Ende der Finanzierung stehen Wohneigentümer sogar noch besser da. Die Immobilie ist abbezahlt, das Einkommen steht zur freien Verfügung, Rücklagen sind gebildet, und laut Umfrage wird dann mehr Geld fürs Reisen ausgeben.

Viele werden jetzt denken: Ein bisschen Verzicht fällt nicht schwer. Dennoch sollten Sie nicht an die äußerste Grenze gehen. Freizeitaktivitäten, Urlaub und Erholung müssen sein. Der Tapetenwechsel gehört dazu, auch im neuen Haus. Gehen Sie bei der Budgetplanung deshalb nicht bis ans äußerste Limit, Sie werden es bereuen.

Natürlich können Sie den Immobilienerwerb noch einmal verschieben, die Informationen in diesem Buch werden Ihnen auch später noch nützlich sein. Außerdem gilt das alte Sprichwort: Aufgeschoben ist nicht aufgehoben. Schauen Sie sich in Ruhe nach der richtigen Immobilie um, verschaffen Sie sich einen Überblick über das Angebot. Der Immobilienmarkt ist zurzeit gut gefüllt, denn in konjunkturschwachen Zeiten denken die Bürger zuerst ans Sparen, Investitionen werden hintangestellt. Vor allem bei den so genannten langlebigen Wirtschaftsgütern, wozu auch die Immobilie zählt, macht sich der Trend bemerkbar. Eigentumswohnungen und Häuser waren in den vergangenen drei Jahren nur schwer zu verkaufen. Vor allem in schlechten Lagen und auf dem Land sind die Preise deutlich zurückgegangen.

Die niedrigen Einstiegspreise auf dem Immobilienmarkt können Sie jedoch nutzen. Das gilt vor allem für gebrauchte Immobilien. Dafür haben sich, bei allen Kürzungen von Subventionen, wie bei der Eigenheimzulage sogar die Zuschüsse verbessert. Es gibt eine Reihe von Förderprogrammen, etwa für Sanierung und Modernisierung, fürs Energiesparen und nicht zuletzt für den Denkmalschutz.

Selbst bewohnen oder vermieten?

Zunächst wollen wir in diesem Buch die Frage klären, ob sich ein Immobilienkauf überhaupt noch lohnt. Das ist nicht ganz einfach zu beantworten. Doch klar ist, dass die selbst genutzte Immobilie gegenüber der Miete auf lange Sicht viele Vorteile bringt. Selbstverständlich kann man auch von den Mietern einen Teil der Zinslast abtragen lassen, während man selbst vielleicht flexibel und mobil bleiben will. Ein gängiges Modell: Die Eigentumswohnung wird nicht gleich selbst bewohnt, sondern zunächst vermietet. Haben Sie also genügend Geld angespart und wollen in eine Immobilie investieren, stellen Sie sich folgende Fragen:

Wie soll die Immobilie genutzt werden? Wollen Sie selbst drin wohnen oder vermieten? Vielleicht soll eine Investition auch beides möglich machen. Zuerst vermieten Sie das Ein-Zimmer-Appartement in Universitätsnähe an Studenten, und wenn Ihre Kinder alt genug sind, ist die Wohnung abbezahlt, und einer Ihrer eigenen Sprösslinge kann während seiner Ausbildung darin wohnen. Oder Sie verkaufen die Wohnung und verwenden das Geld für eine Neuanschaffung. Eigennutzung oder Vermietung, diese Entscheidung stellt auch für Ihre Finanzierung die Weichen. Können Sie zum Beispiel bei selbst genutztem Wohneigentum die Schuldzinsen nicht als Werbungskosten von der Steuer absetzen, haben Sie dagegen bei der vermieteten Immobilie viele Möglichkeiten, das Finanzamt an Ihren Ausgaben zu beteiligen. Mehr dazu finden Sie im Kapitel „Finanzierung und Steuern".

Als ein Steuersparmodell gilt nach wie vor das selbst genutzte Einfamilienhaus mit vermieteter Wohneinheit. Da lassen sich viele Kosten umlegen. Übersteigen die Einnahmen aus Vermietung und Verpachtung die Ausgaben, müssen diese jedoch versteuert werden. Kapitalanleger sollten sich deshalb nicht nur mit ihrem Finanzberater, sondern auch mit ihrem Steuerberater zusammensetzen. Ob eine Geldanlage in Immobilien optimal ist, hängt vor allem von der erzielbaren Jahresmiete ab. Dabei müssen Sie auch immer Leerstände mit einkalkulieren. Vorsichtige Berater rechnen mit bis zu drei Monaten im Jahr. Schließlich sollen Sie nicht nach dem ersten Mieterwechsel in Finanznöte geraten.

Behalten Sie als Kapitalanleger den Immobilienmarkt im Auge. Wie werthaltig ist Ihre Immobilie? Dabei spielt die Lage eine große Rolle. Alles können Sie verändern, aber nicht die Lage! Wie wird sich das Gebiet, in dem Sie in eine Immobilie investieren wollen, voraussichtlich entwickeln? Welche Planung steht an? Gehen Sie ruhig einmal auf Bürgerversammlungen oder öffentliche Sitzungen des Gemeinderats, wenn es um das ausgewählte Gebiet geht. Dort werden Sie erfahren oder erfragen können, wo der Schuh bei den jetzigen Anwohnern drückt. Das können Verkehrsprobleme sein, fehlende Kindergartenplätze oder Ärger mit dem neu ausgewiesenen Baugebiet. Erkundigen Sie sich im Rathaus, wann interessante Themen auf der Tagesordnung stehen. Ein Besuch wird sich lohnen.

In den folgenden Kapiteln geht es vorwiegend um das Haus oder die Wohnung, die Sie selbst bewohnen. Dabei kommt es weniger darauf an, wie viel Ihr Eigenheim an Wert zulegt oder im schlimmsten Fall verliert, sondern wie schnell Sie mietfrei wohnen können. Bis zum Rentenalter sollten Sie schuldenfrei sein. Damit können Sie am besten die geringeren Einkünfte im Alter kompensieren.

Die selbst genutzte Immobilie

Die Bundesbürger verfügen heute über mehr Wohnraum als jemals zuvor. 2003 betrug die durchschnittliche Wohnfläche 40,5 Quadratmeter pro Kopf, ermittelte das Institut für Städtebau, Wohnungswirtschaft und Bausparwesen. Am meisten Platz haben statistisch gesehen die Saarländer: Ihnen stehen pro Kopf 45,8 Quadratmeter zur Verfügung. Dahinter liegen Rheinland-Pfalz mit 45 und Niedersachsen mit 43,3 Quadratmetern. In den neuen Bundesländern ist der Wohnraum nicht ganz so üppig. Dort sind es nur 36 oder 37 Quadratmeter pro Person. Schlusslicht bildet die Hansestadt Hamburg mit 35,8 Quadratmetern.

Die eigenen vier Wände sind wohl die größte Anschaffung im Leben. Je größer die Immobilie, desto teurer. Denn heute ist vor allem die Wohnfläche entscheidend für den Preis. Dabei werden die Grundstücke immer kleiner und die Ausnutzung wird immer größer. Bei Neubauten berechnet sich der Preis nach dem umbauten Raum pro Kubikmeter. Je nach Baumaterial liegen die reinen Baukosten zwischen 400 und 600 Euro, die Skala ist aber nach oben hin offen. Eine genaue Kostenkalkulation ist also unbedingt erforderlich!

Legen Sie viel Wert auf eine ausgefeilte Planung. Fehler, die in diesem Stadium gemacht werden, können später nicht mehr oder nur mit viel Geld korrigiert werden. Beantworten Sie deshalb zunächst eine wichtige Frage: Wie groß soll das Traumhaus ausfallen beziehungsweise wie viel Immobilie kann ich mir überhaupt leisten?

Antworten liefert die Bedarfsermittlung. Wie viel Quadratmeter Wohnfläche Sie brauchen, hängt von Ihrer Lebenssituation und von Ihrer Lebensplanung ab. Wollen Sie eine Familie und viele Kinder? Dann sollte das Haus oder die Wohnung mitwachsen können und flexibel vom Grundriss sein. Oder sollen mehrere Generationen unter einem Dach leben? Getrennte Wohneinheiten, die auch Rückzugsmöglichkeiten bieten, müssen bei der Planung berücksichtigt werden. Oder sind Sie Single und suchen einen schicken Loft mit Aussicht nah an der Stadt, sozusagen als Einstieg in den Immobilienbesitz, aber keine Bleibe für immer?

Welcher Typ sind Sie?

Nicht alle Ansprüche sind gleich. Nicht jeder Geschmack passt zu jedem Geldbeutel. Deshalb sollten Sie zunächst einmal festlegen, wie Ihre Lebenssituation jetzt aussieht und wie sie vielleicht in ein paar Jahren aussehen könnte. Es geht also um Ihre Lebensplanung. Nicht alles ist vorhersehbar: Familiengründung, Nachwuchs, Arbeitsplatzwechsel oder auch Arbeitslosigkeit, Scheidung und Tod – man kann nicht alles bis ins Kleinste planen. Doch wer einmal ein kleines Haus – und sei es noch so schön – ohne Anbaumöglichkeit gekauft hat, wird spätestens, wenn der Nachwuchs kommt, umziehen müssen. Liebe auf den ersten Blick kann teuer werden.

Die junge Familie: Junge Familien sind vor allem in gemischten Neubaugebieten mit Eigentumswohnungen, Mehrfamilien- und Reihenhäusern zu finden. Diese gibt es sowohl in der Stadt als auch auf dem Land. Häufig sind die Grundstücke klein, dafür aber die Wohnfläche optimal ausgenutzt. Zusätzliche Nutzflächen im Keller und

unterm Dach sind in der Planung von vornherein vorgesehen. Neu konzipierte Reihenhäuser orientieren sich an dem Bedarf einer vierköpfigen Familie: großer, offener Wohn-Essbereich im Erdgeschoss, Schlaf- und Kinderzimmer in den oberen Stockwerken.
Vorteil: In der Regel wird von Bauträgern das Haus oder die Wohnung von der Stange zu noch bezahlbaren Preisen angeboten.
Nachteil: Meist können auf den dicht bebauten Grundstücken keine Änderungen vorgenommen werden. Der Grundriss sollte also von vornherein passen.

Der Single: Sie suchen das Individuelle und können sich als Alleinverdiener eine kleine Eigentumswohnung finanzieren. Sie wollen in der Stadt oder stadtnah wohnen. Lokale, Kino, Theater und Einkaufsmöglichkeiten sollten möglichst in Laufnähe sein. Für Sie eignet sich eine Altbauwohnung in zentraler Lage. Viele Häuser aus der Gründerzeit sind mittlerweile saniert und renoviert. Häufig werden Mehrfamilienhäuser von Bauträgern aufgekauft und in Eigentumswohnungen aufgeteilt. Aber auch Wohnungsbaugesellschaften verkaufen Wohnungen aus ihrem Bestand. Dabei kann es sich um ganze Wohnblöcke handeln, für die zum Beispiel die Sozialbindung ausgelaufen ist und die nun frei veräußert werden dürfen.
Vorteil: Wohnungen in größeren Wohnanlagen sind häufig preisgünstiger als die sanierte Altbauwohnung.
Nachteil: Viele Wohnungen werden an die ehemaligen Mieter verkauft, wenn nicht, kann sich die Bewohnerstruktur stark verändern. Das kann ein Risiko sein.

Das junge Paar: Irgendwann ist Schluss mit Studentenbude oder Wohngemeinschaft. Spätestens wenn der richtige Partner gefunden ist, ändern sich die Ansprüche, und die Suche nach einer gemeinsamen Bleibe beginnt. Ohne Kinder werden in der Regel auch stadtnahe Wohnungen bevorzugt, wie vom Single. Doch wer an Familie denkt, könnte auch einen Vorort oder eine ländlichere Gegend ins Auge fassen. Die Nähe zum Nachtleben spielt meistens keine so große Rolle mehr. Sport und eine abwechslungsreiche Freizeitgestaltung rücken immer mehr in den Vordergrund.
Vorteil: In Stadtrandgebieten und in den umliegenden Ortschaften sind die Preise häufig noch moderat. Wer nicht gleich das passende Haus zum Mitwachsen gefunden hat, kann jedoch seine neuen Kontakte nutzen, um auf eine größere Immobilie in der gleichen Gegend umzusteigen.
Nachteile: Sie brauchen vermutlich einen Zweitwagen, der Anfahrtsweg zur Arbeitsstätte ist länger und nimmt Ihnen ein Stück Lebensqualität. Öffentliche Verkehrsmittel fahren seltener. Auch müssen Sie auf dem Land bei den Konsumangeboten und bei den kulturellen Veranstaltungen Abstriche machen.

Gewinnen Sie den KfW-Award

Planen Sie einen Neubau, lohnt sich unter Umständen die Kontaktaufnahme mit der KfW-Bank. Sie gewährt günstige Kredite für Bauvorhaben, auch für junge Familien. Außerdem veranstaltet sie jedes Jahr zusammen mit der Zeitschrift Focus und WISO einen Wettbewerb, der sich KfW-Award nennt. Im Jahre 2003 wurden Bauherren ausgezeichnet, die eine flexible Wohnraumnutzung vorlegen konnten. Prämiert wurden Wohnungen und Häuser, deren Grundrisse so flexibel sind, dass sie sich den verändernden Bedürfnissen anpassen können. 2004 wurden Preise für gelungene Altbausanierungen vergeben.

Kontaktadresse:
Kreditanstalt für Wiederaufbau (KfW)
Palmgartenstraße 5–9
60325 Frankfurt am Main
Tel.: 069/7431-0
Fax: 069/7431-2888
e-Mail: info@kfw.de
Internet: www.kfw.de

Ältere Menschen und Senioren: Vielleicht sind die Kinder aus dem Haus und Ihnen ist das Haus zu groß geworden: zu viel Arbeit, ein zu großer Garten und steile Treppen. Nutzen Sie die Freiheit, um sich für den ruhigeren Teil des Lebens eine Immobilie zu suchen, die zu Ihren neuen Bedürfnissen passt. Denken Sie dabei auch daran, dass wir Deutschen immer älter werden. Achtzig Jahre ist keine Seltenheit mehr. Nicht immer bleibt man aber fit und beweglich. Deshalb sollten Sie etwa eine Hanglage und schwer zugängliche Gebäude meiden. Bevorzugen Sie Erdgeschosswohnungen mit breiten Eingangstüren und Gängen. Sind Klingeln und Briefkästen gut erreichbar, sind ein Aufzug und Rampen für Rollstuhlfahrer vorhanden, sind die Mülltonnen zugänglich? Achten Sie bei der Innenausstattung auf größere Bäder und nicht zu kleine Schlafzimmer. Bei Raumknappheit kann mit einem Kleiderlift der Platz im Wandschrank optimal genutzt werden. Setzen Sie das Waschbecken und die Toilette für das Alter besser ein bisschen tiefer als höher, wie es zurzeit modern ist. Im Sanitärbereich können der Einbau von Sitzplatz und Haltevorrichtungen den Tagesablauf ernorm erleichtern. Der Einstieg in die Duschkabine sollte am besten ebenerdig sein. Auch Absätze bei den Übergängen in andere Wohnbereiche sind vermeidbare Hindernisse.

Barrierefrei – selbstständig wohnen und leben
So lautet der Titel einer Broschüre der Verbraucherzentralen. Vor allem ältere und behinderte Menschen haben den Wunsch, in ihrer vertrauten Umgebung weiterhin leben zu können. Oft sind die Wohnungen aber nicht auf diese Bedürfnisse zugeschnitten und müssen umgebaut werden. Manchmal genügen schon Kleinigkeiten, um eine Verbesserung zu erzielen. Eine Begehung der Wohnung gehört üblicherweise zur Beratung. Sie erhalten danach planerischen und bautechnischen Rat. Auch über die Kosten und Finanzierungsmöglichkeiten wird gesprochen. Die Beratung wird von Architekten kostenlos und firmenunabhängig durchgeführt.

Sind Sie an einem Neubau interessiert, wird das barrierefreie Bauen auch schon von manchen Bauträgern berücksichtigt. Das ist weitsichtig, denn der Bedarf an alten- und behindertengerechten Wohnungen wird in Deutschland durch den so genannten demografischen Faktor steigen. Auch Anlagen, die unter dem Begriff betreutes Wohnen fungieren, sollten Sie sich einmal näher anschauen. Dort finden Sie mitunter genau das, was Sie suchen: Kontakt, medizinische Betreuung und vor allem den richtigen Grundriss.
Vorteil: Bei Neubauten können Sie noch Einflussmöglichkeiten nehmen und die Ausstattung mitbestimmen. Beim betreuten Wohnen können Sie sich schon frühzeitig finanziell engagieren, also jetzt kaufen, um später einziehen zu können.

Ein nicht zu unterschätzender **Nachteil** ist für viele, dass durch einen Umzug in eine andere Wohngegend der Kontakt zu alten Nachbarn und Freunden abzubrechen droht. Das „Umpflanzen“ fällt deshalb vielen älteren Menschen schwer.

WISO rät: Erkundigen Sie sich in Ihrer Gemeinde, bei den Pfarrämtern oder bei der Kreisverwaltung, wo sich in Ihrer jetzigen Wohnnähe betreute Wohneinrichtungen befinden oder eventuell geplant sind. Da die Nachfrage in den nächsten Jahren steigen wird, sind Sie nicht zu früh dran, wenn Sie sich schon ein paar Jahre vorher auf die Suche machen.

Die richtige Immobilie ist Maßarbeit

Eine gute Planung ist der beste Garant für die richtige Entscheidung. Machen Sie zunächst eine Ist-Analyse: Wie wohnen wir jetzt? Was stört und was gefällt uns? Welche Veränderungen wollen wir vornehmen? Was ist wirklich wichtig und notwendig und worauf können wir verzichten? Man muss nicht alles im ersten Schritt erledigen. Selbst wenn ein halbes Jahr nach dem Einzug noch immer Glühbirnen an der Decke hängen – na und? Hauptsache, Sie haben die Räume so, wie Sie sie haben wollen. Alles lässt sich ändern und umdekorieren. Aber der Grundriss sollte von Anfang an stimmen. Mit dieser Checkliste kommen Sie Anspruch und Wirklichkeit am nächsten. So werden Sie schneller herausfinden, ob zum Beispiel die Ihnen angebotene, gebrauchte Immobilie auch maßgeschneidert ist oder noch werden kann.

Checkliste Wohnbedarf

Anforderungen	Anzahl	Größe in Quadratmetern		
		jetzt	später	Angebot
Wie viel Etagen sollen es sein?				
Wie viele Räume sind nötig?				
Aufteilung				
– Wohnzimmer				
– Esszimmer				
– Wohn-Essbereich				
– Küche				
– Speisekammer				
– Abstellraum				
– Wohnküche				
– Flur				
– Garderobe				
– Treppen				
– Schlafzimmer				
– Kinderzimmer				
– Bäder				
– Toiletten				
– Gästetoilette				
– Gästezimmer				
– Arbeitszimmer				
– Fitnessraum				
– Atelier				
– Wintergarten				
– Terrasse				
– Balkon				

- Kellerräume
  - Sauna
  - Heizungskeller
  - Waschküche
  - Werkzeugkeller
- Dach
  - Dachform
  - Speicher
  - Hobbyfläche
  - Ausbaufläche
  - Wohnraum
- Nebengebäude
  - Garage
  - Car-Port
  - Gartenhäuschen
  - Pavillon
- Garten
  - Grünfläche
  - Teich/Wasserlauf
  - Pavillon
  - Feuerstelle
  - Kompost

Muss das Haus ein Neubau sein oder können Sie sich auch mit einer Immobilie aus zweiter Hand anfreunden? Das hat viele Vorteile: kein Ärger auf der Baustelle, mit dem Bauträger oder dem Architekten. Das Haus ist fertig, aber muss es auch bezugsfertig sein? Häufig sind renovierungsbedürftig gebrauchte Immobilien im Preis deutlich günstiger. Deshalb sollten Sie sich überlegen, ob Sie nicht selbst Hand anlegen wollen und können. Aber auch an qualifizierten Handwerkern sollten Sie nicht sparen. Die Elektroinstallation und auch das Verlegen von neuen Rohren sollten Sie besser einem Fachmann überlassen. Wenn dann Mängel auftreten, haftet der Handwerker. Nicht fachgerechte Arbeiten könnten im Schadensfall auch von der Versicherung moniert werden. Riskieren Sie nicht, dass die Versicherung im Ernstfall eine Zahlung verweigern könnte.

Eine gebrauchte Immobilie kostet nicht nur Geld für die Renovierung, sondern auch Zeit. Kalkulieren Sie nicht zu knapp, denn bei Renovierungsarbeiten dauert es häufig länger als erwartet, vor allem wenn Sie auf kostenlose Hilfe aus dem Freundes- und Familienkreis angewiesen sind. Die Lieben kommen meist nur am Wochenende, und dann auch noch kürzer als erwartet. Während dieser Zeit müssen Sie außerdem länger Miete zahlen. Das alles kommt auf die Kosten bei einer nicht bezugsfertigen Immobilie noch oben drauf. Für die Renovierung müssen Sie je nach Bausubstanz pro Quadratmeter mit bis zu 1.000 Euro rechnen.

Andererseits muss in einem Haus bei Einzug noch nicht alles fix und fertig sein. Rechnen Sie damit, dass Sie vielleicht länger als erhofft mit Provisorien leben müssen. Und trösten Sie sich damit, dass Sie um viel Stress, der mit einem Neubau verbunden gewesen wäre, drumherum gekommen sind. Das alles schont auch Ihren Geldbeutel. Irgendwann, wenn wieder etwas mehr übrig ist, wird die Sauna im Keller stehen und aus dem Dachgeschoss das neue Schlafzimmer werden. Wichtig ist nur, dass Sie mit Ihrer Wahl einen Grundriss gefunden haben, der zu Ihren Bedürfnissen und zu Ihrem Portemonnaie passt.

Neben dem Grundriss und den Kosten sollten Sie die Lage checken. Verteilen Sie Punkte (siehe dazu die Checkliste im Kapitel „Die Lage“). Je höher die Punktzahl, desto besser passt die Lage der angebotenen Immobilie zu Ihren Bedürfnissen. Bewerten Sie unter anderem die Erreichbarkeit von wichtigen Einrichtungen des Lebens. Einkaufen, Schule und Kindergarten sollten möglichst zu Fuß innerhalb von zehn Minuten erreicht werden können. Optimal ist es, wenn auch der Weg zu Ihrem Arbeitsplatz nicht länger als 30 Minuten dauert. Testen Sie die öffentlichen Verkehrsmittel und fahren Sie mal die wichtigsten Strecken mit dem Fahrrad ab. Wo sind Arzt und Apotheke, wo das Rathaus und die Kirchengemeinde? Außerdem sollten Sie einfach in der gewählten Wohngegend herumlaufen, am besten zu unterschiedlichen Tageszeiten. Zu den Hauptverkehrszeiten können Sie den besten Eindruck gewinnen. Wird die ruhige Anliegerstraße als Schleichweg benutzt, haben Sie mitunter mehrere Stunden am Tag Verkehrslärm. Auch eine gute Aussicht ist vielen wichtig. Ist sie aber auch wirklich unverbaubar? Wer sich für ländliche Regionen entscheidet, hat mitunter lange Anfahrtswege zum Einkaufen und Shopping zu überwinden, lebt dafür aber idyllisch im Grünen. All diese Entscheidungen sind wesentlich für Ihre langfristige Zufriedenheit. Lesen Sie deshalb unbedingt das Kapitel „Die Lage – die Lage – die Lage!“

Haus oder Eigentumswohnung?

Die Eigentumsrate ist in Deutschland, verglichen mit anderen europäischen Ländern, nach wie vor sehr niedrig: Deutschland (West 44,5 Prozent/Ost 35,4 Prozent) liegt vor der Schweiz (36 Prozent) auf dem vorletzten Platz. Die Zahlen aus den letzen Jahren zeigen jedoch, dass hier kräftig aufgeholt wird. Bei der prozentualen Verteilung auf die jeweiligen Wohnungseigentumstypen entfallen derzeit 20 Prozent auf Doppel- und Reihenhäuser, 34 Prozent auf Einfamilienhäuser, 18 Prozent auf Zweifamilienhäuser und 25 Prozent auf die Eigentumswohnung. Nach der „Wohnungsprognose 2015" des Bundesamtes für Bauwesen und Raumordnung wird sich der Wohnungsbau in den nächsten Jahren auf einem niedrigeren, aber konstanten Niveau stabilisieren. Dafür sorgt nicht zuletzt die anhaltende Nachfrage nach Ein- und Zweifamilienhäusern. Der Trend zum Eigenheim wird sich bis 2010 verstärken, dann aus demografischen Gründen gemäßigter fortsetzen und zu insgesamt deutlich höheren Fertigstellungen im Ein- und Zweifamilienhausbau gegenüber dem Geschosswohnungsbau führen.

Wie die Entwicklung auf dem Wohnungsmarkt langfristig verläuft, ist reine Spekulation. Kommt es zu einer stetigen Abnahme der Bevölkerung, werden die Preise auf dem Wohnungseigentumsmarkt wahrscheinlich stark sinken. Dabei sollten Sie bedenken: Die Qualität der Bauweise und der Bautechnik bleibt letztendlich entscheidend für den Wiederverkaufswert. Außerdem zeigt die Erfahrung, dass Eigentum in guten oder sehr guten Lagen mit ansprechender Architektur ihren Wert immer hält und in der Regel auch steigern kann.

Richtig entscheiden

Der Entschluss ist gefasst: Der Traum von den eigenen vier Wänden soll Wirklichkeit werden. Aber welche Art der Immobilie ist die richtige? Soll es ein Haus oder eine Eigentumswohnung sein? Die folgende Checkliste zeigt, wo die Unterschiede zwischen einem Einfamilienhaus und einer Eigentumswohnung liegen und was Sie beim Vergleichen berücksichtigen sollten.

Checkliste für die richtige Entscheidung

Kriterien	Einfamilienhaus	Eigentumswohnung
Lage	• eher am Stadtrand	• Haus im Grünen möglich • eher in der Stadt
Infrastruktur	• eher ungünstig, da am Stadtrand gelegen	• eher günstig, da in der Stadt gelegen
Anschaffungskosten	• eher höher wegen des Baugrundstückes	• eher niedriger
Kostenrisiko	• nicht exakt begrenzbar, da Vereinbarung eines Festpreises mit dem Architekten in der Regel nicht möglich	• exakt begrenzbar, da Festpreisvereinbarungen mit dem Bauträger oder Generalunternehmer möglich sind
Kosten für den Unterhalt	• eher höher, da der Eigentümer die Reparaturkosten allein trägt • eher höher wegen höherer Heiz- und sonstiger Nebenkosten	• eher niedriger, da Reparaturen am Haus von allen Hauseigentümern getragen werden • Einsatz eines Hausverwalters führt allerdings zu zusätzlichen Kosten
Gestaltungsfreiheit bei der Immobilie	• hohe Gestaltungsfreiheit durch den Bauherrn, die nur durch das Baurecht und den eigenen Geldbeutel eingeschränkt wird	• geringere Gestaltungsfreiheit durch den Erwerber, weil die Eigentumswohnung in die Planung des gesamten Hauses eingefügt wird
Nachträgliche Änderungen	• nachträgliche Änderungen problemlos, da der Alleineigentümer das Sagen hat	• nachträgliche Änderungen nur in geringem Umfang möglich, da die Eigentumswohnung in das gesamte Haus eingefügt ist und die Wohnungseigentümergemeinschaft bei grundlegenden Änderungen zustimmen muss
Kontrollaufwand bei der Einrichtung	• tendenziell höher, da der Bauherr trotz des Architekten letztlich verantwortlich bleibt	• niedriger, da Eigentumswohnungen regelmäßig schlüsselfertig erworben werden
Zeitaufwand bei der Verwaltung	• höher, da sich der Eigentümer auch um kleinere Re-	• niedriger, da kleinere Reparaturen in der Wohnung

	paraturen selbst kümmern muss • Gartenpflege führt zu weiterem Arbeitsaufwand	häufig vom Hausmeister erledigt werden und für größere Reparaturen am Haus der Verwalter zuständig ist
Bewegungsfreiheit	• eher größer wegen des eigenen Grundstücks und Gartens	• eher geringer, da das Grundstück von allen Eigentümern genutzt werden kann
Unabhängigkeit	• hohe Unabhängigkeit, da der Eigentümer die Hausordnung selbst bestimmt	• geringere Unabhängigkeit, da sich jeder an die Hausordnung halten muss • geringere Verantwortung, da sich der Verwalter um die Hausverwaltung kümmert

Quelle: Deutsche Bank Bausparen

Wollen Sie Eigentum in einer städtischen oder stadtnahen Lage erwerben, ist die Eigentumswohnung sicherlich eine gute Einstiegsmöglichkeit, um Wohnungseigentum zu erwerben. Die Förderungen und steuerlichen Abschreibungen sind gegenüber dem Reihenhaus oder dem frei stehenden Einfamilienhaus grundsätzlich die gleichen. Sie sind auch insofern entlastet, als Sie Verwaltungs-, Pflege- und Instandhaltungsarbeiten in der Regel nicht selbst organisieren müssen, da eine Hausverwaltung damit beauftragt ist.

Allerdings entstehen hierfür Kosten, die Sie nicht immer selbst bestimmen können. Neben den finanzierungsbedingten Belastungen sind das die laufenden Betriebskosten, die Kosten der Verwaltung und Rücklagen für Kosten der Instandhaltung. Da können durchschnittlich 2 bis 3 Euro pro Quadratmeter monatlich zusammenkommen.

Die Eigentumswohnung: Nicht alles gehört Ihnen allein

Wer eine Wohnung kauft, sollte wissen, welche Nutzungsrechte er hat. Denn rein rechtlich erwerben Sie keine Wohnung, sondern nur einen Anteil an einem Hausgrundstück. Die *Teilungserklärung* regelt, was zum *Gemeinschafts- oder Sondereigentum* gehört.

Ihre Wohnräume, Ihre Eigentumswohnung trägt nach dem Wohnungseigentumsgesetz die Bezeichnung *Sondereigentum. Gemeinschaftliches Eigentum* sind das Grundstück sowie die Anlagen, Teile und Einrichtungen des Gebäudes, die nicht im *Sonder-*

eigentum oder Eigentum Dritter stehen. Zum *Gemeinschaftseigentum* gehören alle Flächen, die gemeinschaftlich genutzt werden, wie zum Beispiel Keller, Treppenhaus, Dachboden und Gartenanlagen. Veränderungen am Gemeinschaftseigentum müssen im Konsens entschieden werden. Mindestens einmal im Jahr findet eine Eigentümerversammlung statt, auf der unter anderem das letzte und das kommende Haushaltsjahr sowie bauliche Veränderungen oder Reparaturen verabschiedet werden. Wohnungseigentum kann durch einen Vertrag der Miteigentümer über Einräumung von *Sondereigentum* an jeweils einer bestimmten Wohnung oder durch Teilung des Eigentums an einem Mehrfamilienhausgrundstück entstehen.

Im Regelfall wird Wohnungseigentum durch Teilung begründet. Die Teilung wird in das Grundbuch eingetragen. Hierzu ist eine *Teilungserklärung* notwendig: In einem Aufteilungsplan werden die Wohnungen, Lage und Größe der im *Sondereigentum* und der im gemeinschaftlichen Eigentum stehenden Gebäudeteile dargestellt, und das zuständige Bauamt muss prüfen und bescheinigen, dass die Wohnungen in sich abgeschlossen sind und die damit verbundenen Bauauflagen berücksichtigt wurden.

In der Teilungserklärung werden außerdem genaue Regeln für den ordnungsgemäßen Ablauf von Eigentümerversammlungen und Entscheidungen festgelegt. Die meisten Entscheidungen, die sich auf das Gemeinschaftseigentum oder das Gebäude als Ganzes beziehen, zum Beispiel Instandhaltungen, Modernisierungen von Heizung, Fenstern, Dach etc., müssen grundsätzlich von allen Eigentümern zusammen getroffen werden. Ihr Entscheidungsrecht ist durch das Mitentscheidungsrecht der anderen Eigentümer somit teilweise eingeschränkt.

Kaum zu glauben: Lebensgefährten in Österreich können erst seit 2002 gemeinsam eine Eigentumswohnung kaufen oder Miteigentum erwerben.

Am 1. Juli 2002 trat eine Neuregelung des Wohnungseigentumsgesetzes (WEG) in Kraft, die vor allem für Lebensgefährten eine einschneidende Änderung mit sich brachte. Bis zu dieser Gesetzesänderung konnten nur Ehepartner gemeinsam Wohnungseigentum erwerben. Eine Eigentumswohnung konnte also nur von einem Ehepaar gemeinsam gekauft werden, die Partner in einer Lebensgemeinschaft konnten dies nicht.

Das WEG 2002 hat nun die so genannte Eigentümerpartnerschaft (§§ 13ff WEG 2002) eingeführt. Es kann jetzt jede Rechtsgemeinschaft von zwei (voll- oder minderjährigen) Personen natürlichen Geschlechts Miteigentum an einer Wohnung erwerben. Das heißt, dass für das Miteigentum nicht mehr wie bisher die familiäre Nahebeziehung der Ehe verlangt wird, sondern die neue Eigentümerpartnerschaft zwei (natürlichen) Personen offen steht, egal, ob sie verwandt oder verschwägert sind, gleich- oder verschiedengeschlechtlich, auch die Lebensgemeinschaft ist nicht

zwingend notwendig. Von der neuen Regelung können also beispielsweise gleich- oder verschiedengeschlechtliche Lebensgefährten ebenso profitieren wie ein Elternteil mit einem Kind, Bruder und Schwester oder Tante und Nichte.
Allerdings bedeutet die neue Bestimmung für Lebensgefährten noch nicht die völlige Gleichstellung mit Ehepaaren, da es insbesondere im Trennungsfall von Lebensgemeinschaften kein Trennungsrecht gibt. Wollen Lebensgefährten auf Grund der neuen Bestimmung gemeinsam eine Wohnung kaufen, sollten sie einige Fragen klären und darüber eine klare, vertragliche Regelung treffen. Wichtig wäre beispielsweise, zu vereinbaren, wer im Trennungsfall in der Wohnung bleiben und wie die Auszahlung des weichenden Partners erfolgen soll. Bei der Auszahlung ist besonderes Augenmerk auf die Tatsache zu richten, dass Wohnungseigentum grundsätzlich nur im Verhältnis von 50:50 begründet werden kann. Leistet ein Partner aber mehr als der andere, ist das tatsächliche Verhältnis bei der Finanzierung der Wohnung und somit auch bei der Auszahlung zum Beispiel 70:30, dann muss dies ausdrücklich vereinbart werden.
Für den Fall des Todes eines Partners bestimmt das Gesetz, dass der Anteil des Verstorbenen an den überlebenden Partner fällt. Will man dies nicht, muss dieser gesetzliche Eigentumsübergang durch eine schriftliche Vereinbarung ersetzt werden, die eine andere Erbfolge festschreibt.

Die Gemeinschaftsordnung

Einsame Entscheidungen sind in einer Wohnanlage nicht erlaubt. Die Gemeinschaft bestimmt, ob zum Beispiel ein Eigentümer seinen Balkon verglasen oder seine Garagenzufahrt betonieren darf. In der Regel werden in der so genannten *Teilungserklärung* schon vor Verkauf der Wohnungen, etwa von einem Bauträger, entsprechende Vereinbarungen festgelegt. Zwar gibt das Wohnungseigentumsgesetz die entscheidenden Rahmenbedingungen vor, für den Einzelfall lässt es aber einen Freiraum. Mit individuellen Regelungen, die oft als Gemeinschaftsordnung bezeichnet werden, kann von den Bestimmungen des Wohnungseigentumsgesetzes abgewichen werden. Wird die Gemeinschaftsordnung in das Grundbuch eingetragen, hat sie auch für spätere Erwerber eines Wohnungseigentums Gültigkeit. Die konkreten Regelungen sind für den Erwerber von Wohnungseigentum von großer Bedeutung. Sie sollten sich unbedingt vor dem Erwerb damit auseinander setzen.

Wurden in einer Wohnungseigentümerversammlung Beschlüsse gefasst oder die bezüglich der Gemeinschaft in Verfahren nach dem Wohnungseigentumsgesetz ergangenen gerichtlichen Entscheidungen gefällt, bedürfen diese nicht der Eintragung in das Grundbuch. Es empfiehlt sich auch hier, sich vor dem Erwerb des Wohnungseigentums zum Beispiel beim Verkäufer zu informieren.

WISO rät: Lassen Sie sich bei einer gebrauchten Eigentumswohnung die Protokolle der letzten Eigentümerversammlungen sowie die letzten Abrechnungen der Hausverwaltung zeigen. So bekommen Sie sehr schnell einen Überblick über die Kosten und über Ihre zukünftige Wohngemeinschaft.

Sie als Wohnungseigentümer haben nach dem Wohnungseigentumsgesetz grundsätzlich das Recht, Ihre Wohnung jederzeit zu verkaufen. Sie können im Rahmen der gesetzlichen Vorschriften über Ihre Wohnung frei verfügen, die Wohnung bewohnen, vermieten oder in sonstiger Weise nutzen.

Über die Nutzung des *gemeinschaftlichen Eigentums* und des *Sondereigentums* werden oft in der Gemeinschaftsordnung – vom Gesetz abweichende – Regelungen über die Verteilung der Lasten und Kosten getroffen. Sie müssen selbstverständlich die Kosten, wie etwa jene der Instandhaltung, Instandsetzung und Verwaltung, nach dem Verhältnis Ihres Anteils tragen. In der Verordnung über die verbrauchsabhängige Abrechnung der Heiz- und Warmwasserkosten sind besondere Regelungen enthalten, die für die Abrechnung der Heiz- und Warmwasserkosten auch für Sie als Wohnungseigentümer große Bedeutung haben.

Kostenaufteilung gerecht oder ungerecht?

Wohnungskäufer sollten darauf achten, wie die Kosten für das Kaltwasser innerhalb der Eigentümergemeinschaft abgerechnet werden. Oft ist mangelnde Transparenz bei den Nebenkosten der Ausgangspunkt für Streitigkeiten innerhalb der Gemeinschaft. Abhilfe verspricht eine neuere Entwicklung in der Rechtssprechung. Danach können durch Mehrheitsbeschluss in der Eigentümerversammlung der Einbau und die Eichung von Wasseruhren in jeder Eigentumswohnung beschlossen werden. Als Voraussetzung ist allerdings im Einzelfall davon auszugehen, dass sich die Anschaffung und der Einbau der Messgeräte innerhalb der kommenden Jahre positiv auf die Kosten- und Verbrauchsentwicklung auswirken. Sowohl aus wohnungsrechtlichen als auch aus umweltpolitischen Gesichtspunkten wäre dies wünschenswert. Die gesamte Eigentümergemeinschaft könne davon profitieren, und außerdem werde Kostentransparenz hergestellt, argumentieren Verbraucherschutzorganisationen.

Zum Hintergrund: Im Frühjahr erhalten viele Wohnungseigentümer von ihrem Hausverwalter die Abrechnung für das vergangene Jahr. Bei vielen älteren Wohnanlagen wird dabei auch der Wasserverbrauch über die Gemeinschaft abgerechnet. Eine Abrechnung jedes Eigentümers direkt über den Wasserversorger ist oft nicht möglich, da im gesamten Haus nur eine Wasseruhr vorhanden ist, die lediglich den Gesamtverbrauch misst. Die Verteilung der Wasserkosten innerhalb der Gemeinschaft kann für einzelne Miteigentümer zu bösen Überraschungen führen. Der

Grund dafür ist, dass eine individuelle, verbrauchsbezogene Abrechnung nicht möglich ist, sodass eine Verteilung nach Personenanzahl oder Wohnfläche erfolgt. Einzelne Wohnungseigentümer werden hierdurch finanziell stärker belastet, als dies durch ihren tatsächlichen Verbrauch gerechtfertigt ist. Im Ergebnis führt das dazu, dass Wohnungseigentümer mit einem geringen Wasserverbrauch diejenigen Miteigentümer mit einem höheren Verbrauch bezuschussen. Eine solche indirekte Subventionierung ist ungerecht und trägt nicht zum schonenden Umgang mit der natürlichen Ressource Wasser bei. Vielmehr verleitet eine solche Kostenverteilung zu übermäßigem Verbrauch und Verschwendung.
Die Bundesregierung plant, bei der anstehenden Novellierung des Wohnungseigentumsrechts eine entsprechende ausdrückliche Regelung ins Gesetz aufzunehmen. Innerhalb von Wohneigentumsanlagen kommt es auf Grund von ungerechten Kostenverteilungen immer wieder zu Streitigkeiten zwischen den Wohnungseigentümern. Zur Herstellung von mehr Transparenz kann die Eigentümergemeinschaft durch Mehrheitsbeschluss eine verbrauchsabhängige Verteilung der Wasserkosten vorsehen.

Neue Betriebskosten- und Wohnflächenverordnung

Seit 2004 gelten zwei neue Verordnungen, die besonders für vermietete Eigentumswohnungen relevant sind: die Betriebskosten- und Wohnflächenverordnung. Inhaltlich bleibt allerdings fast alles beim Alten. Die Betriebskostenverordnung tritt an die Stelle der „Anlage 3 zu § 27 II. Berechnungsverordnung". Hier findet sich, wie bisher, eine Definition des Begriffs Betriebskosten: „... Kosten, die dem Eigentümer ... durch das Eigentum ... am Grundstück oder durch den bestimmungsmäßigen Gebrauch des Gebäudes, der Nebengebäude, Anlagen, Einrichtungen und des Grundstücks laufend entstehen." Außerdem bleibt es bei der unveränderten Klarstellung, dass Verwaltungs-, Instandhaltungs- und Instandsetzungskosten keine Betriebskosten sind. Der Katalog der umlegbaren Betriebskosten, das heißt der Kosten, die per Mietvertrag auf den Mieter abwälzbar sind, wurde nahezu unverändert mit der Betriebskostenverordnung übernommen. Neu ist hier:

- Wasserkosten/Heizkosten: Klarstellung, dass eventuell anfallende Eichkosten umlagefähige Betriebskosten sind.
- Heizkosten: Klarstellung, dass nicht nur die Wartungskosten bei Etagenheizungen umlegbar sind, sondern auch die für Gaseinzelfeuerstätten.
- Müllabfuhr: Die Kosten der Müllabfuhr heißen nun Müllbeseitigungskosten. Hierzu gehören jetzt ausdrücklich auch die Kosten des Betriebs von Müllkompressoren, Müllschluckern, Müllabsauganlagen sowie Müllmengen-Erfassungsanlagen, einschließlich der Kosten für eine entsprechende Berechnung und Aufteilung.

- Sach- und Haftpflichtversicherung: Hier werden die Kosten für eine Versicherung gegen Elementarschäden neu aufgeführt.
- Gemeinschaftsantenne/Kabelfernsehen: Zu diesen Kosten gehören jetzt auch die Gebühren, die nach dem Urheberrecht für die Kabelweitersendung entstehen.
- Maschinelle Wascheinrichtungen: Nunmehr Einrichtungen für die Wäschepflege. Damit soll die Klarstellung verbunden sein, dass auch Kosten für gemeinsam zu nutzende Wäschetrockner, Schleudern, Bügelautomaten etc. umlagefähig sind.

Die ebenfalls zum 1. Januar 2004 in Kraft getretene Wohnflächenverordnung entspricht inhaltlich weitestgehend den §§ 42 bis 44 der II. Berechnungsverordnung. Neu ist, dass bei der Wohnflächenberechnung der Balkone als Grundsatz ein Viertel der Fläche angesetzt werden muss. Allerdings bleibt es bei der Möglichkeit, den Anteil niedriger und höher (bis maximal zur Hälfte) festzulegen. Voraussetzung ist hier, dass die Balkonfläche eingeschränkt nutzbar bzw. besonders attraktiv ist. Es kommt also nach wie vor auf den konkreten Wohnwert an. Alle weiteren Korrekturen oder Änderungen sind eher technischer Art. So wird bei der Berechnung der Wohnfläche nicht mehr zwischen Rohbaumaßen und Fertigmaßen unterschieden. Gefordert wird die Berechnung nach dem so genannten lichten Maß zwischen Bauteilen.

Der Hausverwalter – ein Mann für alle Fälle

Eigentumswohnungen verwalten darf jedermann. Im Gesetz steht nichts über Ausbildung oder Qualifikation. Umso wichtiger ist es, dass sich die Wohnungseigentümer den Hausverwalter, dem sie ihren Besitz anvertrauen, genau anschauen. Sie als Käufer sollten mit ihm vor dem Erwerb einer Eigentumswohnung in jedem Fall Kontakt aufnehmen, um sich über den aktuellen Stand der Anlage zu informieren: Stehen dringende und kostspielige Reparaturen an, hat die Gemeinschaft Rücklagen gebildet, decken diese die Kosten? Wie ist die Atmosphäre in den Eigentümerversammlungen, wo sind die Streitpunkte, wer ist der Vorsitzende? Auch mit dem Vorsitzenden der Eigentümergemeinschaft und mit anderen Eignern sollten Sie sich treffen. Mit ein paar Fragen werden Sie schnell herausbekommen, ob Ihre zukünftigen Nachbarn friedlich sind oder ob Streithähne darunter sind.

Auch Hausverwalter liefern oft Grund zum Streiten! Immer wieder klagen Wohnungseigentümer über ihren Verwalter. Sie kümmern sich nicht wirklich um die Belange der Gemeinschaft und tun nur das Nötigste. Eine wirklich umfassende und zukunftsorientierte Verwaltung der Eigentumsanlage findet in vielen Fällen nicht statt. Darunter leidet zum einen der einzelne Wohnungseigentümer, aber dauerhaft auch die Bausubstanz des gesamten Gebäudes. Wenn nämlich erforderliche Reparatur- und Sanierungsmaßnahmen nicht rechtzeitig durchgeführt werden, führt dies zur Ausweitung von bestehenden Schäden, was letztlich einen Verfall und Wertverlust der

Eigentumswohnungen zur Folge hat. Mit Blick darauf, dass sich die Verwalter für ihre Tätigkeit monatlich durchaus üppig von jedem Wohnungseigentümer vergüten lassen, verwundert es doch, warum viele Verwalter ihren gesetzlichen und vertraglichen Pflichten oft nur unzureichend nachkommen.

Viele Wohnungseigentümer wünschen sich zwar eine Auswechslung des Verwalters, in der Praxis ist eine Umsetzung aber oft schwierig. Es müssen Verträge und Fristen eingehalten werden. Der Verwalter wird in der Regel über einen Zeitraum von fünf Jahren bestellt. Eine vorzeitige Abberufung ist nur dann möglich, wenn ein wichtiger Grund vorliegt, zum Beispiel wenn das Vertrauensverhältnis zwischen Wohnungseigentümern und dem Verwalter in derart tief greifender Weise beeinträchtigt ist, dass eine weitere Zusammenarbeit nicht mehr zumutbar ist. Davon ist aber nur dann auszugehen, wenn dem Verwalter schwer wiegende Pflichtverletzungen über einen längeren Zeitraum nachzuweisen sind.

Liegt ein wichtiger Grund vor, dann kann notfalls auch ein einzelner Wohnungseigentümer die Abberufung des Verwalters bei Gericht beantragen, wenn in der Eigentümerversammlung ein entsprechender Abberufungsantrag keine Mehrheit findet. Die Abberufung des Verwalters entspricht nämlich ordnungsgemäßer Verwaltung, die von jedem Wohnungseigentümer eingefordert werden kann.

Die Aufgaben der Hausverwaltung

Die Verwaltung des gemeinschaftlichen Eigentums obliegt grundsätzlich den Wohnungseigentümern gemeinsam und dem Verwalter. Die Bestellung eines Verwalters kann jedoch nicht ausgeschlossen werden. Jeder Wohnungseigentümer hat das Recht, eine Verwaltung zu verlangen, die die Interessen der Gesamtheit der Wohnungseigentümer vertritt. Soweit die Verwaltung nicht durch Vereinbarung beziehungsweise in der Gemeinschaftsordnung geregelt ist, können die Wohnungseigentümer eine ordnungsgemäße Verwaltung durch Stimmenmehrheit beschließen.
Zu einer ordnungsgemäßen Verwaltung gehören unter anderem folgende Aufgaben:

- Instandhaltung und Instandsetzung
- Aufstellung einer Hausordnung
- Haus- und Grundbesitzerhaftpflicht
- Feuerversicherung
- Verwaltung einer angemessenen Instandhaltungsrückstellung
- Aufstellung eines Wirtschaftsplans

Die Wohnungseigentümer können mit Stimmenmehrheit die Bestellung oder Abberufung des Verwalters herbeiführen. Die Bestellung darf auf höchstens fünf Jahre vorgenommen werden. Die wiederholte Bestellung bedarf eines erneuten Beschlusses der Wohnungseigentümergemeinschaft. Bei Neubauten wird der erste Verwalter meist von dem Bauträger selbst bestellt. Der Verwalter hat bestimmte Rechte und Pflichten, die im Wohnungseigentumsgesetz geregelt sind. Er muss unter anderem einen jährlichen Wirtschaftsplan aufstellen, der Folgendes beinhalten muss:

- die voraussichtlichen Einnahmen und Ausgaben bei der Verwaltung des gemeinschaftlichen Eigentums,
- die anteilsmäßige Verpflichtung der Wohnungseigentümer zur Lasten- und Kostentragung,
- die Beitragsleistung der Wohnungseigentümer zur Instandhaltungsrückstellung.

Für jedes Kalenderjahr muss der Verwalter eine Abrechnung aufstellen. Die Wohnungseigentümer können durch Mehrheitsbeschluss jederzeit von dem Verwalter Rechtslegung verlangen. Diese relativ aufwändigen, gesetzlichen Regelungen sind notwendig, um das friedliche und reibungslose Zusammenleben mehrerer Eigentümer unter einem Dach zu erleichtern. Das Gesetz enthält besondere Vorschriften über das gerichtliche Verfahren in Wohnungseigentumssachen.

WISO rät: Je kleiner die Einheit, desto einfacher sind unterschiedliche Interessen auf einen Nenner zu bringen. Lassen Sie sich die letzten Protokolle der Eigentümerversammlungen zeigen, die Nebenkostenabrechnung und ganz speziell die Kosten der Hausverwaltung. So bekommen Sie einen Überblick, welche Aufwendungen auf Sie zukommen und wo Probleme lauern könnten.

Kauf einer Altbauwohnung

Die schicke Altbauwohnung mitten in der Stadt, Wohnen im Industrie-Loft oder in einer Gründerzeitvilla. Hohe Decken, angenehmes Raumklima, große Wohnküchen – einfach schön. Doch wer kann gerade bei alten Häusern sicher sein, dass nach dem Kauf auch alles so bleibt? Können Sie beurteilen, ob der Zustand der Wohnung wirklich gut ist? Wie steht es um die Bausubstanz? Häufig sind Keller feucht und Dächer morsch. Welche Kosten kommen auf die Eigentümergemeinschaft jetzt und in den nächsten Jahren zu?

Die Renovierungen sind zum Teil aufwändig gemacht, zum Teil aber auch nur für die Optik. Außen hui, innen pfui – nicht ungewöhnlich. Häufig kaufen nämlich Bauträger ganze Häuser und wandeln diese erst in einem nächsten Schritt in Eigentumswohnungen um. Wenn Sie eine Kaufgelegenheit bekommen, ist das meiste schon passiert, und Sie können nicht mehr viel mitentscheiden. Die Eigentümergemeinschaft gibt es noch nicht, der Investor bestimmt allein.

Wenn Altbauten richtig saniert werden, ist das ohne Frage teuer. Wer mit Geschmack und Liebe an die Sache herangeht, wird bemüht sein, den Stil zu bewahren: Stuckdecken, alte Holztüren und Fenster, die Bodenbeläge. In vielen Fällen findet man unter Linoleumboden und Sperrholzplatten wunderschöne Bodendielen, Terrazzo oder andere Kostbarkeiten. Diese wieder herzurichten, kostet Zeit und Geld; das sollten Sie beim Kauf einer Altbauwohnung berücksichtigen. Mit einem schnellen Einzug wird es meistens nichts. Am Ende aber haben Sie ein Schmuckstück, das immer seine Liebhaber finden wird – nur ein Hinweis für den Fall, dass Sie doch einmal verkaufen wollen oder müssen.

Bei einer Altbausanierung spielt häufig auch der Denkmalschutz eine Rolle. Zum Teil gibt es dafür erhebliche öffentliche Zuschüsse. Lesen Sie dazu auch im Kapitel „Steuern sparen mit dem Denkmalschutz". Dennoch sind oft mehr Baumaßnahmen erlaubt, als Sie denken. Zum Beispiel dürfen Balkone angehängt oder Fahrstühle eingebaut werden. Die Statik der alten Häuser hält eine Menge aus. Auf Luxus brauchen Sie in einer Altbauwohnung in der Regel nicht zu verzichten.

WISO rät: Grundsätzlich ist beim Kauf einer Altbauwohnung ein Bausachverständiger zu Rate zu ziehen. Bei den Industrie- und Handelskammern in der jeweiligen Stadt finden Sie Adressen von Fachleuten, die sich besonders gut mit Altbauten auskennen und sich zum Teil auf bestimmte Bauepochen spezialisiert haben. Außerdem vermittelt der Bundesarbeitskreis Altbauerneuerung Sachverständige und klärt über Förderprogramme auf. Im Internet zu finden unter www.altbauerneuerung.de.

Tiere im Gebälk

Für jeden Bauherrn sind Holzschädlinge im Dachgebälk ein Alptraum. Hat man die Immobilie gebraucht gekauft und stellt sich der Schaden nachher heraus, liegt es nahe, sich am Verkäufer schadlos zu halten. Doch dieser haftet nur in Ausnahmefällen. So wies das Landgericht Coburg (AZ: 22 0 509/03) die Klage eines Käufers ab, dessen Immobilie von Holzschädlingen heimgesucht war und der deshalb vom Verkäufer eine Kaufpreisminderung und die Erstattung der Kosten für die Dachbodenrenovierung verlangt hatte. Das Gericht stellte fest, dass der Kläger Haus und Dachboden vor dem Kauf intensiv besichtigt und hierbei nichts beanstandet hatte. Zudem sei im Kaufvertrag jede Mängelgewährleistung ausdrücklich ausgeschlossen worden. In einem solchen Fall haftet der Verkäufer nur dann für Mängel, wenn er diese dem Käufer arglistig verschwiegen hat. Dies konnte der Kläger jedoch nicht nachweisen.

Die Kosten

Neben den Erwerbskosten, also den Anschaffungs- oder Herstellungskosten, den Notargebühren, der Maklerprovision und der Grunderwerbssteuer, sind die Kreditlasten für Zins und Tilgung bei der Kostenkalkulation zu berücksichtigen. Dazu kommen die Nebenkosten, die Sie für die Wohnung monatlich zu begleichen haben: Straßen- und

Treppenhausreinigung, Gartenpflege, Müllabfuhr, Wasserversorgung, Entwässerung, Heizung und Strom; außerdem das Hausverwalterhonorar und die regelmäßige Instandhaltungspauschale. Falls dringende Reparaturen nicht aus der Instandhaltungsrücklage bezahlt werden können, wird sogar eine Sonderumlage fällig. Erkundigen Sie sich also rechtzeitig bei der Eigentümergemeinschaft über alle tatsächlichen und möglichen Kostenpositionen.

Haben Sie sich für den Kauf der Wohnung entschieden und alle Informationen ausgewertet, geht es an die Verkaufsverhandlungen. Dabei spielt es natürlich eine Rolle, was Sie bei Ihren Recherchen herausbekommen haben. Mangelhafte Rücklagenbildung ist natürlich ein Grund für einen Preisabschlag. Stichhaltiges Argument: Sie müssen damit rechnen, dass unter Umständen erhebliche Ausgaben für Instandhaltungsmaßnahmen in Form von Sonderumlagen auf Sie zukommen. Besonders hoch ist das Risiko bei Wohnungen, die von Miet- in Eigentumswohnungen umgewandelt wurden, da hier normalerweise keine Instandhaltungsrücklagen gebildet wurden, zum Beispiel nach einer Altbausanierung durch Bauträger. Sie sollten sich vor dem Kauf einer gebrauchten Eigentumswohnung deshalb genauestens über den Instandhaltungszustand des angestrebten Objekts informieren.

Erwerben Sie eine vermietete Eigentumswohnung, müssen Sie sich mitunter jahrelang gedulden, bis Sie einziehen können. Mieter können nicht einfach gekündigt werden. Sie sind an den bestehenden Mietvertrag einschließlich der besonderen vertraglichen Vereinbarungen bis hin zu einem Kündigungsausschluss gebunden. Vor allem Nießbrauchvereinbarungen können Ihnen das Leben schwer machen. Sie sind dann zwar wirtschaftlicher Eigentümer der Wohnung, dürfen also Miete kassieren und Instandhaltungskosten tragen, aber einziehen dürfen Sie erst dann, wenn der Mieter gestorben ist oder Ihnen das Recht verkauft hat. Häufig werden solche Konstrukte gebildet, wenn Vermögen schon vor dem Tode vererbt werden soll, der Schenker aber Bedenken hat, dass ihn die Beschenkten doch irgendwann vor die Tür setzen. Das wäre nämlich ohne Nießbrauch möglich.

Mietrechtsreform 2004

Die Kündigungsschutzfrist für Mieter, deren Wohnung in eine Eigentumswohnung umgewandelt wird, verkürzt sich von zehn auf drei Jahre. So sieht es die neue Mietrechtsreform vor, die im September 2004 in Kraft tritt. Allerdings hat der Bund die Landesregierungen ermächtigt, eigene Rechtsverordnungen für einzelne Gemeinden zu erarbeiten, in denen weiterhin ein Kündigungsschutz bestehen bleiben kann. Vor allem in Ballungszentren wollen die Städte an der Zehn-Jahres-Frist festhalten. Denn gerade hier werden immer noch billige Mietwohnungen von Investoren gekauft, saniert und teuer verkauft.

Entscheiden Sie sich für eine vermietete Immobilie, sollten Sie folgende Punkte beachten:

- Kein Kündigungsrecht des Vermieters ohne berechtigtes Interesse, zum Beispiel Eigenbedarf.
- Bei Dauermietverträgen genereller Kündigungsausschluss.
- In Härtefällen Widerspruchsrecht des Mieters selbst gegenüber wirksamer Kündigung (Sozialklausel).
- Gegen den Willen des Mieters ist keine aufwändige, luxuriöse Modernisierung möglich.
- Wurde die erworbene Wohnung nach Überlassung an den Mieter in eine Eigentumswohnung umgewandelt, so können Sie sich als Erwerber frühestens nach Ablauf von drei Jahren seit seiner Eintragung ins Grundbuch als Eigentümer auf Eigenbedarf berufen (Kündigungssperrfrist). Diese Frist kann sich in bestimmten Gebieten (Bundesländern) auf bis zu zehn Jahre verlängern.
- Sind öffentlich geförderte Wohnungen in Eigentumswohnungen umgewandelt worden, gilt zu Gunsten des davon betroffenen Mieters meist eine längere Kündigungssperrfrist. Sie können hier auf Grund von Eigenbedarf erst kündigen, wenn die Bindung, denen Ihre Wohnung unterliegt, endet.

Achtung Vorkaufsrecht: Haben Sie eine vermietete Wohnung im Auge, sollten Sie nicht vergessen, dass der derzeitige Mieter sein Vorkaufsrecht ausüben darf. Dieses gesetzliche Recht ermöglicht ihm, die Wohnung zu denselben Bedingungen zu kaufen, wie sie Ihnen oder einem Dritten zum Kauf angeboten wird. Er kann dieses Vorkaufsrecht bis zum Ablauf von sechs Monaten seit Mitteilung von Seiten des Verkäufers über den Inhalt des mit dem Dritten geschlossenen Vertrages ausüben.

Ein später Einzug bringt jedoch Nachteile mit sich. Denn je später Sie eine Eigentumswohnung selber nutzen können, umso geringer ist der Umfang der steuerlichen Förderung. Der achtjährige Förderzeitraum, der für die Eigenheimzulage in Anspruch genommen werden kann, beginnt im Jahr des Erwerbs. Der Anspruch auf die Förderung besteht aber nur, wenn die Wohnung von Ihnen, dem Steuerpflichtigen, in dem betreffenden Jahr auch selbst genutzt wurde. Hier ist das Jahr des Einzugs maßgeblich. Verzögert sich der Einzug in Ihre Wohnung, gehen Ihnen entsprechende Förderungen verloren.

WISO rät: Sofern Sie die Eigentumswohnung vermieten wollen, sollten Sie sich nicht nur aus steuerlichen, sondern auch aus rechtlichen, finanziellen und sozialen Gründen intensiv mit der Rolle als Vermieter auseinandersetzen. Die Annehmlichkeiten der steuerlichen Abschreibung und der Verzinsung Ihres Kapitals können auch eine Menge Stress bedeuten Beispielsweise, wenn Sie die Wohnung über längere Zeit nicht vermieten können, Ärger mit den Mietern bekommen oder die Wohnung nicht zu dem Preis vermieten können, den Sie benötigen, um die Kreditlast zu tragen.

Fazit: Die Eigentumswohnung ermöglicht ein unabhängiges und flexibles Wohnen in der Stadt oder in Stadtnähe. Sie kann auch eine Geldanlage und Altersvorsorge sein, unabhängig davon, ob sie vermietet oder selbst bewohnt wird. Die Trennung von einer Eigentumswohnung fällt meist leichter als von einem Einfamilienhaus, sie kann also auch zur zeitlich begrenzten Geldanlage dienen.

Ein Haus für die Familie

Die begehrteste Wohnform in Deutschland ist nach wie vor das frei stehende Einfamilienhaus. Die Gestaltungsfreiheit, die Privatatmosphäre und die Unabhängigkeit sind die eindeutigen Vorteile für ein Einfamilienhaus. Diese Eigenschaften haben jedoch ihren Preis, und so ist diese Wohnform oft teurer als andere.

Auf Grund der immer knapper werdenden Bodenressourcen werden die Grundstücksgrößen immer kleiner. Man kann also durchaus von Luxus sprechen, wenn man das frei stehende Einfamilienhaus erwerben kann. Gerade in gemischt genutzten Neubaugebieten findet man alles Seite an Seite. Doch die Vorteile können sich schnell umkehren, wenn man sich den Trend zum verdichteten Bauen ansieht. Ihre Nachbarn rücken Ihnen aus allen Himmelsrichtungen näher auf den Pelz und stellen zum Beispiel ihre Garage auch noch an die Grundstücksgrenze. Vielleicht wäre dann doch das Reihen- oder Doppelhaus gleichwertig gewesen; kostengünstiger durch den Seriencharakter wahrscheinlich allemal.

WISO rät: Bebauungspläne, Flurkarten und Zeichnungen von Städteplanern geben Aufschluss darüber, was baurechtlich erlaubt und was in Ihrer Nachbarschaft geplant ist. Schauen Sie vorher in die Pläne, damit Sie nachher keine bösen Überraschungen erleben.

An dieser Stelle werden wir Ihnen einige Häusertypen vorstellen. Es gibt viel mehr, als oft gedacht wird. Was unterscheidet ein Passivhaus von einem Niedrigenergiehaus? Welche Merkmale muss ein Öko-Haus aufweisen und was ist ein Modulhaus? Diese und andere Antworten finden Sie im Folgenden.

Ein- und Zweifamilienhäuser

Das Einfamilienhaus definiert sich zunächst darüber, dass es für eine Generation gedacht ist. Da Familien heute nicht mehr mit mehreren Generationen unter einem

Dach leben wollen, sich aber die Möglichkeit offen halten möchten, vielleicht im Alter bescheidener zu wohnen, sind Einliegerwohnungen wieder in Mode gekommen. In der Vergangenheit war die Einliegerwohnung nur aus steuerlichen Gründen interessant. Heute ist die flexible Familienplanung ausschlaggebend. Eine interne Verbindung zwischen Hauptwohnung und Einliegerwohnung lässt diese auch zu einer zusammenwachsen. Eine Einliegerwohnung kann aber auch dauerhaft vermietet werden. Später ziehen vielleicht die Großeltern ein, wenn sie in der Ferne nicht mehr alleine zurechtkommen, oder die Kinder, wenn sie älter geworden sind.

Das Zweifamilienhaus ist in der Regel zweigeschossig. Jede Ebene bildet eine Wohneinheit.

WISO rät: Schauen Sie auf den Energieverbrauch und lassen Sie sich bei gebrauchten Immobilien die letzte Heizkostenabrechnung vorlegen. Sie müssen wissen: Ein frei stehendes Haus strahlt wie ein Heizkörper in alle Richtungen Wärme ab, insbesondere dann, wenn nur die Mindestanforderungen der Energieeinsparverordnung bezüglich Wärmedämmung, Fenster und Heizung erfüllt sind.

Sonderfall Einliegerwohnung

Ein Vermieter kann seinem Mieter leichter kündigen, wenn er mit ihm eng zusammenwohnt. Das Sonderkündigungsrecht gilt nach Angaben des Deutschen Mieterbundes zum Beispiel in einem Ein- oder Zweifamilienhaus mit Einliegerwohnung. Der Vermieter kann in diesen Fällen kündigen, ohne dass ein im Gesetz aufgeführter Kündigungsgrund, wie zum Beispiel Eigenbedarf, vorliegen muss. Macht der Vermieter von diesem Sonderkündigungsrecht Gebrauch, verlängert sich die gesetzliche Kündigungsfrist jeweils um drei Monate. Das Sonderkündigungsrecht setzt voraus, dass nur zwei Wohnungen vorhanden sind und dass in einer Wohnung der Vermieter selbst wohnt und in der anderen der Mieter. Nutzt der Vermieter seine Wohnung nicht dauerhaft, etwa nur am Wochenende, scheidet das Sonderkündigungsrecht aus. Dagegen spielt es keine Rolle, wenn ursprünglich in dem Zweifamilienhaus beide Wohnungen vermietet waren und der Vermieter erst später eine der Wohnungen bezogen hat. Seit der Mietrechtsreform vom 1. September 2001 kann das Sonderkündigungsrecht auch in größeren Gebäuden gelten, in denen neben den beiden Wohnungen zusätzlich noch Gewerberäume vorhanden sind. Kündigt der Vermieter gemäß Sonderkündigungsrecht ohne Angaben eines gesetzlichen Kündigungsgrundes, kann der Mieter der Kündigung immer noch widersprechen. Das führt aber nur dann zum Erfolg, wenn er Härtegründe im Sinne der Sozialklausel geltend machen kann.

Häuser von der Stange – oder besser individuell?

Wem ein frei stehendes Haus zu teuer ist, der ist mit einem Doppel- oder Reihenhaus gut bedient, ohne auf wesentlichen Komfort und Wohnqualität verzichten zu müssen. Vorteile dieser Wohnform sind der geringe Energieverbrauch und das Wohnen in der Gemeinschaft. Die nebenan wohnenden Nachbarn werden unter Umständen als weniger störend empfunden als ein enges Gegenüber in einem Einfamilienhausgebiet. Aus bautechnischer Sicht sollte darauf geachtet werden, dass der Schallschutz eingehalten wird. Eine unabhängige Fachperson kann dies durch eine baubegleitende Qualitätssicherung gewährleisten.

Mehrfamilienhaus

Dem Ein- und Zweifamilienhaus folgt das Mehrfamilienhaus. Es besteht aus mehreren Eigentumswohnungen. Die Einzeleigentümer sind Mitglieder der Wohnungseigentümergemeinschaft. Der gesetzliche Rahmen ist – wie bei jeder Eigentumswohnung – das Wohnungseigentumsgesetz (WEG). Die Teilungserklärung regelt detailliert die Verhältnisse im Inneren der Gemeinschaft. In der Teilungserklärung werden die einzelnen Miteigentumsanteile festgeschrieben sowie die Abgrenzung zwischen Sonder- und Gemeinschaftseigentum und Sondernutzungsrechte festgelegt. Es gelten die Regeln, die für Eigentumswohnungen beschrieben wurden.

WISO rät: Denken Sie bei der Auswahl eines Haustyps nicht nur an die Bau-, sondern auch an die Folgekosten. Von den Heiz- und Nebenkosten her ist das Mehrfamilienhaus auf Grund seiner kompakten Bauweise sicherlich der günstigste Wohnhaustyp.

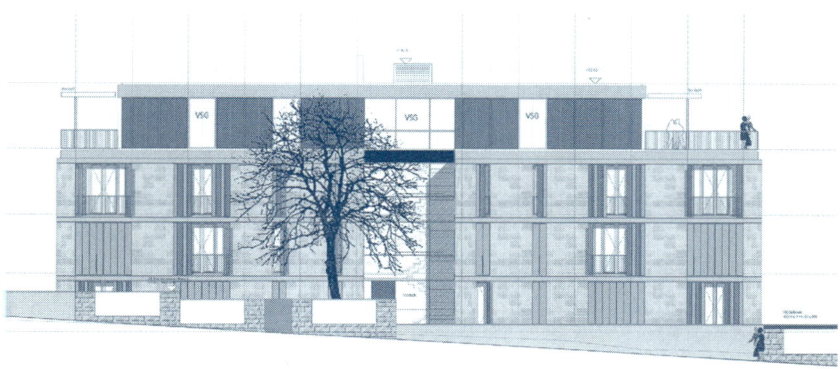

Abb.: Mehrfamilienhaus

Doppelhaus

Die preiswertere Variante des frei stehenden Einfamilienhauses ist das Doppelhaus, ein Kompromiss zwischen Eigentumswohnung, Reihenhaus und Einfamilienhaus. Vorteil gegenüber dem Reihenhaus: Sie haben nur einen direkten Nachbarn, können also nach drei Seiten und auch nach oben hin den Ausblick uneingeschränkt genießen. Gegenüber dem frei stehenden Einfamilienhaus sparen Sie circa 25 Prozent Heizkosten, da die Wandfläche zu Ihrem Doppelhauspartner keine Wärme an die Umwelt abstrahlt.

Reihenhaus

Reihenhäuser sind eine Erfindung aus den Siebzigerjahren. Erst waren es nur vier nebeneinander stehende Häuser mit entsprechender Breite, bis zu acht Metern. Das klassische Reihenmittelhaus hat etwa sechs Meter Breite und benötigt insgesamt wenig Grundstücksfläche. Manchmal sind es nur noch 200 Quadratmeter Bauland. Dafür wird bei der Ausnutzung des Grundstücks vom Keller bis zum Dach alles rausgeholt. 250 Quadratmeter Wohnfläche sind durchaus drin, auch wenn die meisten um die 130 bis 150 Quadratmeter Wohnfläche vorweisen. Das Reihenhaus hat sich vor allem in Ballungszentren durchgesetzt. Die Kosten halten sich in Grenzen, und auch der Wohnwert ist gerade für junge Familien ideal.

Abb.: Reihenhaus

Kettenhaus

Das Kettenhaus wird durch ein- und zweigeschossige Gebäudeteile oder zusätzliche Vor- und Rücksprünge stärker als das einfache Reihenhaus gegliedert. Oft lockert sich dadurch das Bild des Wohngebiets etwas auf. Städteplaner mischen bei der Gestaltung neuer Stadtteile die unterschiedlichen Häusertypen. Dadurch wirkt das neue Wohngebiet nicht nur optisch ansprechender, sondern ist auch sozial verträglicher. Den unterschiedlichen Interessen der Bewohner kann so Rechnung getragen werden, was auch dem sozialen Frieden zu Gute kommt.

Niedrigenergiehaus

Einst als ökologische Neuerung gefeiert, stellt das Niedrigenergiehaus mittlerweile den (Mindest-)Standard, für Neubauten dar. Mit so genannten Energiekennzahlen zwischen 40 und 70 Kilowattstunden pro Quadratmeter im Jahr liegen seine Werte gerade noch unter jenen für herkömmliche Gebäude. Das heißt, Sie benötigen immer noch etwa vier Putzeimer Öl pro Quadratmeter im Jahr, um Heizung und Warmwasser am Laufen zu halten. Sie können inzwischen aber bedeutend mehr für die Umwelt und auch für Ihren Geldbeutel tun.

WISO rät: Lassen Sie sich nicht vom Titel Niedrigenergiehaus blenden. Der Begriff allein sagt für sich genommen nichts über eine ökologische Bauweise und die derzeitigen Möglichkeiten aus. Erkundigen Sie sich nach den genauen Verbrauchszahlen!

Zur Historie: Seit den Achtzigerjahren kennen wir in Deutschland den Begriff der Niedrigenergiebauweise. Da die Baubranche recht konservativ ist, hat sich diese Bauweise bis heute nicht durchgesetzt. Noch immer werden in vielen Fällen die Wärmeschutznachweise nur für das Bauamt, für die Baugenehmigung erstellt, bei der weiteren Umsetzung des Bauvorhabens hört bei vielen Baubeteiligten die Auseinandersetzung mit dem Thema Energie auf. Warum?

Die Kosten waren bei ersten Niedrigenergiehäusern tatsächlich höher und schlugen bei einem Reihenhaus mit ca. 6.000 bis 9.000 Euro zu Buche, während im Geschosswohnungsbau 100 bis 200 Euro zusätzlich berechnet wurden. Die Mehrkosten der Niedrigenergiehäuser der ersten Generation (1984) begründeten sich in der unverändert konservativen Architektur und der zusätzlichen Wärmedämmung bei Massivbauten. Zusätzliche Kosten verursachte auch noch eine entsprechende Lüftungsanlage – kontrollierte Lüftung genannt.

In der zweiten Generation von Niedrigenergiehäusern (1987) kam es bei guten Entwürfen und optimierter Detailplanung zu einer beträchtlichen Reduktion der Mehrkosten. Die von Architekten gewonnenen Erfahrungen zahlten sich offensichtlich aus, wenn auch die zweite Generation der Niedrigenergiehäuser von massiver Bauweise mit zusätzlich erforderlichen, teuren Dämmsystemen geprägt war.

In der dritten Generation (1992) gingen die Entwicklungen weg von additiven Dämmsystemen zu integrierten Dämmsystemen. Schwere, tragende Außenwände wurden durch leichte, hochgedämmte Wände ersetzt. Die Lasten eines Gebäudes wurden überwiegend durch die Innenwände abgetragen. Die Außenwände haben damit weit geringere Wandstärken, gleichzeitig jedoch weitaus höhere Dämmwerte. Dies hat wiederum zu einer Kostenreduzierung geführt. Gleichzeitig konnte durch die bessere Wärmedämmung die gesamte Heizungsanlage reduziert werden.

In der vierten Generation der Niedrigenergiehäuser (ab 1996) wurden die Häuser mit einem sehr geringen Heizenergiewert von 40 bis 50 kWh/qm im Jahr in vorgefertigter Bauweise realisiert.

Was bedeutet 40 bis 50 kWh/qm im Jahr? Wie viel Energie ist das? Das kann ein einfacher Vergleich mit dem Benzinverbrauch eines Automobils verdeutlichen. 40 bis 50 kWh/qm a (Kilowattstunden pro Quadratmeter Wohnfläche im Jahr) entsprechen ungefähr vier bis fünf Liter Öl pro 100 km.

Die fünfte Generation energiesparender Bauweise ist das Passivhaus mit maximal 15 kWh/qm im Jahr Heizenergiebedarf und ca. 30 kWh/qm im Jahr Gesamtenergiebedarf einschließlich Haushaltsstrom. Ein Passivhaus verbraucht also nur 1,5 Liter „Sprit" pro Quadratmeter Wohnfläche – toll, wenn es solch ein sparsames Serienfahrzeug für unsere Straßen gäbe!

Passivhaus

Das Passivhaus ist ökologisch auf dem Vormarsch, aber von vielen Bauherren noch nicht entdeckt. Viele tun sich schwer mit dem „Haus ohne Heizung". Kaum vorstellbar, dass man Häuser bauen kann, die ohne hässliche Heizkörper auskommen, welche zudem meist noch an ungünstigen Stellen angebracht sind. Fensterverglasung bis zum Boden und davor der Heizkörper, ein typisches Bild, aber muss das sein? Es geht auch anders. Das Passivhaus hat nicht nur angenehme, optische Auswirkungen, sondern ist auch für Sie und Ihr Portemonnaie spürbar.

Das Schlüsselwort heißt Wärmedämmung. Während das Massivhaus aus Steinen gebaut wird und in der Regel mit einem mehr oder weniger dicken, so genannten Wärmedämmverbundsystem versehen wird, hat das Passivhaus sozusagen einen warmen, dicken Pullover an. Dicke Schichten aus Wolle oder anderen Dämmstoffen sind in die Wände eingearbeitet, dadurch sind sie zwar etwas dicker als bei einem herkömmlichen Haus, dafür bieten Sie aber einen optimalen Wärmeschutz. Weiterer Vorteil: Das Passivhaus kann atmen. Über eine kleine Lüftungsanlage wird aus der Abluft die Wärme zu über 90 Prozent zurückgewonnen. Sie heizen also nicht mehr zum Fenster hinaus. Die Dreifachverglasung verhindert zudem Zugluft durch Fensterfugen: Es zieht nicht mehr durch die Ritzen, und gleichzeitig gewinnen Sie bei Sonnenschein wertvolle Energie.

WISO rät: Das Passivhaus ist ein Komforthaus. Durch pfiffige Planung und günstige Finanzierungen können Sie Energie und Geld sparen. Mehr Informationen zum Passivhaus über www.passiv.de und bei der Kreditanstalt für Wiederaufbau, www.kfw.de

Das Passivhaus verbraucht, wie bereits erwähnt, maximal 15 kWh pro Quadratmeter im Jahr. Das entspricht circa 1,5 Liter Heizöl pro Quadratmeter Wohnfläche. Die Erzeugung eines angenehmen Raumklimas erfolgt über weite Teile des Jahres ohne separates Heizungs- beziehungsweise Kühlungssystem; das Haus wird ganz passiv von der Sonne mit Wärme versorgt. Passivhäuser sind, energietechnisch und wirtschaftlich betrachtet, derzeit das Nonplusultra. Der Begriff sagt allerdings über die Verwendung baubiologischer Materialien wenig aus. Auch hier gilt es sich genau nach den verbauten Materialien zu erkundigen. Lesen Sie dazu das Kapitel über „Baulabel".

Abb.: Passivhaus – Wohn- und Geschäftshaus in Wiesbaden

WISO rät: Die Bezeichnung Passivhaus ist nicht geschützt, kann aber von entsprechenden Instituten zertifiziert werden. In der Schweiz ist man da schon einen Schritt weiter. Hier wird das Passivhaus als „Minergie-P-Haus" bezeichnet, der Begriff ist im Gegensatz zu Deutschland rechtlich geschützt und wird auch von den Behörden kontrolliert.

Solararchitektur

Mit Hilfe der Sonnenenergie kann der Energiebedarf eines Gebäudes weitestgehend gedeckt werden. Um dies zu erreichen, müssen Gebäude optimal nach Süden ausgerichtet werden. Von Vorteil ist auch eine kompakte Bauform (geringe Hüllfläche), unerlässlich eine gute Wärmedämmung. Im weiteren Sinn wird der Begriff Solararchitektur immer mehr zum Synonym für Bauökologie.

WISO rät: Solarenergie ist in Deutschland auf dem Vormarsch und wird von der Bundesregierung bezuschusst. Erkundigen Sie sich bei der Kreditanstalt für Wiederaufbau, www.kfw.de, und lesen Sie dazu auch im Kapitel Finanzierung und Steuern.

Drei-Liter-Haus

Der anschauliche Begriff Drei-Liter-Haus bezeichnet ein Gebäude, das im Schnitt um die drei Liter Heizöl pro Jahr und Quadratmeter für Heizzwecke benötigt. Ein Passivhaus verbraucht im Vergleich dazu nur 1,5 Liter. In Energiekennzahlen ausgedrückt: 16 bis 39 kWh pro Quadratmeter im Jahr. Der Begriff ist in Fachkreisen jedoch in Verruf geraten, denn insgesamt sagt er nichts über die konkrete Bauweise aus. Hält das Haus jedoch, was die Werbung verspricht, dann leben Sie in einem Drei-Liter-Haus günstiger als im so genannten Niedrigenergiehaus, das 30 bis 70 kWh pro Quadratmeter im Jahr verbraucht.

Ökohaus

Der Begriff Ökohaus ist nicht geschützt. Das heißt, jeder Fertighausanbieter oder Bauträger könnte sein Haus als Öko-Haus bezeichnen, selbst dann, wenn er nur lösungsmittelfreie Wandfarbe verwendet hat. Deshalb dürfen Sie nicht alleine den Anzeigen glauben, sondern müssen die Details hinterfragen. Können durch den Einsatz umweltfreundlicher Baustoffe Energie und Schadstoffe aus Heizanlagen eingespart werden? Ist der Umgang mit Strom und Wasser besonders sparsam? Werden beim Bau modernste Gerätetechnik und Regenwassersammelanlage serienmäßig eingebaut? Gibt es eine Sonnenkollektoranlage zur Brauchwassererwärmung? Kann durch hohen Wärmeschutz und optimale Windabdichtung ein ausgeglichenes Raumklima erzielt werden? Schafft man durch ein ausgeklügeltes Be- und Entlüftungssystem die Möglichkeit zur Umrüstung auf eine Solar-Brennwert-Zentrale (kombinierter Solarspeicher und Brennwertkessel)? Also Achtung: Insgesamt wirft der Begriff nur Fragen auf, definiert aber konkret keine Eigenschaften eines Gebäudes.

Nullenergiehaus

Nullenergiehäuser, also Gebäude, die definitiv keine Zusatzenergie für Heizzwecke benötigen (Energiekennzahl 0 kWh pro Quadratmeter im Jahr), sind machbar, allerdings derzeit nicht zu darstellbaren Kosten zu realisieren. Im Nullenergiehaus, das manchmal schon in Plusenergiehaus umgetauft wird, steckt jedoch unsere Zukunft. Das Haus soll nicht nur nichts verbrauchen, sondern zudem noch Energiegewinne ins öffentliche Netz abgeben. Schöne neue Welt.

Modulhaus

Wird ein Haus aus verschiedenen Bauteilen zusammengesetzt, spricht man in der Regel von einem Modulhaus. Die Module können im Werk vorgefertigt und innerhalb kürzester Zeit auf der Baustelle zusammengesetzt werden. Durch die Modulbauweise können auch interessante, nachträgliche Erweiterungen angeboten werden. Leistungsfähige Firmen können Ihnen auf Grund dieser Bauweise hohe Qualität mit kurzen Bauzeiten zu preiswerten Konditionen anbieten.

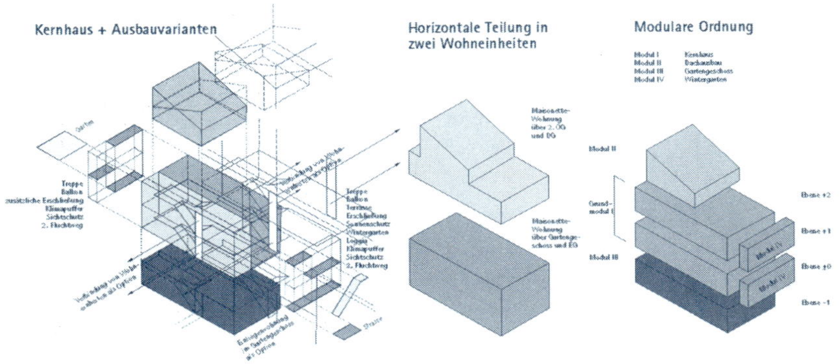

Abb.: Modulhaus

Fertighaus

Fertighäuser sind auf dem Vormarsch. Sie sprechen für schnelles und kostengünstiges Bauen. Schon innerhalb von ein paar Tagen sind Fertighäuser einzugsbereit. Das spart Ihnen als Bauherrn Finanzierungskosten, die Sie sonst schon während der Bauphase aufbringen müssten. Zusätzlich holen viele Anbieter auch die Baugenehmigung ein und beschäftigen eigene Architekten. In der Nähe von vielen größeren Städten gibt es Musterhausausstellungen, wo Sie sich die Prototypen verschiedener Anbieter anschauen können. Seien sie sich aber darüber im Klaren, dass es sich hier immer um die Luxusvariante handelt, die deutlich teurer ist als das Standardmodell, das Sie im Prospekt gesehen haben.

Eigentlich könnte man aus jedem Prototyp ein Fertighaus machen, denn das Grundprinzip ist übertragbar. Zum Beispiel lässt das so genannte Raster-Maß-Fertighaus dem Bauherrn bei feststehender Grundfläche für die Raumaufteilung und Gestaltung völlige Freiheit. Die meisten Fertighäuser werden in Holzbauweise hergestellt. Es gibt aber auch welche mit massiven Bestandteilen. Das Verfahren ist denkbar einfach: Decken und Wände, zum Teil schon mit Fenstern integriert, werden industriell vorgefertigt und auf der Baustelle nur noch zusammengesetzt. Wenn Sie sich dafür entscheiden, müssen Sie jedoch wissen, dass Sie kein Massivhaus erwerben und dennoch mit erheblichen Kostensteigerungen zu rechnen haben. Der Unterschied zum Architektenhaus, wo Sie frei in Ihrer Gestaltungsfreiheit sind, ist dann gar nicht mehr so groß.

In den Anfangsjahren wurde den Fertighäusern auch mangelhafte Bauweise nachgesagt. Die Qualität ließ zu wünschen übrig, vor allem bei der Wärme- und Schalldämmung.

Beispiel: Baubeschreibung für ein Holz-Fertighaus in Passivbauweise

Allgemeine (Kurz-)Baubeschreibung

Die Bauzeichnungen im Maßstab 1:100 wurden auf Grundlage des Entwurfs vom .... nach den ganz persönlichen Wünschen des Bauherrn erstellt.

Die erforderlichen Architektur- und Ingenieurleistungen werden von der Firma .... ausgearbeitet und erstellt und sind bereits im Festpreis enthalten. Der Bauantrag mit Statik wird erstellt, dem Bauherrn zur Unterschrift vorgelegt und zusammen mit dem Entwässerungsantrag bei dem jeweils zuständigen Bauamt eingereicht.

Die Bauausführung erfolgt nach den gültigen DIN-Vorschriften. Das eingezeichnete Mobiliar, Feuerstellen (Kamin), Wasser-, Tel.- und Stromanschluss bis Zähler, Entwässerungsleitungen ab Außenmauer, Genehmigungsgebühren und Behördenleistungen sind im Festpreis nicht enthalten. Die Bauleiter stehen jederzeit beratend zur Seite.
Nach Erteilung der Baugenehmigung und der Sicherstellung der Gesamtfinanzierung erfolgt der Baubeginn.

Die Holzständerkonstruktion wird entsprechend der Bauzeichnungen und der erforderlichen Details mit kammergetrockneten Hölzern erstellt. Nur durch eine qualitative und hochwertige Bauweise ist ein Passivhausstandard überhaupt zu erreichen.

Wärmedämmung, Dichtigkeit der Gebäudehülle

Das Haus wird als Passivhaus erstellt. Die Firma .... garantiert für die Einhaltung der hohen Ansprüche an ein Passivhaus in Bezug auf Wärmeverluste und Luftdichtigkeit. Die Firma .... Passivhaus garantiert für die Dichtigkeit der Gebäudehülle, die durch einen „Blower-Door-Test" überprüft und zertifiziert wird. Der erfolgreiche Blower-Door-Test ist im Preis enthalten.

Fenster, Haustür

Die Verglasung erfolgt mit Drei-Scheiben-Isolierglas, U-Wert incl. Rahmenanteil unter 0,8 W/qmk im Mittel. Es werden zertifizierte Passivhausfenster verwendet. Sämtliche Fenster sind aus endbehandeltem Holz, lt. Bauzeichnung gefertigt und werden in den Abmessungen lt. Bauzeichnung eingebaut. Fensteranschläge entsprechend den Bauzeichnungen. Feststehende Elemente werden ohne Flügel eingebaut. Terrassentüren erhalten einen Drehkippbeschlag. Die Haustür wird nach Zeichnung mit Dreipunktverriegelung und Bodenanschlagschiene gefertigt. Die Haustür wird mit Verglasung mit Wärmedämmwerten entsprechend den Fenstern montiert, incl. Drückergarnitur und Verglasung.

Klempnerarbeiten

Dachrinnen (halbrund) und Fallrohre aus Titanzinkblech bis ca. 50 cm über Erdreich enden in ein Standrohr. Der Anschluss an die Kanalisation ist nicht im Leistungsumfang enthalten. Kupferdachrinnen und Fallrohre sind auf Wunsch gegen Aufpreis möglich.

Außengeländer

Alle eingezeichneten Außengeländer werden aus verzinktem Stahlrundrohr gefertigt und montiert.

Baustelleneinrichtung:

Die Zufahrt zum Baukörper für schwere Fahrzeuge (bis 38 TO) sowie Platz zum Lagern der Baustoffe ist vom Bauherrn zu gewährleisten. Nach Erteilung der Baugenehmigung und der Sicherstellung der Gesamtfinanzierung erfolgt der Baubeginn. Die AG stellt Baustrom (380V, 35A) und Bauwasser auf Anforderung zur Verfügung. Für die Entsorgung von Bauabfällen und Verpackungen stellt die AG bei Baubeginn einen Container auf der Baustelle.

Erdarbeiten, Fundamente:

Die Erdarbeiten und die Erstellung der Fundamente erfolgt nach Statik und Ausführungsplanung der AN durch die AG. Die Beseitigung von Oberflächen-, Regen-, Schicht- und Grundwasser erfolgt bauseits. Diese Leistungen können auf Wunsch gesondert angeboten werden. Die Streifenfundamente werden nach Angaben der Statik erstellt (zulässige Bodenpressung mindestens 200 KN/m©¯). Ggf. erforderliche Baugrunduntersuchungen sind nicht im Festpreis enthalten.

Außenwände

Die Außenwände sind in dreischaligem System aufgebaut:
- mittig eine Holzständerkonstruktion mit Wärmedämmung als tragendes System
- innenseitig eine Vorsatzschale als Installationsebene mit Gipskartonverkleidung und Wärmedämmung, mit allen erforderlichen Leitungen und Leerrohren
- außen ein Wärmedämmverbundsystem mit Außenputz.

Der Aufbau der Außenwand von innen nach außen ist wie folgt:

12,5 mm	Gipskartonplatte, in Feuchträumen imprägniert
200 mm	Unterkonstruktion (Fichte/Tanne) mit Mineralfaserdämmung 040
13 mm	OSB-Platte
0,16 mm	PE-Folie als Dampfsperre; luftdicht verklebt an allen Naht- und Tackerstellen
140 mm	Holzrahmenkonstruktion (Fichte/Tanne) mit Volldämmung aus Mineralwolle 040
13 mm	OSB-Platte
100 mm	Wärmedämmsystem mit weißem Außenputz, alternativ Holzverschalung nach Bemusterung

Insgesamt erreichen die Außenwände einen U-Wert von 0,09 W/qmk.

Erdgeschossfußboden

Der tragende Fußboden wird als Holzrahmenkonstruktion im Großtafelkonstruktionssystem hergestellt. Die Holzrahmenkonstruktion wird auf die Fundamente aufgesetzt.
Auf dem Systemfußboden wird ein Zementestrich mit zusätzlicher Dämmung eingebaut.
Der Aufbau der Elemente von oben nach unten ist wie folgt:

50 mm	Zementestrich
80 mm	Wärme- und Trittschalldämmung
22 mm	Spanplatte oder OSB-Platte
0,16 mm	PE-Folie als Dampfsperre; luftdicht verklebt an allen Naht- und Tackerstellen

220 mm	Holzrahmenkonstruktion (Fichte/Tanne) mit Volldämmung aus Mineralwolle 040
13 mm	wasserfeste Spanplatte
2 mm	Asphaltpappe als Feuchtigkeitssperre zum Erdreich

Die Gesamtkonstruktion hat einen U-Wert von 0,13 W/qmk.

Erdgeschoss- und Obergeschossdecke

Der Aufbau von oben nach unten ist wie folgt:

50 mm	Zementestrich
50 mm	Wärme- und Trittschalldämmung
22 mm	Spanplatte oder OSB-Platte
220 mm	Holzrahmenkonstruktion (Fichte/Tanne) mit 60 mm Schalldämmung; im Randbereich zu den Außenwänden auf 50 cm Länge 220 mm Volldämmung
35 mm	Holzunterkonstruktion (Fichte/Tanne)
12,5 mm	Gipskartonplatte

Innenwände

Die Innenwände werden als Holzrahmenkonstruktion im Großtafelkonstruktionssystem hergestellt. Die Wände werden mit Gipskartonplatten verkleidet. Alle vorgesehenen Elektroleitungen werden in den Wänden verlegt. Der Aufbau der Elemente ist wie folgt:

12,5 mm	Gipskartonplatte, in Feuchträumen imprägniert
13 mm	OSB-Platte
120 mm	Holzrahmenkonstruktion (Fichte/Tanne) mit 60 mm Schalldämmung
13 mm	OSB-Platte
12,5 mm	Gipskartonplatte, in Feuchträumen imprägniert

Dachstuhl

Die Ausführung erfolgt als Pfettendach. Der Aufbau des Dachstuhls von innen nach außen ist wie folgt:

12,5 mm	Gipskartonplatte, in Feuchträumen imprägniert
200 mm	Unterkonstruktion (Fichte/Tanne) mit Mineralfaserdämmung 040
13 mm	OSB-Platte
0,16 mm	PE-Folie als Dampfsperre; luftdicht verklebt an allen Naht- und Tackerstellen
220 mm	Holzrahmenkonstruktion (Fichte/Tanne) mit Volldämmung aus Mineralwolle 040

Der U-Wert der Dachfläche beträgt 0,10 W/qmk.

Dachüberstände
Sichtbare Dachüberstände gem. Bauzeichnung mit Aufsparrenschalung werden aus gehobeltem Holz erstellt. Alle Sparren- und Pfettenköpfe werden einfach profiliert. Die Verschalung erfolgt mit Nut- und Federbrettern. Sämtliche Dachüberstände sind fertig endbehandelt, Anstrich weiß oder offenporige Lasur nach Bemusterung.

Dacheindeckung
Betondachziegel Fabrikat Braas (Farbe und Form nach Bemusterung) auf Lattung, Konterlattung und diffusionsoffener Unterspannfolie mit allen erforderlichen Formsteinen. Die Konterlattung und Lattung ist mit anerkannten Holzschutzmitteln imprägniert. Die Belüftung der Dachhaut erfolgt über Traufe und Trockenfirst mit Formziegeln. Auf Wunsch können Tonpfannen gegen Aufpreis angeboten werden.

Schornstein
Sollte ein Schornstein eingeplant sein, wird dieser in den Abmessungen nach Angabe der AG erstellt. Der Schornsteinkopf über der Dacheindeckung wird mit Dachschindeln passend zur Eindeckung von der AN verkleidet. Die Einfassung in der Dachfläche wird aus Blei von der AN erstellt.

Außenfensterbänke
Die Außenfensterbänke werden aus Aluminium mit seitlichen Abschlussprofilen erstellt. Der Überstand zum Außenputz beträgt ca. 5 cm.

Lüftungsanlage
Es wird eine geregelte Wohnraumlüftung mit Wärmerückgewinnung und Wärmepumpe eingebaut. Die Rohrleitungen der Erdvorwärmung, die außerhalb des Gebäudes liegen, sind nicht im Leistungsumfang enthalten.
Die Wärmerückgewinnung erfolgt mittels Luftwärmepumpe, Fabrikat Nibe Fighter 410 oder gleichwertig. Alle Lüftungsleitungen mit Schalldämpfern. Der Einbau einer Steuerung über eine Fernbedienung im Wohnzimmer, stufenabhängig mit Tages- und Wochenprogramm, ist optional möglich.
Abluftöffnungen in Küche, WC, Bad und HWR. Frischluftzufuhr in allen Wohn- und Schlafräumen.
Eine Nachheizung erfolgt in den Räumen Wohnen und Bad mittels Elektro-Fußbodenheizung.

Sanitärinstallation, Kalt- und Warmwasserbereitung
Die Warmwasserbereitung erfolgt mit einem 300-Liter-Schichtenspeicher mit Anschluss an die Wärmepumpe und 2 Hochleistungs-Flachkollektoren. Kalt- und Warmwasserleitungen aus Kupfer. Warmwasserversorgung in Küche, Bad und

WC. Die Ausstattung kann regional von der Baubeschreibung abweichen, ist jedoch gleichwertig. Im Einzelnen ist folgende Ausstattung vorgesehen:
1 Waschtischanlage: 1 Waschtisch „Topara“ 60 cm, weiß,
1 Handtuchhalter, verchromt, 1 Einhebelmischbatterie „Kludi-Topara“
1 Badewannenanlage: 1 Stahl-Einbauwanne „Juwel“ 75 x 170 cm, 1 Satz Wannenträger, Einhebelmischer Aufputz „Kludi-Topara“ in Chrom, 1 Wannenfüll- u. Brausebatterie „Kludi-Topara“
1 Duschanlage: 1 Stahl-Brausewanne „Bette“ 90 x 90 x 15 cm, 1 Aufputz-Thermostatbatterie „Kludi-Topara“, 1 Brauseset mit Wandstange „Kludi-Topara“
2 WC-Anlagen: 1 wandhängendes Tiefspülklosett „Topara“, weiß, 1 WC-Sitz „Largo“, Geberit Abdeckplatte
1 Waschtischanlage für das WC: 1 Stck. Waschtisch „Topara“ 45 cm, weiß, 1 Einhebelmischbatterie „Kludi-Topara“
1 Waschmaschinenanschluss
1 Außenzapfstelle.

Elektroarbeiten
Zählerschrank komplett mit Automaten. Ab Zählerschrank erfolgt die Elektroinstallation. Schalter- und Steckdosenabdeckungen in weiß. Im Einzelnen ist folgende Ausstattung vorgesehen:
Hauseingang: 1 Anschl. für Außenleuchte, 1 Klingelanlage mit Gong 65,
Flur: 1 Anschl. für Deckenleuchte mit Wechselschaltung, 1 Steckdose,
Küche: 1 Anschl. für Deckenleuchte, 6 Schukosteckdosen, 1 Anschl. für Elektroherd, 1 Anschl. für Spülmaschine,
Wohnen: 1 Anschl. für Deckenl. mit Serienschalter, 6 Schukosteckdosen, 1 Leerrohr für Telefonanschluss, 1 Leerrohr für Antennenanschluss,
Essen: 1 Anschl. für Deckenleuchte, 2 Schukosteckdosen,
Eltern: 1 Anschl. für Deckenleuchte, 4 Schukosteckdosen,
je Kind: 1 Anschl. für Deckenleuchte, 3 Schukosteckdosen,
Bad: 1 Anschl. für Deckenlampe, 2 Anschl. für Wandlampen, 2 Schukosteckdosen,
WC: 1 Anschl. für Wand- und Deckenleuchte, 1 Schukosteckdose,
HWR/Technik: 1 Anschl. für Deckenleuchte, 1 Anschl. für Waschmaschine,
1 Schukosteckdose, 1 Anschluss 380 V für das Lüftungsgerät, 1 Anschl. für Außenleuchte,
Terrasse:1 Anschl. für Außenleuchte, 1 Schukosteckdose,
Alle Leitungen werden nach den Vorschriften der Versorgungsunternehmen verlegt.

Treppen
Die Geschosstreppen werden als Stahlharfentreppen mit Buchenfurnierholzstufen ausgeführt. Das Geländer wird aus Stahl mit Handlauf gefertigt.

Fliesenarbeiten:
Für die Fliesen ist ein Materialpreis von 20 Euro pro qm im Preis enthalten. Wandfliesengröße ist ca. 20/20 cm, Boden ca. 25/25 cm. Die Fliesen werden gerade und fluchtrecht verlegt.
Fliesen sind vorgesehen in den Räumen:
Küche: Bodenfliese inkl. Sockelfliese und Küchenspiegel 4 qm
Bad: Bodenfliese und Wandfliese bis Decke/Dachschräge
WC: Bodenfliese und Wandfliese bis 2,0 m Höhe

Fensterbänke
Innenfensterbänke sind aus Kiefern Massivholz gefertigt. Im Bad, WC und in der Küche im Bereich des Küchenspiegels werden die Fensterbänke gefliest (Bestandteil der Fliesenarbeiten).

Innentüren
Im EG und DG werden Röhrenspantürblätter mit Echtholzfurnier eingebaut – Buche, Eiche, Weißlack oder Gleichwertiges, inkl. passender, endbehandelter Holzzargen.
Drücker: Leichtmetalldrücker Rundform mit Rosette. Für die Innentüren mit Drückergarnitur und Zarge ist ein Materialpreis von 205 Euro veranschlagt.

Sonstiges
Änderungen durch behördliche Auflagen bedingt, sowie Änderungen und Verbesserungen, die den Wert und die Funktion nicht negativ beeinträchtigen, bleiben der AN mit Zustimmung der AG vorbehalten.

Quelle: Gesellschaft für Passive Alternative Bauweisen mbH

Ausbauhaus

Immer beliebter wird auch das Ausbauhaus. Es eignet sich besonders für Bauherren mit schmalem Geldbeutel. Durch Eigenleistung lassen sich erhebliche finanzielle Mittel einsparen. Doch Vorsicht: Viele Bauherren unterschätzen die viele Arbeit, sowohl in Sachen Geschicklichkeit als auch im Zeitaufwand. Die Anbieter von Ausbauhäusern sind mit den Fertighausherstellern vergleichbar. Zum Teil haben Sie aber einen besseren Service. So bieten Firmen, die Ausbauhäuser verkaufen, mitunter Schulungen für Bauherren an, organisieren Baubegleiter und schalten sogar eine Hotline, die im Notfall hilfreich zur Seite steht.

Wie viel kostet mein Haus?

Nach der langen Suche sind Sie endlich am Ziel: Sie wissen, welches Haus Sie haben wollen. Die nächste Herausforderung ist die Kostenermittlung. Wie sollen Sie vorgehen, um sich eine Vorstellung darüber zu machen, was finanziell auf Sie zukommt? Dazu an dieser Stelle zunächst etwas Grundsätzliches zum Thema Kosten.

Es gibt wohl kaum eine Branche, in der die Begriffe so durcheinander geworfen werden wie in der Baubranche. Zum Beispiel definiert ein Verkäufer die Gesamtkosten und meint damit „inklusive Stellplatz, Grunderwerbssteuer, Notar- und Finanzierungskosten". Ein anderer spricht zwar ebenfalls von Gesamtkosten, bei ihm sind aber weder der Stellplatz noch irgendwelche Nebenkosten enthalten. Selbst die Architekten sprechen keine einheitliche Sprache: Manchmal ist bei ihnen von Baukosten die Rede und manchmal von den Herstellungskosten des Gebäudes – mit oder ohne Außenanlagen und Nebenkosten? Wer blickt da noch durch? Wie können Sie da die Kosten verschiedener Angebote vergleichen?

Ähnliche Verwirrung stiften die Begriffe zu einzelnen Flächen. Hier wird von Wohnfläche, Hauptnutzfläche, Bruttogeschoss- und Bruttogrundfläche gesprochen. Ist Ihnen dann noch klar, welche Fläche eigentlich gemeint ist? Empfehlenswert ist es, im Wohnungsbau von der Wohnfläche nach der II. Berechnungsverordnung zu sprechen. Siehe dazu auch den Vergleich mit DIN 277 weiter hinten.

Für die Zusammenstellung der Kosten Ihres Objekts ist wiederum die Gliederung der Gesamtkosten nach DIN 276 in den so genannten Kostengruppen 1 bis 7 zu verwenden. Bei den Kostenangaben ist dann darauf zu achten, dass sie sich inklusive Mehrwertsteuer auf den Quadratmeter Wohnfläche beziehen. Mit dieser Gliederung ermittelt auch der Architekt die Kosten eines Gebäudes. Tragen Sie in die freie Spalte die jeweils anfallenden Kosten ein.

Gliederung der Gesamtkosten nach DIN 276

Kostengruppe	Inhalt	Angaben in Euro
1. Grundstück	Grundstückswert Grundstücksnebenkosten Freimachen	
2. Erschließung	Herrichten Öffentliche Erschließung Nichtöffentliche Erschließung Ausgleichsabgaben	
3. Bauwerk	Baugrube Gründung Außenwände	

Kostengruppe	Inhalt	Angaben in Euro
	Innenwände Decken Dächer Sonstige Maßnahmen für Baukonstruktion	
4. Technische Anlagen	Abwasser-, Wasser-, Gasanlagen Wärmeversorgungsanlagen Lufttechnische Anlagen Starkstromanlagen Fernmelde- und informationstechnische Anlagen Förderanlagen Nutzungsspezifische Anlagen Gebäudeautomation Sonstige Maßnahmen für technische Anlagen	
5. Außenanlagen	Geländeflächen Befestigte Flächen Baukonstruktion Technische Anlagen Einbauten Sonstige Maßnahmen für Außenanlagen	
6. Ausstattung	Ausstattung Kunstwerke	
7. Baunebenkosten	Bauherrenaufgaben Vorbereitung der Objektplanung Architekten- und Ingenieurleistungen Gutachten und Beratung Kunst Finanzierung Allgemeine Baunebenkosten Sonstige Baunebenkosten	

WISO rät: Anhand dieser Tabelle können Sie den Verkäufer sozusagen festnageln. Was ist in den Gesamtkostenangaben enthalten und was nicht? Nutzen Sie die freie Spalte auch dazu, um Bemerkungen und Fragen zu klären oder die gemachten Angaben zu konkretisieren.

Der Kaufvertrag

Den meisten ist bekannt, dass ohne Notar bei Immobiliengeschäften nichts läuft. Dass man dafür auch eine Negativbescheinigung braucht, wissen nur wenige, und die Auflassungsvormerkung ist für viele ein Buch mit sieben Siegeln.

Gemeinden haben ein gesetzliches Vorkaufsrecht für Grundstücke. Sie werden automatisch über jede Änderung der Grundbesitzverhältnisse informiert und können das entsprechende Grundstück selbst kaufen. Damit Ihr Grundstücksgeschäft rechtsgültig wird, müssen Sie die Verzichtserklärung bei der Gemeinde einholen. Normalerweise erledigt diese Aufgabe der mit der Beurkundung beauftragte Notar.

Der nächste Gang führt Sie zu Ihrer Bank, mit der Sie die Finanzierung geregelt haben. Sie will, bevor Geld fließt, dass die so genannte Auflassungsvormerkung im Grundbuch eingetragen wird. Die Einigung mit dem Verkäufer wird als Auflassung bezeichnet, die Eintragung der Auflassung ins Grundbuch heißt in der Fachsprache Vormerkung. Die Auflassungsvormerkung belegt also, dass das Grundstück an den namentlich Eingetragenen verkauft werden soll. Das wird auch im notariellen Kaufvertrag vermerkt. Erst nachdem der Kaufpreis gezahlt ist, wird durch eine neue Eintragung der Besitzwechsel im Grundbuch angezeigt. Damit ist der Grundstückskauf rechtlich abgeschlossen. Das Grundbuch spielt bei Grundstücksgeschäften als öffentliches Register eine wichtige Rolle. Vermerkt werden nicht nur Besitzverhältnisse, sondern auch die Belastungen eines Grundstücks: Anzahl und Höhe der Hypotheken, Nutzungsrechte, zum Beispiel ein Wohnrecht oder ein privates Vorkaufsrecht.

WISO rät: Bevor Sie mit dem Verkäufer über die Wohnung verhandeln, sollten Sie sich immer erst über Grundbucheinträge informieren und vor Vertragsunterzeichnung beim Notar nachfragen, ob er bei der Einsichtnahme Nachteile entdecken konnte.

Nach Abschluss des Kaufvertrags werden die Nebenkosten fällig. Dazu zählen die Maklerprovision, die Grunderwerbssteuer und die Kosten für den Notar. Insgesamt müssen Sie mit etwa 10 bis 15 Prozent rechnen, die dafür zusätzlich zum Kaufpreis anfallen.

Achten Sie bei der Vertragsgestaltung auf bestimmte Formulierungen, die sich für Sie als Käufer negativ auswirken könnten. Stehen im Vertrag Klauseln wie „Haftung für Sachmängel sind ausgeschlossen“ oder „Gekauft wie besichtigt“, so haftet der Verkäufer gar nicht oder nur begrenzt, wenn der Käufer später Mängel entdeckt. Nur wenn der Verkäufer solche Mängel auf ausdrückliche Nachfrage oder arglistig verschweigt, wäre ein Haftungsausschluss unwirksam. Dies kann dann zum Rücktritt vom Vertrag, zur Minderung des Kaufpreises, aber auch zu Schadensersatzansprüchen führen, was jedoch häufig schwer zu beweisen ist. Käufer, die sich absichern wollen, sollten in den

Vertrag folgende Klausel aufnehmen lassen: „Dem Verkäufer sind keine versteckten Mängel bekannt." Fallen Ihnen Mängel erst nach dem Einzug auf, sollten Sie sofort tätig werden und frühzeitig einen Anwalt einschalten.

Was soll im Vertrag stehen?

Im Kaufvertrag müssen die genaue Lage und die Bezeichnung des Grundstücks, die persönlichen Daten des Verkäufers und des Käufers (Personalausweis muss vorgelegt werden) sowie der Kaufpreis enthalten sein. Daneben sollten auch die Zahlungsmodalitäten, der Zustand des Hauses und weitere Vereinbarungen, zum Beispiel über vorzunehmende Reparaturen, im Vertrag festgelegt werden.

Damit bei Vertragsabschluss alles glatt geht, ist es notwendig, dass Sie sich zuvor mit dem Verkäufer präzise geeinigt haben. Nichts ist schlimmer, als am Notartermin noch nachzuverhandeln und dadurch das Geschäft vielleicht zum Platzen zu bringen.

Nehmen Sie in den Kaufvertrag deshalb auch Dinge auf, die auf den ersten Blick vielleicht selbstverständlich erscheinen, wie Angaben zu bereits erfolgten Modernisierungsmaßnahmen, Einbauten, die in das Eigentum des Käufers übergehen sollen, Unterlagen, die bescheinigen, dass vorgenommene Ein- und Anbauten von der Eigentümergemeinschaft genehmigt wurden. Auch die genaue Wohnfläche sollte vorher nachgemessen worden sein und mit den Angaben im Kaufvertrag übereinstimmen. Ebenso gehören in den Vertrag Vereinbarungen über das Zubehör. Nicht alle Gegenstände, die beim Verkaufsgespräch in der Wohnung zu sehen waren, sind automatisch im Preis inbegriffen. Vor der Übergabe können Markisen, Handtuchhalter und Gardinenleisten abmontiert werden. Solange nichts Gegenteiliges vereinbart ist, darf der Verkäufer sein Zubehör mitnehmen. Falls vom Verkäufer noch Renovierungsarbeiten zu erledigen sind, sollten Sie diese detailliert auflisten. Weil es aber gerade bei diesem Punkt immer wieder Ärger gibt, renovieren die Käufer häufig selbst. Diese Tätigkeiten sollten sich allerdings in einer Preisreduzierung bemerkbar machen.

WISO rät: Auch wenn es dem einen oder anderen Vorteile bringen könnte, sollten Sie sich nicht darauf einlassen, mit dem Verkäufer einen anderen Preis zu beurkunden, als Sie tatsächlich bezahlen werden. Dies macht den Kaufvertrag ungültig und nichtig. Da sich anhand des beurkundeten Kaufpreises die Grunderwerbsteuer und andere Nebenkosten des Immobilienerwerbs bemessen, wäre dies außerdem Steuerhinterziehung und Betrug.

Rücktritt schwierig, aber nicht unmöglich

Ist der Kaufvertrag fertig, sollten Sie die Vertragsinhalte mit Ihrem Notar durchgehen. Es gibt zahlreiche Vertragsklauseln mit Fallstricken, die Sie im Zweifel nicht erkennen. Beim Notartermin selbst wird zu schnell vorgelesen, aber selbst wenn dem nicht so wäre, könnte man das Gesagte, ohne es vorher durchgearbeitet zu haben, nicht verstehen. Die Zeit, die Sie in die Durchsicht investieren, lohnt, denn ein Rücktritt von einem Immobiliengeschäft ist nicht ohne weiteres möglich. Zunächst gilt: Der Vertrag steht. Für einen eventuellen Rücktritt brauchen Sie Gründe. Doch mit oder ohne guten Kündigungsgrund können Schadensersatzforderungen auf den Aussteiger zukommen. Das heißt, er müsste in jedem Fall alle Notarkosten tragen.

Der Verkäufer hat außerdem das Recht, so gestellt zu werden, wie er stünde, wenn der Vertrag vollständig abgewickelt worden wäre. Das kann sogar so weit gehen, dass der Verkäufer sein Grundstück nur für weniger Geld verkaufen kann und Sie die Differenz zwischen dem ursprünglichen Verkaufspreis und dem neuen – nebst Zinsen ab Vertragsausstieg – zahlen müssen. Wie hoch die Forderungen genau ausfallen, hängt jedoch stark vom Einzelfall ab. Diese Rücktrittsgründe wurden von Gerichten anerkannt:

- **Zu hoher Preis:** Ein Kurzentschlossener kaufte eine Zwei-Zimmer-Wohnung für 78.000 Euro. Als er seine Immobilie genauer unter die Lupe nahm, kam ihm der Verdacht, dafür zu viel bezahlt zu haben, und er gab deshalb ein Gutachten in Auftrag. Der Sachverständige kam zu dem Ergebnis, dass die Wohnung lediglich 32.000 Euro wert war. Er war empört und wollte sein Geld zurück. Das Gericht stand auf seiner Seite. Der Kaufvertrag verstoße gegen die guten Sitten und sei sittenwidrig, weil zwischen Leistung und Gegenleistung ein krasses Missverhältnis bestehe. Dies habe der Verkäufer, der im Immobiliengeschäft tätig und daher sachkundig war, auch gewusst (Oberlandesgericht Oldenburg, 15 U 15/02).
- **Mängel verschwiegen:** Handelt es sich um gravierende Mängel, kann der Kaufvertrag angefochten werden. Dies ist etwa der Fall, wenn im Haus unangenehme Gerüche wegen eines defekten Abwasserkanals auftreten oder eine Wand in einem Einfamilienhaus von Schimmel befallen ist. In beiden Fällen hatten die früheren Besitzer die Mängel arglistig verschwiegen (Oberlandesgericht Bamberg, 4 U 196/01 und 3 U 165/01).

Beispiel: Schimmel in der Wohnung

Eheleute hatten für umgerechnet 51.640 Euro eine Erdgeschosswohnung, Baujahr 1960, in einer Wohnanlage erworben. Im Kaufvertrag war ihnen durch den Vorbesitzer zugesichert worden, dass er von so genannten verborgenen Mängeln nichts wisse. Sie vermieteten die Wohnung für 486 Euro sofort weiter. Doch der Mieter klagte schon bald über Schimmelbefall im Bereich des Wohnzimmerfensters, hinter einigen Schränken und auch im Badezimmer. Er minderte die Miete deswegen vier Monate lang um insgesamt 608 Euro und zog dann wieder aus. Anschließend konnte das Ehepaar nur noch 260 Euro Miete verlangen. Es verklagte den Verkäufer auf Rückabwicklung des Kaufvertrags und auf Schadensersatz. Denn es waren neben den Mietausfällen auch noch Makler- und Notarkosten sowie Steuern und Grundbuchgebühren angefallen. Insgesamt verlangten sie rund 58.700 Euro.

Der Verkäufer gab sich vor Gericht arglos. Er sei davon überzeugt gewesen, dass der Schimmelbefall, den ihm sein letzter Mieter durchaus gemeldet habe, nur auf dessen falschem Verhalten beruhen konnte. Der habe wahrscheinlich nicht ausreichend gelüftet und beim Kochen die Dunstabzughaube nicht eingeschaltet. Nachdem der Betreffende ausgezogen war, habe er die frisch renovierte Wohnung sieben Monate leer stehen lassen – „in dieser Zeit hat sich kein Schimmel mehr gezeigt". Das Gericht stellte fest, dass der Verkäufer also mindestens zwei Jahre von der Schimmelproblematik gewusst habe. Im Sinne eines „redlichen Geschäftsverkehrs" hätte er unbedingt darauf hinweisen müssen. Die Richterin wertete dieses Verschweigen als „Arglist" und verurteilte den Mann zur Rückzahlung des Kaufpreises sowie Erstattung der Nebenkosten, insgesamt 56.255 Euro. Für den Mietausfall gab es keinen Ersatz, weil die Käufer nun so gestellt seien, als hätten sie die Wohnung nie gekauft (Landgericht, München 26 O 12901/02).

- **Makler hat falsch geschätzt:** Makler, Anwälte, Steuerberater oder Notare werden bei Immobiliengeschäften in die Pflicht genommen. Schätzt etwa ein Makler den Verkehrswert eines Grundstücks falsch ein, kann er vom Verkäufer zur Kasse gebeten werden. Er haftet dann für die Differenz zwischen dem erzielten und dem erzielbaren Marktpreis (Oberlandesgericht Schleswig, 14U 136/99). Auch derjenige, der ein unrichtiges Verkehrswertgutachten erstellt hat, haftet (Bundesgerichtshof, XZR 244/00). Behauptet der Makler vor dem Notar, dass die Finanzierung gesichert sei, obwohl dies nicht stimmt, ist er schadensersatzpflichtig (Oberlandesgericht Düsseldorf, 7U123/99).
- **Schlechte Arbeit vom Notar:** Der Notar kann zur Verantwortung gezogen werden, wenn er einen Vertrag mit unwirksamen Regelungen beurkundet oder die Abwicklung eines von ihm aufgesetzten Vertrags unzureichend überwacht hat. Hat der Notar die Kaufpreisrate für ein Grundstück zu früh fällig gestellt, muss er die zusätzlichen Finanzierungskosten seines Klienten ersetzen (Bundesgerichtshof, IX ZR 266/00). Auch Anwälte und Steuerberater haften, wenn sie Fristen versäumen. Ebenso, wenn sie falsche Gestaltungshinweise geben oder ungünstige Vertragsklauseln vorschlagen.
- **Pflichten nicht erfüllt:** Zahlt der Käufer den Kaufpreis nicht rechtzeitig, fallen Verzugszinsen an. Der Verkäufer kann sogar vom Vertrag zurücktreten und Schadensersatz für seine Kosten und den entgangenen Gewinn fordern. Der Käufer muss dann die für ihn eingetragene Auflassungsvormerkung löschen lassen. Kommt umgekehrt der Verkäufer seinen Pflichten nicht nach, weil er zum Beispiel den Termin für die Besitzübergabe nicht einhält, kann der Käufer Ersatz für den Schaden verlangen, der durch die Verspätung entstanden ist, etwa die Kosten für die Anmietung einer Ersatzwohnung.

- **Gescheiterte Schlüsselübergabe:** Lässt sich der Verkäufer nach dem Kauf Zeit mit der Schlüsselübergabe, bleibt dem Käufer nur, eine angemessene Frist zu setzen. Erst wenn diese ergebnislos abgelaufen ist, wird der Vertrag rückabgewickelt. Was bereits gezahlt wurde, muss zurückgegeben werden. Hat der Käufer die Immobilie schon eine gewisse Zeit genutzt, muss er dafür Wertersatz leisten. Dieser orientiert sich an der ortsüblichen Miete.
- **Kosten zurückfordern:** Scheitert der Grundstückskauf, kann der Käufer, sofern der Verkäufer das geplatzte Geschäft zu verantworten hat, schriftlich Ersatz fordern, mit Kopien von Rechnungen, Kontoauszügen und Zinsbescheinigungen. Bei erheblichen Pflichtverletzungen des Verkäufers kann der Käufer die Kosten für Notar, Grundbuchamt, Makler und Grunderwerbsteuer verlangen, ebenso die Kosten der Finanzierung, Umzugskosten und nutzlos aufgewendete Renovierungskosten. Beschafft sich der Käufer ein gleichwertiges Grundstück, schuldet der Verkäufer die Differenz zwischen dem ursprünglich vereinbarten Kaufpreis und dem Kaufpreis für das Ersatzgrundstück.

WISO rät: Der notarielle Kaufvertrag ist der wichtigste Bestandteil bei Grundstücksgeschäften. Wählen Sie Ihren Notar sorgfältig aus.

Profi-Suche: So finden Sie die richtige Immobilie!

Sie wissen jetzt, ob Sie ein Haus oder eine Wohnung haben wollen. Letztlich entscheidend ist aber meist das Portemonnaie. Wie viel Immobilie können Sie sich überhaupt leisten? Um einen ehrlichen Kassensturz, wie wir ihn im Kapitel „Finanzierung und Steuern" empfehlen, werden Sie also nicht herumkommen.

Sind Sie unter Zeitdruck, weil Sie zum Beispiel beruflich umziehen müssen, ist an dieser Stelle guter Rat teuer. Mit anderen Worten, Sie werden für die Suche vermutlich die Dienste eines Maklers in Anspruch nehmen müssen. Seine Provision kann Ihr Vorhaben noch einmal gründlich verteuern. Dennoch sollten Sie sich niemandem blind anvertrauen. Erkundigen Sie sich vorab nach seinem Ruf, lassen Sie sich Referenzen zeigen und welche anderen Objekte von ihm vermakelt werden. Machen Sie sich auch vorab selbst ein Bild davon, wo in der Stadt Ihrer Wahl die guten Wohngegenden liegen, wie es um die Infrastruktur und die Erreichbarkeit von Schulen und Arbeitsstätte bestellt ist.

Wollen Sie Ihr Budget klein halten und haben Sie es nicht eilig, können Sie versuchen, auch ohne Makler ans Ziel zu kommen. In der Zeitung stehen in der Wochenendausgabe genügend Anzeigen, und auch im Internet werden die Chancen, die richtige Immobilie zu finden, immer größer.

WISO rät: Meiden Sie unbedingt Affektkäufe; lassen Sie sich bei der Suche so viel Zeit wie möglich! Kaufen Sie nicht am ersten Wochenende, wenn Sie noch unerfahren sind. Verschaffen Sie sich erst einen Überblick, die Suche kann Monate dauern. Hier ist Ihre Geduld gefragt. Lassen Sie sich in der ersten Lernphase auf keinen Fall unter Druck setzen. Gerade als Anfänger reagiert man viel zu leicht auf unseriöse Angebote oder Verkaufsmethoden.

Außerdem muss bei der Suche klar sein, welche Immobilienkategorien alternativ in Frage kommen: Eigentumswohnung in einem Hochhaus, Ein- oder Mehrfamilienhaus, Reihenhaus, Doppelhaus oder vielleicht sogar ein Abrisshaus. Sie müssen wissen, ob Sie nur alleine wohnen wollen, ob es ein Neubaugebiet oder der alte Ortskern sein soll, und was Sie bereit sind, auszugeben. Überlegen Sie sich mit allen Konsequenzen, ob Sie neu bauen oder eine gebrauchte Immobilie wieder fit machen wollen. Finden Sie zum Beispiel ein Abrisshaus, kann daraus vielleicht das Schnäppchen Ihres Lebens werden. Meist sprechen nur Bauträger auf solche Angebote an, denn Sie wissen, wie man Grundstücke ausnutzt und was dabei für sie herausspringen kann. Der Verkäufer erhofft sich, so den höchsten Preis für sein Grundstück erzielen zu können. Aber nicht immer geht die Rechnung für ihn auf: etwa wenn sich kein Bauträger findet oder der Traumpreis nicht zu erzielen ist. Dann können Sie zum Zuge kommen. Entweder Sie suchen sich selbst einen Partner, der mit Ihnen das Grundstück teilt oder zwei Doppelhaushälften errichtet, oder Sie nehmen das alte Gebäude noch einmal genauer unter die Lupe. Oft lässt sich daraus mehr machen, als man denkt.

Wenn Sie sich einig geworden sind, wie und wo Sie leben wollen, legen Sie die Suche breit an. Beziehen Sie am besten die ganze Familie mit ein. Schließlich soll sich jeder nach dem Umzug wohl fühlen. Wenn Sie die nachfolgenden, unterschiedlichen Suchsysteme kennen gelernt haben, werden Sie von Woche zu Woche schneller und geübter suchen – und bestimmt fündig werden.

n der Zeitung suchen

Die Immobilienanzeigen in der Zeitung können einem gleich zu Beginn die Laune verderben: zu klein geschrieben, zu wenig konkrete Informationen, zu viele Makler. Außerdem muss man die Sprache verstehen. Unkundige und ungeübte Interessenten haben es schwer, hinter den blumigen Beschreibungen der Profis die Wahrheit herauszulesen. Die *knuffige Dachgeschosswohnung* ist garantiert schräg und nicht möblierbar, die *zentrale Lage* spricht für eine Hauptverkehrsstraße und in *12 Minuten* in der Stadt heißt vermutlich, dass das Haus direkt an der Autobahn steht. Doch Übung macht bekanntlich den Meister. Sie werden schnell herausfinden, was sich wirklich hinter und zwischen den Zeilen verbirgt.

Sollten Sie nicht schon die entsprechende Tageszeitung abonniert haben, gehen Sie mittwochs oder samstags an den nächsten Kiosk, noch besser an den nächsten Stadtbahnhof. Gerade an großen Bahnhöfen werden Sie über das umfangreiche Angebot an regionalen, überregionalen, internationalen Tageszeitungen und Wochenmagazinen staunen. Spezialisieren Sie sich erst einmal auf eine Immobiliensorte. Versuchen Sie ein Gefühl dafür zu bekommen, was ein Objekt in den verschiedenen Kategorien, Größen und Lagen überhaupt kosten kann. Nehmen Sie sich ein paar Stunden Zeit, um den Immobilienteil Ihrer ausgewählten Zeitung zu studieren. Bewaffnen Sie sich mit unterschiedlichen Markierstiften und durchforsten Sie die Inserate. Zum Beispiel könnten rot markierte Telefonnummern bedeuten: sofort anrufen, die gelben sind von privat, die blauen vom Makler, und Chiffre-Anzeigen werden grün unterlegt.

Achten Sie darauf, ob es sich um gewerbliche Angebote, zum Beispiel um einen Makler, oder private Verkäufe handelt. Dies muss aus den einzelnen Anzeigen eigentlich klar ersichtlich sein, aber Vorsicht: Hier wird auch gerne getrickst. Steht zum Beispiel nur die Telefonnummer oder die Handynummer unter der Anzeige, sollte die erste Frage beim Anruf immer lauten: Sind Sie ein Makler?

WISO rät: Die Telefonnummern in Zeitungsinseraten können Sie oft vorab überprüfen. Suchen Sie über eine handelsübliche Telefon-CD oder über das Internet durch Eingabe der Telefonnummer den Namen und die Adresse heraus. Alternativ können Sie auch im Adressbuch Straße und Hausnummer nachschlagen und so Bewohner und Nachbarn binnen Sekunden finden. Außerdem bietet die Telekom in Kürze die so genannte Rückwärtssuche an.

Einen großen Teil der Inserate machen Makler-Anzeigen aus, die Bauträgerobjekte vermakeln. Häufig steht dabei: ohne Provision, keine Maklercourtage, direkt vom Hersteller. Natürlich vermittelt der Makler nicht umsonst, seine Provision ist bereits im Kaufpreis enthalten. Da es dafür keine Obergrenze gibt, sollten Sie von einem Betrag zwischen 5 und 7 Prozent ausgehen. So haben Sie einen Anhaltspunkt dafür, was der Vermittler für seine Dienste bekommt und wie viel Verhandlungsspielraum noch drin ist. Verhandeln Sie auf jeden Fall; keine Immobilie geht zu dem Preis weg, der in der Zeitung steht.

Werden Sie aktiv und inserieren Sie selbst in den entsprechenden regionalen Tageszeitungen. Ein Anruf bei der Anzeigenabteilung genügt, um die Kosten der Anzeige, Auflage der Zeitung, Annahmeschluss und Erscheinungstag zu klären.

Die Rufnummer steht im Impressum einer jeden Zeitung und selbstverständlich im Telefonbuch. Doch Achtung: je nach Größe der Anzeige und Auflage der Zeitung, desto teurer. Leicht kommen zwei- oder sogar dreistellige Eurobeträge zusammen. Da Ihre erste Anzeige nicht gleich die erwartete Resonanz bringen muss, müssen Sie sich Gedanken machen, wie viel Geld Sie in Zeitungsinserate investieren wollen.

WISO rät: Legen Sie ein Budget für Ihre Zeitungsinserate fest. Wenn Sie zum Beispiel ohne Makler eine Immobilie kaufen möchten, kalkulieren Sie 5 bis 10 Prozent von einer zu sparenden Maklerprovision, dann haben Sie ein auskömmliches Budget für Zeitungsanzeigen. Wenn Sie das Geld für Anzeigen komplett sparen wollen, inserieren Sie in kostenlosen Anzeigenblättern, die ein- bis zweimal wöchentlich erscheinen. Hier zahlt nicht der Inserent, sondern ausschließlich der Zeitungskäufer.

Chiffre-Anzeige

Besonders spannend ist es, auf eine so genannte Chiffre-Anzeige zu antworten. Chiffre-Anzeigen verraten weder Telefonnummer noch Adresse des Inserenten. Das kann verschiedene Gründe haben. Der Verkäufer will erst einmal im Verborgenen bleiben oder herausfinden, ob es für seine Immobilie überhaupt Interessenten gibt. Außerdem muss er nicht das ganze Wochenende neben dem Telefon sitzen. Er kann potenzielle Interessenten erst einmal sammeln, sortieren und überprüfen, um dann gezielt mit einzelnen Personen Kontakt aufzunehmen. Chiffre-Anzeigen schützen den Verkäufer leider nicht vor Maklern. Denn sobald eine Anzeige von privat erscheint, werden sie versuchen, ihre Dienste anzubieten. Das kann zum Teil unangenehm werden. Zum Beispiel wird versucht, die Verkäufer zu verunsichern: Der Preis für das Objekt sei zu hoch oder zu niedrig angesetzt. In der Maklerkartei wären viele Interessenten für die Immobilie und der Käufer quasi schon gefunden. Privat zu verkaufen, berge ungeahnte Risiken und vieles mehr. Doch Verkäufer von Immobilien sollten sich davon nicht beeindrucken lassen. Schließlich können Sie ohne Maklerprovision günstiger verkaufen. Ein schlagendes Argument!

Wie sollten Sie vorgehen, wenn Sie eine interessante Chiffre-Anzeige entdeckt haben? Schreiben, klar – aber was? Verfassen Sie ein kurzes, individuelles Anschreiben. Nehmen Sie Bezug auf die Anzeige, stellen Sie sich und gegebenenfalls Ihre Familie kurz vor und bekunden Ihr Interesse an dem beschriebenen Objekt. Selbstverständlich vergessen Sie nicht Ihren Absender, Telefonnummern und e-Mail-Adresse anzugeben. Beschreiben Sie kurz, wann und wo Sie am besten zu erreichen sind. Adressiert wird der Brief an die Anzeigenabteilung der entsprechenden Tageszeitung unter der Angabe der Chiffre-Nummer – selbstverständlich schon im Adressfeld. So kann der Zeitungsverlag den Umschlag ungeöffnet an den Inserenten weitergeben.

Wenn Sie sich etwas Routine im Umgang mit Chiffre-Anzeigen angeeignet haben und Ihre Standardbriefe im PC abgespeichert sind, kostet Sie jeder weitere Brief nur wenige Minuten und eine Briefmarke. Mit etwas Glück finden Sie auf diesem Wege Ihre Traumimmobilie und können dadurch mehrere (zehn)tausend Euro Maklerprovision sparen.

Anzeigen im Internet

Selbstverständlich können Sie auch im Internet eine Anzeige aufgeben. Dabei sollten Sie zunächst herausfinden, welche Internetseiten überhaupt für Immobilien in der betreffenden Region geeignet sind. Das werden in der Regel die Seiten der regional vertretenen Tageszeitungen sein. Fast alle stellen ihre Immobilieninserate mittlerweile ins Netz. Erkundigen Sie sich nach den Klicks, also danach, wie oft die Seite am Samstag, wenn die meisten Inserate geschaltet werden, aufgerufen wird. Entscheiden Sie sich für das auflagenstärkste Blatt. Meist sind Internetanzeigen günstiger als der Abdruck in der Zeitung.

Das Internet ist eine wahre Fundgrube für jeden, der auf Immobiliensuche geht. Schauen Sie auch auf die Seiten der Makler, der Banken und der städtischen Liegenschaftsämter. Bei der überregionalen Suche lohnt ein Blick auf Betriebs- und Bundesimmobilien, die von den staatlichen Liegenschaftsverwaltungen angeboten werden.

Leider hat die Suche im Internet auch einige Nachteile: Die Inhalte sind nicht immer aktuell. Sie können endlos Zeit bei der Internetsuche verlieren, und dann ist es besonders ärgerlich, wenn die Informationen nicht auf dem neuesten Stand sind. Gerade kommunale und staatliche Immobilienseiten sind oft inaktuell und unvollständig.

WISO hat schon einmal die Internetanbieter in einer Stichprobe getestet. Das Ergebnis war nicht überzeugend, aber es tut sich ständig etwas im Netz, sodass Sie auf jeden Fall einmal reinschauen sollten.

Auf eigene Faust suchen

Ein spannender Weg, eine Immobilie zu finden, besteht darin, sich im wahrsten Sinn des Wortes auf Entdeckungstour zu machen. Am besten laufen Sie durch die Wohngebiete, die für Sie in Frage kommen. Mit aufmerksamem Blick achten Sie auf leer stehende Häuser, Wohnungen oder Grundstücke. Sie werden erstaunlich schnell selbst in sehr guten Lagen unbewohnte Objekte entdecken. Notieren Sie sich Straße, Hausnummer und Namensschilder – auch der Nachbarhäuser. Klappern Sie in einem nächsten Schritt die Ämter und Behörden ab.

Katasteramt

Den Eigentümer der Immobilie hat man leicht gefunden: Ein Gang zum Katasteramt genügt. Hier werden das so genannte Liegenschaftsbuch sowie die Flurkarten als Bestandsverzeichnis geführt und Sie bekommen den Namen des Eigentümers, Wohnort, aber nicht immer die Adresse, die Grundstücksgröße, Flur und Flurstück genannt. Die Verzeichnisse können dort (noch) gebührenfrei eingesehen werden. Es darf jeder in die Katasterunterlagen einsehen, sofern ein berechtigtes Interesse dargelegt wird. Bei manchen Gemeinden genügt sogar ein Anruf, um die Daten genannt zu bekommen – von wegen Datenschutz. Bei konkretem Interesse lassen Sie sich eine so genannte Abzeichnung der Flurkarte ausdrucken.

Amtsgericht und Grundbuchamt

Was machen, wenn der Eigentümer verstorben ist? Hier hilft das zuständige Amtsgericht weiter. Die Gerichte sind manchmal nicht ganz so flexibel. Teilweise ist ein schriftlicher Antrag erforderlich, um die Erben genannt zu bekommen. Nette Mitarbeiter erzählen Ihnen aber auch gerne den derzeitigen Stand, wann der Erbschein voraussichtlich ausgestellt werden kann beziehungsweise wie die Erben heißen. Wenn der Onkel aus Amerika als Erbe noch gesucht werden muss, kann es teilweise mehrere Jahre dauern, bis ein Verkauf der Immobilie möglich wird. Auch große Erbengemeinschaften brauchen lange, bis die Preisvorstellungen unter einem Hut sind. Erzielt eine Erbengemeinschaft keine Einigkeit oder war der Verstorbene verschuldet, kann es zur Zwangsversteigerung kommen. Zuständig ist hier wieder das Amtsgericht. Wie Sie innerhalb von Sekunden, nur durch das Anheben der Hand, durch eine Zwangsversteigerung zu einer Immobilie kommen, können Sie im Kapitel „Zwangsversteigerungen" nachlesen.

Städte, Gemeinden und Vereine

Gehen Sie zu Ihrer Stadtverwaltung und informieren Sie sich selbst nach Leerständen und Neubaugebieten. Das Stadtplanungsamt, das Wohnungsamt, städtische Entwicklungs- und Wohnbaugesellschaften und auch die Bauaufsicht sind über die verschiedenen Projekte und Entwicklungen einer Stadt am besten informiert. Auch die Liegenschaftsämter sollten Sie bei der Suche nicht auslassen. Die haben für jedermann etwas im Angebot, von kleinen Häuschen im Sanierungsgebiet bis zur Wohnung im Park. Bei den Behörden laufen alle Drähte zusammen. Hier können Sie Projekte und Programme für die unterschiedlichsten Zielgruppen kennen lernen. Sie werden erstaunt sein, was die öffentliche Hand alles fördert. Wenn Sie die Voraussetzungen erfüllen, kann das geradezu der Schlüssel für Ihr Projekt werden. Erkundigen Sie sich danach, welche Projekt gerade laufen und was gefördert wird. Zum Beispiel verkaufen Wohnungsbaugesellschaften, deren Förderzeitraum abgelaufen ist, ihre Immobilien aus den Sechziger- und Siebzigerjahren zu günstigen Preisen. Zunächst müssen zwar die Mieter gefragt werden, doch ein großer Teil landet auf dem freien Markt. Auch die Kontaktaufnahme mit einem Haus- und Grundeigentümerverein kann zum Erfolg führen. Wer etwas Besonderes sucht, kann auch bei der Bundesbahndirektion nachfragen und künftig vielleicht in einem ausgedienten Bahnhof wohnen.

Auf dem Lande

Achten Sie auf Aushänge in der Bank oder bei der Bausparkasse, in Kindergärten, Schule, im Supermarkt und bei Tante Emma. Sie werden kaum glauben, was da alles angeboten wird. Gerade in kleineren Ortschaften werden in öffentlichen Gebäuden, vielleicht sogar auf der Pinnwand im Bürgermeisteramt oder beim Pfarrer im Gemeindehaus, Immobilien feilgeboten. Sprechen Sie auch mal den Postboten oder den Wirt in der Dorfkneipe an. Die haben sicher ein paar Tipps für Sie.

Sprechen Sie mit der Nachbarschaft

Ein spontanes Gespräch mit der Nachbarschaft über den Gartenzaun kann erste Fragen zu einem Objekt beantworten. Scheuen sich nicht, auch mal zu klingeln. Meistens sind gerade die Nachbarn stark interessiert herauszufinden, was sich auf dem leeren

Grundstück nebenan tun wird und wer möglicherweise einziehen könnte. Nachbarn können teilweise perfekt und umfangreich über das begehrte Objekt und den Eigentümer informieren. Oft müssen Sie nur geduldig und aufmerksam zuhören, und Sie bekommen die ganze Lebensgeschichte des Hauses, der Eigentümer und Mieter erzählt. Gleichzeitig erfahren Sie auch jetzt schon interessante Hinweise zur Wohnqualität des Quartiers und dem Umfeld Ihrer favorisierten Immobilie. Brennende Fragen können sofort geklärt werden: Warum steht das Haus leer, wie lange ist das so, gibt es schon Interessenten für die Immobilie, wurde das Haus schon öfters besichtigt, ist bereits ein Makler für das Objekt beauftragt und welche Mängel sind gerade der Nachbarschaft bekannt?

Suchen Sie Kontakt mit dem Eigentümer

Wenn Sie den Eigentümer über einen der genannten Wege gefunden haben, machen Sie sich Gedanken, wie Sie mit ihm Kontakt aufnehmen – schriftlich oder telefonisch? Wählen Sie den Weg, der Ihnen besser liegt. Wenn Sie gerne schreiben, genügt ein kurzer Brief. Oder Sie greifen spontan zum Telefon. Sie sollten positiv und vorsichtig vorgehen, denn er könnte sich auch über den Anruf ärgern. Da ist Fingerspitzengefühl gefragt. Selbstverständlich rufen Sie zur richtigen Tageszeit an und fallen nicht mit der Tür ins Haus: Stellen Sie sich kurz vor und beziehen Sie sich auf den netten Nachbarn, mit dem sie bereits gesprochen haben. Lassen Sie nicht den Eindruck entstehen, schon zu viel herumgeschnüffelt zu haben, das könnte den anderen auch misstrauisch werden lassen. Nach der höflichen Einleitung kommen Sie konkret auf Ihr Anliegen zu sprechen: „Beim letzten Spaziergang habe ich Ihr leer stehendes Haus entdeckt, über das Katasteramt/über Ihren Nachbarn, Herrn Schmidt, wurde mir Ihre Adresse genannt.“ Auch jetzt werden Sie wieder überrascht sein, wie gesprächig die meisten Eigentümer sind. Viele wollen ihr Haus in gute Hände geben und verkaufen vielleicht nicht an jedermann.

Architekt, Bauträger und Fertighausanbieter

Wenden Sie sich an den ortsansässigen Architekten. Er hat jeden Tag mit den Ämtern zu tun, kennt sich aus und weiß, wo es in der Gegend Bauplätze gibt oder gebrauchte Immobilien zu finden sind. Er kann Ihnen auch sagen, ob der Bauträger seriös ist. Zum Beispiel bauen in einem Neubaugebiet viele verschiedene Firmen und die Konkurrenz schläft nicht. Sie können gerade auf dem Land sicher sein, dass jeder jeden genau beäugt. Der Architekt vor Ort weiß, wer zu empfehlen ist und wer nicht; fragen Sie ihn danach! Beim Bauträger hat man den Vorteil, dass Sie alle Leistungen aus einer Hand bekommen: Grundstück, Haus und Architekt. Schauen Sie sich vor Ort um, wer was baut und was Ihnen gefällt. Fragen Sie die Bauherren am besten direkt auf der Baustelle, wie der Bau voranschreitet und welche Probleme es mit dem Bauträger gibt.

Auch Fertighausanbieter haben einen Pool von Grundstücken, die sie natürlich nur in Verbindung mit ihrem Fertighaus verkaufen. Sehen Sie sich vorab einmal bei einer Musterhausausstellung um, die gibt es in jeder größeren Stadt. Auskunft gibt der Deutsche Fertighausverband in Stuttgart, www.dfv.com, Tel.: 0711/239 96 50.

Makler: Vermittlung nur gegen Provision

Wenn Sie selbst keine Zeit und keine Nerven haben, selbst zu suchen, müssen Sie sich an einen Makler wenden. Suchen Sie sich einen guten aus. Gerade wenn Sie nicht selbst vor Ort sein können, sind Exposés, fundierte Beratung und Vertrauen von großer Bedeutung. Makler können die Suche ernorm erleichtern, denn sie verfügen über Karteien und können so Käufer und Verkäufer schneller zusammenbringen. Wichtigste Frage: Wer trägt die Maklerprovision? In Deutschland ist es üblich, dass der Käufer zahlt, nachdem der Kaufvertrag zustande gekommen ist. In anderen Ländern muss häufig der Verkäufer die Provision bezahlen. Meist holt er sich diesen Betrag aber durch einen höheren Verkaufspreis wieder zurück. Eine weitere Möglichkeit ist die Halbe-Halbe-Regelung: Käufer und Verkäufer teilen sich die Kosten für den Makler. Hier gilt: Alles ist verhandelbar, aber ganz besonders die Maklerprovision.

Gute Makler kennen die Lage auf dem Immobilienmarkt der Region, wissen, wo es geeignete Objekte gibt und was sie kosten dürfen. Deshalb sollten Sie sich einen Alteingesessenen aussuchen, der Erfahrung hat und Referenzen vorweisen kann. Erkundigen Sie sich auch nach seiner Qualifikation. Er braucht zwar keine, um den Beruf auszuüben, aber mitunter hat er dennoch etwas vorzuweisen. Ein zweites Kriterium bei der Auswahl ist die Zugehörigkeit zu einem Maklerverband. Es gibt in Deutschland zwei große Maklerverbände, die eine eigene Satzung vorweisen können und sich Selbstverpflichtungen auferlegt haben. Beide Verbände haben mehrere Tausend Mitglieder.

Nicht jeder Makler ist sein Geld wert! Stellen Sie ihn auf den Prüfstand: Kann er zum Beispiel Detailfragen zur Immobilie beantworten? Wie alt ist die Heizung? Wie hoch war die letzte Schlussrechnung bei den Nebenkosten? Wie viel ist für die Grundsteuer zu zahlen? Kann man das Gartenhäuschen abreißen? Darf man anbauen? Das und mehr zeigt, wie er sich auf seine Aufgabe vorbereitet hat und ob er seinen Job ernst nimmt. Besuchen Sie den Makler in seinem Büro. So bekommen Sie einen Eindruck von der Arbeitsatmosphäre, ob er alles nebenbei erledigt oder professionell arbeitet. Fragen Sie außerdem, ob er eine Berufshaftpflichtversicherung abgeschlossen hat.

Bei Makleranzeigen auch zwischen den Zeilen lesen!

Keine Angabe zum Baujahr der Immobilie:
Es handelt sich vermutlich weder um einen echten Altbau noch um einen Neubau jüngeren Datums.

Denkmalgeschützt ohne nähere Erläuterungen:
Bauliche Änderungen werden kaum möglich sein.

DIN-Normen als Qualitätsangabe:
Die qualitativen Mindestanforderungen an die Bauleistungen sind wahrscheinlich erfüllt. Der Inserent wird wohl ein Techniker sein.

Eigentumswohnanlagen:
Wahrscheinlich ein Hochhaus mit 20 oder mehr Parteien.

Erhaltungszustand einer gebrauchten Immobilie nicht beschrieben:
Sie müssen sich auf hohe Sanierungskosten einstellen.

Grundstücksgröße bei Hausanzeigen fehlt:
Grundstück sehr klein oder ungünstig geschnitten.

Liebhaberobjekt:
Stark renovierungsbedürftig mit entsprechenden Folgekosten.

Notverkauf:
Vorsicht ist geboten, denn gerade in der Not hat niemand etwas zu verschenken.

Ruhige Lage mitten in der Stadt:
Gute Verkehrsanbindung mit entsprechender Geräuschkulisse.

Sanierung aufwändig oder luxuriös:
Rechtfertigungsversuch für einen überhöhten Preis.

Schnellverkauf:
Steht wohl schon lange leer.

Seriöses Umfeld:
Keine Wohngegend, sondern Bürohausviertel ohne nahe gelegene Einkaufsmöglichkeiten.

Verkehrsgünstig oder zentrale Lage:
Stark frequentierte Straße in Autobahnnähe.

Wohnanlage mit Zukunft:
Neubaugebiet, in dem noch jahrelang gebaut werden wird.

Wie wird man ein Makler?

Makler kann jeder werden. Für die Ausübung des Berufs ist keine Ausbildung erforderlich. Wer den Beruf des Immobilienmaklers ausüben will, benötigt lediglich eine Erlaubnis gemäß der Gewerbeverordnung. Diese Erlaubnis wird in der Regel jedem erteilt, der nicht vorbestraft ist und bei dem kein Konkurs oder kein Vergleichsverfahren vorliegen. Hieraus resultiert das Problem, dass viele fachfremde, ungelernte und damit oft unseriöse Personen diesen Beruf ausüben. Wer also nicht von privat kauft, sondern sich auf einen Makler einlässt, muss selbst herausfinden, wem er vertrauen kann. Besonders skeptisch sollte man sein, wenn von einem Makler gleichzeitig Finanzierungsangebote präsentiert werden. In solchen Fällen will ein Makler oft nicht unabhängig beraten, sondern doppelt verdienen. Achten Sie deshalb darauf, ob „Ihr" Makler in einem der beiden großen Berufsverbände RDM, dem Ring deutscher Makler, einem Zusammenschluss von führenden Immobilien- und Finanzmaklern, oder dem VDM, dem Verband deutscher Makler, organisiert ist. So kann man zumindest sicherer sein, dass es sich bei dem Makler nicht um eine Eintagsfliege handelt und er morgen wieder mit Gebrauchtwagen sein Geld verdient.

Wie hoch ist die Provision?

Die Maklerprovision – auch Maklerlohn oder Courtage genannt – ist eine erfolgsabhängige Vergütung für die erbrachten Leistungen, die einen bestimmten Prozentsatz vom Wert eines Immobiliengeschäfts betragen. Im § 652 BGB ist klargestellt, dass die Begriffe Nachweis und Vermittlung gleichgestellt sind. Das heißt, allein durch die Beauftragung des Maklers hat er bei Vertragsabschluss Anspruch auf die Provision. Dabei ist es egal, ob er die Vermittlung tatsächlich herbeigeführt hat oder nicht. In der Praxis bedeutet das: Selbst wenn der Verkäufer durch sein eigenes Bemühen einen Käufer findet, hat der Makler das Recht, vom Käufer Provision zu verlangen. Außerdem ist die Höhe des Maklerlohns völlig unabhängig von dem Zeiteinsatz und den Auslagen des Immobilienmaklers. Kommt es nicht zum Vertragsabschluss, bleibt der Makler auf seinen Auslagen sitzen, es sei denn, er hat mit dem Verkäufer etwas anderes ausgehandelt.

Damit trägt ein Makler ein nicht unbeträchtliches Kostenrisiko. Sämtliche Zeitungsanzeigen, Besichtigungstermine, Beratungen und Bemühungen können für ihn umsonst gewesen sein, wenn Sie sich für keine oder eine andere Immobilie entscheiden. Auch muss er die Fixkosten seines Betriebes und die Kosten für Vermittlungsversuche, die nicht zum Erfolg führten, durch die Provision wieder hereinholen. Hieraus erklärt sich, warum die Maklerprovision erst einmal ungerechtfertigt hoch erscheint. Der Gesetzgeber hat deren Höhe auch nicht begrenzt.

Weil sich in jedem Bundesland unterschiedliche Provisionen durchsetzen lassen, kommt es regional zu großen Unterschieden. Eine aktuelle Aufstellung über die genauen Höhen gibt es nicht. Die Fachhochschule Anhalt hat in einer empirischen Forschungsarbeit erstmals zusammengetragen, welche Provisionsvereinbarungen Immobilienmakler, Haus- und Wohnungseigentumsverwalter sowie Baubetreuer treffen. In den vergangenen Jahren haben sich die Sätze jedoch noch einmal erhöht, sodass die Spanne mittlerweile zwischen 3 und 7 Prozent liegen dürfte. Auch wenn die folgende Liste nicht mehr ganz auf dem aktuellsten Stand ist, liefert sie einen guten Überblick, wo Provisionen teuer und wo sie eher günstig sind.

Maklerprovisionen im Überblick

	Einzelimmobilien		Anlageobjekte		Bauträgerobjekte	
Bundesland	**Verkäufer**	**Käufer**	**Verkäufer**	**Käufer**	**Verkäufer**	**Käufer**
Baden-Württemberg	3%	3%	3%	3%	4–5%* 3%	0% 3%
Bayern	3%	3%	2%	3%	3,5–5% 3%	0% 3%
Berlin	0%	6%	0%	4,5%	4% 0% 3%	0% 6% 3%
Brandenburg	0%	6%	0%	4%	0% 3%	5,5% 3%
Bremen	0%	5%	0%	4%	3,5% 0%	0% 4,5%
Hamburg	0% 2,5%**	5,25% 2,5%**	0%	5%	4%0 0%	% 5%
Hessen	0%	5%	0%	3,5–4,5%	3,75%–4% 0%	0% 5%
Mecklenburg-Vorpommern	2% 2%	3% 3%	0% 1,5% 1,5%	3,5% 3% 3%	2%	3%
Niedersachsen	3% 0% 0%	3% 4% 5%	2% 0%	3% 4%	 2%	4% 3%
Nordrhein-Westfalen	3%	3%	3%	3%	5% 3%	0% 3%
Rheinland-Pfalz	3%	3%	3% 2%	3% 3%	3% 2%	3% 3%
Saarland	3%	3%	3%	3%	5% 3%	0% 3%

* In der Regel wird die Maklerprovision von den Bauträgern übernommen.
** Zusätzlich Unkostenbeitrag von 0,25 Prozent, der von den Vertragsparteien hälftig übernommen wird.

Sachsen	3%	3%	3%	2%	5% 3%	0% 3%
Sachsen-Anhalt	3%	3%	2%	3%	3%	3%
Schleswig-Holstein	2%	3%	2%	3%	2% 3–4%	3% –
Thüringen	3%	3%	2%	2,5%	3%	3%

Quelle: Übliche Gebühren für Makler, Verwalter und Bauträger in Deutschland, Hochschule Anhalt (FH), Bernburg/Saale. Stand: 1998

Bei Kaufverträgen unter 50.000 Euro werden teilweise noch höhere Prozentsätze berechnet. Die Provisionen sind üblicherweise verhandelbar.

Viele gute Objekte werden sogar nur durch einen Makler angeboten. Das gilt vor allem auch für gewerbliche Immobilien. Zur Maklerprovision kommt die gesetzliche Mehrwertsteuer von 16 Prozent noch dazu. Der Endpreis für eine Immobilie kann sich also zu einer beträchtlichen Summe addieren.

Vorsicht: Doppelt kassieren ist keine Seltenheit!

Immer wieder kann es passieren, dass Sie unerwartet eine oder sogar mehrere Maklerrechnungen in Ihrem Briefkasten haben. Wie kann das passieren? Sie erhalten ein Exposé von einem Makler, vielleicht besichtigen Sie sogar mit dem Makler das Objekt, wollen es aber nicht erwerben. Monate später wird Ihnen das Objekt wiederum durch einen anderen, zweiten Makler angeboten. Der Kaufpreis ist mittlerweile sogar akzeptabel geworden und Sie entschließen sich, das Objekt zu kaufen. Sie bezahlen selbstverständlich den zweiten Makler. Der erste Makler erfährt von dem Vertragsabschluss und kann nachweisen, dass Sie erstmalig durch ihn von dem Objekt erfahren haben; er schickt Ihnen selbstverständlich ebenfalls eine dicke Rechnung. Auch Anwälte sind oft ratlos, wenn es um Maklerprovisionen geht. Ein WISO-Zuschauer zog vor Gericht und verlor. Er erwarb von einer Bausparkasse eine gebrauchte Immobilie im Wert von 125.000 Euro. Die Maklerprovision in Höhe von 4.350 Euro hatte der Verkäufer gezahlt. Doch damit nicht genug: Auch der Käufer erhielt eine Rechnung über den gleichen Betrag. Der Richter bemerkte zwar, dass die Bausparkasse nun üppige 8.700 Euro kassiert habe, dass sich die Provision aber mit 6,96 Prozent im zulässigen Rahmen bewege. In einem anderen Fall hat die Immobilienabteilung einer Sparkasse ein Einfamilienhaus angeboten. Beim Besichtigungstermin wurde dem Interessenten der Objektnachweis mit Courtage-Vereinbarung überreicht. Letztlich kam der Kaufabschluss aber nicht mit der Sparkasse zustande, sondern das Haus wurde über eine Zwangsversteigerung erworben. Die Sparkasse schickte dennoch die Rechnung, und der Käufer musste zahlen. Denn nach der Rechtsprechung darf bei einer vorliegenden Individualvereinbarung die Provision auch bei einer Zwangsversteigerung kassiert werden.

Checkliste

Darauf müssen Sie beim Umgang mit Maklern achten!

- ○ Werden Ihnen unaufgefordert Exposés zugesandt, schicken Sie diese zurück. Vermerken Sie gegebenenfalls, dass Sie die Immobilie schon kennen. Sonst kann es Ihnen passieren, dass Sie auch bei einem Vertragsabschluss ohne Makler eine Rechnung bezahlen müssen.
- ○ Anzeige und Exposés müssen eindeutig zu erkennen geben, dass es sich um gewerbliche Angebote handelt. Anzeigen, die den Eindruck eines Privatangebots machen, sind wettbewerbsrechtlich unzulässig.
- ○ Wenn Sie sich für den Kauf einer Immobilie mit Makler entschieden haben, fordern Sie Ihren Makler auf, auch die entsprechenden Leistungen zu erbringen. Nur eine Besichtigung mit unverbindlichen Angaben ist zu wenig.
- ○ Lassen Sie sich alle wichtigen Angaben schriftlich geben. Löchern Sie den Makler mit Fragen und bestehen Sie auf entsprechend konkreten Angaben, die er selbstverständlich auch nachliefern kann.
- ○ Bestehen Sie auf mehrmalige Besichtigung des Objekts, wenn Sie im Zweifel sind. Eine Begehung zu unterschiedlichen Zeiten und Wochentagen ist unentbehrlich. Die meisten Makler wählen den Besichtigungstermin sehr kreativ aus und legen ihn auf günstige Tageszeiten. Zum Beispiel hört man sonntags nicht den Berufsverkehr, in den Ferien gibt es keinen Schulhof- oder Kindergartenlärm und wochentags hört man nicht den Fußballverein.

Welche Leistungen können Sie von einem guten Makler erwarten?

Wenn Sie einen Makler besuchen, wird er sich nett um Sie kümmern. Schicke Kleidung und repräsentative Autos sind fast obligatorisch. Bei Ihrem ersten Gespräch können Sie Ihre Wünsche zu Protokoll geben, die Immobilienkartei wird durchforstet und Kaffee gibt es sicher auch. Hat er ein passendes Objekt gefunden, wird er Sie zur Besichtigung einladen. Nicht immer ist ein Exposé vorhanden, und auch Grundrisse und Lagepläne gehören nicht automatisch zum Service. Aber ein Formular, dass Sie beim Zustandekommen des Kaufvertrags zahlen müssen, hat er garantiert dabei. Der Makler begnügt sich in der Regel mit den Unterlagen, die ihm der Verkäufer zur Verfügung stellt. Wollen Sie mehr, müssen Sie hartnäckig bleiben. Fragen Sie ihn, woher er seine Angaben hat und ob sie verbindlich sind. Lassen Sie sich wichtige Aussagen schriftlich bestätigen, sonst haben Sie im Haftungsfall nichts in der Hand. Der Makler sollte vor allem zu folgenden Punkten Auskunft geben können:

Ermittlung des Marktpreises

In der Regel wird nur der Gesamtpreis für die entsprechende Immobilie in einem Exposé ausgewiesen. Wie es zu dem Preis kam, bleibt allerdings häufig offen. Lassen Sie sich deshalb genauer darlegen, wie der Makler den marktgerechten Preis überhaupt ermittelt hat. Nur so haben Sie eine Chance, den Marktwert nachvollziehen und überprüfen zu können.

Lageplan des Grundstücks oder Anwesens

Bei dem zuständigen Katasteramt kann Ihr Makler von jedem Grundstück einen Lageplan einsehen oder, was mittlerweile oft möglich ist, gegen Gebühr auch ausdrucken lassen. Aus der Katasterunterlage ist die genaue Grundstücksgröße ersichtlich. Sämtliche Gebäude und Anbauten sind ebenfalls dargestellt, sollten Gebäude- oder Gebäudeteile nicht eingezeichnet sein, muss konkret recherchiert werden, warum. Vielleicht handelt es sich um Schwarzbauten, die auch im Nachhinein nicht genehmigt werden können. Vorsicht: Unter Umständen bleiben Sie auf den Abrisskosten sitzen.

Bebauungsplan

Sie benötigen verlässliche Angaben darüber, ob es für Ihr Grundstück einen Bebauungsplan gibt. Ist das Grundstück oder Nachbargrundstück bereits voll ausgenutzt oder können noch weitere Gebäude, Aufstockungen oder Anbauten realisiert werden? Welche Nutzungen sind überhaupt in dem Gebiet zugelassen? Lassen Sie sich diese Angaben schriftlich geben, da es einen großen Einfluss auf den Wert Ihrer Immobilien haben kann.

Denkmalschutz

Bei älteren Gebäuden benötigen Sie zuverlässige Angaben, ob Ihre zukünftige Immobilie gegebenenfalls unter Denkmalschutz steht. Verlassen Sie sich hier nicht auf unverbindliche Angaben des Maklers oder Eigentümers. Wenn Denkmalschutz besteht, darf das Haus gegebenenfalls nicht abgerissen oder umgebaut werden. Welche Veränderungen sind überhaupt möglich?

Historie der Immobilie

Der Makler sollte Ihnen ebenfalls je nach Objekt detaillierte Angaben zur Geschichte der Immobilie machen können. Welche Bewohner, welches Gewerbe, welche Nutzungen waren auf dem Grundstück untergebracht? Das können wertvolle Indizien sein, um gegebenenfalls auf Altlasten oder auch so genannte Zweckentfremdungen schließen zu können.

- Historie des Anwesens – auch bei bebauten Grundstücken (Altlasten, Kontaminierung)
- Baubeschreibung des Objekts

- Ansichten, Grundrisse, Schnitte des Objekts
- Bodengutachten
- Statische Berechnungen
- Flächenberechnungen
- Baugenehmigung des Hauses (Sie wollen keinen Schwarzbau kaufen)
- Liegt auch für alle Aus- und Umbauten (Ausbau des Speichers) eine Baugenehmigung vor?

Grundbuchauszug

Sie benötigen exakte Informationen über die entsprechenden Angaben im Grundbuch. Im Grundbuch können unterschiedlichste Ansprüche von Banken, Gemeinden und sonstigen Personen verankert sein. Bei einem sorgfältig ausgearbeiteten Exposé sollten auch diese Daten nicht fehlen. Ihre ganzen Bemühungen können vergebens gewesen sein, wenn Sie erst Ihr Notar auf gewisse Beschränkungen aufmerksam macht, zum Beispiel: Nießbrauch oder Sanierungsvermerke.

Baulasten

Neben dem Grundbuch des Amtsgerichts hat jede Gemeinde ein davon unabhängiges Baulastenverzeichnis. Liegen hier Eintragungen vor? Hat vielleicht ein Nachbar gewisse Nutzungsrechte in Bezug auf das von Ihnen begehrte Grundstück eintragen lassen?

Miet- und Pachtverträge

Sollten bei der zum Verkauf stehenden Immobilie Miet- oder Pachtverträge bestehen, müssen Sie diese unbedingt selbst einsehen. Verlassen Sie sich nicht auf unverbindliche Angaben des Immobilienmaklers.

Steuer- und Versicherungsunterlagen

Lassen Sie sich auch die Steuer- und Versicherungskosten der Immobilie vorlegen. So können Sie abschätzen, was an laufenden Kosten auf Sie zukommt. Nach der Unterzeichnung des Kaufvertrags haben Sie bei Versicherungen ein Sonderkündigungsrecht von vier Wochen. Innerhalb dieser Zeit müssen Sie sich entscheiden, ob Sie die alten Verträge fortführen oder zu einer anderen Versicherung wechseln wollen.

Zins- und Tilgungsleistungen

Auf den meisten Immobilien lasten Forderungen. Bitten Sie den Makler, sich beim Verkäufer über die bisherige Darlehensfinanzierung zu erkundigen. Wie hoch ist die Restschuld zum Zeitpunkt der Übergabe? Wie wird das Darlehen abgelöst? Die Immobilie sollte immer schuldenfrei auf Sie übergehen!

Kosten und Abgaben

Um sämtliche Nebenkosten einer Immobilie beurteilen zu können, benötigen Sie zumindest Einblick in die entsprechenden Nebenkostenabrechnungen. Nur anhand der vollständigen Verbrauchsdaten von Heizung, Warmwasser und Strom können Sie beurteilen, wie sparsam das Gebäude wirklich ist und ob Sie die Nebenkosten neben Ihren sonstigen Finanzierungsbelastungen auch wirklich aufbringen können.

Sonstige Besonderheiten

Ist die Immobilie vielleicht hochwassergefährdet oder liegt sie in der Nähe eines Flugplatzes, dann müssen Sie Wasserschäden und Lärmbelästigung mit einkalkulieren. Außerdem brauchen Sie zusätzlich zur Gebäudeversicherung eine teure Elementarversicherung, die bei Hochwasserschäden leistet.

WISO rät: Bestehen Sie auf vollständige Informationen. Nur wenn Ihnen die Angaben schriftlich vorliegen, können Sie fälschliche Angaben später beweisen. Da viele Makler hier ausgesprochen schlampig arbeiten, schlecht oder gar nicht recherchieren, sollten Sie die für Sie wichtigsten Fragen zusätzlich bei den zuständigen Behörden überprüfen. Gerade als Laie haben Sie nach Durchsicht der Unterlagen die Chance, nicht angesprochene Themen zu hinterfragen.

Der Makler-Alleinvertrag schafft klare Verhältnisse

Ein Makler kann mit dem Verkäufer einen in der Regel befristeten Alleinvertrag abschließen. Solch ein Alleinvertrag schafft für Käufer und Verkäufer klare Verhältnisse. Sie sollten sich von Ihrem Makler diesen Alleinvertrag auch zeigen lassen. Makler tun dies zwar nur ungern, aber so können Sie überprüfen, ob auch kein anderer Makler zeitgleich an dem Objekt tätig ist. Sie können ersehen, wie der Alleinvertrag befristet ist und ob Ihnen eventuell potenzielle Käufer vor Abschluss des Makler-Alleinvertrages die Immobilie ohne Zahlung einer Maklerprovision wegschnappen können. Ein anderer Käufer, der die Maklerprovision spart, kann dafür einen höheren Kaufpreis bieten, also eine teilweise unfaire Situation, die ein seriöser Makler eigentlich auch nicht akzeptieren sollte.

Meist sind Makler mit Alleinvertrag engagierter. Denn nur dann können Sie sichergehen, dass ihnen die Provision zufließt. Der allein und uneingeschränkt beauftragte Makler wird deshalb entsprechend sorgfältige Angebotsbriefe und Exposés erstellen und in den wichtigsten Werbeträgern wie Tages-, Wochen- und Fachzeitschriften inserieren.

Sind mehrere Makler an einer Immobilie tätig, kann es dabei sowohl für die beteiligten Makler als auch für den Verkäufer zu Abstimmungsproblemen kommen. Es mangelt dann in der Regel an der Koordination der Informationen, Besichtigungen werden doppelt belegt, die benötigten Unterlagen sind gerade anderswo unterwegs, auch Verhandlungen und Zusagen mit einzelnen Maklern haben keinen verbindlichen Charakter.

Beispiel für einen Makler-Alleinvertrag

Auftraggeber:
Makler:
Auftragsobjekt:
Verhandlungsbasis:
Auftragsbedingungen:

1. Maklerauftrag:
Der Auftraggeber beauftragt den Makler zum Nachweis von Kaufinteressenten oder zur Vermittlung eines Kaufabschlusses.

2. Auftragsdauer:
Der Auftrag läuft vom .... bis ....
Wird er nicht unter Einhaltung einer Monatsfrist schriftlich gekündigt, verlängert er sich stillschweigend jeweils um ein Vierteljahr. Nach Ablauf von 12 Monaten nach Auftragsbeginn bedarf der nicht gekündigte Auftrag einer ausdrücklichen Erneuerung.

3. Alleinauftragspflichten des Maklers:
Der Makler verpflichtet sich,
a) diesen Makler-Alleinauftrag fachgerecht, nachhaltig und unter Ausnutzung aller sich ergebenden Abschlusschancen zu bearbeiten,
b) den Auftraggeber über die Durchsetzbarkeit seiner Preisforderungen und sonstigen Angebotsbedingungen nach bestem Wissen und Gewissen aufzuklären.

4. Alleinauftragspflichten des Auftraggebers:
Der Auftraggeber ist demgegenüber verpflichtet,
a) während der Auftragslaufzeit keine Maklerdienste Dritter in Bezug auf das Auftragsobjekt in Anspruch zu nehmen,
b) dem Makler alle Angaben vollständig und richtig zu machen, die er für die Durchführung dieses Auftrags benötigt.

5. Maklergebühr:
a) Der Auftraggeber verpflichtet sich, dem Makler eine Provision in Höhe von ....% des Gesamtkaufpreises einschließlich Mehrwertsteuer zu zahlen, sobald der Vertrag mit einem vom Makler nachgewiesenen Interessenten zustande gekommen ist oder der Makler den Vertragsabschluss vermittelt.
b) Dem Makler steht auch dann die Provision zu, wenn ein wirtschaftlich gleichartiges oder ähnliches Geschäft zustande kommt.

c) Der Makler ist berechtigt, auch für die andere Seite provisionspflichtig tätig zu werden.

6. Aufwendungsersatz:

Der Auftraggeber ist verpflichtet, dem Makler die Aufwendungen zu ersetzen, wenn er während der Auftragslaufzeit seine Verkaufsabsicht aufgibt, das Objekt an einen eigenen Interessenten verkauft, mit Interessenten des Maklers nicht verhandelt oder die Durchführung des Auftrags durch Änderung der Angebotsbedingungen oder auf sonstige Weise erschwert.
Der Aufwendungsersatz wird mit dem Tage der Auftragsbeendigung fällig.
Sofern der Auftraggeber die vereinbarte Maklergebühr zu bezahlen hat, wird ein etwa geleisteter Aufwendungsersatz voll angerechnet.

7. Berechnung des Aufwandes:

a) Inserats- und Prospektkosten, Porti, Telefonate u.a.m. sind auf Nachweis abzurechnen.
b) Für Reise- und Pkw-Kosten gelten die nach der Einkommensteuer zulässigen Ansätze.

8. Schadensersatz:

Falls der Auftraggeber für Miteigentümer ohne Vertretervollmacht handelte und der Makler dies nicht wusste, oder falls der Auftraggeber seine Vertragspflichten verletzt, ist er verpflichtet, den dem Makler hieraus entstehenden Schaden zu ersetzen.

9. Vorzeitige Kündigung durch den Auftraggeber:

Der Auftraggeber kann den Makler-Alleinauftrag vorzeitig widerrufen, wenn der Makler nach vorheriger schriftlicher Abmahnung gegen seine Tätigkeitspflicht (Ziffer 3) verstoßen hat.

10. Vereinbarte Vertragsergänzung um vom Auftraggeber gewünschte Vertragsänderungen:

Vollmacht

Der Auftraggeber erteilt dem Makler Vollmacht zur Einsichtnahme in das Grundbuch und die Grundakte, in alle übrigen in Frage kommenden behördlichen Akten einschl. der des Finanzamts, sowie in die Akten der Realgläubiger, soweit sie sich auf das Auftragsobjekt beziehen. Der Makler ist berechtigt, das Auftragsobjekt allein oder mit Interessenten zu besichtigen.

Ort und Datum Auftraggeber Makler

Zwangsversteigerungen: Wenn der Hammer fällt

Zwangsversteigerung im Amtsgericht: für den einen das Ende seiner Träume, für den anderen das Schnäppchen seines Lebens. Wenn Immobilien unter den Hammer geraten, können sie um bis zu einem Drittel günstiger sein als auf dem freien Markt. Da lockt die Versuchung, einmal selbst mitzusteigern. Doch wo erfährt man überhaupt von den Terminen? Welcher Preis ist für das Haus oder die Wohnung angemessen? Wie läuft eine Versteigerung ab?

Auf allen deutschen Amtsgerichten herrscht derzeit Hochkonjunktur. Nach dem Eigenheimboom der Neunzigerjahre kommt für viele Bauherren und Immobilienkäufer jetzt die bittere Quittung. Scheidung, Arbeitslosigkeit und allzu optimistisch angelegte Finanzierungen lassen viele Erwerber auf halber Strecke scheitern. Sie können die Hypotheken nicht mehr bedienen, die Gläubigerbanken verlieren die Geduld, am Ende steht die Zwangsversteigerung.

Marktbeobachter Winfried Aufterbeck, Herausgeber des Versteigerungskalenders VIZ, sammelt jedes Jahr die Zahl der Zwangsversteigerungen. Sie waren mit 92.000 Terminen noch nie so hoch wie im Jahr 2003. Vor allem im Osten stieg die Zahl der Termine, im Westen waren in einigen Regionen aber auch Rückgänge zu verzeichnen. Freud und Leid liegen hier dicht beieinander.

Die Zahl der Versteigerungen 2003 gegenüber 2002	
Deutschland insgesamt	+ 4,4%
Schleswig-Holstein	– 6,7%
Niedersachsen/Bremen	+ 10,5%
Nordrhein-Westfalen	– 4,8%
Hessen	+ 7,4%
Rheinland-Pfalz	+ 17,1%
Baden-Württemberg	– 6,9%
Bayern	– 15,3%
Berlin/Brandenburg	+ 12,6%
Sachsen-Anhalt/Mecklenburg-Vorpommern	+ 14,8%
Sachsen/Thüringen	+ 17,5%

Quelle: Argetra GmbH

Das Überangebot auf dem Zwangsversteigerungsmarkt sichert den Käufern einerseits günstige Immobilienpreise, hat aber andererseits herbe Folgen für die verschuldeten Eigentümer. Abgesehen von Top-Objekten stößt das Gros der Wohnungen und Häuser auf wenig Interesse – nicht selten sind drei bis vier Termine erforderlich, bis die Immobilie schließlich einen Käufer findet. Für die bisherigen Eigentümer bleibt nach Schuldentilgung meist gar nichts mehr übrig. Wer zum Schnäppchenpreis ersteigert hat, kann sich dagegen freuen.

Die Unika GmbH, ein Fachverlag für Immobilien mit Zwangsversteigerung, erstellt eine eigene Statistik. Sie unterscheidet darin zwischen angesetztem Termin und der tatsächlichen Veräußerung einer Immobilie über die Zwangsversteigerung. Nach deren Statistik wurde 2003 mit einem Zuwachs von 11,8 Prozent auch die bisher höchste Versteigerungsrate erzielt, tatsächlich sei es aber nur in 44.610 Fällen zu einem Besitzerwechsel gekommen. Es geschehe immer wieder, dass Termine aufgehoben werden oder der Zuschlag beim ersten Termin nicht erteilt werden könne. Eine mehrfache Terminierung ein- und desselben Objekts sei deshalb nicht selten.

Bauherrenschutzverband warnt:
Nicht die ‚Katze im Sack' kaufen!

Die teure Lage eines Hauses schlägt sich im entsprechend höheren Verkehrswert nieder. Das gilt gleichermaßen für Immobilien, die über eine Zwangsversteigerung veräußert werden, auch wenn diese gemeinhin als Schnäppchenbörse gelten. Doch auch bei der Zwangsversteigerung orientiert sich das Einstiegsgebot in der Regel am Verkehrswert des betreffenden Gebäudes. Und der richtet sich nach den Preisen vergleichbarer Objekte in der Nachbarschaft. Die Sache hat noch einen weiteren Haken: Wer bei einer Zwangsversteigerung eine Immobilie erwerbe, kaufe die sprichwörtliche Katze im Sack, gibt der Verband der privaten Bauherren e. V. zu bedenken. Der Ersteigerer hat von Rechts wegen nämlich keinen Anspruch darauf, das Objekt vor dem Versteigerungstermin zu besichtigen. Bei der Beurteilung des Hauses ist er mitunter auf die äußere Ansicht angewiesen sowie auf die gerichtlichen Gutachten, die zwar in der Regel vorliegen, nach Erfahrung der zuständigen Amtsgerichte oft aber veraltet sein können. Der einzige Weg, sich ein objektives Bild von der Immobilie zu verschaffen, ist die komplette Besichtigung von innen und von außen. Bei Zwangsversteigerungen geht dies aber nur, wenn der oder die Eigentümer dem zustimmen, was, so die Erfahrung der Rechtspflege, nur selten geschieht. Erlauben sie die Besichtigung doch, so empfehlen die Verbände, unbedingt einen Bausachverständigen mitzunehmen. Die Berater des Verbandes Privater Bauherren sind auf die bautechnische Untersuchung von Einfamilienhäusern spezialisiert. Sie können verborgene Schäden und Schwachstellen erkennen, weil sie genau wissen, wo sie suchen müssen, heißt es.

Was für die Zwangsversteigerung gilt, das trifft auf jede Altbau-Besichtigung zu: Wer einen Gutachter zur Seite hat, der weiß anschließend, in welchem Zustand die Immobilie ist, und kann die notwendigen Sanierungskosten abschätzen. Was aber, wenn der Verkäufer dem Fachmann keinen Zutritt gewährt? Dann kann man nicht ausschließen, dass der Eigentümer etwas zu verbergen hat. Ein seriöser Anbieter muss nichts fürchten, denn Bausachverständige sind ja nicht dazu da, Preise zu drücken, sondern eine Immobilie objektiv zu beurteilen. Wer sich für Zwangsversteigerungen interessiert, der erfährt mehr über Termine und Objekte beim jeweils zuständigen Amtsgericht. Die Rechtspfleger dort stellen ihm alle nötigen Informationen zur Verfügung. Bekommt der Interessent bei der Versteigerung schließlich den Zuschlag, so wird zunächst eine Zuschlagsgebühr fällig, außerdem muss der Käufer unter Umständen gleich 10 Prozent des Verkehrswerts als Sicherheit hinterlegen. Zusätzliche Notariatsgebühren fallen nicht an, das Amtsgericht erledigt alle Formalitäten zur Eigentumsübertragung.

Zum Ersten, zum Zweiten und zum …

So könnte der Ablauf einer Zwangsversteigerung sein: Im Amtsgericht Frankfurt kommt eine Dreizimmerwohnung unter den Hammer: Diele, Küche, Bad, Balkon, 108 qm, ruhige Lage, Verkehrswert 80.000 Euro. Ein Schnäppchen? 740 Euro pro Quadratmeter. Draußen vor der Tür, auf der Wartebank, sitzen drei gut gekleidete Damen, die argwöhnisch jeden in Augenschein nehmen, der sich dem Saal auch nur auf ein paar Meter nähert. Daneben sitzt ein ebenso gut gekleideter Herr. Zum Schluss erscheint eine etwa achtzigjährige Dame in Begleitung einer jüngeren Frau. Wer können alle diese Personen nur sein?

Das kleine Szenario soll Ihnen zeigen, dass es schon vor dem Beginn spannend sein kann. Wer ist wer, wie hängen die Personen zusammen, wer steigert mit und wer ist nur Zuschauer? Hier ist Ihr Detektivsinn gefragt. Seien Sie also rechtzeitig im Gericht, um die Personen und mögliche Zusammenhänge zu studieren. In unserem Beispiel handelt es sich bei den drei Damen um die Erbengemeinschaft. Sie werden möglichst viel herausholen wollen, damit sich das Teilen lohnt. Der gut gekleidete Herr kommt von der Bank. Der Verstorbene hatte dort noch ein Darlehen abzutragen. Die Schulden sollen aus dem Zwangsversteigerungserlös beglichen werden. Springt für die Bank ihr Fehlbetrag beim höchsten Gebot heraus, ist der Herr zufrieden. Wenn nicht, bietet er vielleicht mit? Die Gläubigerbank, die die Zwangsversteigerung betrieben hat, kann über mehrere Wege den Zuschlagspreis mit beeinflussen, zum Beispiel dadurch, dass Sie die 7/10-Grenze beantragt. Das heißt, dass die Immobilie nicht unter 70 Prozent des Verkehrswertes unter den Hammer kommt. Die Dame, die zum Schluss kam, ist die Mieterin der Wohnung in Begleitung ihrer Tochter. Werden sie bieten? Wird sie aus der Wohnung ausziehen, wenn der neue Eigentümer das will?

Eine Versteigerung läuft nach einem festen Ritual ab. Zunächst werden sämtliche Formalitäten verlesen: Grundbucheintragungen, Paragrafen und Geldsummen. Der Rechtspfleger eröffnet die Versteigerung, ein Protokollführer nimmt die Daten der Bieter auf. Mit den Worten „Es darf geboten werden" beginnt die Mindestbietzeit von genau 30 Minuten. Am Anfang passiert meist lange nichts. Leise Unterhaltungen, Stühlerücken, und es kommen oft noch Nachzügler, darunter Immobilienmakler, Zuschauer oder Nachbarn. Alle haben während der Bietzeit nochmals die Gelegenheit, das Gutachten einzusehen, das vom Amtsgericht im Saal ausgelegt ist. Bei der Bewertung des Gutachtens sollten Sie jedoch vorsichtig sein. Dafür wurde zwar vom Gericht eigens ein Sachverständiger bestellt, aber für Sach- und Rechtsmängel haftet er nicht.

Achtung: Im Gegensatz zum normalen Haus- oder Wohnungskauf trägt bei einer Zwangsversteigerung allein der Käufer das Risiko für eventuelle Mängel. Das gilt selbst dann, wenn Sie im Wertgutachten des Amtsgerichts nachträglich Fehler entdecken. Es gibt keine Gewährleistung! Der Erwerber hat also keinerlei Ansprüche auf Minderung, Wandelung oder Nachbesserung, die er beim früheren Eigentümer geltend machen könnte. Umso wichtiger also, dass Sie alle Angaben persönlich überprüfen. Der Gang zum Amtsgericht und zur Immobilie selbst ist dabei am allerwichtigsten.

In jedem Fall sollten Sie versuchen, die Immobilie vorher selbst zu besichtigen. Das ist nicht immer ganz einfach. Die Mieterin, um in unserem Beispiel zu bleiben, hat sicher kein Interesse daran, Sie herzubitten. Sie will in der Wohnung bleiben. Schließlich zahlt sie nur eine geringe Miete und wird kein vergleichbares Angebot finden. Werden Sie also erfinderisch! Fragen Sie zum Beispiel ein Stockwerk drüber, ob Sie sich diese Wohnung einmal anschauen können. Der Grundriss ist wahrscheinlich identisch. Auch wissen die Nachbarn meist Bescheid, in welchem Zustand sich die Wohnung befindet, die zur Versteigerung steht, und wer vielleicht zum Termin im Amtsgericht erscheint. Auch, ob die Mieterin eventuell doch gewillt ist auszuziehen, und unter welchen Bedingungen. Ein Gespräch mit den Nachbarn lohnt immer!

WISO rät: Wird Ihnen die Innenbesichtigung verweigert, was nicht selten vorkommt, sollten Sie den Eigentümer oder die Erben darauf aufmerksam machen, dass der Wert der Immobilie ohne Besichtigung sinkt. Im Gutachten des Sachverständigen wird ein Sicherheitsabschlag von 20 Prozent berechnet. Mit Besichtigung verbessern sich also die Aussichten, einen höheren Preis zu erzielen.

Beim Versteigerungstermin wird es meist erst in den letzten zehn Minuten so richtig spannend. Nach zögerlichen Anfangsgeboten mit niedrigen Summen kommen die Gebote später Schlag auf Schlag. Spätestens jetzt wissen Sie, wer beim Bieten dabei ist, denn der Rechtspfleger verliest die Namen und wiederholt das Gebot. Dazwischen gibt es während der dreißigminütigen Mindestbietzeit meist genug Zeit, ein eigenes Gebot abzugeben. Außerdem gilt es herauszufinden, wer mit welchem Limit bietet. Dabei ist das „Pokerface" hilfreich, denn niemand sollte erkennen können, wann Schluss ist, zum Beispiel durch häufiges Zögern, hektische Gespräche mit dem Partner oder Ähnliches.

Bevor Sie selbst mitsteigern, gehen Sie zuvor zu mindestens zwei Terminen als Zuschauer, nur zur Übung. Es läuft jedes Mal ein klein wenig anders ab, und Sie können viel lernen. Denn die Umstände einer Versteigerung können immer wieder neu sein. So gibt es zum Beispiel Preistreiber im Publikum, die recht schnell das erste Gebot abgeben, um den Eindruck zu erwecken, das Objekt sei heiß begehrt. Wenn es dann für Sie ernst wird, kennen Sie den Ablauf und wissen, worauf es ankommt. Am wichtigsten ist am Tag X aber Ihre persönliche Strategie:

- Informieren Sie sich zuvor umfassend und versuchen Sie alles über die Immobilie herauszubekommen.
- Wertgutachten können beim Rechtspfleger im Amtsgericht der Zwangsversteigerungsabteilung eingesehen werden, meist sind gegen Gebühr auch Kopien erhältlich.
- Erkundigen Sie sich beim Gutachterausschuss über den Bodenrichtwert der Objektlage. (Mehr dazu im Kapitel „Die Lage".)
- Bewerten Sie das Objekt und legen Sie den Preis fest, den Ihnen die Immobilie wert ist.
- Setzen Sie sich vor der Versteigerung unbedingt ein Limit.
- Halten Sie Ihr Limit geheim. Niemand sollte wissen, wann Sie aussteigen wollen.
- Lassen Sie sich nicht in einen Bietrausch versetzen, denn dann ist man allzu schnell bereit, seine finanziellen Grenzen zu überschreiten.
- Es kann eine Sicherheitsleistung verlangt werden, zum Beispiel vom Vertreter der Gläubigerbank. Sie beträgt 10 Prozent des Verkehrswertes und muss in bar oder als Bankscheck vorgelegt werden.
- Machen Sie Ihr Gebot in unregelmäßigen Schritten. Erhöhen Sie mal mit kleinen, mal mit großen Beträgen. So mancher unerfahrene Konkurrent lässt sich dadurch verunsichern.
- Halten Sie Ihren Personalausweis bereit. Er muss beim ersten Gebot vorgelegt werden.

Achtung: Im Gegensatz zu anderen Versteigerungen ist hier beim Aufruf „zum Dritten" noch nicht alles vorbei. Die Bietzeit endet erst, wenn die 30 Minuten vollständig abgelaufen sind, kein Gebot mehr abgegeben wird und die Bietzeit offiziell beendet wurde. Meistens liegen zwischen dem Aufruf „zum Dritten" und dem offiziellen verkündeten Ende der Bietzeit nur wenige Sekunden, aber Sie können noch im letzten Moment ein neues Gebot machen.

Den Antrag auf Zwangsversteigerung kann übrigens jeder Gläubiger stellen, auf die Höhe der Forderung kommt es in der Regel nicht an. Nur wenn die geschuldete Summe unverhältnismäßig gering ist, kann das Gericht die Zwangsversteigerung ablehnen. Der Ablauf des Verfahrens ist bis ins Detail gesetzlich geregelt. Das Gericht lässt den Verkehrswert des Objekts durch vereidigte Sachverständige ermitteln und überprüft das Ergebnis selbst noch einmal. Der ermittelte Verkehrswert ist Grundlage für das Versteigerungsverfahren.

Profis warten auf den Zweittermin. Der wird dann anberaumt, wenn beim ersten Termin kein Zuschlag erteilt werden konnte; zum Beispiel, weil kein Gebot in ausreichender Höhe abgegeben wurde. Das Mindestgebot liegt beim ersten Termin bei 50 Prozent des Verkehrswertes, auf Antrag des Gläubigers kann die Untergrenze auf 70 Prozent erhöht werden. Nicht versteigerte Objekte gehen in die Wiederversteigerung, auch Zweittermin genannt. Hier entfallen sämtliche Wertgrenzen. Zuschläge bei 30 bis 40 Prozent des Wertes sind keine Seltenheit. Allerdings ziehen die Zweittermine gerade deswegen oft auch mehr Bieter an.

Nach dem Gebot sind 10 Prozent des Verkehrswertes als Sicherheitsleistung bar zu zahlen, dann wird der so genannte Verteilungstermin festgelegt, frühestens vier Wochen später. Erst dann ist die Restsumme fällig. Hat der Bieter die Grunderwerbsteuer bezahlt, wird das Gericht umgehend den Grundbucheintrag veranlassen.

Wenn alles abgewickelt ist, kann es dennoch zu Problemen kommen. Sie müssen damit rechnen, dass die bisherigen Eigentümer vielleicht nicht so ohne weiteres aus dem Haus ausziehen wollen. Der alte Eigentümer hat nach der Versteigerung einen Monat Zeit, seine bisherige Immobilie zu räumen. Tut er das nicht, dann können Sie mit dem Zuschlagsbeschluss, der gleichzeitig Räumungstitel ist, einen Gerichtsvollzieher beauftragen. Der wird allerdings erst tätig, wenn Sie ihm einen Vorschuss zahlen. Das können bei einem Einfamilienhaus leicht 5.000 Euro werden.

Bei bestehenden Versicherungen auf Fristen achten!

Grundsätzlich hat der Käufer nach einer Ersteigerung einen Monat lang Zeit, die bestehenden Versicherungen für das Gebäude zu kündigen. Nimmt er sein Kündigungsrecht nicht wahr, gehen zum Beispiel die Brandversicherung und die Wohngebäudeversicherung auf den neuen Besitzer über. In einem Fall, der bis vor den Bundesgerichtshof kam, entschieden die Richter, dass eine Fristverlängerung nur dann möglich sei, wenn der Käufer erst nach dem Ersteigerungstermin von den Versicherungen erfahren habe. Der Käufer einer Zwangsversteigerungsimmobilie kündigte die Versicherungen erst nach Ablauf von fünf Wochen, weil er die Originalverträge erst zwei Wochen nach dem Versteigerungstermin in den Händen hielt. Das Gericht gab dem Versicherer Recht. Schließlich habe der Käufer mit zwei Wochen reichlich Zeit gehabt, eine umfassende Prüfung durchzuführen (AZ: IV ZR 62/03).

Das 1x1 bei Zwangsversteigerungen

Zwangsversteigerung:
Rechtlich betrachtet verliert im Zwangsversteigerungsverfahren der Schuldner durch Zuschlag das Eigentum an seiner Immobilie. Der Neueigentümer übernimmt ab diesem Tag alle Rechte und Pflichten, Nutzen und Lasten. Mit dem Erlös werden die Gläubiger befriedigt. Nicht immer reicht die Summe aber aus, um alle Schulden abzulösen. Wer leer ausgeht, entscheidet die Rangfolge im Grundbuch.

Vorkaufsrecht:
Mit einem Vorkaufsrecht ist der Eigentümer verpflichtet, das Grundstück im Verkaufsfall an den Vorkaufsberechtigten zu übereignen. Das kann die Gemeinde, ein Mieter oder ein Verwandter sein, wenn sie im Grundbuch namentlich eingetragen sind. Zwar kommt der Zuschlag bei einer Zwangsversteigerung einem Verkaufsfall gleich, aber das Vorkaufsrecht kann dennoch nicht in Anspruch genommen werden. Im Fall der Zwangsversteigerung erlischt dieses Recht komplett. Es kann nach § 1098, 512 BGB nicht ausgeübt werden.

Gebot:
Gebote werden am Versteigerungstermin mündlich abgegeben. Sie stellen eine Willenserklärung dar, die auch von mehreren Personen abgegeben werden kann, zum Beispiel von einem Ehepaar. Beim Bieten für minderjährige Kinder müssen die Eltern ein Gebot gemeinsam abgeben.

Ausweis vorlegen:
Jeder, der ein Gebot abgibt, muss sich ausweisen können. Dafür reicht die Vorlage eines gültigen Personalausweises oder der Reisepass. Es werden Name, Adresse und Geburtsdatum notiert.

Gebot in Vollmacht:
Wer für jemand anderen bieten möchte, benötigt eine öffentlich beglaubigte Bietvollmacht, zum Beispiel vom Notar. Die Vollmacht muss sofort beim ersten Gebot vorgelegt werden, ein Nachreichen erst bei Zuschlag reicht nicht.

Bietzeit:
Die Mindestbietzeit ist auf 30 Minuten festgelegt. Sie kann jedoch verlängert werden, denn es werden auch noch Gebote angenommen, die nach Ablauf einer halben Stunde abgegeben werden. Erst wenn niemand mehr bietet, wird der Zuschlag erteilt und die Bietzeit offiziell beendet.

Verkehrswert:
Der Verkehrswert einer zur Zwangsversteigerung stehenden Immobilie wird durch einen vom Gericht bestellten Sachverständigen festgelegt. Der sich daraus ergebende Preis steht im Wertgutachten, das jeder im Amtsgericht und während der Versteigerung einsehen kann. Der Verkehrswert ist der Preis, den das Objekt erzielen könnte, wenn es am freien Markt verkauft würde. Hatte der Gutachter keine Gelegenheit, die Immobilie von innen zu besichtigen, wirkt sich das durch einen Sicherheitsabschlag wertmindernd aus.

Mindestgebot:
Zu Beginn der Versteigerung wird das „geringste Gebot" verkündet. Es spiegelt meist nur die Kosten der Versteigerung wider. Einen Verkauf der Immobilie zu diesem Schleuderpreis lässt der Rechtspfleger in der Regel nicht zu. Nur sehr heruntergekommene Immobilien in sehr schlechten Lagen wechseln zu diesem Preis den Besitzer.

Das letzte Gebot:
Das letzte Gebot muss dreimal aufgerufen werden. Danach hat das Gericht die Pflicht, nochmals zu weiteren Geboten aufzufordern. Unterlässt der Rechtspfleger diese Möglichkeit, obwohl damit gerechnet werden musste, dass ein weiteres Gebot abgegeben werden könnte, kann im Beschwerdeverfahren der Zuschlag aufgehoben werden.

Bietabsprachen:
Absprachen vor und während des Zwangsversteigerungstermins sind nicht unüblich, zum Beispiel zwischen der Bank und einem möglichen Interessenten. Sie sind grundsätzlich zulässig, können aber im Einzelfall auch sittenwidrig oder unwirksam sein; zum Beispiel, wenn dem einzigen Bieter sein Bietrecht sozusagen abgekauft wird und dem Gericht dadurch erhebliche Zahlungen, die aus dem Versteigerungserlös hätten gezahlt werden müssen, entgehen.

Zuschlagsgrenzen:
Wenn das höchste Gebot nicht einmal die Hälfte des Verkehrswertes ausmacht, muss der Rechtspfleger den Zuschlag verweigern. Diese so genannte 5/10-Grenze soll vermeiden, dass die Immobilie zum Schleuderpreis verkauft wird. Der Gläubiger, zum Beispiel die Bank, kann beantragen, dass die Grenze auf 7/10 heraufgesetzt wird. Das höchste Gebot muss also 70 Prozent des Verkehrswertes einbringen. Kommt es bei der Versteigerung nicht zum Zuschlag, gelten beide Grenzen beim zweiten Termin nicht mehr.

Zuschlag:
Wer den Zuschlag erhält, ist sofort Eigentümer der Immobilie und hat damit auch sofort das Recht, die Immobilie zu nutzen. Er trägt aber auch sofort die Lasten, zum Bei-

spiel die Abgaben laut Grundsteuerbescheid. Zuvor muss jedoch derjenige zustimmen, der die Zwangsversteigerung betrieben hat, zum Beispiel die Bank. Diese Zustimmung erteilt der Bankvertreter in der Regel sofort. Sie kann im Einzelfall aber auch ausgesetzt und verweigert werden.

Sicherheitsleistungen:

Sicherheitsleistungen sind keine Pflicht. Bei der Abgabe eines Gebots werden sie jedoch meist von der Gläubigerbank verlangt. Die Sicherheitsleistung beträgt 10 Prozent des Verkehrswertes und muss entweder in bar oder in Form eines Schecks vorgelegt werden. Es werden aber nur Schecks von der Hausbank, der Landeszentralbank oder eine Bankbürgschaft akzeptiert. Selbst ausgestellte Verrechnungsschecks reichen nicht aus. Außerdem gibt es noch die Möglichkeit, das Geld bei der Hinterlegungsstelle des Amtsgerichtes abzuliefern und mit diesem Nachweis zur Versteigerung zu gehen. Ist der Bieter nicht auf eine Sicherheitsleistung vorbereitet, kann die Versteigerung um 30 Minuten verlängert werden. Schafft er es nicht, innerhalb dieser Frist einen Scheck zu besorgen, ist sein Gebot hinfällig.

Kosten:

Sobald der Zuschlag erteilt wurde, geht es um die Kosten. Die Zuschlagsgebühr ist abhängig vom höchsten Gebot und liegt etwas unter dem Betrag, der bei einem normalen Verkauf an den Notar gezahlt werden muss; es sind also etwas weniger als 1 Prozent. Bis zum Verteilungstermin, der frühestens vier Wochen nach der Ersteigerung anberaumt wird, muss der neue Eigentümer auf sein Gebot 4 Prozent Zinsen zahlen. Auch fallen Notar- und Grundbuchkosten für einzutragende Grundpfandrechte an. Ebenso muss die Grunderwerbssteuer von 3,5 Prozent bezahlt werden, wie bei jedem anderen Immobilienkauf auch. Insgesamt müssen Sie etwa mit 5 Prozent Zusatzkosten rechnen.

Verteilungstermin:

Etwa vier bis acht Wochen nach der Versteigerung findet der Verteilungstermin statt. Der Ersteigerer muss bis dahin die Kaufsumme bezahlt haben. Bevor der Eigentümerwechsel im Grundbuch eingetragen wird, muss neben dem Nachweis, dass die Grunderwerbssteuer bezahlt ist, eine Unbedenklichkeitsbescheinigung vom Finanzamt vorgelegt werden.

Wo bekomme ich Informationen?

Alle Zwangsversteigerungen müssen etwa acht Wochen vor dem Termin im Amtsgericht ausgehängt und in der Tageszeitung veröffentlicht werden. Im Amtsgericht erhalten Sie Einsicht in die Unterlagen und Auskunft über die Eintragungen im Grundbuch: Lage und Größe des Grundstücks, die Namen der Eigentümer, Informationen über bestehende Schulden. Haben Bewohner ein lebenslanges Wohnrecht? Darf der Nachbar Ihre Einfahrt mitbenutzen?

Dennoch sollten Sie das Objekt unbedingt selbst in Augenschein nehmen. Nicht selten sind Versteigerungsimmobilien renovierungsbedürftig. Im Zweifelsfall nehmen Sie einen Fachmann mit.

Hier finden Sie Versteigerungstermine:

- in der Tageszeitung;
- in Aushängen im Amtsgericht und auf deren Internetseiten;
- in Amtsblättern und Staatsanzeigern, die von den jeweiligen Landesregierungen bzw. Regierungspräsidenten wöchentlich herausgegeben werden. Dort stehen alle Versteigerungstermine mit genauen Angaben zum Objekt. Die Regionalausgabe eines Versteigerungskatalogs kostet im Jahr zwischen 118 und 240 Euro;
- in überregionalen Katalogen. Die Argetra Verlagsagentur, Philippstr. 45, 40878 Ratingen, Tel.: 02102/711 711, Fax: 02102/214 13, veröffentlicht monatlich die Zwangsversteigerungen der deutschen Amtsgerichte mit Anschrift, Telefon- und Faxnummer, geordnet nach Amtsgerichten, Kalendertagen und Regionen. Außerdem enthält der Kalender alle wichtigen Angaben zum Objekt: Aktenzeichen, Grundbuchangaben und amtlich festgelegte Verkehrswerte;
- im Internet: Unter www.zwangsversteigerung.de veröffentlicht die Agentur Unika einen Teil ihrer Termine. Unter www.zvg.com geben eine ganze Reihe deutscher Amtsgerichte Versteigerungstermine bekannt. Einige Gerichte bieten sogar Fotos der Objekte und liefern auf Anforderung Gutachten per e-Mail. Unter www.immobilien-auktionen.de können Sie einen Auktionskatalog mit Objekten bestellen, die von der Deutschen Grundstücksauktionen AG (DAG) im Internet versteigert werden. Die Versteigerung findet unter www.immobilien.ricardo.de statt. Über den Computer können Interessenten ihre Gebote abgeben. Wer den Zuschlag bekommt, muss zwei Tage später in Berlin beim Notar der DGA erscheinen, um den Kaufvertrag zu unterschreiben. Die Online-Regeln unterscheiden sich nicht von denen, die sonst beim üblichen Hauskauf gelten, also Grundstück, Bausubstanz und Wohnumgebung vorher überprüfen.

Die Lage – die Lage – die Lage

Das Wichtigste bei der Auswahl der Immobilie ist die Lage. Alles können Sie verändern, aber nicht die Lage! In welche Wohngegend würden Sie gerne ziehen? Lassen sich dort Ihre Vorstellungen verwirklichen? Was steht im Bebauungsplan? Das sind nur einige Fragen, die es zu beachten gilt. Denken Sie immer daran: Sie kaufen in erster Linie ein Grundstück, entweder mit oder ohne Immobilie.

Der Standort Ihres neuen Eigenheims, ob zentral oder auf dem Land, ist eine erste grundsätzliche Entscheidung. Die Lage ist außerdem entscheidend, wenn es um den Wiederverkaufswert geht. Gute Anbindung an die bestehende Infrastruktur wirkt sich vorteilhaft aus. Auch der Freizeitwert einer Wohnlage sollte nicht unterschätzt werden. Sind Grünflächen in der Nähe, kann man Spaziergänge in der Natur machen, gibt es Fahrradwege?

Wenn Sie in der Stadt wohnen, können Sie auf mindestens ein Fahrzeug verzichten, weil Arbeitsplatz, Schule, Kindergarten und Einkaufsmöglichkeiten entweder mit öffentlichen Verkehrsmitteln oder sogar mit Fahrrad oder zu Fuß erreichbar sind. Auf dem Land locken Ruhe und Natur, engere Kontakte in der direkten Nachbarschaft und bessere Spielmöglichkeiten für Ihre Kinder. Eine gute Entscheidungsgrundlage sind hier ökologische Gesichtpunkte, etwa das Bauen im Bestand, um der Zersiedlung unserer Städte entgegenzuwirken. Baulücken gibt es genügend, allerdings darf man den Aufwand, diese bebaubar zu machen, und den Preis nicht unterschätzen. Quadratmeterpreise von 500 Euro und mehr sind in Ballungsräumen keine Seltenheit.

Worauf soll man bei der Lage achten? Dafür haben wir Ihnen eine Checkliste zusammengestellt, die Ihnen erleichtern soll, selbst zu beurteilen, worauf es Ihnen ankommt. Machen Sie Kreuze an die Stellen, die Ihnen besonders wichtig sind; die Staffelung reicht von 1 (= gar nicht wichtig) bis 5 (= sehr wichtig).

Checkliste Wohnlage

Punkteskala	1	2	3	4	5
Zentrale Lage					
Städtische Lage					
Ländliche Lage					
Ruhiges Wohngebiet („Schlafstadt“)					
Lebendiges Wohngebiet (mit Infrastruktur)					

Punkteskala	1	2	3	4	5
Ortschaft (mit Infrastruktur)					
Ortschaft (ohne Infrastruktur)					
Lage des Objekts innerhalb einer Anlage					
• Lärmpegel					
• Stockwerk					
• Sonneneinstrahlung					
• Himmelsrichtung der einzelnen Zimmer					
Umfeld					
• Grünflächen					
• Freiflächen					
• Spielplätze					
Zusätzliche Angebote					
• Garage					
• Stellplatz					
• Tiefgarage					
• Schuppen					
Verkehr					
• Lautstärke					
• Luftverschmutzung					
• Anbindung an Hauptverkehrsstraßen					

WISO rät: Um die Lage richtig einzuschätzen, sollten Sie sich aber nicht nur auf Ihr bloßes Auge verlassen, sondern verlässliche Auskünfte bei öffentlichen Stellen einholen. Die im Folgenden aufgezählten Unterlagen können wichtige Hinweise liefern.

Der Bodenrichtwert

Wenn Sie in einer tollen Lage ein schönes Haus beziehungsweise ein Grundstück entdeckt haben, sollten Sie weitere, genaue Recherchen betreiben. Wie hoch ist der so ge-

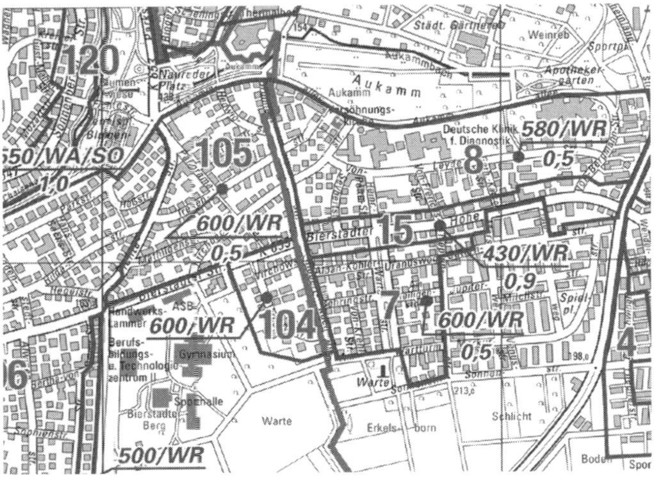

Abb.: Beispiel einer Bodenrichtwertkarte

Erläuterungen

Die Bodenrichtwerte wurden zum Stichtag 31.12.2003 vom Gutachterausschuss am 25. März 2004, gemäß § 13 der Hess. Verordnung zur Durchführung des Baugesetzbuches vom 21. Feb. 1990, zuletzt geändert durch die siebte Verordnung vom 13. Feb. 1998 ermittelt. Sie wurden, soweit vorhanden, aus Kaufpreisen unbebauter Grundstücke und nach der Erfahrung auf dem Grundstücksmarkt als Preis abgeleitet, wie sie ohne Berücksichtigung ungewöhnlicher oder persönlicher Verhältnisse zu erzielen wären. Sie beziehen sich i.d.R. auf unbebaute Grundstücke mit den vorgegebenen gebietstypischen Eigenschaften und auf die in der Richtwertkarte beispielhaft dargestellten Lagen. Altlasten, soweit vorhanden, sind in den Richtwerten nicht berücksichtigt.

Hinweis für die Wertermittlung

Abweichungen des einzelnen Grundstücks in den wertbestimmenden Eigenschaften wie Lage und Entwicklungszustand, planungsrechtliche und marktübliche Nutzungsmöglichkeit, Erschließungszustand, Neigung, Bodenbeschaffenheit, Grundstücksgröße und -zuschnitt bewirken Abweichungen seines Verkehrswertes vom Richtwert.

In Sanierungsgebieten verstehen sich die Bodenrichtwerte nach dem Zustand der Grundstücke ohne Aussicht auf eine Sanierung.

Zeichenerklärung

400/WR/RH
0,7

400	Bodenrichtwert in EURO/qm Grundstücksfläche (erschließungsbeitragsfrei)	*0,7*	Geschossflächenzahl
		18	Richtwertzone
	beispielhafte Lagekennzeichnung		Gemarkungsgrenze

Art der baulichen Nutzung

W	Wohnbaufläche	*M*	Gemischte Baufläche	*BR*	Baurohland
WA	Allgemeines Wohngebiet	*MK*	Kerngebiet	*BE*	Bauerwartungsland
WB	Besonderes Wohngebiet	*MD*	Dorfgebiet	*WE*	Wohnungseigentum
WR	Reines Wohngebiet	*GE*	Gewerbegebiet	*RH*	Reihenhaus
WS	Kleinsiedlungsgebiet	*GI*	Industriegebiet	*MW*	Mietwohnungen
MI	Mischgebiet	*SO*	Sondergebiet		

Art der landwirtschaftlichen Nutzung

LW	Landwirtschaftliche Flächen, Wiesen	*LA*	Landwirtschaftliche Flächen, Ackerland
		LO	Landwirtschaftliche Flächen, Obstbau
		LWW	Landwirtschaftliche Flächen, Waldwiese

Irgendwelche Ansprüche gegenüber Trägern der Bauleitplanung oder den Baugenehmigungsbehörden können aus den Bodenrichtwertangaben nicht abgeleitet werden.

nannte Bodenrichtwert dieser Lage? Ein Gutachterausschuss ermittelt regelmäßig den Quadratmeterpreis eines bebauten oder unbebauten Grundstücks. Gehen Sie zu Ihrer Gemeinde, nehmen Sie Einsicht in die Gutachten. Die Stadtpläne der Gemeinden sind in kleine Gebiete unterteilt, und der entsprechende Bodenrichtwert ist dort kartiert. Solche Pläne sind interessant zu lesen. Ein Blick auf die Grundstückspreise genügt, und Sie bekommen sehr schnell einen ersten Überblick, welche Lage Sie sich leisten können.

Wenn Sie den Bodenrichtwert mit den Informationen aus dem Liegenschaftsamt zusammenbringen, setzt sich alles wie ein Puzzle zusammen. Jetzt erst kann man verstehen, warum zum Beispiel die Preise in ein und derselben Straße erheblich differieren. Hat zum Beispiel nur die eine Straßenseite Aussicht oder dürfen die Grundstücke unterschiedlich stark bebaut werden, kann das zu erheblichen Preisunterschieden führen.

Extrembeispiele lassen sich in den städtischen Fußgängerzonen finden. Jeder Meter wird nach Umsatz und Gewinn bewertet. Je mehr Geschosse auf einem Grundstück baulich zugelassen sind, desto lukrativer für den Käufer. Auch die Laufströme der Passanten werden analysiert. So kann es sein, dass Grundstücke, die nur ein paar Schritte voneinander entfernt liegen, einen völlig anderen Preis erzielen.

Das Luftbild

Abb.: Beispiel Luftbild

Das Luftbild ist der Blickwinkel des Stadtplaners. Er liest daraus ab, wie dicht die Baustruktur einer Stadt ist, wo es große und kleine Grundstücksparzellen gibt, wie groß die Häuser sind, wo sich die so genannte vordere und hintere Bauflucht der Gebäude befindet und noch vieles mehr. Sie können mit dem Luftbild sehr gut eine eigene Bewertung Ihres Traumgrundstücks machen. Ist das Grundstück im Vergleich zu den Nachbarhäusern mehr oder weniger bebaut, kann ich vielleicht noch anbauen, abreißen und größer bauen?

WISO rät: Viele Städte haben mittlerweile sehr gute Internetseiten. Der Stadtplan im Internet lässt sich auf Luftbild, Flächennutzungsplan oder Bodenrichtwert umschalten. So können Sie sehr schnell einen objektiven Überblick bekommen.

Bauleitplanung: Flächennutzungs- und Bebauungsplan

Haben Städte und Gemeinden Bedarf an neuen Wohnflächen ermittelt, stellt sich die Frage nach der Bebauung. Wo soll zum Beispiel das Einkaufszentrum oder der neue Kindergarten gebaut werden? Sollen auch Gewerbebetriebe angesiedelt und damit Arbeitsplätze gesichert oder geschaffen werden? Solch eine detaillierte Planung kann mitunter zehn Jahre dauern, bis der erste Spatenstich im neuen Baugebiet gemacht wird. Das stellt jedoch sicher, dass eine geordnete städtebauliche Entwicklung gewährleistet ist und dadurch Interessenskonflikte oder Fehlinvestitionen vermieden werden können. Der Vorteil einer langen Planungsphase liegt auch darin, die Bürger zu beteiligen, Wünsche und Bedürfnisse zu erfragen und Pläne gemeinsam zu diskutieren. Dieses Planverfahren nennt das Baugesetzbuch (BauGB) Bauleitplanung und die dabei entstehenden Pläne Bauleitpläne.

Bei den Bauleitplänen geht es aber nicht nur um die Bebauung, sondern auch um Freiflächen. So hat der Gesetzgeber die Aufgabe und den Inhalt der Bauleitplanung als umfassende Querschnittsplanung festgelegt. Die darzustellende und festzusetzende städtebauliche Entwicklung soll sowohl den besiedelten wie den unbesiedelten Bereich umfassen, also auch die Landschaft mit all ihren verschiedenen Nutzungstypen.

Das Baugesetzbuch enthält für die Planungsinhalte keine Vorgaben. Stattdessen nennt es einige Grundsätze für die Bauleitplanung, die eine breite Auslegung möglich machen. Zum Beispiel soll die Bauleitplanung eine nachhaltige städtebauliche Entwicklung und eine dem Wohl der Allgemeinheit entsprechende, sozialgerechte Bodennutzung gewährleisten und dazu beitragen, eine menschenwürdige Umwelt zu sichern und die natürlichen Lebensgrundlagen zu schützen und zu entwickeln.

Städte und Gemeinden sollen planen, müssen aber nicht. Das heißt, es könnte alles für immer und ewig so bleiben, wie es ist. Doch sinnvoll ist das nicht, denn die Regionen müssen sich weiterentwickeln, um Arbeitsplätze zu halten oder neue zu schaffen. Auch kommen ungeplante Aufgaben dazu, zum Beispiel, indem große Grundstücke frei werden, etwa wenn Post und Bahn ganze Standorte schließen. Oder es fallen einzelne Quartiere weg, zum Beispiel durch den Rückzug der Amerikaner. Kasernengelände und andere militärische Einrichtungen gilt es neu zu gestalten. All diese Veränderungen führen auch zu Änderungen im Bebauungsplan. Das kann Ihre Chance sein. Wer sich frühzeitig in das Planungsstadium einschaltet, kann eine Menge bewirken. Es bilden sich Interessenverbände und Bürgerinitiativen, die eigene Vorstellungen entwickeln und ihre Pläne bei den Stadtplanern einreichen.

Zudem kann steigende Wohnungsnachfrage eine Änderung des Nutzungsplans bewirken. Dafür wurde sogar ein eigenes Gesetz geschaffen: das Wohnungsbauerleichterungsgesetz. Danach müssen zum Beispiel Bauern auf ihre Ackerflächen, die im zukünftigen Baugebiet liegen, verzichten und andere Tauschflächen akzeptieren. Solches Vorgehen führt aber regelmäßig zum Streit, sodass es sich nur um das letzte Mittel handeln kann, wenn die Stadtplaner keine andere Wahl mehr haben.

Der Planentwurf muss nach vorangegangener ortsüblicher Bekanntmachung für die Dauer von einem Monat öffentlich ausgelegt werden. Das heißt, die Bürger und Träger öffentlicher Belange können den Planentwurf am Ort der Auslegung einsehen, auf bislang nicht beachtete Probleme hinweisen und Anregungen zu dem Planentwurf beziehungsweise seinem Inhalt vortragen. Am Ende des Planungsprozesses muss die Gemeindevertretung oder die Stadtverordnetenversammlung die von der Bürgerschaft und den Trägern öffentlicher Belange vorgetragenen Anregungen gegeneinander und untereinander sachgerecht abwägen (Abwägungsgebot). Dabei werden die privaten und öffentlichen Interessen (Belange) gegenübergestellt sowie bewertet und es wird entschieden, welche Belange Vorrang haben und welche zurückgestellt werden müssen. Danach wird der Plan in seiner endgültigen Fassung beschlossen.

Das Baugesetzbuch kennt zwei Arten von Bauleitplänen: den vorbereitenden Flächennutzungsplan und den verbindlichen Bebauungsplan.

Der Flächennutzungsplan

Der Flächennutzungsplan ist flächendeckend für das ganze Gemeindegebiet aufzustellen. Er hält die Grundlagen der geplanten räumlichen Ordnung fest und stellt damit die Weichen für die künftige Entwicklung der Gemeinde. Im Flächennutzungsplan werden die Arten der Bodennutzung, die sich aus der beabsichtigten städtebaulichen Entwicklung ergeben, in den Grundzügen dargestellt, wie zum Beispiel Wohnbauflächen, gewerbliche Bauflächen, land- und forstwirtschaftliche Fläche, Flächen für den Naturschutz und Grünflächen. Der Flächennutzungsplan ist bewusst grobmaschig, denn er soll nur in den Grundzügen Planvorstellungen für alle Flächen im Gemeindegebiet enthalten; außerdem soll er für einen längeren Zeitraum Bestand haben und für die Umsetzung in detaillierte Bebauungspläne Entwicklungsspielräume lassen. Er ist für Bürger und Grundeigentümer nicht verbindlich. Zum Beispiel können Ansprüche

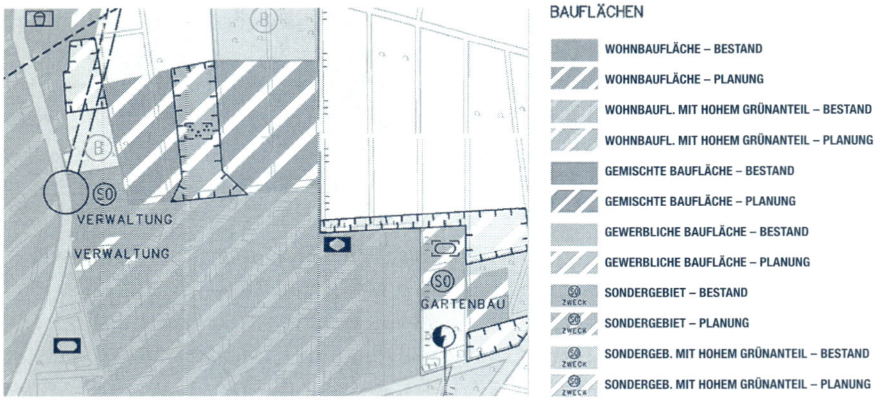

Abb.: Der Flächennutzungsplan

auf die Bebauung eines Grundstücks oder auf Entschädigung aus diesem Plan nicht abgeleitet werden.

Nach Abschluss des von der Gemeinde durchgeführten Bauleitplanverfahrens müssen der Flächennutzungsplan und seine Änderungen vom Regierungspräsidium genehmigt werden. Der Flächennutzungsplan bildet die Grundlage für die Aufstellung von Bebauungsplänen.

Der Bebauungsplan

Der Bebauungsplan ist der verbindliche Bauleitplan. Er setzt, soweit es erforderlich ist, für Teilbereiche des Gemeindegebiets rechtsverbindlich fest, wie die einzelnen Grundstücke, also auch die privaten, zu nutzen oder zu bebauen sind.

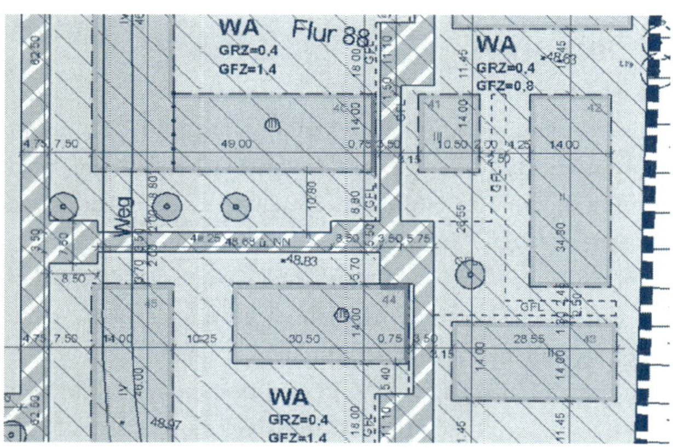

Abb.: Der Bebauungsplan

	Grenze des räumlichen Geltungsbereiches des Bebauungsplanes
WA	Allgemeines Wohngebiet
WA*	s. textliche Festsetzung
GRZ	Grundflächenzahl
GFZ	Geschoßflächenzahl
z.B. II	Zahl der Vollgeschosse als Höchstgrenze
z.B.(II)	Zahl der Vollgeschosse zwingend
g	geschlossene Bauweise
o	offene Bauweise
	Baulinie
	Baugrenze
	Grenzen zw. verschiedenen Nutzungen sowie zw. Maßen baulicher Nutzungen
	Grenze zwischen Nutzungsarten
8	Maßangabe in m
LÄDEN	Läden-/ Büronutzung im EG zugelassen, in Verbindung mit textl. Festsetzung
	Durchgang im EG
St	Stellplätze
GSt	Gemeinschaftsstellplätze
TGa	Tiefgaragen
GTGa	Gemeinschaftstiefgaragen
	Flächen für den Gemeinbedarf
	Straßenverkehrsflächen
	Verkehrsflächen besonderer Zweckbestimmung
	Straßenbegrenzungslinie auch gegenüber Verkehrsflächen besonderer Zweckbestimmung
	Öffentliche Parkfläche
	Einfahrt
	Flächen für Versorgungsanlagen, Abfallentsorgung
	Versorgungsanlage Elektrizität
W	Sammelplatz
	Öffentliche Grünflächen
	Spielplatz
GFL	Mit Geh-, Fahr- oder Leitungsrecht zu belastende Flächen zugunsten der Allgemeinheit
GL	Mit Geh- oder Leitungsrecht zu belastende Flächen zugunsten der Allgemeinheit
	Baum zu erhalten
	Baum zu pflanzen
	Gebäudeseite mit Schallschutzvorkehrungen, zu diesen Seiten dürfen keine Wohn- und Schlafräume ausgerichtet werden.
	Lärmpegelbereiche: Darstellung im Plan 2

Genauer als im Flächennutzungsplan werden im Bebauungsplan die Art und vor allem auch das Maß der baulichen Nutzung sowie eine Vielzahl weiterer Regelungen über die sonstige Nutzung der Grundstücke verbindlich festgelegt.

Der Bebauungsplan ist eine Satzung und damit Ortsgesetz. Er bildet die Rechtsgrundlage für zum Beispiel die hier zulässige Bebauung, die Erschließung, die Zuordnung der naturschutzrechtlichen Ausgleichsmaßnahmen zu den durch die Planung zugelassenen Eingriffen, für die Erhebung von Erschließungsbeiträgen und Kostenerstattungsbeträgen, für die Umlegung, die Grenzreglung und die Enteignung. Dies gilt für und gegen jedermann. Ein Bebauungsplan kann deshalb aber auch im Wege eines Normenkontrollverfahrens gerichtlich überprüft werden. Einen Normenkontrollantrag beim Verwaltungsgerichtshof kann derjenige stellen, der wegen der Festsetzungen des Bebauungsplans einen Nachteil zu erwarten hat. Außerdem können aus Bebauungsplanfestsetzungen gegebenenfalls Entschädigungsansprüche abgeleitet werden. Sofern ein Bebauungsplan nicht aus dem Flächennutzungsplan entwickelt ist, muss er zudem vom Regierungspräsidium genehmigt werden.

Der Flächennutzungsplan und der Bebauungsplan sind, wie die Namen schon sagen, Zeichnungen. Um diese Zeichnungen verständlich zu machen, haben wir Ihnen in diesem Kapitel Zeichenerklärungen und Legenden beigefügt. Die reinen Planzeichnungen können durch förmlichen Satzungstext ergänzt werden. Darüber hinaus ist jedem Flächennutzungsplan ein Erläuterungsbericht und jedem Bebauungsplan eine Begründung beizufügen. Hier kann man unter anderem nachlesen, welche Ziele und Zwecke die Planung verfolgt und wie die Planung sich voraussichtlich auswirken wird.

WISO rät: Die Pläne für die Städteplanung, die Flächennutzung und der Bebauungsplan sind Unterlagen, die Sie als Bürger einsehen dürfen. Nehmen Sie sich einen Fotoapparat mit, dann sparen Sie sich die Kopierkosten. Lernen Sie die Pläne lesen oder lassen Sie sich beraten. Das funktioniert zum Teil in den Ämtern selbst oder Sie wenden sich an einen Architekten.

Der Neubau – das Beste muss nicht teuer sein

Sein eigenes Haus, die eigene Wohnung nach seinen eigenen Wünschen zu gestalten, ist sicher der größte Traum, den man sich erfüllen kann. Allein schon das Wort *neu* klingt nach 1 a, modern und auf dem aktuellsten Stand der Technik. Doch neu bauen ist oft auch teuer. Das liegt vor allem an den hohen Grundstückspreisen. Deshalb ist diese individuellste Form des Eigentumserwerbs auch die schwierigste. Wir wollen Ihnen in diesem Kapitel Mut machen, es dennoch zu versuchen. Mit diesen Tipps kann es gelingen und der Neubau zu Ihrem ganz persönlichen Meisterstück werden.

Das Grundstück zuerst

Suchen Sie ein Grundstück, dann können Sie sowohl Bauträger, Architekten als auch Fertighausanbieter fragen. Oft müssen Sie aber Unternehmer und Grundstück zusammen kaufen. So wollen Fertighausanbieter und der Bauträger ihre Häuser gleich mitverkaufen. Der Architekt, der von Grundstücken, die zum Verkauf stehen, weiß, darf nicht makeln. Das heißt, er kann Ihnen helfen, das Grundstück baureif zu machen bis hin zum Bauantrag. Was danach kommt, entscheiden Sie. Aber auch das ist möglich: Sie haben bereits ein Grundstück gefunden und sind sich unsicher, ob es auch bebaubar ist und worauf Sie achten müssen. Der Architekt überprüft die zur Verfügung stehenden Angaben, berät Sie unabhängig in all Ihren Fragen und wird für Sie wichtige Details, etwa mit Behörden, Fachplanern und Bodengutachtern, klären. So können Sie sich vor einer falschen Kaufentscheidung schützen, die Sie vielleicht auf Grund unvollständiger und unseriöser Angaben getroffen hätten. Gleichzeitig lernen Sie den Architekten kennen, können Ihn testen und sich einen Eindruck darüber verschaffen, ob Sie diesen Mann oder diese Frau für die weitere Planung Ihres Neubaus beauftragen wollen.

Pro und Contra von Neubaugebieten

Gerade in ländlichen Gemeinden, aber auch in Ballungszentren werden regelmäßig Neubaugebiete ausgewiesen und neu erschlossen. Wenn Sie bei Ihrer Gemeinde einen Flächennutzungsplan einsehen oder sich besorgen, können Sie sehr genau bestehende und entstehende Neubaugebiete recherchieren. Verschiedene Gemeinden weisen speziell für junge Familien interessante Neubaugrundstücke aus. Aber auch andere Festlegungen können in entsprechenden Bebauungsplänen getroffen werden, um dem

Gebiet einen besonderen Charakter zu geben. Hierdurch können interessante Projekte, Wohnformen und wertvolle Beiträge zum Klimaschutz entstehen. Die Zukunft heißt: energiesparendes Bauen in Form von Niedrigenergie- und Passivhäusern oder demnächst vielleicht auch Nullenergiehaus. Mehr dazu finden Sie im Kapitel „Ein Haus für die Familie".

Nachteil eines Neubaugebietes ist in der Regel, dass die Grundstückspreise gerade bei kleinen Grundstücken relativ hoch sein können. Wichtig ist, ob die Grundstücke bereits erschlossen sind beziehungsweise nicht unerhebliche Erschließungskosten noch zum Kaufpreis des Grundstücks hinzukommen. Dabei ist auf die Unterschiede verschiedener Erschließungskosten zu achten: Für die notwendigen Straßen, Rad- und Fußwege, Grün- und Ausgleichsflächen können den Anwohnern zusätzlich zu den Versorgungsleitungen, Strom, Wasser, Gas und Kanalisation Kosten entstehen.

Weiterer Nachteil eines Neubaugebiets: Es kann lange dauern, bis weitgehend alle Grundstücke bebaut sind. Sie leben also mitunter viele Jahre auf einer Baustelle. Noch mehr Zeit vergeht, bis die Freiflächen der verschiedenen Privatgrundstücke und öffentlichen Flächen bepflanzt und eingewachsen sind. Erst dann wird sich der geplante Charakter des Baugebietes einstellen. Das kann zehn Jahre und noch länger dauern.

Bauen im Bestand: das Abrissgrundstück

Da die Anforderungen der Erschließungsmaßnahmen von Neubaugebieten immer größer werden, schlägt sich das in den entsprechenden Grundstückspreisen pro Quadratmeter nieder. Ältere Grundstücke können somit günstiger sein als Grundstücke in vergleichbaren Neubaugebieten. Wenn keine freien Baugrundstücke in bestehenden Quartieren mehr zu finden sind, lohnt es sich, über den Abriss von bestehenden Häusern nachzudenken. Viele Häuser in den Fünfziger- und Sechzigerjahren wurden sehr sparsam gebaut. Da die Grundstückspreise vor 50 Jahren im Gegensatz zu heute sehr gering waren, wurden verhältnismäßig kleine Häuser auf die aus heutiger Sicht großen Grundstücke gebaut. Die Ausnutzung ist vergleichsweise gering. Durch Abbruch des bestehenden Hauses kann somit ein Grundstück frei werden und vielleicht sogar für eine ganz andere Neubebauung zur Verfügung stehen. Auf einem ehemaligen, frei stehenden Einfamilienhausgrundstück kann so leicht ein Doppel- oder sogar Mehrfamilienhaus entstehen.

Bei Abrissgrundstücken werden oft Bodenbelastungen festgestellt. Beanspruchen Sie rechtzeitig die Beratung eines Bodengutachters. Muss kontaminierte Erde abtransportiert werden, lassen Sie ungerechtfertigt hoch erscheinende Entsorgungskosten überprüfen.

WISO rät: Suchen Sie zusammen im Freundes- und Bekanntenkreis oder auch über eine Anzeige Ihren Doppelhauspartner. Kaufen Sie sich zusammen mit dem Partner ein entsprechendes Abrissgrundstück und bauen Sie als Bauherrengemeinschaft. Sie können sich somit Grundstückspreis und Hausanschluss, vielleicht bei pfiffiger Architektur auch andere Gemeinschaftsräume wie Waschraum und Gästezimmer teilen. Gemeinsam können Sie sich dann vielleicht leisten, was Sie alleine nicht geschafft hätten.

Baulücken – mit und ohne Tücken

Eine Besonderheit sind Baulücken. Gerade in Ballungsräumen sind immer noch freie oder nur provisorisch bebaute Baulücken, meist Bombenlücken aus dem 2. Weltkrieg, auffindbar. Ein großer Vorteil dieser Grundstücke ist meist, dass auf mehreren Grundstücksseiten so genannte Grenzbebauung zulässig oder sogar vorgeschrieben ist. Das hat den Vorteil, dass Sie auf kleinen Grundstücken viel bauen können, der Grundstückspreis also eine untergeordnete Rolle spielt. Baulücken können aber auch Tücken haben. Stellen Sie deshalb dem Bauamt, dem Eigentümer oder Ihrem Architekten diese Fragen:

- Wie war das Grundstück zuletzt bebaut? Hat auf diesem Grundstück zum Beispiel eine Tankstelle oder ein Handwerksbetrieb gestanden, der mit Giftstoffen gearbeitet hat?
- Ist das Erdreich kontaminiert, also vergiftet?
- Hat sich das Erdreich in den letzten Jahren verändert? Schauen Sie sich die Nachbarhäuser an, ob sie Risse aufweisen oder Feuchtigkeitsschäden zu sehen sind.
- Kann ein alter, vorhandener Keller noch genutzt werden?
- Ist es notwendig, vor Baubeginn vorhandene Nachbargebäude aufwändig zu unterfangen, damit an ihnen kein Schaden entsteht?
- Welche kostenträchtigen Verbaumaßnahmen zur Straße oder zu Nachbargebäuden sind erforderlich?
- Wie kann zum Beispiel in beengten, innerstädtischen Lagen überhaupt eine Baustelle sinnvoll eingerichtet werden?

WISO rät: Fast immer lohnt sich ein Bodengutachten, um sicherzugehen, worauf Sie bauen. Im Zweifel müssen Sie einen Bodengutachter beauftragen, um Klarheit zu bekommen. Das Geld ist gut angelegt!

Das unbebaubare Grundstück gibt es nicht

Wenn Sie mit offenen Augen durch eine Stadt fahren – noch besser laufen – und unbebaute Flächen, Grünflächen, Parkplätze, Brachflächen, Steilhänge und ähnliche Areale bewusst wahrnehmen, werden Sie erstaunt sein, wie hoch die ungenutzten Potenziale auch in sehr guten Lagen einer Stadt sind. Notieren Sie Straße und Hausnummer der Nachbarhäuser und fotografieren Sie das Grundstück. So können Sie zu Hause in Ruhe weiter recherchieren.

Da manche Flächen schwer einsehbar oder gar nicht zugänglich sind, ist die Suche anhand von Luftbildern eine sehr übersichtliche und effiziente Suchmethode. Luftbilder findet man inzwischen über verschiedene Internetseiten, zum Beispiel unter www.luftbilder.de.

WISO rät: Nehmen Sie Ihre Kamera mit. Fotografieren Sie Ausschnitte aus den entsprechenden Bebauungs- und Flächennutzungsplänen, einschließlich der dazugehörigen Textteile und Legenden. Dadurch sparen Sie teure Kopierkosten im Amt. Zu Hause können Sie dann in aller Ruhe die gesammelten Informationen auswerten. Nehmen Sie gegebenenfalls auch Ihren Architekten mit auf Behördentour. Informieren Sie sich vorher schon über die Sprechzeiten. In ein bis zwei Stunden können Sie die wichtigen Fragen beim Gutachterausschuss, Bau-, Stadtplanungs- und Katasteramt zusammen mit Ihrem Architekten klären.

Was steht im Bebauungsplan? Bei jeder Kreis- oder Stadtverwaltung können Sie erfragen, ob es für Ihr Grundstück einen rechtsgültigen Bebauungsplan gibt. Keine Angst vor den vielen Abkürzungen und Fachbegriffen. Die meisten Ämter beraten gerne, stellen Sie daher möglichst viele Fragen und halten Sie sich an das Sprichwort: „Die dümmste Frage ist die, die nicht gestellt wird." Der Mitarbeiter hat schließlich eine Beratungspflicht, was Sie ihn allerdings nicht unbedingt spüren lassen sollten. Fragen Sie auch beim Bau- oder Liegenschaftsamt nach, warum das Grundstück – obwohl es nach Bebauungsplan bebaut werden dürfte – bislang nicht bebaut wurde.

Oft lassen sich Antworten aus dem Flächennutzungs- und Bebauungsplan ablesen. Aber es können zwischen den verschiedenen Planunterlagen auch erstaunliche Widersprüche entstehen. Was in einem neuen Flächennutzungsplan als Wohngebiet dargestellt sein kann, ist im veralteten Bebauungsplan noch als Grünfläche ausgewiesen.

Bei diesen Widersprüchen sollten Sie es aber nicht belassen, auch wenn erste Auskünfte von Bauaufsicht oder Stadtplanung bestätigen, dass dort auf keinen Fall gebaut werden darf. Wenn Sie immer wieder an Ihr Traumgrundstück denken sollten, erkundigen Sie sich nach dem Eigentümer und einem erfahrenen Architekten oder Stadtplaner an Ihrem Heimatort. Bilden Sie ein Team und gehen Sie gemeinsam vor. Klären Sie zusammen durch eine so genannte Bau-Voranfrage oder durch Änderung oder Befreiung des rechtsgültigen Bebauungsplans bei den zuständigen Behörden, ob das Grundstück nicht doch bebaut werden kann. Bleiben Sie hartnäckig. Alles ist möglich!

Auch Grundstücke am Hang und am Ufer gelten heute oft noch als unbebaubar. Unvorstellbar, wenn man weiß, dass unter dem Meeresboden Autos durch Tunnel fahren und auch in den Bergen Häuser stehen. Dennoch trauen sich viele Eigentümer solcher Grundstücke nicht zu, sie baureif zu machen. Das ist eventuell die Chance für Sie, an ein preisgünstiges Grundstück zu kommen. Zwar kann der Bau etwas länger dauern als üblich und es kann auch teurer werden. Doch wenn Sie ein bis zwei Jahre Zeit und Geduld haben, können Sie so am steilen Hanggrundstück mit toller Aussicht oder traumhaft am Wasser wohnen.

WISO rät: Auch wenn Ihnen für Ihr Grundstück die Bau-Voranfrage zunächst abgelehnt wird, werfen Sie die Flinte nicht ins Korn. Die kommunalen Baubehörden sind personell immer weniger in der Lage, sich um die Bebaubarkeit einzelner Grundstücke zu kümmern. Vielleicht reichen schon ein paar Änderungen im Entwurf aus, um die Beamten umzustimmen.

Was darf das Grundstück kosten?

Die Preise für Grundstücke sind bei den Gutachterausschüssen der Städte und Gemeinden zu erfragen. Zum Teil sind Sie auch schon über das Internet verfügbar. Der Gutachterausschuss ermittelt Durchschnittspreise für viele verschiedene Kategorien, zum Beispiel für bebaute und unbebaute Grundstücke, Einfamilien- oder Mehrfamilienhäuser. Die Werte errechnen sich aus den tatsächlich erzielten Verkaufspreisen, die im notariellen Kaufvertrag festgehalten wurden, und werden jedes Jahr im Grundstücksmarktbericht veröffentlicht. Er liest sich für eine Großstadt beispielsweise so:

- Eigentumswohnungen: Eine neue, 75 m^2 große Wohnung im 1. OG kostete 2003 in mittlerer Lage 2.200 Euro/m^2. Dabei waren die Preise wiederum rückläufig, diesmal um –3,3 Prozent im Schnitt.
- Unbebaute Grundstücke: In guter Lage mussten 2003 für Ein- und Zweifamilienhausgrundstücke im Mittel 400 Euro/m^2 bezahlt werden. Das sind um 3,4 Prozent mehr als im Vorjahr.
- Bodenrichtwerte der Region: Die Bodenrichtwerte haben sich in den letzten Jahren überwiegend nach oben bewegt. Jedoch gab es auch lokal rückläufige Entwicklungen.

Sie müssen aber nicht den kompletten Bericht durchlesen, der Gutachterausschuss gibt auch Einzelauskunft, sowohl schriftlich als auch mündlich. Diese Daten bilden übrigens auch die Grundlage zur Erstellung des Mietspiegels.

Was macht ein Gutachterausschuss?

Der Gutachterausschuss erstellt nach § 193 des Baugesetzbuches Gutachten auf Antrag von Behörden, Eigentümern, ihnen gleichstehenden Berechtigten, Inhabern anderer Rechte am Grundstück und Pflichtteilsberechtigten sowie Gerichten und Justizbehörden. Der Gutachterausschuss kann mündliche oder schriftliche Auskünfte von Sachverständigen und von Personen (zum Beispiel Eigentümern, Mietern) einholen, die Angaben über das Grundstück und über ein Grundstück, das zum Vergleich herangezogen werden soll, machen können. Er kann verlangen, dass Eigentümer und sonstige Inhaber von Rechten an einem Grundstück die zur

Führung der Kaufpreissammlung und zur Begutachtung notwendigen Unterlagen vorlegen. Bodenrichtwerte sowie sonstige Grundstücksmarktdaten können im Einzelfall die sachverständige Wertermittlung nicht ersetzen.

Der Bodengutachter wird Sie in Sachen Preisfindung ebenfalls ein gutes Stück weiterbringen. Er deckt Mängel auf und kann die Qualität des Baulandes einordnen. Damit haben Sie einen guten Joker in der Tasche, den Sie auch nicht so schnell aus der Hand geben sollten. Der Verkäufer wird gespannt sein, was da so alles aufgelistet ist. Nutzen Sie diesen Verhandlungsspielraum.

Baulabel – wer blickt da noch durch?

Wenn Sie schon neu bauen, sollten Sie auch sichergehen, dass Ihnen niemand Schad- und Giftstoffe in Ihr neues Haus einbaut. Sie glauben, das ist heute selbstverständlich – dem ist nicht so! Ihre Gesundheit und der Umweltschutz sind von zentraler Bedeutung, aber nicht für jeden Bauunternehmer. Schließlich kostet Material Geld, und gutes Material ist meist teuer. Wenn der Bauunternehmer weniger auf Qualität achten muss, kann er mitunter seinen Gewinn noch erhöhen. Deshalb ist es ratsam, dass Sie vorher abklären, mit welchen Materialien gebaut wird und nach welchen Standards der Bauunternehmer arbeitet.

Im Baubereich gibt es noch nicht so viele Label wie auf dem Lebensmittelmarkt, deshalb ist die Ratlosigkeit aber nicht geringer. Was verbirgt sich zum Beispiel hinter RAL, eco oder IBR? Welches Etikett ist das Beste, und hält es, was es verspricht? Heute steht fast überall Öko drauf, was aber steckt wirklich drin? Das gilt in besonderem Maße für Bauherren, die als Laien nicht hinter die komplizierten Produktaussagen der Hersteller blicken können. Aufschluss geben Labels, die von Instituten und Organisationen vergeben werden. Sie bringen Licht in das Dickicht der Gütesiegel. Hier eine Zusammenfassung der wichtigsten Umwelt- und Qualitätszeichen (Quelle: Informationsverein Besser Bauen, IVBB, www.ivbb.org.).

Die Vielzahl der Labels auf dem Markt lässt sich zunächst grob in zwei Gruppen unterteilen: In die erste Gruppe fallen Siegel, die nach technischen Kriterien vergeben werden. Hierzu gehören das Übereinstimmungszeichen (Ü-Zeichen) sowie das Konformitätszeichen der Europäischen Gemeinschaft (CE-Zeichen). Derart gekennzeichnete Produkte erfüllen die Vorgaben der Bauregellisten. Diese Zeichen sind zwingend erforderlich für die Inverkehrbringung aller sicherheitsrelevanten Bauprodukte.

Ebenfalls vorwiegend nach technischen Gesichtspunkten verleiht das Deutsche Institut für Gütesicherung und Kennzeichnung e.V. das **RAL-Gütezeichen** an geprüfte Bauprodukte. Träger eines so genannten RAL-Gütezeichens ist in der Regel eine „Gütegemeinschaft“ in der Rechtsform eines eingetragenen Vereins. Dies ist eine Interessengemeinschaft, ein Zusammenschluss von Herstellern und Anbietern. Nach Maßgabe der Vereinssatzung verleiht die Gütegemeinschaft das Recht zur Führung des Gütezeichens an Gütezeichenbenutzer. Damit unterwerfen sie sich freiwillig der Erfüllung von Güte- und Prüfbestimmungen sowie der Güteüberwachung. Die Zertifikate der zweiten Gruppe werden nach Tests vergeben, die auch baubiologische und ökologische Aspekte berücksichtigen. An erster Stelle ist das **AUB-Label** zu nennen, das von der „Arbeitsgemeinschaft umweltverträgliches Bauprodukt e.V.“ vergeben wird. Dieses Zertifikat ist an strenge umwelt- und gesundheitsrelevante Kriterien geknüpft. Die Deklaration umfasst den gesamten Lebenszyklus eines Baustoffes, beginnend bei Rohstoffgewinnung und Zusammensetzung der Ausgangs- und Grundstoffe über Herstellung und Verarbeitung sowie die Nutzung bis hin zur Endverwendung. Diese ganzheitliche Produktbeschreibung ist mit einem Produktpass vergleichbar.

ARBEITSGEMEINSCHAFT UMWELTVERTRÄGLICHES BAUPRODUKT E.V.

Der **Blaue Umweltengel** ist eines der ältesten Öko-Label. Für die Vergabe verantwortlich ist die RAL zusammen mit dem Umweltbundesamt. Das staatliche Umweltzeichen wird an Produkte vergeben, die sich gegenüber anderen Modellen als umweltfreundlicher, aber ebenso praktisch und gebrauchstüchtig herausgestellt haben. In dieser relativen und zeitlich nicht fixierten Beurteilung liegt einer der Kritikpunkte am Umweltengel.

Mit dem **Eco-Zertifikat** werden Materialien gekennzeichnet, die auf gesundheitliche Unbedenklichkeit geprüft und weitestgehend umweltverträglich sind. Die strenge Prüfung umfasst den gesamten Lebenszyklus von Herstellung und Verarbeitung über die Nutzung bis hin zu Recycling und/oder Entsorgung.

Ein bekanntes Qualitätssiegel ist das **IBR-Zertifikat**, das vom Institut für Baubiologie Rosenheim GmbH vergeben wird. Ausgezeichnet werden umweltschonend erzeugte und gesundheitlich unbedenkliche Baustoffe und Produktionsverfahren. Als Grenzwerte werden in der Regel die Vorgaben der Weltgesundheitsorganisation (WHO) festgelegt.

Das noch relativ junge Öko-Prädikat **natureplus** wird an umweltgerechte, gesundheitsverträgliche und funktionelle Bauprodukte verliehen. Die Anforderungen sind spezifisch: Nur Materialien, die zu 85 Prozent aus nachwachsenden und/oder mineralischen Rohstoffen bestehen, erhalten die Auszeichnung. Am Produkt muss zudem eine Volldeklaration der Inhaltsstoffe erfolgen.

Auch der TÜV zertifiziert Baustoffe nach Umweltkriterien. Das **TÜV-Umweltsiegel UT21** zeichnet nach strengen Kriterien nur solche Baustoffe aus, die während des gesamten Lebenszyklus umweltschonend sind.

Das **TÜV-ASG-Siegel** hingegen beurteilt nur Schadstoffgehalte in den Materialien. Die Abkürzung ASG steht für „Auf Schadstoff geprüft".

Werbesprüche überprüfen!
Werben Unternehmen mit Qualitäts- und Gütezeichen, bedeutet dies nicht zwangsläufig, dass auch höhere Qualitäten angeboten und eine mängelfreie Bauausführung gesichert ist. Manchmal werden nur unverbindliche Garantieversprechen gegeben, manchmal wird die Einhaltung gesetzlicher Vorgaben besiegelt – eine Pflicht, der jeder nachkommen muss. Deshalb ist es wichtig, nicht fraglos auf Brief und Siegel zu setzen, sondern diese Zeichen kritisch zu hinterfragen und im Bedarfsfall konkrete Forderungen zu stellen. Zur Stärkung der Verbraucherposition auf dem Wohnungs(bau)markt betreibt der Verein Wohnen im Eigentum e.V. die neue Datenbank www.baulabel.de. Diese wurde vom Bundesministerium für Verbraucherschutz gefördert und vom Institut für Bauforschung e.V. (IFB) in Hannover initiiert. www.baulabel.de ist eine Internetseite für alle Arten von Gütesiegeln, Pässen und Zertifikaten rund um den Hausbau und die Modernisierung. Hier werden Öko-Baulabel überprüft und vorgestellt, aber auch Zertifikate für die Qualitätssicherung der Bauausführung, Energie- und Gebäudepässe sowie der Energiebedarfsausweis. Die Label werden nicht benotet. Vielmehr wird der Zusatznutzen dieser Zeichen für Baukunden und Hauseigentümer herausgestellt, und es werden Empfehlungen für das weitere Vorgehen ausgesprochen. Denn wenn ein Label mitentscheidend für die Hausauswahl oder eine Investitionsentscheidung sein soll, dann sollten Baukunden unbedingt Forderungen zur Optimierung der beworbenen Zusatzleistungen stellen und diese über den Vertrag absichern. Interessenten finden hier eine gute Marktübersicht über die derzeit werblich angebotenen Zusatzleistungen und erhöhten Qualitäten auf dem Wohnungs(bau)markt. Um das Spektrum abzudecken, werden auch Label oder Pässe vorgestellt, die bisher wenig bekannt sind.

Bauen mit dem Architekten

Architekten haben eine lange Ausbildung absolviert und dürfen die in Deutschland geschützte Berufsbezeichnung erst nach mehreren Jahren Berufserfahrung tragen.

Zum Beispiel müssen sich im Bundesland Hessen Architekten seit 2003 regelmäßig weiterbilden, um immer auf dem neuesten Stand der Bauentwicklungen zu sein. Der Architekt koordiniert am Bau sämtliche Leistungsphasen und kontrolliert die Arbeit der Handwerker. Gerade ortsansässige, erfahrene Architekten haben einen je nach ihrer Spezialisierung sehr detaillierten Überblick über den Immobilienbestand und anstehende Bautätigkeiten der jeweiligen Region. Architekten können die Lage und die Qualität des Objekts bewerten.

Neben den Hauptaufgaben eines Architekten, Immobilien zu planen, zu konzipieren und zu bauen, hat er noch eine Menge mehr Arbeitsfelder. Zum Beispiel beschäftigt er sich mit der Sanierung von Gebäuden, mit der Entwicklung von Baugebieten und ist auch für die Stadtplanung gefragt. Er kann Sie also bei allen technischen, wirtschaftlichen, ökologischen und gestalterischen Fragen zur Planung von Bauwerken beraten. Nur wenige Beratungsstunden können ausreichen, um wertvolle Tipps für Ihre Immobiliensuche zu erhalten oder Sie vor teuren Fehlentscheidungen zu bewahren.

WISO rät: Suchen Sie sich einen guten Architekten! Jedes Bundesland hat eine Architektenkammer, hier sind sämtliche Architekten auch mit ihren Spezialgebieten gelistet. Auf entsprechenden Internetseiten sind sogar von einzelnen Büros detaillierte Beschreibungen auffindbar. Lassen Sie sich von schillernden und teuren Großprojekten nicht abschrecken. Die meisten Architekten backen auch kleine Brötchen und beraten Sie gerne.

Bundesweit gibt es jedes Jahr den Tag der Architektur und den Tag des offenen Büros. An diesen Wochenenden zeigen engagierte, ausgewählte Büros ihre neuesten Projekte, Neu-, Umbauten und Sanierungen. Bei dieser Gelegenheit können Sie nicht nur die besten und aktuellsten Projekte besichtigen, sondern auch gleichzeitig den verantwortlichen Architekten kennen lernen. Manche Architekturbüros sind an diesem Wochenende sogar zur Besichtigung geöffnet, erläutern ihre Arbeitsweise sowie Schwerpunkte und zeigen ihre Projekte. Besser können Sie Ihren Architekten nicht unverbindlich kennen lernen.

So funktioniert die Zusammenarbeit

Ideal ist es, wenn Sie schon vor dem Grundstückskauf einen Architekten als Berater hinzuziehen. So kann er Sie von Anfang an bei der Planung des Bauvorhabens begleiten. Kommt es zum Vertrag mit dem Architekten, werden aber rechtlich betrachtet alle am Bau Beteiligten direkt vom Bauherrn beauftragt. Nachteil: Sie müssen dadurch eine ganze Reihe von Einzelverträgen abschließen. Obwohl Sie vom Architekten bei der Auswahl des Bauunternehmers und der Handwerker unterstützt werden, wird Ihnen ein höherer Einsatz abverlangt als beim Bau mit einem Bauträger. Doch ein Architektenhaus hat viele Vorteile.

Der Architekt plant und baut ganz individuell nach Ihren Wünschen und Bedürfnissen. Er klärt für Sie alle Rahmenbedingungen ab, indem er bei Behörden recherchiert, die Angaben sammelt und auswertet und Ihnen in der ersten Phase verschiedene Vorentwürfe und Konzepte vorlegt. Die ersten Skizzen und Zeichnungen sollten Sie aufheben, denn Sie werden sich später vielleicht gern noch einmal ansehen, wie aus einer Idee letztlich Ihr Haus wurde. Oft spielen auch Assoziationen des Bauherrn eine Rolle beim Entwurf: Fremde Länder inspirieren oder das Hobby, etwa Segeln oder Reiten. So will der eine Bauherr viel Wasser im Garten, der andere eher eine Bauernwiese. Letztlich ist es die gemeinsame Auseinandersetzung und ein hartes Stück Arbeit, die den Traum wahr werden lassen.

Der Architekt kann auch aus schwierigen, ungünstig geschnittenen oder gelegenen Grundstücken ein Traumhaus entwickeln. Er hat gelernt, bestehende Bausubstanz zu bewerten sowie Um- und Ausbaumöglichkeiten zu erkennen. Da immer mehrere Wege zum Ziel führen, sollten Sie die Kreativität und Fachkenntnis Ihres Architekten fordern, aber ihr auch erst einmal freien Lauf lassen. Nur so hat er eine Chance, die unterschiedlichsten Lösungsansätze aufzuzeigen und aus mehreren guten Ideen den besten Entwurf für Sie auszuwählen.

WISO rät: Überschlafen Sie die Entwürfe des Architekten. Was auf den ersten Blick begeistert, muss noch lange nicht die beste Lösung sein. Lassen Sie sich Zeit und brüten Sie am besten ein paar Tage mit der ganzen Familie über den Plänen. Änderungen im späteren Planungs- oder gar Bauablauf sind sehr aufwändig und nur kostenintensiv zu realisieren.

Den ausgewählten Entwurf stimmt der Architekt dann mit allen Behörden und Fachplanern ab. Wenn alles abgeschlossen ist, werden die Eingabepläne (im Maßstab 1:100) gezeichnet, der Bauantrag gestellt und die Baugenehmigung eingeholt. Ob der Plan beim Bauamt durchgeht oder nicht, hängt vor allem vom Verhandlungsgeschick und der Überzeugungskraft Ihres Architekten ab. Gibt er zu schnell nach, weil vielleicht die Ausnutzung des Grundstücks nicht in die Normen der Behörde passt oder das Haus um ein paar Zentimeter zu hoch ist, oder kann er mit seiner Erfahrung vielleicht noch eine Zustimmung erzielen oder durch ein paar Änderungen den Entwurf schließlich doch durchbringen?

WISO rät: Wählen Sie einen Architekten in Ihrer Nähe aus, der die örtlichen Verhältnisse, insbesondere Behörden und Handwerksfirmen, kennt und gute Referenzen vorweisen kann. Erkundigen Sie sich danach, ob er Mitglied in der Architektenkammer ist, denn erst dann ist er bauvorlagenberechtigt.

Die neun Leistungsphasen des Architekten

Architekten können für jede einzelne Leistungsphase einzeln beauftragt werden. Das nutzen die Bauherren in der Regel auch aus. Denn merkt man nach dem Entwurfsstadium, dass man nicht zusammenpasst, braucht kein Vertrag gekündigt zu werden, sondern es wird einfach kein weiterer Auftrag erteilt.

Auch die Bezahlung des Architekten richtet sich nach den Leistungsphasen. Sie sind in der Honorarordnung für Architekten und Ingenieure (HOAI) ausführlich definiert. Damit haben Sie gegenüber anderen Branchen eine sehr solide Leistungsbeschreibung und sehen, was beim Bauen alles geplant, beschrieben und beaufsichtigt werden muss. Insgesamt spricht man von neun Leistungsphasen. In der folgenden Tabelle sind die einzelnen Phasen, Grundleistungen und besondere Leistungen gegenübergestellt, das heißt, für Sie ist interessant, welche vielfältigen Arbeiten mit den „Grundleistungen" von Ihrem Architekten bereits abgearbeitet und berücksichtigt werden. „Besondere Leistungen" sind Arbeiten, die bei Bedarf extra von Ihnen beauftragt und bezahlt werden müssen.

WISO rät: Beauftragen Sie Ihren Architekten vorerst nur für die Leistungsphase 1 bis 2: Grundlagenermittlung und Vorplanung. Sie erhalten damit erste Beratungen, mehrere Skizzen beziehungsweise Lösungsmöglichkeiten und spüren, wie gut die Zusammenarbeit funktioniert. Wenn Ihnen der Vorentwurf gefällt und sein Team zu Ihnen passt, können Sie den Architekten immer noch für die restlichen Leistungsphasen beauftragen.

Übersicht über die Architekturleistungen

1. Grundlagenermittlung

- Klären der Aufgabenstellung
- Beraten zum gesamten Leistungsbedarf
- Formulieren von Entscheidungshilfen für die Auswahl anderer an der Planung fachlich Beteiligter
- Zusammenfassen der Ergebnisse

Besondere Leistungen

- Bestandsaufnahme
- Standortanalyse
- Betriebsplanung
- Aufstellen eines Raumprogramms
- Aufstellen eines Funktionsprogramms
- Prüfen der Umwelterheblichkeit
- Prüfen der Umweltverträglichkeit

2. Vorplanung (Projekt- und Planungsvorbereitung)

- Analyse der Grundlagen
- Abstimmen der Zielvorstellungen (Randbedingungen, Zielkonflikte)
- Aufstellen eines planungsbezogenen Zielkatalogs (Programmziele)
- Erarbeiten eines Planungskonzepts einschließlich Untersuchung der alternativen Lösungsmöglichkeiten nach gleichen Anforderungen mit zeichnerischer Darstellung und Bewertung, zum Beispiel versuchsweise zeichnerische Darstellungen, Strichskizzen, gegebenenfalls mit erläuternden Angaben
- Integrieren der Leistungen anderer an der Planung fachlich Beteiligter
- Klären und Erläutern der wesentlichen städtebaulichen, gestalterischen, funktionalen, technischen, bauphysikalischen, wirtschaftlichen, energiewirtschaftlichen (zum Beispiel hinsichtlich rationeller Energieverwendung und der Verwendung erneuerbarer Energien) und landschaftsökologischen Zusammenhänge, Vorgänge und Bedingungen sowie der Belastung und Empfindlichkeit der betroffenen Ökosysteme
- Vorverhandlungen mit Behörden und anderen an der Planung fachlich Beteiligten über die Genehmigungsfähigkeit
- Bei Freianlagen: Erfassen, Bewerten und Erläutern der ökosystemaren Strukturen und Zusammenhänge, zum Beispiel Boden, Wasser, Klima, Luft, Pflanzen- und Tierwelt sowie Darstellen der räumlichen und gestalterischen Konzeption mit erläuternden Angaben, insbesondere zur Geländegestaltung, Biotopverbesserung und -vernetzung, vorhandenen Vegetation, Neupflanzung, Flächenverteilung der Grün-, Verkehrs-, Wasser-, Spiel- und Sportflächen; ferner Klären der Randgestaltung und der Anbindung an die Umgebung
- Kostenschätzung nach DIN 276 oder nach dem wohnungsrechtlichen Berechnungsrecht
- Zusammenstellen aller Vorplanungsergebnisse

Besondere Leistungen

- Untersuchen von Lösungsmöglichkeiten nach grundsätzlich verschiedenen Anforderungen
- Ergänzen der Vorplanungsunterlagen auf Grund besonderer Anforderungen
- Aufstellen eines Finanzierungsplanes
- Aufstellen einer Bauwerks- und Betriebs-Kosten-Nutzen-Analyse
- Mitwirken bei der Kreditbeschaffung
- Durchführen der Voranfrage (Bauanfrage)
- Anfertigen von Darstellungen durch besondere Techniken, wie zum Beispiel Perspektiven, Muster, Modelle
- Aufstellen eines Zeit- und Organisationsplanes

- Ergänzen der Vorplanungsunterlagen hinsichtlich besonderer Maßnahmen zur Gebäude- und Bauteiloptimierung, die über das übliche Maß der Planungsleistungen hinausgehen, zur Verringerung des Energieverbrauchs sowie der Schadstoff- und CO_2-Emissionen und zur Nutzung erneuerbarer Energien in Abstimmung mit anderen an der Planung fachlich Beteiligten. Das übliche Maß ist für Maßnahmen zur Energieeinsparung durch die Erfüllung der Anforderungen gegeben, die sich aus Rechtsvorschriften und den allgemein anerkannten Regeln der Technik ergeben

3. Entwurfsplanung (System- und Integrationsplanung)

- Durcharbeiten des Planungskonzepts (stufenweise Erarbeitung einer zeichnerischen Lösung) unter Berücksichtigung städtebaulicher, gestalterischer, funktionaler, technischer, bauphysikalischer, wirtschaftlicher, energiewirtschaftlicher (zum Beispiel hinsichtlich rationeller Energieverwendung und der Verwendung erneuerbarer Energien) und landschaftsökologischer Anforderungen unter Verwendung der Beiträge anderer an der Planung fachlich Beteiligter bis zum vollständigen Entwurf
- Integrieren der Leistungen anderer an der Planung fachlich Beteiligter
- Objektbeschreibung mit Erläuterung von Ausgleichs- und Ersatzmaßnahmen nach Maßgabe der naturschutzrechtlichen Eingriffsregelung
- Zeichnerische Darstellung des Gesamtentwurfs, zum Beispiel durchgearbeitete, vollständige Vorentwurfs- und/oder Entwurfszeichnungen (Maßstab nach Art und Größe des Bauvorhabens; bei Freianlagen im Maßstab 1 : 500 bis 1 : 100, insbesondere mit Angaben zur Verbesserung der Biotopfunktion, zu Vermeidungs-, Schutz-, Pflege- und Entwicklungsmaßnahmen sowie zur differenzierten Bepflanzung; bei raumbildenden Ausbauten: im Maßstab 1 : 50 bis 1 : 20, insbesondere mit Einzelheiten der Wandabwicklungen, Farb-, Licht- und Materialgestaltung), gegebenenfalls auch Detailpläne mehrfach wiederkehrender Raumgruppen
- Verhandlungen mit Behörden und anderen an der Planung fachlich Beteiligten über die Genehmigungsfähigkeit
- Kostenberechnung nach DIN 276 oder nach dem wohnungsrechtlichen Berechnungsrecht
- Kostenkontrolle durch Vergleich der Kostenberechnung mit der Kostenschätzung
- Zusammenfassen aller Entwurfsunterlagen

Besondere Leistungen

- Analyse der Alternativen/Varianten und deren Wertung mit Kostenuntersuchung (Optimierung)

- Wirtschaftlichkeitsberechnung
- Kostenberechnung durch Aufstellen von Mengengerüsten oder Bauelementkatalog
- Ausarbeiten besonderer Maßnahmen zur Gebäude- und Bauteiloptimierung, die über das übliche Maß der Planungsleistungen hinausgehen, zur Verringerung des Energieverbrauchs sowie der Schadstoff- und CO_2-Emissionen und zur Nutzung erneuerbarer Energien unter Verwendung der Beiträge anderer an der Planung fachlich Beteiligter. Das übliche Maß ist für Maßnahmen zur Energieeinsparung durch die Erfüllung der Anforderungen gegeben, die sich aus Rechtsvorschriften und den allgemein anerkannten Regeln der Technik ergeben

4. Genehmigungsplanung

- Erarbeiten der Vorlagen für die nach den öffentlich-rechtlichen Vorschriften erforderlichen Genehmigungen oder Zustimmungen einschließlich der Anträge auf Ausnahmen und Befreiungen unter Verwendung der Beiträge anderer an der Planung fachlich Beteiligter sowie noch notwendiger Verhandlungen mit Behörden
- Einreichen dieser Unterlagen
- Vervollständigen und Anpassen der Planungsunterlagen, Beschreibungen und Berechnungen unter Verwendung der Beiträge anderer an der Planung fachlich Beteiligter
- Bei Freianlagen und raumbildenden Ausbauten: Prüfen auf notwendige Genehmigungen, Einholen von Zustimmungen und Genehmigungen

Besondere Leistungen

- Mitwirken bei der Beschaffung der nachbarlichen Zustimmung
- Erarbeiten von Unterlagen für besondere Prüfverfahren
- Fachliche und organisatorische Unterstützung des Bauherrn im Widerspruchsverfahren, Klageverfahren oder Ähnliches
- Ändern der Genehmigungsunterlagen infolge von Umständen, die der Auftragnehmer nicht zu vertreten hat

5. Ausführungsplanung

- Durcharbeiten der Ergebnisse der Leistungsphasen 3 und 4 (stufenweise Erarbeitung und Darstellung der Lösung) unter Berücksichtigung städtebaulicher, gestalterischer, funktionaler, technischer, bauphysikalischer, wirtschaftlicher, energiewirtschaftlicher (zum Beispiel hinsichtlich rationeller Energieverwendung und der Verwendung erneuerbarer Energien) und landschaftsökologischer Anforderungen unter Verwendung der Beiträge anderer an der Planung fachlich Beteiligter bis zur ausführungsreifen Lösung

- Zeichnerische Darstellung des Objekts mit allen für die Ausführung notwendigen Einzelangaben, zum Beispiel endgültige, vollständige Ausführungs-, Detail und Konstruktionszeichnungen im Maßstab 1 : 50 bis 1 : 1, bei Freianlagen je nach Art des Bauvorhabens im Maßstab 1 : 200 bis 1 : 50, insbesondere Bepflanzungspläne, mit den erforderlichen textlichen Ausführungen
- Bei raumbildenden Ausbauten: Detaillierte Darstellung der Räume und Raumfolgen im Maßstab 1 : 25 bis 1 : 1, mit den erforderlichen textlichen Ausführungen; Materialbestimmung
- Erarbeiten der Grundlagen für die anderen an der Planung fachlich Beteiligten und Integrierung ihrer Beiträge bis zur ausführungsreifen Lösung
- Fortschreiben der Ausführungsplanung während der Objektausführung

Besondere Leistungen

- Aufstellen einer detaillierten Objektbeschreibung als Baubuch zur Grundlage der Leistungsbeschreibung mit Leistungsprogramm*)
- Aufstellen einer detaillierten Objektbeschreibung als Raumbuch zur Grundlage der Leistungsbeschreibung mit Leistungsprogramm*)
- Prüfen der vom bauausführenden Unternehmen auf Grund der Leistungsbeschreibung mit Leistungsprogramm ausgearbeiteten Ausführungspläne auf Übereinstimmung mit der Entwurfsplanung*)
- Erarbeiten von Detailmodellen
- Prüfen und Anerkennen von Plänen Dritter nicht an der Planung fachlich Beteiligter auf Übereinstimmung mit den Ausführungsplänen (zum Beispiel Werkstattzeichnungen von Unternehmen, Aufstellungs- und Fundamentspläne von Maschinenlieferanten), soweit die Leistungen Anlagen betreffen, die in den anrechenbaren Kosten nicht erfasst sind

6. Vorbereitung der Vergabe

- Ermitteln und Zusammenstellen von Mengen als Grundlage für das Aufstellen von Leistungsbeschreibungen unter Verwendung der Beiträge anderer an der Planung fachlich Beteiligter
- Aufstellen von Leistungsbeschreibungen mit Leistungsverzeichnissen nach Leistungsbereichen
- Abstimmen und Koordinieren der Leistungsbeschreibungen der an der Planung fachlich Beteiligten

Besondere Leistungen

- Aufstellen von Leistungsbeschreibungen mit Leistungsprogramm unter Bezug auf Baubuch/Raumbuch*)
- Aufstellen von alternativen Leistungsbeschreibungen für geschlossene Leistungsbereiche
- Aufstellen von vergleichenden Kostenübersichten unter Auswertung der Beiträge anderer an der Planung fachlich Beteiligter

7. Mitwirkung bei der Vergabe

- Zusammenstellen der Verdingungsunterlagen aller Leistungsbereiche
- Einholen von Angeboten
- Prüfen und Werten der Angebote einschließlich Aufstellen eines Preisspiegels nach Teilleistungen
- Mitwirkung aller während der Leistungsphasen 6 und 7 fachlich Beteiligten
- Abstimmen und Zusammenstellen der fachlich Beteiligten, die an der Vergabe mitwirken
- Verhandlung mit Bietern
- Kostenanschlag nach DIN 276 aus Pauschalpreisen der Angebote
- Kostenkontrolle durch Vergleich des Kostenanschlags mit der Kostenberechnung
- Mitwirken bei der Auftragserteilung

Besondere Leistungen

- Prüfen und Werten der Angebote aus Leistungsbeschreibung mit Leistungsprogramm einschließlich Preisspiegel*)
- Aufstellen, Prüfen und Werten von Preisspiegeln nach besonderen Anforderungen

8. Objektüberwachung (Bauüberwachung)

- Überwachen der Ausführung des Objekts auf Übereinstimmung mit der Baugenehmigung oder Zustimmung, den Ausführungsplänen und den Leistungsbeschreibungen sowie mit den anerkannten Regeln der Technik und den einschlägigen Vorschriften
- Überwachen der Ausführung von Tragwerken nach § 63 Abs. 1 Nr. 1 und 2 auf Übereinstimmung mit dem Standsicherheitsnachweis

*) Diese Besondere Leistung wird bei Leistungsbeschreibung mit Leistungsprogramm ganz oder teilweise Grundleistung. In diesem Fall entfallen die entsprechenden Grundleistungen dieser Leistungsphase, soweit die Leistungsbeschreibung mit Leistungsprogramm angewandt wird.

- Koordinieren der an der Objektüberwachung fachlich Beteiligten
- Überwachung und Detailkorrektur von Fertigteilen
- Aufstellen und Überwachen eines Zeitplanes (Balkendiagramm)
- Führen eines Bautagebuches
- Gemeinsames Aufmaß mit den bauausführenden Unternehmen
- Abnahme der Bauleistungen unter Mitwirkung anderer an der Planung und Objektüberwachung fachlich Beteiligter unter Feststellung von Mängeln
- Rechnungsprüfung
- Kostenfeststellung nach DIN 276 oder nach dem wohnungsrechtlichen Berechnungsrecht
- Antrag auf behördliche Abnahmen und Teilnahme daran
- Übergabe des Objekts einschließlich Zusammenstellung und Übergabe der erforderlichen Unterlagen, zum Beispiel Bedienungsanleitungen, Prüfprotokolle
- Auflisten der Gewährleistungsfristen
- Überwachen der Beseitigung der bei der Abnahme der Bauleistungen festgestellten Mängel
- Kostenkontrolle durch Überprüfen der Leistungsabrechnung der bauausführenden Unternehmen im Vergleich zu den Vertragspreisen und dem Kostenanschlag

Besondere Leistungen

- Aufstellen, Überwachen und Fortschreiben eines Zahlungsplanes
- Aufstellen, Überwachen und Fortschreiben von differenzierten Zeit-, Kosten- oder Kapazitätsplänen
- Tätigkeit als verantwortlicher Bauleiter, soweit diese Tätigkeit nach jeweiligem Landesrecht über die Grundleistungen der Leistungsphase 8 hinausgeht

9. Objektbetreuung und Dokumentation

- Objektbegehung zur Mängelfeststellung vor Ablauf der Verjährungsfristen der Gewährleistungsansprüche gegenüber den bauausführenden Unternehmen
- Überwachen der Beseitigung von Mängeln, die innerhalb der Verjährungsfristen der Gewährleistungsansprüche, längstens jedoch bis zum Ablauf von fünf Jahren seit Abnahme der Bauleistungen auftreten
- Mitwirken bei der Freigabe von Sicherheitsleistungen
- Systematische Zusammenstellung der zeichnerischen Darstellungen und rechnerischen Ergebnisse des Objekts

Besondere Leistungen
- Erstellen von Bestandsplänen
- Aufstellen von Ausrüstungs- und Inventarverzeichnissen
- Erstellen von Wartungs- und Pflegeanweisungen
- Objektbeobachtung
- Objektverwaltung
- Baubegehungen nach Übergabe
- Überwachen der Wartungs- und Pflegeleistungen
- Aufbereiten des Zahlenmaterials für eine Objektdatei
- Ermittlung und Kostenfeststellung zu Kostenrichtwerten
- Überprüfen der Bauwerks- und Betriebs-Kosten-Nutzen-Analyse

Wie kann es nach der Baugenehmigung weitergehen? Liegt die Baugenehmigung am Ende der vierten Leistungsphase vor, wird der Architekt in der nächsten Phase mit der so genannten Ausführungsplanung beginnen. Dafür erstellt er unter Beachtung der behördlichen Auflagen die Werkpläne und Detailzeichnungen (mindestens im Maßstab 1 : 50) sowie für alle Bauleistungen die Leistungsverzeichnisse und verschickt sie an mehrere Handwerker. Diese schicken die Ausschreibungen mit ihren Preisen wieder zurück. Der Architekt wählt die geeigneten Betriebe aus, die sowohl in Ihr Budget passen als auch für Qualität und Zuverlässigkeit stehen. Wenn Sie die Ausschreibung selbst in die Hand nehmen wollen, weil Sie die Kosten dafür sparen möchten, ist das prinzipiell möglich. Mit kaufmännischer Vorbildung können Sie auch selbst die eingehenden Angebote vergleichen und auswerten. Muten Sie sich jedoch nicht zu viel zu: Es empfiehlt sich, zumindest mit dem Architekten abzuklären, inwieweit die Angebote auch technisch gleichwertig sind und ob es Vorbehalte gegen einzelne Firmen gibt.

Im Rahmen der achten Leistungsphase, Objektüberwachung, werden vom Architekten durch ständige und gründliche Überwachung die Handwerksleistungen auf Qualität und Umfang geprüft und auf die Einhaltung der vereinbarten Termine gemäß dem Bauzeitenplan geachtet. Zudem prüft der Architekt die Rechnungen der Handwerker, bevor er sie dem Bauherrn zur Bezahlung weiterleitet. Er nimmt auch zusammen mit dem Bauherrn die Abnahme sämtlicher Bauleistungen vor und überwacht während der Gewährleistungspflicht die Mängelbeseitigung. Wollen Sie Ihren Bau ganz allein überwachen, um das Honorar für die Bauleitung einzusparen, geht das gesetzlich in den meisten Bundesländern nicht. Der Bauleiter muss ein Fachmann sein! Machen Sie sich hier keine Sorgen um die Kosten: Ein guter Architekt bringt das für die Bauüberwachung fällige Honorar nahezu von selber wieder herein. Erfahrungen in der Praxis belegen, dass durch eine firmenunabhängige Baubeaufsichtigung in Verbindung mit einer Kosten- und Qualitätskontrolle ganz erhebliche Summen eingespart beziehungsweise Mängel, Schäden und Ärger vermieden werden können.

Was kostet der Architekt?

Bei kurzen Beratungen und sehr kleinen Bauvorhaben können Sie den Architekten nach Stunden bezahlen. Dies kostet weniger, als man vorerst denkt: zwischen 38 und 82 Euro pro Stunde. Für die gesamte Planung und Bauleitung eines Einfamilienhauses richtet sich das Honorar nach den gesamten Baukosten (Bauwerk mit Haustechnik) ohne Mehrwertsteuer. Bei Neubaukosten von 200.000 Euro kostet Sie Ihr Architekt mindestens 21.586 Euro zuzüglich Nebenkosten. Gar nicht so viel, wenn Sie bedenken, dass der Architekt für dieses Honorar bei einem Neubau ein bis zwei Jahre bis zur Schlussrechnung des letzten Handwerkers für Sie arbeitet. Zum Vergleich: Ein Makler würde bei der Vermittlung einer gebrauchten Immobilie im Wert von 200.000 Euro etwa 6 Prozent Provision kassieren, dass sind immerhin 12.000 Euro, die Sie manchmal nur für die Schlüsselübergabe bezahlen.

Die Honorierung des Architekten ist durch die so genannte Honorarordnung für Architekten und Ingenieure (HOAI) geregelt. Die HOAI setzt die Höchst- und Niedrigpreise fest. Das Honorar richtet sich in Deutschland nach den Baukosten und ist in die neun Leistungsphasen aufgeteilt, die unterschiedliche Anteile am Gesamthonorar haben und auch getrennt beauftragt werden können.

Die Kosten für die Leistungsphasen im Einzelnen:

1. Grundlagenermittlung	3%
2. Vorplanung	7%
3. Entwurfsplanung	11%
4. Genehmigungsplanung	6%
5. Ausführungsplanung	25%
6. Ausschreibung	10%
7. Vergabe	4%
8. Bauüberwachung	31%
9. Dokumentation (Gewährleistung)	3%

Die Bauüberwachung ist der größte Einzelposten, es liegt also nahe, hierbei zu sparen. Doch gerade hier kann der Architekt einiges für Sie herausholen, nämlich Geld und Qualität. Wird beispielsweise auf der Baustelle vom Handwerker geschlampt, kann der Architekt die gestellte Rechnung korrigieren beziehungsweise bis zur Behebung des Mangels zurückhalten.

Je nach Schwierigkeitsgrad Ihres Bauvorhabens wird eine von insgesamt fünf Honorarzonen gewählt, wobei für Einfamilienhäuser in der Regel die Zonen drei und vier in

Frage kommen. Insgesamt muss man die Architektenkosten in Höhe von 10 bis 15 Prozent der Baukosten ansetzen.

Bei dem Architektenvertrag handelt es sich rechtlich um einen Werkvertrag im Sinne des § 631 BGB. Der Architekt ist danach verpflichtet, einen bestimmten Erfolg zu erreichen. Es reicht zum Beispiel nicht aus, dass der Architekt einen Bauantrag einreicht, der dann abgelehnt wird. Er ist verpflichtet, ihn so zu gestalten, dass er auch genehmigungsfähig ist. Hat etwa der Architekt im Bauantrag irgendwelche Bauvorschriften nicht eingehalten und wurde deshalb der Antrag abgelehnt, bekommt er sein vollständiges Honorar erst nach der Berichtigung und Genehmigung des Bauantrags.

Bei der Honorierung von Architekten können Sie durchaus kreativ sein. Mit einem anteiligen Erfolgshonorar in Aussicht wird ein guter Architekt noch das letzte Kostensenkungspotenzial ausschöpfen. Deshalb empfiehlt es sich mitunter, den Architekten zuerst mit einigen Teilleistungen zu beauftragen, zum Beispiel mit der Voranfrage beim Bauamt oder einem Vorentwurf mit Kostenschätzung. Vielleicht lässt sich hier auch ein Pauschalpreis aushandeln. Selbstverständlich darf Ihr Verhandlungsgeschick nicht zum Eigentor werden und auf Kosten der Qualität geschehen.

Beispiel: Sie machen die Beauftragung des Architekten davon abhängig, ob er Ihr Wiesengrundstück zu Bauland machen kann. Gelingt es ihm, bekommt er auch den Zuschlag für die Bebauung. Oder Sie vereinbaren mit Ihrem Architekten ein Erfolgshonorar, das an die Baukosten gekoppelt ist. Kann er die gesetzte Kostenuntergrenze sogar noch unterschreiten, bekommt der Architekt bis zu 20 Prozent der eingesparten Summe honoriert.

WISO rät: Beauftragen Sie einen erfahrenen Architekten mit der Bauleitung und Rechnungsprüfung Ihres Bauvorhabens. Alleine durch eine sorgfältige, korrekte Prüfung aller Rechnungen kann das gesamte Bauleitungshonorar des Architekten wieder reingeholt werden.

In der folgenden Honorartabelle können Sie selbst ablesen, bei welcher Bausumme („anrechenbare Kosten“ genannt) welches Honorar anfällt. Bei einfachen Wohnbauten gilt die Zone III, bei sehr schwierigen Wohnbauten gilt die Zone IV. Innerhalb der Zonen können Sie mit Ihrem Architekten das Honorar verhandeln.

Bei weiteren Fragen zur Honorarordnung hilft Ihnen die nächste Architektenkammer.

Honorartafel zu § 16 Abs. 1

Anrechenbare Kosten	Zone III		Zone IV	
Euro	von	bis	von	bis
25.565	2.991	3.855	3.855	4.433
30.000	3.497	4.498	4.498	5.169
35.000	4.075	5.236	5.236	6.012
40.000	4.647	5.968	5.968	6.853
45.000	5.221	6.702	6.702	7.689
50.000	5.780	7.413	7.413	8.496
100.000	11.311	14.360	14.360	16.393
150.000	16.578	20.818	20.818	23.644
200.000	21.586	26.792	26.792	30.263
250.000	26.380	32.373	32.373	36.369
300.000	30.650	37.643	37.643	42.309
350.000	34.561	42.700	42.700	48.131
400.000	38.127	47.432	47.432	53.637
450.000	41.362	51.840	51.840	58.820
500.000	44.243	55.876	55.876	63.631
1.000.000	79.193	99.682	99.682	113.340
1.500.000	114.317	143.592	143.592	163.105
2.000.000	149.401	187.455	187.455	212.823
2.500.000	184.503	231.352	231.352	262.584
3.000.000	217.541	270.581	270.581	305.940
3.500.000	250.321	309.221	309.221	348.488
4.000.000	283.101	347.856	347.856	391.030
4.500.000	315.877	386.495	386.495	433.574
5.000.000	348.656	425.135	425.135	476.119
10.000.000	684.426	826.334	826.334	920.937
15.000.000	1.008.690	1.206.165	1.206.165	1.337.814
20.000.000	1.320.989	1.563.771	1.563.771	1.725.629
25.000.000	1.635.242	1.925.012	1.925.012	2.118.192
25.564.594	1.670.759	1.965.861	1.965.861	2.162.596

Was tun, wenn es mit dem Architekten nicht klappt?

Nicht immer läuft die Zusammenarbeit so, wie man es sich vielleicht gewünscht hat, manchmal stimmt die Chemie auch nicht. Was dann? Die gute Nachricht: Sie können aus dem Vertrag jederzeit vorzeitig aussteigen. Im Vertrag ist unter dem Punkt Kündigung üblicherweise auch die Vergütung geregelt. Pauschalierte Aufwendungssätze sind jedoch rechtlich unwirksam. So warnen die Verbraucherzentralen vor Formulierungen wie „40 Prozent des durch die Kündigung entgangenen Honorars werden für ersparte Aufwendungen in Ansatz gebracht".

Jeder Architekt ist durch die jeweilige Landesbauordnung dazu verpflichtet, eine Berufshaftpflichtversicherung abzuschließen. Sollte bei Ihrem Bauvorhaben etwas schief gehen, zum Beispiel durch Planungs- oder Überwachungsfehler oder wirtschaftlich, wenn das Kostenlimit nicht eingehalten wird, haftet der Architekt oder seine Versicherung. Erkundigen Sie sich nach den Deckungssummen!

Wollen Sie Ansprüche gegenüber dem Architekten geltend machen, haben Sie zunächst ein Recht auf Nacherfüllung. Der Architekt kann zwischen Nachbesserung und Neuherstellung wählen. Kommt der Architekt seiner Verpflichtung nicht nach, haben Sie als Bauherr das Recht zur Selbstvornahme, zum Rücktritt vom Vertrag, zur Minderung und eventuell auch Anspruch auf Schadensersatz.

Häufig ist nicht leicht zu klären, warum es zu einem Fehler gekommen ist. Zum Beispiel nimmt der beauftragte Handwerker minderwertigen Estrich, der nicht gut zu verarbeiten ist und schlecht trocknet. Der Architekt unterlässt die von Ihnen geforderte Überwachung und lässt den Estrich nicht wieder herausreißen. Wer trägt nun die Schuld: der Architekt oder der Handwerker? Häufig landen solche Streitigkeiten vor Gericht.

WISO rät: Wollen Sie Schadensersatzansprüche durchsetzen, sollten Sie frühzeitig einen auf Baurecht spezialisierten Anwalt einschalten. Es müssen Fristen und andere gesetzliche Rahmenbedingungen eingehalten werden, damit Ihre Forderungen genau definiert werden und Erfolg haben.

Bauen mit dem Bauträger

Bauen zu Schnäppchenpreisen ist in Deutschland kaum mehr möglich: Grundstücke sind teuer und die Baukosten hoch. Deshalb ist das Bauen mit einem Bauträger für viele die Qual der Wahl. Sie schießen wie Pilze aus dem Boden und verschwinden genauso schnell wieder in der Versenkung. Um das Geschäft mit dem „Traum vom Eigenheim" ist ein Preiskampf entbrannt. Doch welcher Bauträger bringt die beste Leistung, wem können Sie vertrauen und Ihr Geld überlassen?

Die Angebote klingen verlockend: schlüsselfertig, schnelle Bauzeit, beste Materialien. Wer „schlüsselfertig" baut, muss sich nicht mit dem Architekten herumplagen, hat keinen Ärger mit der Baubehörde und muss sich auch nicht um Handwerker und deren Rechnungen kümmern. So weit die Hoffnung eines jeden Bauherrn, der seine Immobilie vom Bauträger bauen lässt, aber die Realität sieht oft anders aus.

Kennzeichnend für einen Bauträgervertrag ist zunächst einmal, dass er ein schlüsselfertiges Gebäude anbietet. Der Bauträger baut ein Typenhaus in eigenem Namen oder lässt es durch einen Subunternehmer errichten. Im Idealfall sind die Kaufverträge für das Haus oder einzelne Wohnungen schon vorab unterzeichnet, bevor der erste Spatenstich erfolgte. Das entlastet seine Kasse, denn eigentlich müssen erst mit dem Beginn der Erdarbeiten die ersten Gelder fließen. Läuft alles glatt und kann der Bau erfolgreich abgeschlossen werden, steht am Ende der Kette der Käufer. Er ist verpflichtet, das fertige Gebäude oder eine der fertigen Wohnungen als Eigentümer zu übernehmen und den restlichen Kaufpreis zu entrichten. Das sollte aber keinesfalls vor der Endabnahme geschehen!

Der Begriff „Schlüsselfertig" ist rechtlich ungeschützt

„Schlüsselfertig" ist weder verbindlich definiert, noch sagt der Begriff etwas über die Bauweise aus. Es werden schlüsselfertige Häuser als massives Typenhaus, als Fertighaus in Holzbauweise oder als Architektenhaus angeboten. Eine exakte Festlegung der Leistung des Bauunternehmers, konkrete Angaben zur Bauweise, etwa zum Wärme- und Schallschutz, zur Ausstattung des Hauses und zur möglichen Eigenleistung müssen in der Bau- und Leistungsbeschreibung detailliert festgehalten werden. Sie ist Bestandteil des Bauvertrags, der mit dem Bauträger oder Generalunternehmer abgeschlossen wird. Beim Architektenhaus gibt das Leistungsverzeichnis Auskunft über die einzelnen Gewerke.

In der Praxis werden Gebäude häufig schlüsselfertig übergeben. Das heißt, dass der Bauträger für Sie zum Beispiel einen Neubau mit fertigen Außenanlagen errichtet. Sie können verlangen, dass Ihnen alles in einem einwandfreien Zustand übergeben wird. Steht beispielsweise nach dem Umzug noch Schutt und anderes Gerümpel auf dem Grundstück, kann die Zahlung der noch ausstehenden letzten Rate verweigert werden. Mit der letzten Rate haben Sie ein Druckmittel gegen die Baufirma in der Hand. Im Paragrafen 641 BGB ist festgeschrieben, dass man in solch einem Fall mindestens das Dreifache des voraussichtlichen Mängelbeseitungsbetrags vom Werklohn einbehalten kann.

Seien Sie schon bei der Auswahl des Bauträgers gründlich. Erkundigen Sie sich zunächst nach den Fakten. Ist er im Handelsregister eingetragen und welcher Geschäftszweck ist eingetragen? Wie sehen die Mehrheits- und Beteiligungsverhältnisse aus? Seit wann existiert das Unternehmen? Die so genannte Schufa für Unternehmer sind die Creditreform, Auskunftei Bürgel und andere Gesellschaften, die Daten über Bonität und Zahlungsverhalten zusammentragen und daraus ihr Urteil ableiten. Lassen Sie sich vom Bauträger eine solche Eigenauskunft vorlegen. Für seriöse Unternehmer kein Problem. Beantwortet werden sollten auch Fragen nach der konkreten Tätigkeit.

- Welche Baustellen sind zurzeit im Gange?
- Wie viel wurde bereits gebaut?
- Wo sind Bauten zu besichtigen?
- Wie sehen die Haftungsregelungen aus?
- Gibt es eine Referenzliste von Bauherren?

WISO rät: Schauen Sie sich bereits gebaute Häuser unbedingt an. Reden Sie mit den Bauherren. Scheuen Sie sich nicht, zu klingeln oder anzurufen. Erkundigen Sie sich nach den aufgetretenen Problemen und wie der Bauträger mit der Mängelbeseitigung umgegangen ist.

Schwarze Schafe erkennen

Vorsicht ist geboten, wenn der Bauträger die Unterschrift unter zwei Verträgen verlangt, zum einen unter dem Bauvertrag und zum anderen für den Grundstückskauf beim Notar. Klappt es wider Erwarten nicht mit dem Grundstückskauf, bleibt grundsätzlich der Bauvertrag bestehen, da es sich um zwei getrennte Verträge handelt.

Große Probleme gibt es, wenn Sie als Käufer den Bauträger bezahlen, noch bevor Sie als Eigentümer im Grundbuch eingetragen sind, und dann der Bauträger Konkurs anmelden muss. Sie haben zwar im Prinzip einen Anspruch auf Fertigstellung des Baus oder auf Rückzahlung der bereits gezahlten Summe an den Bauträger – doch wenn dieser Konkurs anmelden muss, ist häufig nichts mehr zu holen. Wer dann noch nicht einmal das Bauland besitzt (Eintrag im Grundbuch) und keinen Pleiteschutz vereinbaren konnte, hat schlechte Karten. Da diese rechtlichen Zusammenhänge sehr unübersichtlich sind, nutzen einige Betrüger die Unwissenheit von Bauherren und gestalten die Verträge allein zu ihren Gunsten. Sie vereinnahmen zu hohe Anzahlungen und strenge Zahlungspläne, geben das Geld aber nicht oder nur mit Verzögerung an die Handwerker weiter. Im schlimmsten Fall sitzt der Käufer allein auf der Baustelle, die Handwerker kommen nicht mehr, weil kein Geld mehr fließt, und der Bauträger verschwindet ins Ausland. Kein Einzelfall!

WISO rät: Achten Sie darauf, dass die Verträge der Makler- und Bauträgerverordnung (MaBVO) entsprechen. Darin geregelt ist zum Beispiel eine Pflichtversicherung, die bei Pleite des Bauträgers einspringt und Ihre Immobilie fertig stellt. Auch eine so genannte Bankbürgschaft schützt. Damit wird die Hausbank des Bauunternehmers verpflichtet, im Insolvenzfall das Haus fertig zu stellen.

Keine Vorauskasse ohne Sicherheiten!

Eine Versicherungspflicht für den Pleitefall gilt nicht, wenn der Bauträger neben der Errichtung des Hauses oder der Wohnung auch die Übereignung des Grundstücks beziehungsweise eines Erbbaurechts schuldet (§ 2 Abs. 1 Satz 1 2. Hs. MaBV). In diesen Fällen beugt die MaBV dem Insolvenzfall des Bauträgers dadurch vor, dass der Bauträger Gelder (Vermögenswerte) des Käufers erst entgegennehmen darf, wenn bestimmte Voraussetzungen geschaffen sind. Dazu gehört zum einen der Baufortschritt, den der Käufer regelmäßig prüfen sollte. Zum anderen müssen rechtliche Voraussetzungen vorliegen, die den Erwerb lastenfreien Eigentums sichern. Hierzu schaltet das Gesetz den Notar als unparteilichen Betreuer des Käufers und Verkäufers ein, der die Wirksamkeit des Vertrages zu bestätigen hat und regelmäßig die Eintragung der Eigentumsvormerkung und das Vorliegen der Lastenfreistellungsvoraussetzungen überwacht (§ 3 Abs. 1). Erst dann wird der Kaufpreis fällig gestellt. Alternativ kann eine Sicherung über Bankbürgschaft erfolgen (§ 7 MaBV). Die MaBV mildert damit die Risiken des Käufers im Insolvenzfall des Bauträgers. Jedem Käufer muss dennoch klar sein, dass er ein nicht unerhebliches und nicht versichertes wirtschaftliches Risiko trägt, wenn der Bauträger – aus welchen Gründen auch immer – nicht zu Ende oder qualitativ schlecht baut. Mehr zur MaBV finden Sie auf den folgenden Seiten.

Vertrauen ist gut – Kontrolle immer besser

Grundstück, Haus, Finanzierung – alles aus einer Hand, klingt gut, aber ist es das auch? Ein gesundes Misstrauen sollten Sie schon mitbringen. Schließlich verkaufen Bauträger etwas, was es noch gar nicht gibt. Das Reihenhaus oder die Eigentumswohnung irgendwo auf der grünen Wiese existiert nur auf dem Papier, und bis zum ersten Spatenstich kann es noch lange dauern. Oft liegt nur eine Bauvoranfrage vor, und die Baugenehmigung ist noch nicht erteilt. Deshalb sollten der Baubeginn und alle weiteren Details vertraglich genau festgelegt werden.

Zum Beispiel muss aus dem Notarvertrag hervorgehen, dass Sie das Grundstück nur dann kaufen, wenn auch das Haus darauf entsteht. Beide Verträge sind voneinander abhängig. Unbedingt notwendig ist eine genaue Bau- und Leistungsbeschreibung. Vorsicht bei zu allgemeinen Formulierungen wie Einbau „brauner Fenster“ oder „Armaturen der Firma „Select“ oder gleichwertig“. Schließlich gibt es Holz- oder Kunststofffenster, mit oder ohne Sprossen, lasiert oder lackiert, teure Modelle sind abschließbar. Verlangen Sie Herstelleradressen und genaue Artikelnummern. Vor der Beurkundung sollten Sie sich vom Bauträger unbedingt eine Vorabkopie sämtlicher Verträge sowie der Bau- und Leistungsbeschreibung zusenden lassen, um diese zusammen mit dem Notar, Rechtsanwalt oder einem Verbraucherschützer überprüfen zu können.

WISO rät: Verweigert Ihnen der Bauträger die notwendigen Informationen und Unterlagen, verspricht er viel und kann letztlich schriftlich nichts vorweisen, existieren nur Hochglanzprospekte und keine Architektenzeichnungen und Werkpläne, unterschreiben und vor allem zahlen Sie nichts!

Die Musterbaubeschreibung – der Schlüssel zum Erfolg

In der Baubeschreibung sollte zwar alles drinstehen, was Ihnen wichtig ist, dennoch kommt es immer wieder zu kleinen Abweichungen. Die Fliesen, die Sie sich ausgesucht haben, werden nicht mehr hergestellt, oder Sie wollen doch noch einmal das Holz für das Parkett ändern. Diese und andere Änderungen und Absprachen, die häufig direkt auf der Baustelle getroffen werden, sollten Sie unbedingt aufzeichnen:

- Halten Sie alle mündlichen Absprachen in einer Art Bautagebuch fest und lassen Sie wichtige Entscheidungen vom Bauträger abzeichnen.
- Gehen Sie regelmäßig auf die Baustelle und nehmen Sie den Baufortschritt in Augenschein. Fehlen Arbeiter, schlampt der Handwerker oder haben Sie Reklamationen, sollten Sie diese Vorkommnisse direkt melden.
- Vergleichen Sie den Stand der Bauarbeiten mit der Planung. Ist alles noch im Zeitplan?
- Vereinbaren Sie regelmäßige, gemeinsame Begehungen.
- Haben Sie Sonderwünsche, zum Beispiel, weil Sie jetzt doch die teureren Sicherheitsfenster haben wollen, wird immer wieder Geld im Voraus verlangt. Doch Achtung: Zahlen Sie grundsätzlich nur für Leistungen, die auch tatsächlich erbracht wurden, nicht mehr! Denn nur wenn alles wie vereinbart bleibt, ist der Unternehmer an den Festpreis gebunden.

Kaufen Sie eine schlüsselfertige Immobilie zum Festpreis, dann sollte dieser Preis bis zum Ende der Bauzeit garantiert sein. Lassen Sie sich nicht auf so genannte Preisgleitklauseln ein. Wenn doch, werden Lohnerhöhungen, Preissteigerungen und Inflationsraten an Sie weitergegeben. Das kann den Festpreis zum Teil stark erhöhen. Zahlen Sie die Baukosten nicht auf einmal, sondern in Raten, je nach Baufortschritt (siehe weiter unten). In der Makler- und Bauträgerverordnung sind bis zu 15 Stufen vorgesehen. Zum Beispiel können mit Fertigstellung der Rohbauarbeiten einschließlich Zimmerarbeiten 40 Prozent der Bausumme verlangt werden. Ziehen Sie Eigenleistungen vom Festpreis ab. Achten Sie darauf, dass Ihnen neben den eingesparten Materialkosten auch der Lohnkostenanteil gutgeschrieben wird. Doch Achtung: Eigenleistungen, zum Beispiel für Fliesen- oder Tapezierarbeiten, die später vereinbart werden, führen in der Regel nicht zu angemessenen Einsparungen. Oft reicht das Geld nicht einmal für den Kauf des billigsten Baumarktmaterials. Im Garantie- und Gewährleistungsfall gehen Sie bei Eigenleistung fast immer leer aus.

Überprüfen Sie bei einem Neubauvorhaben, ob alle wichtigen Punkte der Baubeschreibung aufgelistet sind. Dabei kommt es auf die Details an. Fragen Sie bei den angegebenen Stichwörtern, was genau damit gemeint ist. Zum Beispiel, was alles in einer so genannten Baustelleneinrichtung enthalten ist und was Sie als Bauherr noch zusätzlich bezahlen müssen. Sind die folgenden Punkte im Festpreis enthalten?

- Baustrom und Bauwasser (wenn das Grundstück noch nicht erschlossen ist, können gerade für Provisorien zusätzliche Kosten entstehen)?
- Bauschuttcontainer, Baureinigung und Container zur Entsorgung?
- Baustellentoilette, Bauschild, Baucontainer?
- Befestigung, Standort für Baukran und Schwerlastfahrzeuge?
- Baugerüst?

WISO rät: Immer wieder versuchen Baufirmen und Fertighaushersteller schon vor dem eigentlichen Baubeginn über die Baustelleneinrichtung zusätzliche Leistungen abrechnen zu können. Klären Sie umso sorgfältiger Art und Umfang der Baustelleneinrichtung, damit Sie unberechtigte Forderungen von Beginn an abwehren können.

Erdarbeiten: Lassen Sie Mutterboden und Teile des Erdaushubs wenn möglich auf Ihrem Grundstück fachgerecht lagern. Der Bodengutachter gibt Ihnen die entsprechenden Angaben, welches Material zum Wiederverfüllen geeignet ist. Erkundigen Sie sich danach, ob Sie, falls die Muttererde wegtransportiert wird, dafür extra zahlen müssen. Bestehen Sie darauf, dass Sie Ihren Aushub wiederbekommen.

Hausanschlüsse: Zu unterscheiden ist zwischen den öffentlichen Erschließungskosten für Straßen, Wege oder Grünflächen, dem Verlegen der Hauptkanäle für Wasser und Abwasser sowie den Hauptleitungen für Gas, Strom und Telefon. Die Erschließungskosten und die Hausanschlusskosten sollten zumindest beim Kauf vom Bauträger enthalten sein.

WISO rät: Erkundigen Sie sich bei Ihrer Gemeinde, welche Erschließungskosten bei Ihrem Bauvorhaben anfallen. Holen Sie außerdem die entsprechenden Angebote von den ortsansässigen Versorgungsunternehmen ein. Lassen Sie sich die Angaben schriftlich geben. Vergessen Sie diese Kosten nicht bei Ihren Kalkulationen.

Legen Sie Wert auf einen dichten Keller!

Für jedes Bauvorhaben sollte es inzwischen ein Bodengutachten geben. Hier werden nicht nur Aussagen zur Tragfähigkeit des Baugrundes erörtert, sondern auch wichtige Anmerkungen zu den Grundwasserverhältnissen auf Ihrem Baugrundstück gemacht. Gerne wird an einem Bodengutachten gespart oder kostenträchtige Empfehlungen werden teilweise ignoriert. Damit Sie keine feuchte Überraschung erleben, darf nicht am falschen Ende gespart werden. Es sollte die Kellersohle, wenn nicht sogar der ganze Keller, aus wasserundurchlässigem Beton, so genanntem „WU Beton“, hergestellt werden. Auf jeden Fall muss die Außenwandabdichtung den anstehenden Boden- und Wasserverhältnissen entsprechen. Da Kellerräume immer häufiger als Wohn- oder Arbeitsräume genutzt und damit hochwertig ausgebaut werden, sind feuchte Stellen inakzeptabel. Wenn Sie Ihren Keller ständig oder zeitweise als Wohnraum nutzen wollen, muss auch hier die geltende Wärmeschutzverordnung beachtet werden. Gerade unter dem Erdreich wird die Wärmedämmung gerne vergessen.

Alle Verbraucherschutzorganisationen warnen vor unpräzisen und unvollständigen Formulierungen in der Baubeschreibung. Nur was darin steht, wird auch vom Unternehmer ausgeführt. Was nicht aufgelistet ist, können Sie später nur schwer durchsetzen. Vor allem ist das immer mit höheren Kosten und Zeitverlust verbunden.

Baubeschreibungen der verschiedenen Fertighaushersteller, Bauträger und Generalunternehmer sind in Umfang und Qualität sehr unterschiedlich. Oft wird von hochwertigen Qualitäten gesprochen, ohne diese genau zu definieren oder präzise Produktangaben zu machen. In der Folge eine von Verbraucherzentralen empfohlene Musterbaubeschreibung.

Musterbaubeschreibung:

1. Erläuterung
2. Angaben zur Eignung des Grundstücks
   2.1 Bebaubarkeit
   2.2 Baustelleneinrichtung
   2.3 Erdarbeiten
   2.4 Hausanschlüsse
3. Angaben zum Gebäude allgemein
   3.1 Gebäudetyp
   3.2 Ausbaustufen
   3.3 Unterkellerung
   3.4 Dach
   3.5 Größenangaben
   3.6 Wärmeschutz
   3.7 Luftdichtigkeitsprüfung (Blower-Door-Test)
   3.8 Schallschutz
   3.9 Brandschutz

4. Angaben zum Gebäude im Einzelnen
    - 4.1 Ausführung ohne Keller
        - 4.1.1 Fundamente/Bodenplatte
    - 4.2 Ausführung mit Keller
        - 4.2.1 Ausbaustufen des Kellers
        - 4.2.2 Fundamente/Bodenplatte
        - 4.2.3 Kelleraußenwände
        - 4.2.4 Abdichtung des Kellers
        - 4.2.5 Drainage
        - 4.2.6 Kellerinnenwände
        - 4.2.7 Konstruktion des Kellerfußbodens
        - 4.2.8 Decke über Kellergeschoss
        - 4.2.9 Kellerausbau und -ausstattung
    - 4.3 Erd-, Ober- und Dachgeschoss
        - 4.3.1 Außenwände
        - 4.3.2 Wohnungs- und (bei Reihenhäusern) Gebäudetrennwände
        - 4.3.3 Innenwände im Erd-, Ober- und Dachgeschoss
        - 4.3.4 Decken
        - 4.3.5 Balkone und Dachterrassen
        - 4.3.6 Dach
        - 4.3.7 Fenster
        - 4.3.8 Außentüren
        - 4.3.9 Hauseingangstreppe
    - 4.4 Haustechnik
        - 4.4.1 Elektroarbeiten/Rohinstallation
        - 4.4.2 Stromerzeugung mit Photovoltaikanlage
        - 4.4.3 Heizungsinstallation
        - 4.4.4 Warmwasserbereitung
        - 4.4.5 Solarthermische Warmwasserbereitung
        - 4.4.6 Lüftungsanlage
        - 4.4.7 Sanitärinstallation/Rohinstallation
        - 4.4.8 Sanitärobjekte und -armaturen
    - 4.5 Innenausbau und -ausstattung im Überblick
        - 4.5.1 Malerarbeiten
        - 4.5.2 Fliesen- und Natursteinbeläge
        - 4.5.3 Bodenbeläge
        - 4.5.4 Elektroinstallation/Ausstattung
        - 4.5.5 Heizflächen/Endmontage
        - 4.5.6 Innentüren

4.6 Ausstattung der einzelnen Räume im Überblick
   4.6.1 Treppenhaus/Flur
4.7 Außenanlagen
   4.7.1 Kellerersatzraum
   4.7.2 Terrasse
   4.7.3 Garage
5. Qualitätskontrollen
6. Abnahmenachweise

Quelle: Musterbaubeschreibung, Formular zum Hausbau, bei allen Verbraucherzentralen

Die Musterbaubeschreibung dient der Unterstützung privater Bauherren. Sie kann für alle Arten von Einfamilienhäusern verwendet werden, unabhängig von der Bauweise oder der Ausbaustufe (mit oder ohne Keller, schlüsselfertig oder Ausbauhaus). Dabei spielt es keine Rolle, ob das betreffende Haus von einem Bauträger, einem Generalübernehmer oder auch von einem Architekten in Zusammenarbeit mit einem Generalunternehmer errichtet wird.

Da es bislang keine gesetzliche Vorlage und auch keine entsprechende Richtlinie für Baubeschreibungen gibt, versucht die Verbraucherzentrale ihre Musterbaubeschreibung (MBB) zu etablieren. Ziel ist es, eine Bauleistungsbeschreibung gesetzlich festzuschreiben. In der Praxis wurde das derzeitige Formular jedoch nicht angenommen, weil jeder Bauträger seine eigene Bauleistungsbeschreibung verwenden möchte und ihm die Vorlage der Verbraucherzentrale zu detailliert ist. Insgesamt sind 24 Partnerverbände unter der Federführung des Bundesministeriums für Verkehrs-, Bau- und Wohnungswesen bemüht, eine neue, praxisorientierte Vorlage zu erarbeiten. Bislang existiert nur eine Auflistung über die Mindestanforderungen an eine Bauleistungsbeschreibung. Sie finden weitere Informationen dazu im Kapitel „Der Bauvertrag“.

WISO rät: Wenn Sie herausbekommen wollen, welcher Bauträger das beste Angebot macht, müssen Sie die Angaben vergleichen können. Das fällt meist schwer, weil jeder Bauträger eine eigene Bauleistungsbeschreibung verwendet. Deshalb ist es ratsam, die Angaben mit der Musterbaubeschreibung sorgfältig zu vergleichen. So können Sie zum Beispiel herausfinden, wer die besten Materialien verwendet, ob Punkte in der Bauleistungsbeschreibung fehlen, an welchen Stellen von der Vorlage abgewichen wird und ob zusätzlich Inhalte aufgeführt sind, die vielleicht ein Nachteil für Sie sein könnten. Nur wenn Sie alle vollständigen Angaben haben und diese systematisch vergleichen, können Sie sich einen Überblick verschaffen, was Sie für Ihr Geld wirklich bekommen.

Lassen Sie sich neben der Baubeschreibung unbedingt die erforderlichen Unterlagen, wie Bodengutachten, Ausführungspläne, Statik, Wärmeschutz- und Schallschutznachweis zeigen, noch besser in Kopie aushändigen. Vergleichen Sie damit die Angaben in der Baubeschreibung und stellen Sie fest, ob alles ausreichend und richtig ist.

Ein gewissenhafter und seriöser Anbieter verfügt über sämtliche Angaben und wird Ihnen die Unterlagen aushändigen, die Sie wünschen. Er wird auch keine Probleme damit haben, selbst die Musterbaubeschreibung auszufüllen, es sei denn, er hat etwas zu verbergen. Erklärt sich der Bauträger bereit, die Musterbaubeschreibung mit Ihnen auszufüllen, ist das die beste Lösung. So können Sie gemeinsam schon beim Durcharbeiten die wichtigsten Punkte ansprechen und vielleicht sogar klären. Achten Sie darauf, dass alle Fragen vollständig beantwortet werden!

WISO rät: Gehen Sie zu einer Verbraucherzentrale und lassen Sie alle Verträge und die vom Bauträger ausgefüllte Musterbaubeschreibung prüfen. Das kostet nicht viel und lohnt sich unbedingt! Unterschreiben Sie erst dann, wenn alle strittigen Punkte geklärt sind. Die Bauleistungsbeschreibung ist Bestandteil des Bauvertrags und deshalb von zentraler Bedeutung.

Wenn der Übergabetermin platzt

Der letzte Punkt in der Bauleistungsbeschreibung ist die Abnahme. Dieser Termin ist sehr wichtig, da Sie hier die Leistung des Bauträgers annehmen oder ablehnen müssen. Die Verschiebung des Termins gehört schon fast zur Regel, denn Bauträger versprechen am Anfang oft zu viel: beste Qualität, schnelles Bauen, schlüsselfertige Übergabe zum festen Termin und zu soliden Preisen. Doch selten verläuft am Bau alles so reibungslos. Die Preise steigen, die Qualität kann nicht eingehalten werden und Termine platzen. Verzögerungen gehören auf Baustellen zur Tagesordnung.

WISO rät: Vereinbaren Sie ein genaues Fertigstellungsdatum und Verzugsstrafen, wenn der Termin nicht gehalten werden kann, zum Beispiel eine Verzugsstrafe von 2.000 Euro je angefangenen Monat. Ihre Schadensersatzforderungen dürfen jedoch nicht utopisch sein, sonst lässt sich die Strafe vor Gericht nicht durchsetzen. Beträgt Ihre Miete, die Sie nun länger zahlen müssen, weil Ihr Haus noch nicht fertig ist und Sie nicht einziehen können, nur 800 Euro, wären 2.000 Euro wahrscheinlich zu viel.

Nehmen Sie zur Endabnahme einen Sachverständigen mit. Führen Sie ein genaues Abnahmeprotokoll. Für alle offensichtlichen Mängel, die nicht gerügt wurden, entfällt die kostenfreie Nachbesserung. Behalten Sie bis zur Mängelbeseitigung mindestens das Dreifache der Nachbesserungskosten ein. Den Preis für die Mängel können Sie aber nicht selbst festlegen. Er muss vom Bauträger oder im Streitfall vom Experten bestätigt werden. Außerdem sollten 5 Prozent der Baukosten bis zum Ende der Gewährleistungsfrist als Bankbürgschaft vorliegen. Dafür verlangt die Bank rund 2 Promille der Summe, aber der Bauträger wird sich darauf eher einlassen als auf eine tatsächliche Hinterlegung des Geldes auf ein Treuhandkonto. Zwar muss er auch hier zahlen, aber das Geld liegt wirklich fest und er kann es nicht in neue Projekte investieren. Mehr zum Thema Abnahme und Mängelansprüche lesen Sie im Kapitel „Der Fertigstellungstermin".

Die Makler- und Bauträgerverordnung (MaBV)

Schließen Sie als Bauherr einen Vertrag nach der Makler- und Bauträgerverordnung ab. Damit hat der Gesetzgeber eine wesentliche Gesetzeslücke geschlossen. Nach der „Verordnung über die Pflichten der Makler, Darlehens- und Anlagenvermittler, Bauträger und Baubetreuer" (kurz: die Makler- und Bauträgerverordnung, MaBVO, im Bundesgesetzblatt 1997, Teil I S. 272 ff.) muss der Bauträger grundsätzlich Versicherungen abschließen oder Sicherheiten leisten, bevor er von den Käufern Vermögenswerte vereinnahmen darf. Also erst die Leistung, dann das Geld. Zu versichern sind auch etwaige Schadensersatzansprüche der Käufer gegen den Bauträger beziehungsweise seine Mitarbeiter, falls diese gegen die Vermögenswerte der Käufer vorsätzlich und unerlaubt handeln. Mit anderen Worten: Es gibt eine Versicherung gegen die gängigen Arten von Betrügereien. Sollte sich nämlich herausstellen, dass Mitarbeiter oder Geschäftsführer der Bauträgergesellschaft das Geld der Kunden unterschlagen oder veruntreut haben, sind die geprellten Kunden um eine Erfahrung reicher, haben aber finanziell nichts verloren. Die Versicherungsgesellschaft muss den entstandenen Schaden ersetzen.

WISO rät: Bestehen Sie auf einem Vertrag mit der Baufirma nach der Makler- und Bauträgerverordnung. Sie schützt den Bauherrn davor, hohe Abschlagsraten zu zahlen, ohne im Besitz des Grundstücks zu sein. Die MaBV schreibt zwingend die Höhe der Abschlagszahlungen entsprechend dem Baufortschritt vor. Denn der Bauträger überreicht das Grundstück grundsätzlich erst nach vollständiger Zahlung aller Abschlagszahlungen. Wird die Vorschrift nicht beachtet, besteht das Risiko, dass die Baufirma die Abschlagszahlungen für sich günstiger gestaltet.

Ratenzahlung nach Baufortschritt

Haben Sie die Verträge nach der MaBV unterschrieben und liegen alle Voraussetzungen für den Baubeginn vor, darf der Bauträger nicht den gesamten Baupreis auf einmal verlangen. Nach der Makler- und Bauträgerverordnung kann der Bauträger nur in Teilbeträgen und zu den jeweils angegebenen Terminen Zahlungen vom Bauherrn entgegennehmen:

- 30 Prozent von der Vertragssumme nach Beginn der Erdarbeiten; wird kein Grundstück verkauft, sondern nur ein Erbbaurecht eingeräumt, reduziert sich dieser Anteil auf 20 Prozent.
- 40 Prozent der Vertragssumme können vom restlichen Teil mit der Rohbaufertigstellung einschließlich Zimmerarbeiten eingefordert werden.

Die weiteren Prozentsätze sind jeweils von dem Teil der Vertragssumme zu berechnen, der nach Abrechnung der ersten Rate verbleibt. In der Praxis sind Raten nach folgenden Anteilen zu bilden:
- 8 Prozent für die Herstellung der Dachflächen und Dachrinnen,
- 3 Prozent für die Rohinstallation der Heizungsanlagen,
- 3 Prozent für die Rohinstallation der Sanitäranlagen,
- 3 Prozent für die Rohinstallation der Elektroanlagen,
- 10 Prozent für den Fenstereinbau einschließlich Verglasung,
- 6 Prozent für den Innenputz, ausgenommen Beiputzarbeiten,
- 3 Prozent für den Estrich,
- 4 Prozent für die Fliesenarbeiten im Sanitärbereich,
- 12 Prozent nach Bezugsfertigkeit und Zug um Zug gegen Besitzübergabe,
- 3 Prozent für die Fassadenarbeiten,
- 5 Prozent nach vollständiger Fertigstellung.

Allerdings wird immer wieder versucht, im Bauvertrag Vereinbarungen zu treffen, die den Käufer benachteiligen. So soll etwa nur in sieben Raten gezahlt werden. Oder es wird verlangt, dass die Raten entsprechend dem tatsächlichen Bauablauf vom Bauträger nach billigem Ermessen abgerufen werden können, wovon dringend abzuraten ist. In individuell ausgehandelten Verträgen sind viele Zahlungsvarianten möglich. Es empfiehlt sich jedoch, einen Zahlungsplan zu wählen, der von Verbraucherschützern erarbeitet wurde. Bei individuell ausgehandelten Verträgen stehen die Chancen im Streitfall immer schlechter. Der Gesetzgeber geht nämlich davon aus, dass bei Individualverträgen ausführliche Gespräche zwischen Käufer und Bauträger stattgefunden haben und deshalb beide Parteien wussten, was sie unterschrieben haben. Das kann sogar so weit gehen, dass der Bauträger seine Haftung nach der Endabnahme völlig ausschließt.

Die Risiken beim Bau mit Bauträger

Vom Bauträger kaufen heißt, dass Sie Ihr Haus inklusive Grundstück erwerben. Als Bauträger können Wohnungsbaugesellschaften, Bauunternehmer, Architekten, Baubetreuer, Immobiliengesellschaften, Makler, selbst Unternehmer mit fachfremder Ausbildung auftreten. Der Begriff ist rechtlich nicht geschützt. Der Bauträger selbst koordiniert meist nur das Gesamtbauvorhaben als Kaufmann. Die fachlichen Aufgaben delegiert er oft an Subunternehmer. Fachliche Qualifikationen werden nicht verlangt oder geprüft.

Wenn Sie sich dennoch mit dem Gedanken tragen, Ihr Haus mit einem Bauträger, Fertighaushersteller oder Generalunternehmer zu bauen, dann geht es Ihnen wie den meisten. Inzwischen werden nämlich 80 Prozent aller Ein- und Zweifamilienhäuser schlüsselfertig vom Bauträger erstellt. Oft geht alles gut, aber tatsächlich stecken vor allem in der Bonität des Bauträgers, in den Verträgen und im Bauablauf ungeahnte Risiken.

Wer mit einem Bauträger baut, sollte deshalb so gut es geht vorbeugen. In der Regel hat man zwei Möglichkeiten, mit dem Bauträger ins Geschäft zu kommen. Entweder Sie sind ab Projektbeginn in das Bauvorhaben involviert, die Planung erfolgt also in enger Abstimmung zwischen Bauherr und Bauträger, der Ihnen dann das schlüsselfertige Gebäude übergibt oder in einem festgelegten Ausbauzustand erstellt. Das ist fast ideal, denn Sie haben als Bauherr größere Einflussmöglichkeiten. Oder Sie erwerben eine fertige Immobilie, was gerade bei Kapitalanlegern üblich ist. Lage, Konzeption und Preis stehen hier fest. Sie können die Immobilie in Augenschein nehmen und bewerten. Allerdings ist der Putz dann auch schon drauf. Das heißt, wenn darunter gepfuscht wurde, zum Beispiel in Form von schiefen Mauern oder zu breiten Fugen, bleibt Ihnen das verborgen.

Ihre Vorteile beim Kauf des fertigen Objekts: Sie kaufen eine fix und fertige Eigentumswohnung, ein Reihenhaus oder gar das frei stehende Einfamilienhaus. Das Kaufrisiko ist begrenzt, denn Sie können die fertig gestellte Immobilie in Ruhe bewerten und müssen den Kaufpreis erst bei Übergabe der Immobilie bezahlen.

Nachteile beim Kauf eines fertigen Objekts: Mitgestaltung, Sonderwünsche und Eigenleistungen sind in der Regel nur noch sehr eingeschränkt möglich.

Bauen Sie mit dem Bauträger gemeinsam, sind die finanziellen Risiken größer. Auch bei vereinbarter Teilzahlung nach Baufortschritt können Sie bei Insolvenz des Bauträgers finanzielle und terminliche Schwierigkeiten bekommen. Die Baustelle steht still, sobald der Bauträger Ihr Geld nicht an die Handwerker weitergibt. Wenn Sie aus Ihrer derzeitigen Wohnung ausziehen und Miete sowie Zwischenfinanzierungen zahlen müssen, kann das Ihre sorgfältigen Kalkulationen erheblich durcheinander bringen. Bereits bezahltes Geld kann für immer verloren sein. Das Risiko besteht ohne vertragliche Absicherung, zum Beispiel durch eine Bürgschaft, immer.

WISO rät: Im Fall eines Konkurses müssen Sie mit einem vereidigten Sachverständigen eine umfassende Bestandsaufnahme der Leistungen des Bauträgers vornehmen. Nur so können Sie Ihre Forderungen beziffern und bei Gericht durchsetzen – vorausgesetzt, es ist noch etwas zu holen.

Wenn es finanziell eng wird, sparen die meisten Bauträger zuerst an der Qualität. Das ist verständlich, schließlich will der Bauträger seine Investitionen und Risiken minimieren. Investiert er zu viel in ein Bauvorhaben und kann die entsprechenden Verkaufspreise nicht erzielen, droht den meisten Bauträgern durch ein einziges schlechtes Projekt die Insolvenz.

Pfusch ist ein erstes Warnsignal

Pfusch am Bau ist ein häufiges Problem, wenn Bauunternehmen in Insolvenz gehen, wie sich in der Beratungspraxis beim Verein Wohnen im Eigentum gezeigt hat. Deshalb empfiehlt der Verbraucherschutzverein allen Baukunden, sich beim ersten Anzeichen von Liquiditätsproblemen ihres Auftragnehmers einen fachkundigen Architekten oder Bauingenieur zur Seite zu holen. So kann oft noch rechtzeitig die Mängelbeseitigung durchgesetzt werden. In einem Schadensfall zeigte sich bei einer baubegleitenden Qualitätskontrolle in Niedersachsen, dass der vom Bauträger engagierte Subunternehmer während der Bauzeit Konkurs anmeldete. Er hinterließ gravierende Mängel. Die Außenwände waren nicht lotrecht (senkrecht) gemauert, die Abweichungen betrugen bis zu fünf Zentimeter. Diesen Abstand versuchten die Handwerker mit dem Wärmedämmverbundsystem auszugleichen, ohne jedoch vorher auf den Mangel hinzuweisen. So wurden die Dämmplatten lotrecht auf dem Mauerwerk aufgeklebt mit dem Ergebnis, dass die Platten oben einen Abstand zum Mauerwerk von bis zu vier Zentimetern aufwiesen. Die Folgen: Solch ein großer Abstand kann einerseits zu einem Kaltluftstrom hinter der Dämmung führen, zum anderen besteht die Gefahr der späteren Aufschüsselung und Verformung der Platten durch Winddruck.
Weitere Mängel: An den Anschlüssen zu anderen Bauteilen wurden keine Kompri-Bänder eingebaut. Dies verstößt gegen die anerkannten Regeln der Technik und entspricht auch nicht den Herstellerempfehlungen. Die Trennfuge zwischen den beiden Häusern war nicht fachgerecht, im oberen Bereich nicht vorhanden und so weiter. Der Bauleiter wurde nach der Erstellung des Rohbaus ausgetauscht, es stellte sich heraus, dass er – ebenso wie die Handwerker – nicht ausreichend qualifiziert war. Es konnte mit Hilfe des Vereins die Entfernung der gesamten Wärmedämmung erreicht werden. Sie wird jetzt neu aufgebracht.

WISO rät: Glauben Sie beim Kauf einer Eigentumswohnung oder eines Hauses nie den Angaben im Prospekt. Die blumigen Formulierungen der meisten Baubeschreibungen, etwa hochwertiges Parkett und Marmorfensterbänke, sind ohne Bemusterung, genaue Hersteller-, Produkt- und Preisangaben gegenstandslos. Legen Sie alles in einem detaillierten Vertrag fest. Der Bauträger ist Planer und Ausführender in einer Person. Er hat viele Möglichkeiten, Planungs- und Ausführungsfehler zu vertuschen.

Vorher Expertenrat einholen

Etwa 1 Prozent der Bausumme sollte für Bausachverständige, Gutachten und Vertragsprüfung ausreichen, um sich beim Bau vor den schlimmsten Risiken zu schützen. Wer sich den Traum vom Eigenheim erfüllt, sollte nicht an wichtiger Beratung sparen. Seriöse Anbieter nehmen dafür ein nachvollziehbares Honorar, wie vereidigte Bausachverständige oder Fachanwälte für Baurecht und Architekten. Bauherrenschutzgemeinschaften arbeiten so wie zum Beispiel der Mieterbund nur für Mitglieder. In der Aufnahmegebühr und einem monatlichen Beitrag sind bestimmte Leistungen abgegolten, andere müssen extra bezahlt werden. Zu den inkludierten Leistungen gehören Beratung beim Kauf, beim Grundstückserwerb, bautechnische Prüfung der Vertragsunterlagen, Baustellenprotokolle, Hilfestellung bei der Finanzierung und bei Bauproblemen sowie fachliche Betreuung in der Gewährleistungszeit.

Ein Blick in die Mängelstatistik

Aus den Erfahrungsberichten von Verbraucherschutzverbänden lässt sich erkennen, dass es vor allem mit Bauträgern und Schlüsselfertiganbietern immer wieder zu Problemen kommt. Etwa ein Drittel aller Verträge und Leistungsbeschreibungen wurde vom Verband der Privaten Bauherren als mangelhaft eingestuft. Bei Neubauten seien vor allem die Ausführungen von Außenwänden und den Kellern zu beanstanden gewesen. Die beauftragten Sachverständigen gaben an, dass 87 Prozent der von ihnen begutachteten Fälle davon betroffen waren. Fast drei Viertel aller Häuser hätten eine schlechte Dämmung und 60 Prozent der Außenwände seien bautechnisch nicht korrekt ausgeführt. Kältebrücken oder nicht winddichte An- und Abschlüsse könne ein Laie aber kaum oder nicht erkennen. Fast bei drei Vierteln aller Altbauten war die Haustechnik veraltet und die Wärmedämmung entsprach zu 70 Prozent nicht den heutigen Standards. Bei zwei Dritteln war der Keller und bei mehr als der Hälfte der begutachteten Häuser das Dach zu beanstanden.

Außerdem sollte sich der Käufer zur Beurkundung an einen Notar seines Vertrauens wenden. Wird Ihnen der Notar vom Bauträger quasi aufgedrängt, kann man davon ausgehen, dass beide bereits miteinander gearbeitet haben und schon alte Hasen auf dem Gebiet sind. Da schneiden Sie als Neuling im Zweifelsfall immer schlechter ab. Sollten sich bei den Vertragsverhandlungen oder nach Vertragsabschluss Schwierigkeiten ergeben, liegt es nahe, dass dieser Notar dann dem Bauträger näher steht.

WISO rät: Da der Käufer in der Regel die Notarkosten trägt, hat er auch das Recht, sich einen Notar seiner Wahl zu suchen. Nur dann kann er sich darauf verlassen, es mit einem neutralen Notar zu tun zu haben. Um den richtigen Notar zu finden, sollten Sie sich zum Beispiel bei den anderen Bauherren, die mit dem Bauträger bauen, nach deren Erfahrungen erkundigen. Bei der Vermittlung von Adressen helfen auch die Verbraucherzentrale und die ortsansässige Notarkammer.

Interview mit einem Profi

Anstatt sich selbst die Mühe zu machen, einen Bauplatz zu erwerben, den Architekten zu suchen und sich mit den Handwerkern zu ärgern, entscheidet sich so mancher für die Alternative Bauträger. Ein einfacher und bequemer Weg zum Eigenheim – auf den ersten Blick. Der Essener Rechtsanwalt und Notar Franz Werner Wiesel verrät WISO, worauf es bei einer Immobilie vom Bauträger ankommt.

1. Welche grundlegenden Unterschiede gibt es eigentlich zwischen der Errichtung von Wohnhäusern durch einen Grundstückseigentümer und dem Erwerb von einem Bauträger andererseits?
Der Bauherr baut auf einem ihm bereits gehörenden Grundstück und beauftragt, in der Regel unter Zuhilfenahme eines Architekten, die weiteren Baubeteiligten mit der Gebäudeerrichtung. Der Bauträger als Auftragnehmer des Erwerbers plant ein Bauvorhaben auf einem Grundstück, das ihm gehört oder das er erwirbt, um darauf Gebäude zu errichten. Diese Gebäude mit dem Grundstück beziehungsweise die entstehenden Wohnungen werden an den Erwerber veräußert. Der Bauträger erbringt dabei nicht nur Bauleistungen. Er überträgt gleichzeitig Grundstückseigentum. Er hat bei der finanziellen Abwicklung öffentlich-rechtliche Vorgaben zu beachten. Beim Erwerb vom Bauträger muss ein notarieller Vertrag geschlossen werden, weil das Grundstück oder Grundstücksmiteigentumsanteile mit „verkauft“ werden.

2. Gelten unterschiedliche rechtliche Voraussetzungen für die eine oder die andere Abwicklung?
Für die Vertragsverhältnisse zwischen Bauherr und den Unternehmern gelten die werkvertraglichen Vorschriften des Bürgerlichen Gesetzbuches, gegebenenfalls ergänzt durch weitere bauspezifische Regelungen wie die Vergabe- und Verdingungsordnung für Bauleistungen.

Für die Abwicklung des Vertragsverhältnisses zwischen dem Bauträger und dem Erwerber ist eine Mehrzahl von rechtlichen Grundlagen zu berücksichtigen. Diese lassen sich plakativ bezeichnen mit „Land, Steine, Geld“. „Land“ steht für den Grundstücks- oder Miteigentumsanteilskauf. „Steine“ steht für die Erbringung sämtlicher Bauwerksleistungen wie die Errichtung und den Ausbau des Gebäudes. „Geld“ steht für die Finanzierungsabwicklung, beginnend mit der Absicherung der Finanzierung des Erwerbers auf dem Grundbesitz bis hin zur Zahlung der einzelnen Teilbeträge an den

Bauträger entsprechend dem jeweiligen Fertigstellungsstand. Der Bauträger muss berücksichtigen, dass nicht nur die Vertragsvereinbarungen mit dem Erwerber von ihm einzuhalten sind. Er muss weiter berücksichtigen, dass die Makler- und Bauträgerverordnung öffentlich-rechtlich festlegt, unter welchen Voraussetzungen er allein Geld vom Erwerber entgegennehmen oder sich zur Entgegennahme ermächtigen lassen darf.

3. Gibt es prägnante Unterschiede bei diesen beiden Formen der vertraglichen Abwicklung von Bauvorhaben?

Der Bauträger ist nicht nur Bauunternehmer, der für die handwerklich ordnungsgemäße Ausführung der Bauleistungen im Vertragsverhältnis zum Erwerber haftet. Er haftet darüber hinaus auch für die Richtigkeit seiner Angaben in Prospekten, Exposés, Leistungsbeschreibungen und Plänen. Der Bauträger muss in der Regel zunächst einmal das Grundstück erwerben und es so aufbereiten, dass darauf auch gebaut werden kann. Dabei muss er, angefangen von der Erstellung von Bodengutachten über die Bauplanung und die Baugenehmigungsverfahren, parallel die Finanzierungen nicht nur für den eigenen Erwerb, sondern auch die Finanzierungsabwicklung aus den Verträgen mit den Erwerbern vorbereiten.

Grundsätzlich müssen bis zum Zeitpunkt, zu dem der erste Zahlungsbetrag vom Erwerber entgegengenommen werden darf, Vorleistungen auch finanzieller Art für die Baureifmachung des Grundstücks erbracht werden. Diese gehen in die Kalkulation des Bauträgers ein. Damit wäre im Bauträger-Vertragsverhältnis zunächst der Bereich „Land“ abgedeckt.

Nun beginnt bei beiden Vertragstypen der Bereich „Steine“. Das sind die Bauwerksleistungen, die zur vertragsgerechten Errichtung des Gebäudes einschließlich des Ausbaus auf der Grundlage der jeweils getroffenen Vereinbarungen erfolgt. Dabei ist davon auszugehen, dass die Ausführung der Bauleistungen – unabhängig von Leistungsverzeichnissen, Baubeschreibungen und Plänen – von der fachlichen Qualität her zumindest den allgemein anerkannten Regeln der Technik wie DIN-Normen oder Richtlinien entsprechen muss. Sind diese nicht mehr auf dem neuesten Stand, weil die technische Entwicklung fortgeschritten ist, haben die Leistungen dem aktuellen „Stand der Technik“ zu entsprechen. Gibt es keine besonderen qualitativen Festlegungen, müssen die verwendeten Materialien mindestens „mittlerer Art und Güte“ sein. Die Werkleistungen hat der Architekt als Baubeteiligter, ganz gleich, ob er für den Bauträger oder den Bauherrn tätig ist, zu planen, zu koordinieren und zu überwachen. Es sei denn, es ist ausdrücklich im Einzelfall etwas anderes vereinbart. Er nimmt auch mit Fertigstellung die jeweiligen Bauleistungen ab, zum Beispiel die Gewerke Rohbau, Sanitär-, Heizungs- und Elektroinstallation. Abnahme bedeutet die Entgegennahme als im Wesentlichen den vertraglichen Vereinbarungen entsprechend, selbst wenn Mängel vorhanden sind. Abnahmefähigkeit und damit die Pflicht zur Abnahme ist gegeben, wenn die

Leistungen ohne wesentliche Einschränkungen in Benutzung genommen und auf Dauer benutzt werden können.

4. Welche Bedeutung hat die Abnahme?
Die Abnahme ist ein wesentlicher Zeitpunkt im Bauablauf. Mit der Abnahme beginnt die so genannte Gewährleistungszeit. Während dieser muss der jeweilige Unternehmer die Mängel, die an seinem Werk vorhanden sind oder im Laufe der Gewährleistungszeit auftauchen, ohne Kosten für den Bauherrn beseitigen, sofern diese von ihm zu vertreten sind. Dies gilt im Verhältnis zwischen Bauträger und Erwerber ebenso. Üblicherweise beträgt diese Zeit fünf Jahre.

5. Wer stellt die Mängel und die Gewährleistungszeiten fest?
Wenn im Verhältnis Bauherr/Architekt der Architekt diese Aufgabe übernommen hat, führt er die technische Abnahme für den Bauherrn durch und hält für die einzelnen Gewerke sowohl die bei Abnahme festgestellten Mängel als auch die Gewährleistungszeit fest. Er legt dies schriftlich nieder und übergibt sie dem Bauherrn. Rechtliche Verbindlichkeit hat diese Abnahme durch den Architekten in der Regel aber nur für die technische Seite. Die Vollmacht des Architekten, sofern nicht schriftlich eine andere Vollmacht vorgelegt worden ist, endet in der Regel dort, wo das Portemonnaie des Bauherrn anfängt. Das heißt dort, wo Erklärungen abgegeben werden sollen, die rechtsgeschäftlich für Zahlungspflichten oder Zahlungsverweigerungsrechte des Bauherrn von Bedeutung sein könnten.

Im Verhältnis Erwerber/Bauträger hat diese Funktion der Bauträger zu übernehmen. Dabei hat der Erwerber aber nur mit einem Beteiligten, nämlich dem Bauträger, ein unmittelbares Vertragsverhältnis. Die Abwicklung erfolgt deshalb auch nur im Verhältnis zu ihm und nicht zu jedem einzelnen Handwerker.

6. Wie werden Probleme im Bauablauf geregelt?
Für das Verhältnis Bauträger/Erwerber bestehen Probleme zum Beispiel darin, dass nur der Bauträger ein Vertragsverhältnis zum jeweiligen Unternehmer hat. Der Erwerber kann keine unmittelbaren Anweisungen an den Unternehmer geben, wenn er nicht ausdrücklich durch den Bauträger hierzu ermächtigt ist. Wenn also Bauänderungen erfolgen sollen oder im Bauablauf Mängel auftauchen, sind daraus resultierende Differenzen immer mit dem Bauträger zu regeln und nicht mit dem Handwerker.

Im Verhältnis Bauherr/Bauunternehmer geschieht dies in der Regel allerdings auch über den eingeschalteten Architekten. Änderungen der Bauausführung, Erfüllung von Änderungswünschen sowie Rügen hinsichtlich vermuteter oder erkannter Mängel müssen deshalb immer den jeweiligen vorgeschriebenen Weg nehmen.

7. Wie können denn solche Probleme effektiv bewältigt werden?
Hier liegt das Kardinalproblem jedes Bauablaufes. Der Unternehmer erklärt, er habe, wie schon seit Jahren, ordnungsgemäß gearbeitet. Der Auftraggeber steht dagegen auf dem Standpunkt, die Leistung sei völlig mangelhaft und unbrauchbar. Häufig liegt die Baustelle dann erst einmal still. Die Fertigstellung des Bauvorhabens zieht sich hin und alle Beteiligten haben daraus finanzielle Nachteile. Hier können fachkundige Personen helfen, die sowohl rechtlich als auch tatsächlich in der Lage sind, die Probleme zu beurteilen und im Wege einer baubegleitenden Konfliktbeilegung Abhilfe zu schaffen. Diese müssen dafür Sorge tragen, dass, mit entsprechenden Sicherungsmitteln für alle Beteiligten, zunächst einmal weitergebaut wird und die Konflikte entweder beseitigt oder aber zumindest minimiert werden.

Kommt es dennoch zum Streit, ist es wichtig, dass von fachlich kompetenten Personen festgestellt wird, ob es sich tatsächlich um einen Mangel handelt oder nicht. Können sich die Beteiligten nicht einigen, bleibt leider nur der kostenträchtige und in der Regel sehr lange Weg einer streitigen Lösung. Das kann die Einleitung eines gerichtlichen Verfahrens bedeuten. Das Gericht beauftragt dann einen Sachverständigen, der das Vorhandensein und die Relevanz der behaupteten Mängel feststellt. Andererseits ist es auch in dieser Situation noch möglich, insbesondere wenn bei Vertragsabschluss oder während des Vertragsablaufes eine entsprechende Vereinbarung getroffen wurde, den Konflikt im Wege der Schlichtung beizulegen oder, wenn nötig, in einem Schiedsgerichtsverfahren entscheiden zu lassen. Dies geschieht unter Zuhilfenahme fachkundiger Personen, wie beispielsweise Baujuristen, die wiederum in der Regel Sachverständige kennen und sich deren Hilfe für die Entscheidung der technischen Fragen bedienen.

Checkliste

Darauf sollten Sie vor Vertragsabschluss achten!

- ○ **Notar:** Die Beurkundung durch einen Notar ist, wie immer bei Grundstücksangelegenheiten, auch beim Bauträgervertrag vorgeschrieben. Sie ist jedoch keine Garantie dafür, dass die Interessen des Käufers optimal gewahrt sind. Der Notar hat die Pflicht, unparteiisch zu beurkunden, muss also beiden Seiten gerecht werden. Doch gerade darin besteht so manche Schwierigkeit. Der Notar darf nicht wie ein Rechtsanwalt nur eine Partei zu intensiv beraten, sonst würde er riskieren, gegen seine Unparteilichkeit zu verstoßen. Viele trauen sich auch nicht, am Beurkundungstag bei jedem Satz, den der Notar vorliest, nachzufragen, um Erläuterungen zu bitten und Änderungen zu verlangen. Und tatsächlich sind die nüchternen Texte für Unkundige schwer verständlich. Deswegen sollten Sie sich vorbereiten. Dazu gehört, sich einige Wochen vor dem Notartermin die

Verträge in Kopie schicken zu lassen, um sie mit dem Anwalt zu überprüfen. Achten Sie beim Unterzeichnen auch darauf, dass Sie tatsächlich die kopierte Version vor sich haben.

- **Prospekt:** Verlassen Sie sich nicht darauf, was im Prospekt steht oder versprochen wurde. Es gilt nur das, was im Vertrag und der dazugehörigen Bauleistungsbeschreibung steht. Zum Beispiel sollte klar geregelt werden, wer die Erschließungskosten trägt und wie Sonderwünsche mit aufgenommen und beurkundet werden können.
- **Klauseln:** Vorsicht ist bei Klauseln geboten, die eine Abweichung von der Baubeschreibung gestatten. Es sollte zumindest geregelt sein, dass jede nachträgliche Abweichung wirtschaftlich und architektonisch mit der vorherigen Regelung gleichwertig sein muss.
- **Festpreis:** Als Käufer eines Hauses vom Bauträger sollten Sie auf folgende Formulierung im Vertrag bestehen: „Der im Kaufvertrag genannte Festpreis für Haus und Grundstück entspricht den Gesamtbaukosten. Dazu gehören sämtliche Kosten nach DIN 276 einschließlich aller Nebenkosten. Zusatzkosten werden nachfolgend aufgeführt: …".
- **Fertigstellungstermin:** Im Vertrag sollten in jedem Fall Baubeginn und Fertigstellungstermin des Objekts enthalten sein. Bei Eigentumswohnungen kann es dabei zu unterschiedlichen Daten für das Wohneigentum und für das Gemeinschaftseigentum kommen. Zum Beispiel werden für Flure, Waschküchen, technische Einrichtungen und Außenanlagen spätere Fertigstellungstermine vereinbart. Vorsicht bei Formulierungen wie „Fertigstellung 180 Tage nach Erhalt der Baugenehmigung". Dann ist für den Bauherrn das Bauende völlig ungewiss. Termintreue bietet der Bauträger aber nicht ohne Druck. Deshalb sollten Sie auf jeden Fall Verzugsstrafen festsetzen.
- **Sicherheitsleistungen:** Bestehen Sie auf Sicherheitsleistung. Das gilt für Geldzahlungen, aber auch für die Gewährleistung. Sie sollten sich die Gewährleistungsansprüche des Bauträgers gegen die Baufirma und gegen den Architekten als zusätzliche Sicherheit abtreten lassen. Achtung: Dies darf nicht anstelle, sondern nur neben die Bauträgerhaftung treten.
- **Gewährleistung:** Der Bauträger ist verpflichtet, Ihnen eine Aufstellung zu übergeben, woraus ersichtlich wird, welche Firmen welche Leistungen ausgeführt haben und wie die Gewährleistungsfristen aussehen. Achtung: Meist ist vorgesehen, dass Handwerker direkt vom Bauherrn mit nachträglichen Sonderwünschen beauftragt werden. Das ist jedoch problematisch, weil sich dadurch die Verjährungsfristen aufspalten und die Abgrenzung, wer einen späteren Mangel zu vertreten hat, schwierig werden kann.
- **Vollmacht:** Seien Sie vorsichtig bei Vollmachten! Zum Beispiel sollten Sie eine

vorgedruckte Formulierung zur Teilungserklärung (beschreibt das Rechtsverhältnis innerhalb der Wohnanlage), die dem Bauträger eine nachträgliche Änderung erlaubt, unbedingt im Vertrag streichen.

- **Altbauten:** Bei sanierten Altbauten sind die Haftungsausschlüsse beziehungsweise Haftungsbeschränkungen zu prüfen. Die in diesem Zusammenhang oft unwirksamen „Schiedsgutachterklauseln" bergen das Risiko, dass Rechtsfragen von einem Sachverständigen wegen fehlender juristischer Kompetenz falsch entschieden werden.
- **Abnahme:** Eine so genannte stillschweigende Abnahme sollte ausgeschlossen werden. Auch vor der Erteilung einer Abnahmevollmacht an Dritte, zum Beispiel an einen vom Bauträger bestimmten Verwalter oder unbenannten Sachverständigen, ist zu warnen.
- **Zahlungsplan:** Abweichungen vom Zahlungsplan nach der Makler- und Bauträgerverordnung sind zwar unzulässig, aber in der Praxis immer wieder zu finden. Zahlen Sie nur, wenn die Leistung auch erbracht ist. Eine schlichte Mitteilung des Bauträgers oder des Architekten als Nachweis für den Baufortschritt sollten Sie nicht akzeptieren.
- **Vorauszahlung:** Immer häufiger werden mit Vertragsunterzeichnung auch Vorauszahlungen verlangt. Im Gegenzug sollte der Bauträger eine Bankbürgschaft vorweisen. Damit können Sie sich Ihre Rückzahlungsansprüche sichern. Als Käufer sollten Sie die Bürgschaft genau überprüfen. Handelt es sich um eine Privatperson, sollten Sie diese Regelung ablehnen. Eine solche Bürgschaft sichert nicht alle juristisch denkbaren Ansprüche ab, und wenn es ernst wird, ist ein Streit mit den Bürgen vorprogrammiert. Halten Sie sich an die Ratenzahlung, dann bleibt Ihnen in jedem Fall ein Zurückbehaltungsrecht, wenn die Leistung nicht dem Vereinbarten entspricht.

Literatur und Hilfe

Viele Verbraucherzentralen prüfen die Bauleistungsbeschreibung gegen ein geringes Entgelt. Außerdem gibt es Seminare für zukünftige Bauherren und ein umfangreiches Literaturangebot. Zu beziehen auch über:

Verbraucherzentrale Bundesverband e.V.
„Pillbox" Markgrafenstraße 66
Besuchereingang: Kochstraße 22
10969 Berlin
Tel.: 030/258 00-0 Fax: 030/258 00-218
e-Mail: info@vzbv.de Internet: www.vzbv.de

Bauherren-Schutzbund e.V.
Bundesbüro: Kleine Alexanderstraße 9/10
10178 Berlin
Tel.: 030/312 80 01
e-Mail: office@bsb-ev.de
Internet: www.bsb-ev.de

Wohnen im Eigentum e.V.
Geschäftsstelle: Martinsplatz 2a
53113 Bonn
Tel.: 0228/721 58 61
Fax: 0228/721 58 73
e-Mail: info@wohnen-im-eigentum.de
Internet: www.wohnen-im-eigentum.de

Verband privater Bauherren e.V.
Bundesbüro: Chausseestraße 8
10115 Berlin
Tel.: 030/27 89 01-0
e-Mail: info@vpb.de
Internet: www.vpb.de

WISO-Bookware: Bau & Kauf
Buhl Data Service GmbH
Am Siebertsweiher 3/5
57290 Neunkirchen
Tel.: 0180/53 54 55 1 (0,12 Euro/Min.)
Fax: 0180/53 54 57 30 (0,12 Euro/Min.)
e-Mail: service@buhl.de
Internet: www.buhl.de

Bauen mit dem Generalunternehmer

Der Generalunternehmer bietet verschiedene Bauleistungen meist bei Architektenhäusern an. In der Regel beschäftigt er zudem mehrere Subunternehmer. Der Generalunternehmer übernimmt – im Gegensatz zum Generalübernehmer – keine Planungsleistungen. Er führt nur die Bauleistungen durch. Zum Beispiel übernimmt ein Schreinermeister mit seinem Betrieb die Errichtung eines Holzhauses sowie dessen Ausbau. Für den Keller und die Elektroinstallationen beauftragt er andere Handwerksbetriebe im eigenen Namen. Sie als Bauherr schließen jedoch nur einen Vertrag mit dem Generalunternehmer ab und müssen sich um die anderen Handwerker nicht kümmern. Der Generalunternehmer ist für die ordnungsgemäße Erbringung der vereinbarten Gesamtleistung verantwortlich.

Für die Planung, die Ausschreibungen (so genannte Leistungsverzeichnisse), die Auftragsvergabe und die Bauleitung muss der Hauskäufer einen freischaffenden Architekten oder Bauingenieur beauftragen. Wie beim Hausbau mit dem Generalübernehmer hat der Bauherr bereits das Grundstück erworben oder steht kurz vor dem Erwerb.

Typisch für einen Generalunternehmer ist der Bau von Häusern auf seinen eigenen Grundstücken. Es handelt sich dabei oft um Häuser in Holzbauweise oder massive Typenhäuser. Sie werden nach der Fertigstellung schlüsselfertig zu einem garantierten Festpreis verkauft. Vorteil: Sie brauchen sich um nichts zu kümmern, denn Sie zahlen erst, wenn alles fertig ist. Nachteil: Das vom Generalunternehmer vorgegebene Raster kann nicht verlassen werden.

Da die Grundstücke Eigentum des Generalunternehmers sind, müssen Sie sich dabei auf seine Angaben verlassen können. In den Angeboten von Generalunternehmern oder Baufirmen werden oft ungeprüft günstige Gelände- und Grundwasserverhältnisse angenommen. Werden später zusätzliche Maßnahmen zur Sicherung erforderlich, müssen Sie teilweise mit dramatischen Mehrkosten rechnen. Das Baugrundrisiko liegt letztlich beim Bauherrn.

WISO rät: Lassen Sie vorsorglich ein Bodengutachten durchführen und machen Sie dieses zum Vertragsbestandteil. Dazu gehören alle Grundstücksteile, also auch die Zu- und Abfahrten.

Achtung: Vor allem Typenhäuser werden regelmäßig durch Generalunternehmer angeboten. Der Bauvertrag für ein Typenhaus (ohne Grundstückskauf) wird dem Käufer in der Regel vom Anbieter vorformuliert vorgelegt und muss, anders als der Grundstücksvertrag, nicht von einem Notar beglaubigt werden. Er besteht in der Regel aus verschiedenen Vertragsbestandteilen:

- der Kauf- (bzw. Bau-) und Liefervereinbarung (Formularvertrag) mit ergänzenden, vertraglich ausgehandelten Zusatzvereinbarungen;
- eventuell den Allgemeinen Geschäftsbedingungen des Anbieters oder der Verdingungsordnung für Bauleistungen VOB (Teil B);
- der Bau- und Leistungsbeschreibung;
- der Vereinbarung mit den Sonderwünschen des Käufers;
- den technischen Merkblättern.

WISO rät: Jegliche Absprachen sollten immer schriftlich in den Vertrag aufgenommen werden. Mündliche Absprachen und Vereinbarungen sind am Bau am Ende nichts wert.

Bauen mit dem Generalübernehmer

Der Generalübernehmer erstellt Ihnen ein Wohngebäude (meist Fertighäuser) auf Ihrem Grundstück. Er verpflichtet sich nur zum Hausbau, ist aber relativ häufig an der Vermittlung der Baugrundstücke beteiligt. Das Haus plant und errichtet der Generalübernehmer nicht selbst, das heißt, er selbst erbringt – im Gegensatz zum Generalunternehmer – keine eigene Leistung, sondern beauftragt Fremdfirmen, die als seine Subunternehmer in Erscheinung treten. Der Werkvertrag für den Bau des Hauses muss nicht notariell beurkundet werden, da mit der Erstellung des Hauses kein

Grundstückskauf verbunden ist. Die Kostenkalkulation ist schwieriger als beim Haus vom Bauträger, da diverse Kostenpunkte in den Festpreisen nicht enthalten sind – besonders solche, die das Grundstück betreffen oder von der Grundstückssituation abhängig sind. Dies gilt auch für Generalunternehmer und Baubetreuer.

Bauen mit dem Baubetreuer

Eine weitere Variante beim Eigenheimbau ist die Baubetreuung. Allerdings kommt sie in der Praxis recht selten vor. Baubetreuer ist derjenige, der in Ihrem Namen und auf Ihrem Grundstück ein Bauvorhaben vorbereitet und durchführt. Die Besonderheit der Baubetreuung besteht darin, dass der Baubetreuer nicht unbedingt Planungsleistungen und keine Bauleistungen erbringt. Vielmehr schließen Sie mit dem Baubetreuer einen Vertrag, auf Grund dessen der Baubetreuer die wirtschaftliche Organisation, die Koordination und die Überwachung des Bauvorhabens übernimmt. Im Unterschied zum Architekten tritt der Baubetreuer als Ihr Vertreter auf und besitzt eine Vollmacht, mit der er selbst die für das Bauvorhaben notwendigen Verträge abschließt. Er übernimmt somit die Vorbereitung und Durchführung von Bauvorhaben im fremden Namen und auf fremde Rechnung. Trotzdem tragen Sie als Bauherr die wirtschaftlichen Risiken des Bauvorhabens.

Wer baut am besten?

Alle Varianten haben ihre Vor- und Nachteile, egal, ob Sie mit dem Architekten, Bauträger, Generalunter- oder -übernehmer bauen. Denn auch die Vertragsgestaltung hängt im Wesentlichen von Ihrem Bauvorhaben und von dem ausgesuchten Gebäude ab. Die folgende Tabelle, die von den Verbraucherzentralen entwickelt wurde, kann Ihnen bei der Entscheidung helfen.

	Bauen mit dem Architekten und Bauunternehmer	Erwerb vom Bauträger	Generalunter- oder -übernehmer	Fertighaus-erwerb
Gestaltungs-freiheit	unbeschränkt	eingeschränkt	unbeschränkt	sehr eingeschränkt
Kosten-sicherheit	nur in begrenz-tem Umfang	sehr hoch	hoch	sehr hoch
Bauherren-risiko	Bauherr	Bauträger	Bauherr (eingeschränkt)	Bauherr (eingeschränkt)
Notarielle Beurkundung	nur Grundstückskauf	erforderlich	nur Grundstückskauf	nur Grundstückskauf

Eigenleistung	ja	teilweise	teilweise	eingeschränkt (Ausbauleistung)
Sonderwünsche möglich?	uneingeschränkt	eingeschränkt	uneingeschränkt	sehr eingeschränkt
Verträge	Bauvertrag, Handwerkerverträge, Architektenvertrag, Grundstückskauf-vertrag	Bauträger-vertrag	Grundstücks-kaufvertrag, GÜ/GU-Vertrag Architekten-vertrag	Grundstücks-kaufvertrag, Fertighaus-vertrag

Quelle: Verbraucherzentralen

Der Bauvertrag

Vor Abschluss eines Bauvertrags sollten Sie sich überlegen, wie Sie die Errichtung Ihres Eigenheims organisieren wollen. Soll zum Beispiel ein Haus nach Ihren individuellen Wünschen entsprechend den Planungen eines Architekten errichtet werden, könnten die Bauausführungsleistungen durch einen einzigen Unternehmer, zum Beispiel den Generalunternehmer, oder gewerkeweise durch eine Anzahl an Handwerksbetrieben erfolgen. Die unterschiedlichen Organisationsformen haben Auswirkungen auf die Gestaltung des Bauvertrags. Die Risiken und Vorteile der unterschiedlichen Formen der Ausführung sind im Vertrag zu berücksichtigen. Wird ein Haus als Fertig- oder Typenhaus errichtet, erfolgt regelmäßig die Beauftragung eines Generalunternehmers. Verträge über Selbstbauhäuser sind wiederum anders gestaltet, weil dort regelmäßig das kaufrechtliche Element im Vertrag überwiegt.

Bauvertrag nach BGB

Unterschreiben Sie den Bauvertrag – im juristischen Sinne meist ein Werkvertrag nach dem Bürgerlichen Gesetzbuch – für ein Haus erst, wenn Sie das Baugrundstück erworben haben, der Grundstückskauf notariell beurkundet, die Auflassungsvormerkung ins Grundbuch eingetragen und die Finanzierung gesichert ist. Ist dies nicht möglich, sollten Sie zumindest ein kostenloses Rücktrittsrecht im Bauvertrag vereinbaren, falls der geplante Grundstückskauf nicht zu Stande kommt oder die beantragte Förderung nicht genehmigt wird.

Bis zum Vertragsabschluss haben Sie alle Trümpfe in der Hand. Zugeständnisse in Preis, Gewährleistung, Lieferzeit, Ausführung und dergleichen können Sie nur erwarten, solange Sie den Vertrag noch nicht unterzeichnet haben. Unterschreiben Sie den Bauvertrag auch deshalb nicht zu schnell, weil es kein generelles Rücktrittsrecht gibt. Sollten Sie nach dem Kauf vom Vertrag zurücktreten wollen oder müssen, zum Beispiel wegen Nichterteilung der Baugenehmigung, können hohe Rücktrittskosten (für die Erstellung der Baugenehmigungsunterlagen oder Schadensersatzansprüche) anfallen.

WISO rät: Schließen Sie den Bauwerksvertrag immer schriftlich ab. Ihre Unterschrift erzeugt rechtliche Bindung. Änderungen und Rücktritt sind nur in Ausnahmefällen möglich.

Achten Sie unbedingt darauf, dass die Vertragsgestaltung für Sie übersichtlich bleibt. Verwendet der Anbieter Standardformulare mit diversen Anlagen (wie Merkblätter für die Herrichtung der Baustelle beziehungsweise für den Kellerbau), können die Merkblätter ebenfalls vertragliche Verpflichtungen enthalten. Dann kann es vorkommen, dass sich durch die Vielzahl unterschiedlicher Anlagen Widersprüche in den Vertragsklauseln ergeben. Achten Sie deshalb darauf, dass die Verträge Vorrangklauseln enthalten, mit denen eine Rangfolge der Vertragsbestandteile festgelegt wird, um klarzustellen, welcher Vertragsbestandteil bei widersprüchlichen Regelungen vorrangig gilt. Grundsätzlich gelten für den Bauvertrag die Bestimmungen des BGB. Da das BGB aber nur die wesentlichsten Pflichten der Vertragspartner regelt, geben Hausanbieter in den meisten Fällen zusätzliche Vertragsbedingungen vor, die als Einzelklauseln im Formularvertrag enthalten oder auch als Allgemeine Geschäftsbedingungen gekennzeichnet und gesondert beigefügt sind.

Die Allgemeinen Geschäftsbedingungen

Die Allgemeinen Geschäftsbedingungen (AGB) eines Hausverkäufers gelten nur dann, wenn sie wirksam in den Vertrag einbezogen sind. Nach § 305 Abs. 2 BGB muss der Anbieter auf seine AGB vor Vertragsabschluss hinweisen. Sie müssen also die Möglichkeit gehabt haben, sie zu lesen, und Sie müssen damit einverstanden sein. Werden keine Allgemeinen Geschäftsbedingungen vereinbart, gilt das BGB. Die hierbei vorgegebenen, wesentlichen Pflichten sollten Sie durch Ihre konkreten Vorstellungen vertraglich ergänzen. Nach §§ 307 ff BGB sind solche Klauseln unwirksam, die den Vertragspartner, also Sie als Hausverkäufer, unangemessen benachteiligen. So erklärte zum Beispiel der Bundesgerichtshof 1991 eine Klausel für unzulässig, nach der ein Anbieter 60 Prozent des Kaufpreises für ein Fertighaus am Aufstellungstag, weitere 30 Prozent bei Inbetriebnahme der Heizungsanlage und die restlichen 10 Prozent nach Fertigstellung des Hauses verlangte. Hier wurde eine Vorauszahlung in Höhe von 100 Prozent des Kaufpreises vor der Abnahme gefordert. Das ist unzulässig!

Damit es erst gar nicht zum Rechtsstreit über die Wirksamkeit einzelner Klauseln kommt, sollten Sie die einzelnen Vertragsbestandteile und -klauseln unbedingt vor Unterzeichnung des Vertrages genau prüfen und, falls Sie mit bestimmten Punkten nicht einverstanden sind, verhandeln. Sind Sie bei einzelnen Klauseln unsicher, so legen Sie den Vertragsentwurf einem auf privates Baurecht spezialisierten Rechtsanwalt vor und besprechen Sie, welche Folgen und Verpflichtungen die einzelnen Vertragsklauseln für Sie haben können.

WISO rät: Die Allgemeinen Geschäftsbedingungen müssen wirksam vereinbart werden und dürfen den Bauherrn nicht unangemessen benachteiligen.

Typenhäuser: Gewährleistung und Sonderproblem Kellerbau
Für Typenhäuser wird eine Gewährleistung von fünf Jahren nach dem BGB oder von vier Jahren nach der VOB angeboten. Manche Holz-Fertighausfirmen geben darüber hinaus eine besondere Gewährleistung von bis zu 30 Jahren für die Tragkonstruktion. Für den Kellerbau muss bei Typenhäusern in der Regel ein separater Vertrag abgeschlossen werden, wenn dieser von einem anderen Anbieter errichtet wird. Dem Kellerbauvertrag sind unbedingt genaue Anleitungen des Hausanbieters zu Grunde zu legen, also Ausführungspläne, technische Merkblätter etc.

Bauvertrag nach VOB

In vielen Fällen sieht der Hausanbieter vor, dem Vertrag die Verdingungsordnung für Bauleistungen, VOB Teil B, zu Grunde zu legen. Die VOB besteht aus drei Teilen: Teil A behandelt die Allgemeinen Bestimmungen über die Vergabe von öffentlichen Bauleistungen, Teil B die Allgemeinen Vertragsbedingungen und Teil C die Allgemeinen Technischen Vorschriften (das sind DIN-Normen etc.). Den Bauverträgen eines Typenhauses wird in der Regel nur Teil B zu Grunde gelegt.

Die VOB Teil B ist als Allgemeine Geschäftsbedingung unter Fachleuten anerkannt. Sie ist kein Gesetz, hat aber einen besonderen Status. Sie gilt als ausgewogenes Vertragswerk, das beiden Vertragspartnern gerecht wird – allerdings unter der Voraussetzung, dass es sich bei beiden um fachkundige Vertragspartner für Bauleistungen handelt. Dies ist für Sie problematisch, da die VOB in vielen Bereichen erhebliche Kenntnisse der Vertragspartner voraussetzt, also den Verbrauchern Mitwirkungspflichten auferlegt und Verhandlungsspielräume bietet, die Sie in der Regel nicht kennen und deshalb auch nicht erfüllen oder nutzen können.

Die VOB/B muss außerdem individuell vereinbart werden, das heißt, sie gilt nur dann, wenn Sie ausdrücklich auf sie hingewiesen wurden, von ihrem Inhalt „in zumutbarer Weise“ Kenntnis nehmen konnten und sie akzeptieren. Sonst gilt ebenfalls nur das BGB. Viele Hausanbieter händigen deshalb den Text der VOB/B den Hauskäufern aus. Im Vergleich zum Werkvertragsrecht des BGB regelt die VOB die Auftragsabwicklung detaillierter. In mehreren Bestimmungen weicht sie, wie bereits erwähnt, von den gesetzlichen Regelungen des BGB ab.

WISO rät: Hauskäufer und -bauer sollten sich unbedingt die VOB vorlegen lassen, sie gegebenenfalls schriftlich anfordern und das Kleingedruckte genauestens durchlesen und prüfen. Lassen Sie den Vertrag von Fachleuten prüfen, zum Beispiel von der Verbraucherzentrale, und ziehen Sie im Zweifel auch einen Rechtsanwalt zu Rate, der sich mit der VOB auskennt.

Beispiel Selbstbauhaus

Für Selbstbauhäuser werden häufig verschiedene Gewährleistungsfristen angeboten, zum Beispiel fünf Jahre für die Lieferung der Baumaterialien und vier Jahre nach VOB für die Durchführung von Bauarbeiten. Ein Vertrag über ein Selbstbauhaus enthält also verschiedene Vertragselemente, bezogen auf das Material einerseits und die vom Unternehmer zu erbringende Bauleistung andererseits. Für Standard-Ausbaumaterialien, wie zum Beispiel Sanitärobjekte, Heizkessel, Warmwasserbereiter oder Steckdosen, wird manchmal nur eine Gewährleistung von sechs Monaten (nach dem Kaufvertragsrecht für bewegliche Sachen) angeboten. Da die Bausätze insgesamt in der Regel nicht katalogmäßig genormt und serienmäßig produziert werden, liegt ein Werklieferungsvertrag über eine „nicht vertretbare Sache“ vor. Dann gilt wie nach dem Werkvertragsrecht des BGB eine Gewährleistung von fünf Jahren für das Material oder von vier Jahren, wenn die VOB vereinbart wird. Für die Ausführung von Bauleistungen durch den Hersteller haben Sie je nach Vereinbarung einen Gewährleistungsanspruch von vier Jahren nach VOB/B oder fünf Jahren nach BGB.

Übernimmt der Bausatzanbieter auch die Bauleitung des Selbstbauhauses, so haftet er bei Überwachungsfehlern wie jeder Bauleiter auf einer Baustelle. Manche bieten nur eine Baubetreuung zur Organisation des Bauablaufs, zur Problembesprechung und Einweisung an und erwarten vom Selbstbauer, dass er die Bauleitung an den Architekten vergibt, der auch den Bauantrag erstellt. Teilweise vermitteln die Firmen Architekten. Die Bauleitung muss der Hauskäufer dann separat bezahlen. Da zum Beispiel in einigen Bundesländern nach der jeweiligen Landesbauordnung kein Bauleiter bestellt werden muss, werden viele Selbstbauer darauf verzichten und sparen Geld am falschen Ende. Aber auch wenn Bausatz-Anbieter keine verantwortliche Bauleitung übernehmen, können Sie im Schadensfall zur Verantwortung gezogen werden. Die Baubetreuung durch die Hersteller von Bausätzen wird juristisch nicht als Gefälligkeit, sondern als Übernahme rechtsgeschäftlicher Pflichten gewertet. Daraus erwächst die Erwartung gegenüber dem Hersteller, dass er bei Besichtigungen auch die entsprechenden Eigenleistungen des Bauherrn auf Mängel überprüft. Wenn diese Prüfung fehlerhaft erfolgt und damit der Hinweis auf Ausführungsfehler ausbleibt, muss der Hersteller dafür Gewähr leisten. Ob und wie die unterschiedlichen Gewährleistungsansprüche auf das Baumaterial und die Ausführung seitens des Herstellers einerseits und des Selbstbauers andererseits in der Baupraxis und im Schadensfall auseinander zu halten sind, ist lediglich von baurechtlichen Experten zu beurteilen. In den Bau- und Leistungsbeschreibungen vieler Anbieter finden sich zur Gewährleistung und zu den Haftungsfragen leider keine oder nur sehr vage Aussagen. Klären Sie diese Fragen unbedingt vor Vertragsabschluss!

Die VOB bringt privaten Bauherren mehr Nachteile

Ob Sie einen Bauvertrag nach dem Bürgerlichen Gesetzbuch (BGB) oder nach der Verdingungsverordnung (VOB) abschließen, hängt vom konkreten Bauvorhaben ab und mit wem Sie bauen. Für private Bauherren können sich aus der VOB jedoch unzulässige Nachteile ergeben, wie der Bundesverband der Verbraucherzentralen (VZBV) herausgefunden hat. Außerdem verstoßen nach Auffassung der Verbraucherschützer die allgemein üblichen Bedingungen beim Abschluss von Bauverträgen gegen EU-Recht.

Streitpunkt ist die so genannte „Allgemeine Vergabe- und Vertragsordnung für Bauleistungen Teil B" kurz: VOB/B. Der Bundesverband der Verbraucherzentralen, VZBV, will die Verwendung des Regelwerks gegenüber Privatleuten jetzt stoppen. Die VOB/B ist kein Gesetz. Sie gilt nur, wenn dies beim Abschluss eines Bauvertrags ausdrücklich vereinbart wird. Doch das ist die Regel: Rund drei Viertel aller Bauverträge mit Privatleuten basieren auf der VOB/B 2002 – oft zum Nachteil der Bauherren. Gegen diese Benachteiligung ziehen die Verbraucherschützer jetzt zu Felde.

Rechtlich handelt es sich um so genannte Allgemeine Vertragsbestimmungen. Normalerweise unterliegen solche Bestimmungen einer strengen Kontrolle. Klauseln, die Verbraucher unzulässig benachteiligen, sind in der Regel nichtig. Die erfreuliche Folge: Es gelten die gesetzlichen Regeln des BGB. Anders bei der VOB/B: Ihre Klauseln unterliegen nicht der gesetzlichen Fairnesskontrolle.

Verantwortlich für die Gestaltung der VOB/B ist der Deutsche Vergabe- und Vertragsausschuss für Bauleistungen. Vertreter aus Bundes- und Landesministerien, kommunalen Spitzenverbänden, Bauindustrie und Unternehmensverbänden feilen an dem Regelwerk. Doch jetzt hat der VZBV den Deutschen Vergabe- und Vertragsausschuss abgemahnt. Privaten Bauherren gegenüber soll die VOB/B nicht mehr verwendet werden, verlangen die Verbraucherschützer. Moniert werden insgesamt 24 VOB/B-Regeln. Hier die wichtigsten Nachteile für private Verbraucher:

Verkürzte Verjährung von Gewährleistungsrechten: Normalerweise muss ein Bauunternehmen fünf Jahre lang für Mängel an Bauwerken einstehen. Sobald man einen Mangel beanstandet, beginnt die Frist von vorne. Laut VOB/B verjährt der Anspruch auf Gewährleistung aber schon in vier Jahren beziehungsweise nach Beseitigung eines Mangels in zwei Jahren.

Erschwerter Vertragsausstieg: Gilt die VOB/B, darf ein Bauherr einem Unternehmen, das eine Frist zur Mängelbeseitigung versäumt hat, erst nach ausdrücklicher Androhung kündigen. Ohne VOB/B ist die Kündigung schon bei erfolglosem Ablauf der Mängelbeseitigungsfrist möglich.

Erleichterte Abnahme: Bei VOB/B-Verträgen gilt eine Bauleistung unter Umständen schon als abgenommen, wenn der Bauherr keine Mängel moniert hat. Abnahme bedeutet: Der Bauherr erkennt Bauleistungen als ordnungsgemäß erbracht an.

Irreführende Bauzeitangaben: Wer in einem Vertrag nach dem BGB Bauzeiten nennt, muss sich auch daran halten. Bei einem VOB/B-Vertrag sind die Zeitangaben des Unternehmers in einem Bauzeitplan nur verbindlich, wenn dies ausdrücklich vereinbart wird.

Preise ohne Sicherheit: Bei Verträgen nach VOB/B kann das Bauunternehmen bei Vereinbarung eines so genannten Einheitspreises am Ende deutlich höhere Kosten in Rechnung stellen. Das Unternehmen ist nicht verpflichtet, die Kosten transparent auszuweisen und Bauherren auf mögliche Zusatzkosten hinzuweisen.

Auf bereits abgeschlossene Bauverträge wirkt sich der aktuelle Streit um die VOB/B nicht aus. Auch bei neu abgeschlossenen Verträgen gelten die VOB/B-Bedingungen, wenn dies im Vertrag vereinbart wird. Private Bauherren haben praktisch keine Chance, einzelne Klauseln vor Gericht anzugreifen, solange die VOB/B im Ganzen in den Vertrag einbezogen wurde. Neue Hoffnung gibt es allerdings für Bauherren mit Verträgen, bei denen Modifikationen zur VOB/B vereinbart wurden. Nach einer aktuellen Grundsatzentscheidung des Bundesgerichtshofs (AZ: VII ZR 419/02) führt jede Abweichung von der VOB/B dazu, dass die übrigen Klauseln der strengen Fairness-Kontrolle unterliegen. Das Urteil gilt direkt für Bauverträge, die bis 2001 geschlossen wurden. Ob es auch für Verträge gilt, die seit Inkrafttreten der Schuldrechtsreform 2002 geschlossen wurden, ließ der BGH offen.

Die Bau- und Leistungsbeschreibung: auf Vollständigkeit achten, auch im Detail

Die Bau- und Leistungsbeschreibung ist der wichtigste Bestandteil des Bauvertrags. Sie hält fest, welche Lieferungen und Leistungen für den jeweiligen Festpreis zu erwarten sind. Leider gibt es kein einheitlich aufgebautes Formular, sodass sie nicht miteinander verglichen werden können. Häufig sind die Angaben ungenau und unvollständig, zum Beispiel fehlen Detailpreisangaben ganz. Es kommt vor, dass Leistungen, die für den Hausbau notwendig sind, nicht im Standardangebot und im Festpreis enthalten sind.

Denn jeder Anbieter kann die Angaben in der Bau- und Leistungsbeschreibung benennen, die er für notwendig erachtet. Deshalb gibt es Bau- und Leistungsbeschreibungen, die nur zwei Seiten umfassen, während andere das Musterhaus auf zehn Seiten beschreiben. Wenn Sie also zusätzliche Kosten während der Bauzeit vermeiden wollen, müssen Sie selbst die Vollständigkeit und Qualität aller notwendigen Bauleistungen im Festpreis ermitteln. Deshalb ist die Bau- und Leistungsbeschreibung von zentraler Bedeutung, wird sie doch Bestandteil des abzuschließenden Vertrages und damit rechtsverbindlich. Im Streitfall über den Liefer- und Leistungsumfang wird sie Grundlage für die gerichtliche Urteilsfindung. Fragen Sie deshalb nach, lassen Sie sich ausführlichere Darstellungen schriftlich geben und lassen Sie die standardisierte Bau- und Leistungsbeschreibung an Ihr zukünftiges Haus anpassen und erst dann als Vertragsbestandteil ausweisen. Verlangen Sie möglichst genaue Material-, Mengen- und Qualitätsangaben, die Bezeichnung der Inhaltsstoffe der verwendeten Materialien und Bauteile sowie Einheitspreise und/oder Gesamtpreise für Bauteile oder für einzelne Gewerke.

WISO rät: Verwenden Sie zum Angebotsvergleich die Musterbaubeschreibung der Verbraucherzentralen. Lesen Sie dazu im Kapitel „Bauen mit dem Bauträger“ alles über die Musterbaubeschreibung. Außerdem finden Sie einige Seiten weiter hinten die Mindestanforderungen an eine Bau- und Leistungsbeschreibung, wie sie derzeit vom Gesetzgeber empfohlen wird.

Achtung: Kostenexplosion durch fehlerhafte Bauleistungsbeschreibung!

Die Verbraucherzentralen haben herausgefunden, dass es durch eine fehlerhafte Baubeschreibung immer wieder zu ungewollten Kostensteigerungen kommt. Doch Unwissenheit schützt vor Schaden nicht. Deshalb ist es ratsam, vorher abzuklären, was im Preis enthalten ist und was nicht. Zum Beispiel kann der Satz „Die Unterlagen, die für den Bauantrag erforderlich sind, müssen noch erarbeitet werden“, heißen, dass Sie die Kosten für die Bereitstellung oder Beschaffung des amtlichen Lageplans bezahlen müssen. Das kann 2.000 bis 3.000 Euro kosten. Das Abstecken des Gebäudes sollte darin allerdings enthalten sein. Die Kosten für die Werk- oder Ausführungsplanung liegen bei Baukosten von circa 100.000 Euro zwischen 2.800 und 3.700 Euro. Klären Sie vorher, wer diesen Betrag zahlen muss. Der Prüfstatiker verlangt circa 800 bis 1.000 Euro. Eventuell sind die Kontrollen auf der Baustelle darin noch nicht enthalten. „Bereitstellung eines baureifen Grundstücks durch den Bauherrn“ kann bedeuten, dass Sie die Kosten für die Rodung des Grundstücks, das Einebnen des Geländes, das Anlegen von Zufahrtswegen und Lagerflächen tragen müssen. Je nach Grundstückssituation und Lage kann Sie das bis zu 10.000 Euro kosten. Unter dem Stichwort Baustelleneinrichtung kann man Bautoilette, Absperrung, Bauschuttcontainer und vieles mehr verstehen. Bei circa sechs Monaten Bauzeit kommen Kosten bis zu 2.000 Euro auf Sie zu – oder ist dieser Posten im Festpreis enthalten?

Sind Festpreise wirklich fest?

Der Festpreis wird bei Vertragsabschluss festgelegt. Je nach den Veränderungen am Haustyp, an der Grundfläche, Dachform, Ausbaustufe etc. weicht er mehr oder weniger vom Preis des ausgewählten Musterhauses ab. Mit dem Festpreis sollen Hauskäufer einen Überblick über die Gesamtkosten ihres Hauses erhalten, um einen realistischen Finanzierungsplan erstellen und, so sagen die Anbieter, genauer kalkulieren zu können als bei einem frei geplanten Haus. Gleichzeitig erhalten die Käufer damit eine Preisgarantie, die Festpreisbindung, für meistens vier bis zwölf Monate. Allerdings verspricht der Festpreis oft mehr, als er hält. Da es sich hierbei um keinen geschützten Begriff mit einheitlicher Definition handelt, sind somit auch die dem Festpreis zu Grunde liegenden Kostengruppen bzw. der Leistungsumfang nicht einheitlich vorgegeben. Daher sind Preisvergleiche mit erheblichem Aufwand verbunden. Ermitteln Sie also, ob die Gebäudekosten vollständig im Festpreis enthalten sind, welche Planungsleistungen enthalten sind und welche zusätzlichen Kosten hinzukommen. Die Festpreisbindung ist bei verschiedenen Herstellern unterschiedlich befristet und wird von Vorleistungen des Hauskäufers abhängig gemacht. Überlegen Sie, ob Sie Auflagen im Kleingedruckten wie „*Der Festpreis gilt für 72 Monate, wenn der Auftraggeber die Liefervoraussetzungen jeweils vier bis fünf Monate im Voraus erfüllt hat und sich in diesem Zeitraum die Listenpreise nicht erhöht haben*“ akzeptieren können: Sonst müssen Sie verhandeln! Vereinbaren Sie beim schlüsselfertigen Hauskauf beziehungsweise beim Ausbauhaus eine bedingungslose Festpreisbindung möglichst bis zur Abnahme, mindestens aber von 15 Monaten. Beim Kauf von Bausätzen sollte die Festpreisbindung bis zur letzten Teillieferung gelten. Vereinbaren Sie notfalls auch, wie viel mehr gezahlt werden muss, falls der Festpreis vorher seine Gültigkeit verliert.

WISO rät: Vereinbaren Sie einen Festpreis, in dem alle Gebäudekosten enthalten sind. Lassen Sie sich nicht auf Fristen unter 15 Monaten ein.

Bankbürgschaften

Die meisten Hausanbieter bestehen darauf, dass Ihre Zahlungen durch eine Bankbürgschaft (oft auch als Finanzierungszusage, Finanzierungsbestätigung oder Zahlungszusage bezeichnet) sichergestellt werden muss. Entscheidend ist hier nicht die formale Bezeichnung der Zusage, sondern ihre rechtliche Qualität als Bürgschaft oder Schuldversprechen. Die Firmen legen Ihnen dazu Formulare vor, die Ihr Kreditgeber in Absprache mit Ihnen unterschreiben soll. Mit dieser Bürgschaft, dem Schuldversprechen, erhalten die Firmen einen Anspruch auf Auszahlung durch das Kreditinstitut. Dies lassen sich die Banken mit 1 bis 3 Prozent der Kreditsumme bezahlen. Diese Zusatzkosten können Sie vermeiden, wenn Sie dem Unternehmer einen mit Ihrer Bank geschlossenen Darlehensvertrag vorlegen und eine Abtretungserklärung Ihrer Bank übergeben. Sie gewährleistet ebenfalls, dass die Zahlungen Ihrer Bank direkt an den Unternehmer oder auf ein von ihm benanntes Konto fließen werden. Dies bietet dem Hausverkäufer ausreichende Sicherheit und verursacht Ihnen keine zusätzlichen Kosten. Nachteil ist jedoch, dass Zahlungen möglicherweise gegen Ihren Willen erfolgen können. Manchmal wird in diesen Bankbürgschaftsformularen auch das Leistungsverweigerungs- und Zurückbehaltungsrecht aberkannt. Danach können Sie in Anerkennung dieser Bürgschaft kein Geld zurückbehalten, wenn die vereinbarte Bauleistung nicht erbracht ist oder wenn Mängel auftreten. Mit solchen Klauseln sollten Sie nicht einverstanden sein. Lassen Sie sich auch Ihrerseits von Ihrem Vertragspartner eine Bankbürgschaft beziehungsweise Sicherheitsleistung für die Fertigstellung und die Gewährleistungszeit geben, um sich im Konkursfall der Firma vor hohen Verlusten zu schützen. Einige Unternehmen weisen in ihren Verträgen diese zusätzliche Absicherung aus, meist ist sie jedoch nur auf besondere Nachfrage zu bekommen.

Wer vor der Unterschrift unter einen Bauvertrag steht, wird von der Baufirma meist um Vorkasse gebeten. Bauherren sollten sich aber gründlich überlegen, wann sie eine Anzahlung geben und wann nicht. Geht nämlich der Bauunternehmer Pleite, ist auch das Geld futsch. Zur Absicherung empfiehlt sich eine Vorauszahlungsbürgschaft, die von der Hausbank des Bauunternehmers gestellt wird. Damit haben Sie als Bauherr bei zweckwidriger Verwendung des Geldes oder bei Nichtleistung der Firma einen Anspruch gegenüber der Bank. Weigert sich der Unternehmer, auf solch eine Verfahrensweise einzugehen, sollten bei Ihnen alle Alarmglocken läuten. Eine weitere Möglichkeit ist die so genannte Vertragserfüllungsbürgschaft, am besten über 15 bis 20 Prozent der Bausumme. Mit ihr ist man hinsichtlich entsprechender Schadensersatzansprüche aus dem Bauvorhaben sowie bei einer eventuellen Pleite der Baufirma abgesichert.

Der Fertigstellungstermin: Nur feste Fristen garantieren pünktlichen Einzug

Wenn Sie unter Zeitdruck stehen, sollte ein verbindlicher Fertigstellungstermin ausdrücklich vertraglich vereinbart werden. Da dieser Termin allerdings von verschiedenen Faktoren wie der Baugenehmigung oder der Kellerfertigstellung abhängt, sollten Sie ihn daran binden, zum Beispiel „Acht Wochen nach Erhalt der Baugenehmigung“. Setzen Sie für Überziehungen eine Vertragsstrafe schriftlich fest; üblich sind täglich 0,25 Prozent der vereinbarten Vergütung oder ein pauschaler Betrag, zum Beispiel in der Höhe von 200 Euro pro Tag. Lassen Sie sich beim Liefertermin nicht auf Circa-

Angaben ein und gewähren Sie keine der verlangten Nachfristen von sechs bis acht Wochen. Der Fertigstellungstermin hängt im Wesentlichen vom Baufortschritt ab, deshalb sollten Sie auf die folgenden Knackpunkte achten.

Betreten der Baustelle verboten!

In vielen Bauträgerverträgen ist Ihr Besuch auf der Baustelle ausgeschlossen oder stark eingeschränkt. Grundsätzlich kann der Bauträger ein Hausrecht geltend machen, da er noch Eigentümer des Grundstücks ist. Damit Sie aber den Baufortschritt kontrollieren und auch die Raten danach bezahlen können, müssen Sie die Baustelle betreten. Lassen Sie eine solche Klausel aus dem Vertrag streichen.

Zahlungsraten

Achten Sie darauf, dass im Vertrag die Zahlungsraten so bemessen sind, dass sie wirklich dem Baufortschritt entsprechen, also nicht an Liefertage gekoppelt sind. Vermeiden Sie Voraus- oder Anzahlungen. Vereinbaren Sie für jede Zahlung eine Teilabnahme, damit Sie prüfen können, ob die Leistung mängelfrei erbracht wurde. Sie können auf jede Abschlagszahlung einen Sicherheitseinbehalt von 5 Prozent vereinbaren, der mit der Schlussrechnung verrechnet wird. Achten Sie darauf, dass die Schlussrate bei Übergabe so bemessen ist, dass Sie auch noch bei der Endabnahme einen nennenswerten Betrag für die Mängelbeseitigung einbehalten können. Dies sollten etwa 10 bis 15 Prozent des Kaufpreises sein.

WISO rät: Vereinbaren Sie für die Zeit der Gewährleistung einen Sicherheitseinbehalt von etwa 2 bis 3 Prozent des Kaufpreises oder lassen Sie sich vom Anbieter über diesen Betrag eine entsprechende Bankbürgschaft geben, damit Sie Mängelbeseitigungen während der Gewährleistungsfrist ohne Schwierigkeiten verlangen und durchsetzen können. Zahlen Sie berechtigte und fällige Vergütungsansprüche der Werkunternehmen sofort. Sie kommen nach § 286 Abs. 3 BGB auch ohne Mahnung spätestens 30 Tage nach Rechnungseingang in Verzug.

Abnahme und Mängelansprüche

Grundsätzlich kann das Hausbauunternehmen die Abnahme erst dann verlangen, wenn das Bauwerk fertig gestellt, also wenn es vertragsgerecht und mängelfrei vollendet ist. Sie müssen dann eine schriftliche Mitteilung der Fertigstellung und/oder eine Schlussrechnung erhalten.

Abnahme bedeutet, dass Sie die erbrachten Leistungen des Unternehmers prüfen und als „im Wesentlichen vertragsgerecht" anerkennen. Die Abnahme ist entscheidend für Sie, weil damit eine Reihe von Pflichten und Rechtsfolgen auf Sie zukommt:

- Mit der Abnahme wird der Anspruch des Unternehmers auf Bezahlung fällig, wenn nichts anderes vereinbart ist.

- Vor der Abnahme besteht für den Hauskäufer der Anspruch auf Neuherstellung bei mangelhaften Leistungen, in Verträgen unter Hinzuziehung der VOB allerdings nur unter der Voraussetzung, dass der Mangel erheblich ist und eine sachgerechte Nachbesserung keinen hinreichend sicheren Erfolg verspricht. Beispiel: Ein Fenster schließt nicht ordentlich, eine Reparatur würde Undichtigkeiten zurücklassen.
- Vor der Abnahme muss der Hausverkäufer bzw. Bauunternehmer beweisen, dass er die vereinbarte Bauleistung ordnungsgemäß ausgeführt hat. Nach der Abnahme tritt eine „Umkehr der Beweislast" ein, dann muss der Hauskäufer nachweisen, dass ein Mangel vorliegt, den der Anbieter zu vertreten hat.
- Gewährleistungsansprüche auf bekannte Mängel entfallen, wenn sie bei der Abnahme nicht beanstandet werden. Sie dürfen also bei der Abnahme nicht vergessen, einen bereits bekannten Mangel in das Protokoll mit aufzunehmen.
- Mit der Abnahme beginnt die Gewährleistungsfrist. Solange Mängel vorliegen, können Sie die Abnahme verweigern, aber nur, wenn es sich um wesentliche Mängel handelt, also wenn zum Beispiel die Heizung nicht funktioniert oder die Sanitärobjekte noch nicht angebracht sind.

In der VOB wird darüber hinaus zwischen einer förmlichen und einer so genannten fiktiven Abnahme unterschieden (VOB/B, § 12). Die förmliche Abnahme beinhaltet, dass beide Vertragspartner (vor Ort) die Übergabe des Hauses, „den Befund", „in gemeinsamer Verhandlung schriftlich niederlegen". Wird keine förmliche Abnahme vereinbart und durchgeführt, so kommt die fiktive Abnahme zum Tragen. Reagiert der Hauskäufer nach schriftlicher Mitteilung über die Fertigstellung des Hauses oder Vorlage der Schlussrechnung nicht innerhalb von zwölf Werktagen durch Verweigerung der Abnahme oder durch das Verlangen einer förmlichen Abnahme, dann gilt die Leistung nach zwölf Werktagen als abgenommen. Sie gilt sogar schon nach sechs Werktagen als abgenommen, wenn der Hauskäufer das Haus bereits „in Benutzung genommen" hat, also eingezogen ist. Diese Fristen sind unbedingt zu beachten! Sicherer ist es, Sie vereinbaren im Vertrag ausschließlich eine förmliche Abnahme.

Jede Abnahme, sei es – soweit vereinbart – die Zwischen- oder Teilabnahme einzelner Bauschritte oder die Schlussabnahme, sollte in Form einer gemeinsamen Hausbegehung durch Sie, den Bauleiter und einen unterschriftsberechtigten Beauftragten des Bauunternehmens durchgeführt werden. Sie sollten sich bei der Prüfung gegebenenfalls durch einen Bausachverständigen oder eine sonstige fachkundige Person Ihres Vertrauens unterstützen lassen. Vereinbaren Sie sicherheitshalber bereits im Bauvertrag, dass Sie eine solche Vertrauensperson hinzuziehen werden, um einen späteren Streit über das Mitspracherecht dieser Person von vornherein auszuschalten. Lassen Sie über diese Begehung ein schriftliches Protokoll anfertigen. Dies ist üblicherweise die Aufgabe des Bauleiters beziehungsweise des Architekten. Nehmen Sie in das Abnahmeprotokoll all das auf, was Ihnen auffällt, missfällt und gegebenenfalls noch nachgebessert werden muss, auch Bagatell-Beanstandungen. Auf Zusicherungen des Bauleiters, diese oder jene Punkte würden „selbstverständlich" noch erledigt, das bräuchte man nicht extra aufzuschreiben, sollten Sie sich nicht einlassen. Das Abnahmeprotokoll muss von allen Beteiligten unterschrieben werden.

Vor dem Abnahmetermin sollten Sie das Haus selbst schon einmal kritisch unter die Lupe genommen haben. Nehmen Sie dazu, wenn Sie schlüsselfertig kaufen, Fachleute oder besser noch einen erfahrenen Architekten oder Bauingenieur mit. Die für eine professionelle Hilfe anfallenden Kosten rentieren sich angesichts der zusätzlichen Sicherheit bei der Abnahme schnell, wenn auch nur ein nennenswerter Mangel zusätzlich aufgedeckt wird. Suchen Sie nicht nur nach Baumängeln, sondern überprüfen Sie die Funktionstüchtigkeit der Bauteile und haustechnischen Anlagen: Lassen sich Fenster und Türen einwandfrei öffnen und schließen, funktioniert die Heizung, läuft das Wasser zu und ab? Mängelansprüche kommen im Rahmen der Gewährleistungsfristen zum Tragen, wenn auch nach der Abnahme noch Mängel festgestellt werden. Mängel liegen vor, wenn das Haus nicht die vereinbarte Beschaffenheit aufweist. Beispiel: Ein Flachdach wird undicht, es bilden sich Feuchtigkeitsflecken unter der Decke.

Verjährungsfristen: Die Verjährungsfrist für Mängelansprüche beim Kauf von Sachen, die entsprechend ihrer üblichen Verwendungsweise für ein Bauwerk verwendet werden, und bei Bauwerken beträgt nach BGB fünf Jahre (§§ 428 Abs. 1 Nr. 2 und 634a). Für Verträge auf der Grundlage der VOB gilt die Verjährungsfrist für Mängelansprüche von vier Jahren für Bauwerke sowie zwei Jahren für Arbeiten am Grundstück und für die „vom Feuer berührten Teile von Feuerungsanlagen". Sie können und sollten allerdings auch bei einem VOB-Vertrag über eine Gewährleistung von fünf Jahren verhandeln. Im Unterschied zur BGB-Regelung beginnt nach der VOB bereits mit der schriftlichen Aufforderung zur Mängelbeseitigung eine neue Verjährungsfrist von zwei Jahren – unabhängig davon, ob eine Mängelbeseitigung in Betracht kommt. Damit soll für die Mängelprüfung ausreichend Zeit zur Verfügung stehen.

Werkvertrag: Sie haben nach Werkvertragsrecht Anspruch auf eine vertragsgemäße Leistung. Wird ein Mangel beanstandet, so können Sie Nacherfüllung verlangen (§ 635 BGB). Erst wenn der Unternehmer nicht innerhalb einer angemessenen Frist, die Sie gesetzt haben, nacherfüllt, können Sie den Mangel selbst beseitigen lassen und Ersatz der hierfür erforderlichen Aufwendungen verlangen (§ 637 BGB). Alternativ können Sie nach Ablauf dieser Frist auch vom Vertrag zurücktreten (§§ 636, 323, 326 Abs. 5 BGB) oder die Vergütung des Bauunternehmers mindern (§ 638 BGB) oder Schadensersatz statt der Leistung verlangen (§§ 636, 280, 281, 283 und 311a BGB). Die Fristsetzung ist nur unter bestimmten Voraussetzungen entbehrlich, zum Beispiel, wenn der Unternehmer die Nacherfüllung endgültig verweigert hat. Wurde ein Bauvertrag nach der VOB geschlossen, so müssen Sie die Mängelbeseitigung schriftlich verlangen. Falls eine Mängelbeseitigung unmöglich erscheint oder einen unverhältnismäßig hohen Aufwand bedeuten würde, ist nach VOB nur ein Preisnachlass möglich. Schadensersatz kann nur bei wesentlichen Mängeln verlangt werden. Ein Anspruch auf Rücktritt vom Vertrag besteht nicht.

WISO rät: Achten Sie darauf, dass der Hausanbieter Ihre Mängelansprüche nicht an die Subunternehmer abtritt, weil er sich zum Beispiel nicht selbst darum kümmern will. Sie hätten es dann mit einer Vielzahl von Handwerkern zu tun, die Sie bisher nicht kannten, die sich die Mängel vielleicht gegenseitig in die Schuhe schieben und dann die Mängelbeseitigung verweigern könnten.

Hilfestellungen für private Bauherren

Weitere Informationen zum Thema Bauvertrag und Bauleistungsbeschreibung finden Sie beim Kompetenzzentrum. Es wendet sich insbesondere an die Bauinteressierten und an die privaten Bauherren, deren Wunsch nach einer transparenten und zuverlässigen Information ernst genommen wird. Das Arbeitsfeld umfasst den Wohnungsbau, den Eigenheimbau wie den Mietwohnungsbau, aber auch Fragestellungen im Zusammenhang mit baulichen Veränderungen in bereits bestehenden Gebäuden. Themen wie die Revitalisierung von Flächen innerhalb gewachsener Siedlungsstrukturen sowie Wohneigentum in Innenstädten finden Berücksichtigung. Zu den Zielen des Vereins gehört auch die Betrachtung des Lebenszyklus im Rahmen des nachhaltigen Bauens; mit seinen ökonomischen, ökologischen und sozio-kulturellen Aspekten wird ihm dabei eine besondere Bedeutung beigemessen. In diesem Zusammenhang ist auch auf die „Initiative Architektur und Baukultur“ des Bundesministeriums für Verkehr, Bau- und Wohnungswesen hinzuweisen.

Kompetenzzentrum kostengünstig qualitätsbewusst Bauen
Salzufer 14
10587 Berlin-Charlottenburg
Tel.: 030/399 21-838
Fax: 030/399 21-839
e-Mail: kompetenz@iemb.de
Internet: www.kompetenzzentrum-iemb.de

Die Website www.baufoerderer.de ist in Kooperation mit der Kreditanstalt für Wiederaufbau (KfW) entstanden. Sie bildet eine Beratungsplattform für alle, die eine Immobilie erwerben oder bauen wollen. Sie finden hier nicht nur einen Baurechner, der Ihnen eventuelle Fördermöglichkeiten ausrechnet, sondern auch vielfältige und detaillerte Informationen zu Fragen der Baufinanzierung, des Baurechts und der Bauberatung.

Häufig wissen private Bauherren nicht, welche Leistungen sie für welchen Preis erhalten können. Die Bau- und Leistungsbeschreibungen sind oft unklar und unübersichtlich, und diese Unklarheit kann Anlass zu Auseinandersetzungen zwischen Bauunternehmen und privaten Bauherren geben. Unter der Federführung des Bundesministeriums für Verkehr, Bau- und Wohnungswesen wurden deshalb die Mindestanforderungen an Bau- und Leistungsbeschreibungen für Ein- und Zweifamilienhäuser entwickelt. Diese sollten dazu beitragen, mehr Markttransparenz zu schaffen und die Sicherheit privater Bauherren zu erhöhen.

Bau- und Leistungsbeschreibungen für Angebote von Wohnhäusern müssen demnach künftig stärker den Umfang der Leistungen bei der Planung und der Ausführung beschreiben. Auch Art und Qualität der Bauprodukte und der technische Ausstattungsgrad müssen eindeutig und übersichtlich dargestellt werden. So haben die Bauherren endlich die Möglichkeit, Angebote zu vergleichen.

Die Mindestanforderungen können sowohl für Ein- als auch für Zweifamilienhäuser verwendet werden, unabhängig von Bauart und Ausbaustufe (mit oder ohne Keller, schlüsselfertig oder Ausbauhaus). Damit wird der Vergleich von Hausangeboten verschiedener Anbieter – sowohl von Generalunternehmern, Generalübernehmern als auch Bauträgern – unterstützt. Die Mindestanforderungen sind im Rahmen der „Initiative kostengünstig qualitätsbewusst Bauen“ entwickelt worden, die seit 2001 läuft und derzeit von 24 Partnerverbänden unterstützt wird. Bei der Ausarbeitung waren unter anderem der Bauherren-Schutzbund e.V., die Bundesarchitektenkammer, der Bundesverband Deutscher Fertigbau e.V., der Verband privater Bauherren e.V. sowie die Verbraucherzentrale Bundesverband e.V. beteiligt.

Die Mindestanforderungen an Bau- und Leistungsbeschreibungen können im Internet unter www.kompetenzzentrum-iemb.de eingesehen oder als Broschüre bei dieser Adresse unentgeltlich bezogen werden.

Geschäftsstelle der
„Initiative kostengünstig qualitätsbewusst Bauen“
im Bundesamt für Bauwesen und Raumordnung
Deichmanns Aue 31–37
53179 Bonn
Tel.: 01888/401-2211
Fax: 01888/401-1219 oder 401-1519
e-Mail: guenstig.bauen@bbr.bund.de

Mindestanforderungen an Bau- und Leistungsbeschreibungen für Ein- und Zweifamilienhäuser (Übersicht)

1. Vorbemerkungen
2. Planung und Bauleitung
3. Allgemeine Angaben zum Bauvorhaben
4. Herrichten des Grundstücks, Baustelleneinrichtung
5. Beschreibung der Baukonstruktion
6. Beschreibung der haustechnischen Anlagen
7. Außenanlagen
8. Abnahmen und technische Nachweise

Angaben zu den Planungsleistungen (nach HOAI 1), die Bestandteil des Angebots sind und damit vom Anbieter erbracht werden, sowie detaillierte Darstellung der vom Erwerber zu erbringenden Leistungsteile.

Honorarordnung für Architekten und Ingenieure

Zu den Planungsleistungen zählen dabei insbesondere:

Entwurfs- und Genehmigungsplanung

- Planung des Gebäudes mit grundstücksbezogenen Parametern wie Erschließung, Gebäudeausrichtung, Schallschutzvorgaben
- Gründung auf der Basis des vom Bauherrn zu liefernden Baugrundgutachtens,
- Abdichtungsart nach dem im Baugrundgutachten ermittelten Lastfall
- Zeichnungen, Statik
- Planung des baulichen Wärmeschutzes und der Heizungsanlage nach der Energieeinsparverordnung

Ausführungsplanung

- Erstellen von Konstruktionsplänen (Werkplänen) im Maßstab 1:50 mit allen zur Bauausführung nötigen Details
- Werkplanung Sanitär/Heizung/Lüftung/Elektro
- Die allgemein anerkannten Regeln der Technik und spezielle Regelwerke sollten als Vertragsgrundlagen vereinbart werden

Bauleitung

- Bauleitung gemäß Landesbauordnung (z.B. namentliche Benennung des Bauleiters)

Objektbeschreibung

- Haustyp (z.B. frei stehendes Haus, Doppelhaus, Reihenhaus)
- Planer/Hersteller/Vertragspartner, Herstellerbezeichnung
- Bauweise (z.B. Massivbauweise, Holzbauweise, andere Bauweise [jeweils vorgefertigt/nicht vorgefertigt])

- Beschreibung der Bau- bzw. Ausbaustufen (z.B. schlüsselfertiges Haus, voll ausgebaut, Bausatzhaus, Eigenleistungen)
- Nutzergruppengerechte Lösungen (z.B. Lösungen zur barrierefreien Nutzung für Kinder, ältere Menschen und Menschen mit Behinderungen)

Soweit entsprechende Ausführungen vorgesehen sind:

Allgemeine Angaben zum Bauvorhaben

Planung und Bauleitung

Hier können ggfs. Maßnahmen gemäß DIN 18025, Teil 1 und 2, dargestellt werden, z.B.: Barrierefreier Zugang zum Haus; Wohnebenen barrierefrei erreichbar; barrierefreie Wohnungsgrundrisse, Einrichtungen.

Detaillierte Gebäudedaten

- Gebäudeabmessungen (Länge, Breite, Höhe)
- Flächenangaben (Brutto-Grundfläche [BGF], Wohnfläche [Wfl], Nutzfläche [NF])
- Anzahl Vollgeschosse, Kellergeschoss, Dachgeschoss (ausgebaut/nicht ausgebaut)
- Anzahl der Räume, davon Wohnräume
- Raumhöhen (Wohnräume, Keller, Dachgeschoss)
  1) nach DIN 277-1
  2) nach II. Berechnungsverordnung (II. BV)
  3) Angabe als Fertighöhen

Darstellung des Objektes

- Gesamtansichten, Fassaden
- Grundrisse und Schnitte (jeweils mit Bemaßung)

Energiebedarf und Bauphysik

- **Energiekennwerte/Wärmeschutz**
  - Jahres-Primärenergiebedarf nach Energieeinsparverordnung (EnEV)
  - Kompaktheit des Gebäudes (A/Ve-Verhältnis)
  - Luftdichtheit des Gebäudes (Prüfung sollte vereinbart werden)
  - Verhältnis der wärmeübertragenden Umfassungsfläche (A in qm) zum beheizten Bauwerksvolumen (V in qm)
- **Schallschutz**
  - Schallschutz, Aussagen zum möglichen Standort des Objekts
  - Tatsächlich erreichbare Klassifikation
  - Vereinbarter Schallschutz:
    Mindestanforderungen nach DIN 4109:1989-11
    Erhöhter Schallschutz nach DIN 4109, Beiblatt 2 oder
    Angabe der Schallschutzstufe (I, II, III) nach VDI4100:1994-09
  - Schallschutz im eigenen Wohnbereich
  - Anforderungen nach DIN 4109, Beiblatt 2
  - Sonstige Vereinbarungen, Sonderleistungen

Vorbereitende Arbeiten

- Boden (Aushub, Gründung auf der Grundlage des Baugrundgutachtens)
- Erschließung (Installation der Anschlüsse an Ver- und Entsorgungsleitungen von Verbrauchs- bzw. Anschlussstellen im Haus bis zum Anschluss an Medienträger außerhalb des Grundstücks, betriebsfertig)
- Herstellen und Unterhalten der Zufahrten während der Bauzeit

Umfang der Baustelleneinrichtung

- Baustelleneinrichtung
- Geräte zur Ausführung, Lagerplätze auf dem Grundstück
- Zufahrten, Kranstandplätze
- Absperrmaßnahmen
- Zwischenlager für Bodenaushub
- Bereitstellung von Baustrom und -wasser, WC-Anlage
- Bauschuttbeseitigung

Herrichten des Grundstücks, Baustelleneinrichtung

Erdarbeiten

- Einmessen
- Aushub der Baugrube, Bodenarten nach den Ermittlungen des Baugrundgutachtens
- Baugrubensicherung, einschließlich Sicherung gegen Tagwasser
- Abfuhr des Bodenaushubs bzw. Zwischenlagerung
- Anfuhr von Füllboden
- ❖ Verfüllung der Baugrube einschließlich Verdichtung
- Herstellung des geplanten Geländeniveaus durch Auffüllung mit dem zwischengelagerten Mutterboden (Rohplanum)

Beschreibung der Baukonstruktion

Gründung/Abdichtung

- Fundamentarten (z.B. Streifenfundament, Plattenfundament)
- Wenn erforderlich, dann Angaben zur Ausführung von Drainagen einschließlich Versickerungseinrichtungen
- Angaben, für welche Feuchtbelastung die Abdichtung gemäß DIN 18195 vorgesehen ist, z.B.
  - Bodenfeuchte und nicht stauendes Sickerwasser
  - drückendes Wasser oder aufstauendes Sickerwasser

Kelleraußenwände/Lichtschächte

- Material der Kelleraußenwände (z.B. KS-Mauerwerk, Ziegelmauerwerk, Porenbetonmauerwerk, Beton, andere Wandkonstruktion, vorgefertigte Teile)
- Ausführung der Abdichtung (z.B. weiße Wanne, schwarze Wanne), Mischkonstruktion (auf Basis eines Baugrundgutachtens), Angaben über das Abdichtungsmaterial einschließlich Schutz bzw. Zusatzdämmung

- Wärmedämmung der Kelleraußenwände (Art, Material, Dicke, Wärmeleitgruppe)
- Ausführung der Lichtschächte (z.B. massiv, Kunststoff) sowie weitere Angaben (z.B. abgedichtet, an Entwässerung angeschlossen)

Außenwände

- Konstruktion und Material der Außenwände
  - Konstruktive Beschreibung (z.B. Mauerwerk mit Wärmedämmverbundsystem)
  - Beschreibung des Materials (z.B. Kalksandsteinmauerwerk, Ziegelmauerwerk, Porenbetonmauerwerk, Holztafelbauweise, Holzrahmenkonstruktion, Beton)
- Putzsystem, einschließlich Angaben zu Detaillösungen Sockel, Anschlüsse etc.
- Wärmedämmung der Außenwände (Art, Material, Dicke)
- Oberflächengestaltung der Außenwände auf der Innenseite (z.B. Maler- und Tapezierarbeiten), ggfs. abhängig von der unterschiedlichen Raumnutzung (z.B. Wohnzimmer/andere Zimmer, Küche, Bad/WC, Diele)
- Detaillierte Angaben zu Fliesen, Wandbelägen (Materialpreise, zu fliesende Flächen etc.)

Innenwände

- Konstruktion und Material der Innenwände
  - tragende Innenwände (z.B. Kalksandsteinmauerwerk, Ziegelmauerwerk, Porenbetonmauerwerk, Holztafelbauweise, Holzrahmenkonstruktion, Beton)
  - nichttragende Innenwände (z.B. massive Mauerwerkswand, Ständerwand)
- Wanddicken
- Oberflächengestaltung, Material/Art abhängig von der unterschiedlichen Raumnutzung (z.B. Wohnzimmer/andere Zimmer, Küche, Bad/WC, Diele)
- Fliesen, Wandbeläge (Materialpreise, zu fliesende Flächen etc.)

Geschossdecken/Fußböden

- Konstruktiver Aufbau der Decken
  - Massivdecken (z.B. Vollbetondecke, Porenbetondecke, Fertigteil-Hohlraumdecke, Fertigteil-Rippendecke, Filigrandecke)
  - leichte Deckenkonstruktion (z.B. Holzbalkendecke, Fertigteil-Holzdecke)
- Oberflächengestaltung der Deckenunterseite, Material/Art (Putz, tapeziert, gestrichen etc.)
- Fußbodenkonstruktion
  - Aufbau oberhalb tragender Deckenkonstruktion, z.B. Aufbau und Material des Estrichs abhängig von der vorgesehenen Raumnutzung (z.B. Wohnzimmer/andere Zimmer, Küche, Bad/WC, Diele)
  - Trittschalldämmung
  - Abdichtung in Feuchträumen
  - Angaben zu Bodenbelägen (Art, Materialpreise)

Innentreppen

- Wohngeschosstreppe

- – Ausführungsart (z.B. massiv, Holz, Stahl)
  – Oberflächengestaltung/Belag (Material/Art)
  – Geländer
- Kellertreppe
  – Ausführungsart (z.B. massiv, Holz, Stahl)
  – Oberflächengestaltung/Belag (Material/Art)
  – Geländer

Dach (einschließlich Dachentwässerung)

- Dachkonstruktion (z.B. Flachdach/Steildach, Sparren, Pfettendach etc.) sowie zum Material (z.B. Holz, Massiv, Stahl), Dachneigung, Dachüberstand
- Dachdeckung bei Steildächern (z.B. Tonziegel, Dachstein aus Beton, Faserzement, Schiefer, Metall)
- Dachabdichtung bei Flachdächern (Bitumenbahnen, Kunststoff-/Kautschukbahnen, Flüssigkunststoff)
- Wärmedämmung (z.B. Zwischensparrendämmung, Aufsparrendämmung, Dämmung über Abdichtung, Dämmung unter Abdichtung)
- Qualität der Dämmung (Art, Material, Dicke)
- Holzschutz (z.B. konstruktiver oder chemischer Holzschutz)
- Dachentwässerung (innenliegende/außenliegende Entwässerung, Material von Dachrinne/Dacheinläufen/Fallrohren, z.B. Zink, Kupfer, Kunststoff)
- *Wenn als Sonderlösung vorgesehen, dann Angaben zur Dachbegrünung (z.B. extensiv, intensiv)*

Fenster/Fenstertüren

- Material der Fensterrahmen und -flügel (z.B. Holz, Kunststoff, Aluminium, Aluminium-Holz-Verbund etc., thermisch getrennt)
- Art und Anzahl der Fenster
- Art der Oberflächenbehandlung (z.B. lasiert, lackiert, foliert, eloxiert)
- Sicherheitsanforderungen (z.B. einbruchhemmend, Widerstandsklasse [EF])
- Sonderverglasungen (z.B. Sicherheits-Isolierglas, Sonnenschutzglas)
- Beschreibung des Zubehörs einschließlich der Angaben zum Material (z.B. Rollläden, Klappläden, Sonnenschutz)
- Montageverfahren (z.B. Einbau nach Richtlinie der Bundesverbände)
- Fenstergriffe

Türen

- Außentüren
  – Material von Türrahmen und -flügel (z.B. Holz, Kunststoff, Aluminium thermisch getrennt, Stahl, Iso-Glas (Füllung)
  – Einbruchschutz
  – Anzahl der Innentüren
  – Art der Oberflächenbehandlung (z.B. lasiert, lackiert, foliert, eloxiert)

  - Qualität der Drückergarnituren
- Innentüren
  - Angaben zum Material von Türrahmen und -flügel (z.B. Holz, Kunststoff, Stahl, Glas [Füllung], Konstruktion (z.B. Wabentüren etc.)
  - Art der Oberflächenbehandlung (z.B. lasiert, lackiert, foliert, eloxiert)
  - Qualität der Drückergarnituren

Balkone, Loggien, Terrassen, Wintergarten

- Balkone, Loggien, Terrassen
  - Art der Konstruktion und gewähltes Material (z.B. selbsttragend, thermisch entkoppelt, Stahlbeton, Holz, Metall)
  - Art und Material des Bodenbelags, Ausführung der Abdichtung sowie Ausbildung der Brüstungen
- Wintergarten
  - Art der Konstruktion und gewähltes Material (z.B. Holz, Metall)
  - Material/Art des Bodenbelags, Ausführung der Abdichtung
  - Unterscheidung in beheizt/unbeheizt

Außentreppen

- Hauseingangstreppe
  - Art der Ausführung und Oberflächengestaltung/Belag (z.B. Beton, Naturstein, Stahl etc.)
  - Geländer
- Kelleraußentreppe
  - Art der Ausführung und Oberflächengestaltung/Belag, (z.B. Beton, Naturstein, Stahl etc.)
  - Geländer
  - Entwässerung

Beschreibung der haustechnischen Anlagen

Heizungsanlage und Trinkwassererwärmung, offener Kamin, Kaminofen, Aufstellorte, Materialqualität und Ausführung

- Art und Material der Abgasanlage/Schornstein (z.B. Abgasleitung, Schornstein, zweiter Zug, Material wie Metall, Keramik)
- Wärmeverteilung, dabei Anzahl der Heizkreise, Material der Rohrleitungen (z.B. Edelstahl, Kupfer, Kunststoff), Wärmedämmung nach EnEV
- Wärmeabgabe (z.B. Radiatoren, Flachheizkörper, Konvektoren, Fußbodenheizung, Luftheizung), technische Ausführung, Material
- Regelung der Heizungsanlage (z.B. Abhängigkeit von Außentemperatur)
- Regelung der Raumtemperatur (z.B. Thermostatventile, Einzelraumregelung (elektronisch), Einzelraumregelung mit Optimierungsfunktion)

Trinkwassererwärmung

- Art der Versorgung (zentral/dezentral)
- Beschreibung des Systems und der eingesetzten Technik (z.B. Ladespeicher, Durchflusssystem, Elektro-Warmwasserspeicher, Zirkulationsleitung, elektrische Begleitheizung, Gastherme, Elektrospeicher, Elektro-Durchlauferhitzer, Speicherinhalt)

Wärmeversorgung

- Heizungssystem/Kessel (z.B. Nah- und Fernwärme, Niedertemperaturkessel, Brennwertkessel, Therme), Hersteller
- Vorgesehene Energieträger/Brennstoffe (z.B. Öl, Gas, Flüssiggas, feste Brennstoffe, Elektro, regenerative Energie)
- Nennwärmeleistung

Bei einer vorgesehenen Nutzung regenerativer Energien

- Solaranlagen (Gehören diese zum Standardangebot oder ist eine Nachrüstung möglich, technische Ausführung, Wirkungsgrad etc. [z.B. Installation vorbereitet, bereits installiert, Flachkollektoren, Röhrenkollektoren, Solarspeicher, bivalenter Solarspeicher])
- Wärmepumpe (Art und technische Ausführung, z.B. Luft/Wasser-Wärmepumpe, Luft/Luft-Wärmepumpe, Wasser/Wasser-Wärmepumpe, Sole/Wasser-Wärmepumpe)

Heizung

- Ort der Aufstellung/Anschlussraum (z.B. Keller, beheizt/unbeheizt, Dachgeschoss, beheizt/unbeheizt, Wohnbereich)
- Ggfs. Angaben zu weiteren Zusatzheizungen (z.B. Kachelofen)
- Material und Ausführung der Rohrleitungen (z.B. Stahlrohr [verzinkt], Kupfer, Kunststoff, Edelstahl)
- Wärmedämmung der Rohrleitungen nach EnEV

Parameter Heizung und Trinkwassererwärmung

Konkrete Angaben zur vorgesehenen technischen Ausführung

- Anschluss-/Kesselleistung
- Brennstofflagerung, Art der Lagerung (z.B. Tank im Keller, Erdtank, Flüssiggastank, Fassungsvermögen)
- Trinkwassererwärmung
- *Wenn vorgesehen: Angaben zur Solaranlage (wirksame Fläche, Speicher, Deckungsrate)*

Lüftungstechnische Maßnahmen

- Art der Lüftung
- Freie (natürliche) Lüftung (mit/ohne Außenwanddurchlass)
- Kontrollierte Be-/Entlüftung (ggfs. mit Wärmerückgewinnung)
- Einsatz weiterer Lüftungstechnik (z.B. Abluft-Dunstabzugshaube in der Küche)
- *Wenn vorgesehen, Angaben zu Sonderlösungen (z.B. Luftheizgeräte, Erd-Wärmeübertrager, solare Luftvorwärmung)*

Sanitäranlage, Installation

Installation

- Hausanschlussstation/Hauswasserstation (Art, Hersteller)
- Ausstattung mit Anschlüssen (z.B. Waschmaschine, Geschirrspülmaschine, Gartenbewässerung etc.)
- weitere Anlagen oder Einrichtungen (z.B. Feinfilter, Druckminderer/Druckerhöhung, Zirkulationsleitung (Zeitschaltuhr gesteuert/bedarfsgesteuert), Fußbodenabläufe)
- *Falls vorhanden, Angaben zur Regenwassernutzungsanlage (Art und Lage)*
- Art der Installation (z.B. Vorwand- oder Sockelinstallation, schallentkoppelte Leitungsbefestigung und -verlegung)
- Material der Warm- und Kaltwasserleitungen sowie Abflussrohre/Schmutzwasserleitungen (z.B. verzinkte Stahlrohre, Kupferrohre, Kunststoffrohre, Edelstahlrohre, Gussrohre)
- Verlegeart der Wasserleitungen (unter Putz, auf Putz, im Fußboden, schallgedämmte Leitungen etc.)

Sanitärobjekte und Armaturen/Ausstattung

- Geplante Ausstattung (Anzahl, Abmessungen)
- Objekt- und Armaturenqualität (z.B. Hersteller, Serie)

Elektroanlage, Installation

Detaillierte Beschreibung der Elektroanlage, dazu gehören Aussagen zu:

- Anschlussleistung/Einspeisung, Anzahl der Stromkreise (davon Gerätestromkreise, Steckdosenstromkreise, Drehstromkreise), ggfs. BUS-Installation, Schutzsysteme (TN-C, FI-Schalter)
- Angaben zur Ausstattung der einzelnen Räume (Anzahl Lichtauslässe, Schalter, Steckdosen etc.)
- Angaben zum Schalterprogramm (Design, Preisgruppe)
- *Bei Nutzung regenerativer Energien z.B. Photovoltaikanlage, Angaben zur eingesetzten Technik und Leistung sowie zur aktiven Fläche*

Informationsanlage

- Qualität und Umfang der Fernmeldeanlage (z.B. analog/digital [ISDN], Lage und Anzahl der Gerätedosen), Leerrohrsystem
- Antennenanlage (Kabelanschluss, Satellitenanlage, Hausanlage (Art, Anzahl und Verteilung der Anschlussdosen)
- Qualität und Umfang der Kommunikationsanlage (z.B. Klingelanlage, Gegensprechanlage, Videoanlage)
- *Wenn vorhanden, Angaben zur Gefahrenmeldeanlage, Art und Umfang sowie technische Beschreibung (Brandmeldeanlage, Einbruchmeldeanlage)*

Außenanlagen

- Grünflächen (Bodenarbeiten, Bepflanzungen)
- Geh- und Fahrwege, Terrassen
- Stellplatz/Garage
- Einfriedung (z.B. Zäune einschl. Tore), Stützmauern
- Versorgungsanlagen auf dem eigenen Grundstück (z.B. Wasser, Abwasser, Strom, Gas, Telekom)

Es muss vereinbart werden, welche Abnahmeunterlagen und technischen Nachweise nach Abschluss des Bauvorhabens übergeben werden. Dazu gehören im Wesentlichen:

- Bescheinigungen für alle Gewerke über die fachgerechte mangelfreie Ausführung der Bauleistungen (Gewährsbescheinigung)
- Protokolle der bauaufsichtlichen Gebrauchsabnahme
- Energiepass

Abnahmen und technische Nachweise

- Schornsteinfegerabnahmeprotokoll
- Garantieurkunden für die Haustechnik (Elektro, Sanitär, Heizung, ggfs. Lüftung etc.), Bedienungsanleitungen
- Bestandszeichnungen der technischen Gebäudeausrüstung
- Nachweise über die Unbedenklichkeit verwendeter Baustoffe und Materialien
- Baufluchtlinien- und ggfs. Höhenattest des Vermessungsingenieurs

Häuser aus zweiter Hand – oft die preiswerte Alternative

Der Kauf eines gebrauchten Hauses hat viele Vorteile. Sie können eine ältere Immobilie zu einem in der Regel günstigeren Preis als ein neues, schlüsselfertiges Haus von einem Bauträger erwerben. Außerdem haben Secondhand-Häuser oft mehr Charme als so manche Standardreihenhäuser. Im Idealfall können Sie schon nach einer kurzen Renovierungs-, Sanierungs- oder Umbauzeit einziehen oder vermieten. Sie sparen Zeit, denn die Suche nach einem passenden Grundstück, der Hickhack um Baugenehmigungen und der Ärger auf der Baustelle entfallen, und Sie sparen Geld, denn lange Zwischenfinanzierungszeiten sind hier nicht gegeben. Weiterer Vorteil: Sie ziehen in eine gewachsene Umgebung und können im Gegensatz zu einem Neubaugebiet die lokale Infrastruktur sofort beanspruchen.

Sie sollten aber auch mit den Gegebenheiten einer gebrauchten Immobilie grundsätzlich zufrieden sein. Aufwändige Umbauarbeiten an bestehenden Häusern können das günstige Objekt sehr leicht verteuern und im Endeffekt dann genauso viel kosten wie vergleichbare Neubauten nach einem Abriss.

WISO rät: Da es für einen Laien schwer ist, den baulichen Zustand eines Gebäudes zu beurteilen und den daraus resultierenden Renovierungs- und Instandhaltungsbedarf zu kalkulieren, sollten Sie auf jeden Fall fachlichen Rat hinzuziehen. Nur so können Sie den Wert der Immobilie richtig einschätzen.

Entscheidend für die Qualität der gebrauchten Immobilie sind: die Wohnlage, die Grundstücksgröße, die Wohnfläche, das Baujahr sowie der Zustand des Objekts. Wichtig ist es deshalb, entweder schon vorher oder aber spätestens nach einer Besichtigung alle verfügbaren Unterlagen – wie Grundrisse, Exposé, Fotos, genaue Beschreibung der Innenausstattung und der Außenanlagen schriftlich zu haben. Dann können Sie zu Hause, zusammen mit Ihrem Architekten oder anderen sachkundigen Personen alles noch einmal in Ruhe überdenken.

Erst bei der genaueren Betrachtung werden Ihnen viele Details auffallen, die Sie beim Besuch nicht gesehen haben. Zum Beispiel die genauen Deckenhöhen in den einzelnen Geschossen oder der Bodenaufbau. Wollen Sie etwa Parkett neu verlegen, geht es dabei um Millimeter: Wie viel Platz brauchen Estrich und Kleber, welche Stärke hat das gewählte Holz? Auch wirken leere Räume immer größer, als sie tatsächlich sind. Deshalb ist es sinnvoll, die Quadratmeterangaben anhand des Grundrisses noch einmal genau nachzurechnen. Alle Fragen, die Sie vor dem Kauf klären können, geben

Ihnen Sicherheit, auch finanziell, denn wenn der Kaufvertrag unterschrieben ist, müssen Sie zahlen. Beginnen Sie erst dann mit der Planung, läuft die Uhr auf Ihre Kosten. Der schlimmste Fehler beim Immobilienkauf ist deshalb, sich zu wenig Zeit dafür zu nehmen. Unser Rat: Lassen Sie sich auf keinen Fall unter Druck setzen!

WISO rät: Wenn Sie Maklerangebote einholen, lassen Sie sich nicht gleich zur Besichtigung der Immobilie drängen, sondern fordern Sie zunächst ein Exposé des Objekts an. Daraus lässt sich häufig schon erkennen, ob die Immobilie für Sie überhaupt in Frage kommt – oder nicht. Dadurch sparen Sie sich Zeit, Geld und Nerven.

Quadratmeter nachmessen!

Jeder Quadratmeter Wohnfläche ist bares Geld wert. Denn die Immobilienpreise richten sich nach dieser Zahl. Vor allem wenn Sie vermieten wollen, ist das Nachmessen unverzichtbar. Der Bundesgerichtshof hat mit einem Urteil (AZ: VIII ZR 133/03) entschieden, dass ein Wohnungsmangel vorliegt, wenn der gemietete Wohnraum um mehr als 10 Prozent unter der im Mietvertrag angegebenen Fläche liegt. Der Mieter ist dann berechtigt, die Miete zu kürzen, auch rückwirkend. In dem konkreten Fall hieß es: Wohnfläche ca. 96 Quadratmeter, tatsächlich waren es aber nur 85,91 Quadratmeter. Für die Zeit von Juni 1998 bis Mai 2002 forderten die Mieter anteilig Miete zurück, insgesamt waren es 2.040,24 Euro.

Seit dem 1.1.2004 gibt es eine eigene Wohnflächenverordnung (WoFIV) für den öffentlich geförderten Wohnungsbau. Wichtigste Neuerung: Die Grundflächen von Balkonen, Loggien, Wintergärten etc. sollen in der Regel zu einem Viertel, höchstens aber zur Hälfte angerechnet werden. Für den restlichen und damit auch für den privaten Wohnungsbau gibt es dagegen mehrere andere zulässige Berechnungsmethoden. Das führt zu einem heillosen Durcheinander und erschwert die Vergleichbarkeit. Es gibt die Wohnfläche nach DIN, daneben Angaben unter den Begriffen Wohn- und Nutzfläche, außerdem die Wohnflächenberechnung nach DIN 276. Daneben ist von einer Netto-Grundfläche nach DIN 277 die Rede. In der Praxis würden oft noch nicht einmal die Berechnungsgrundlagen genannt, kritisiert der Verein „wohnen im eigentum e. V.“. Unterschiede von bis zu 20 Quadratmetern seien bei den verschiedenen Berechnungsarten keine Seltenheit.

Die Besichtigung

Schon bei der ersten Hausbesichtigung sollten Sie auf die Bausubstanz und auf mögliche Schäden achten. Sind sie deutlich sichtbar, ist es oft ratsam, die Finger von dem Objekt zu lassen. Doch ein einziger Rundgang ist meist nicht ausreichend, um sich einen vollständigen Eindruck zu verschaffen. Auch wer sich auf Anhieb sicher ist, sollte dennoch genügend Zeit für mehrere Erkundungen einplanen und sich nicht zu einer schnellen Kaufentscheidung überreden lassen. Bei einem professionellen Hauskäufer sind drei und mehr Besichtigungstermine für eine Immobilie völlig normal.

Die Verbraucherzentralen empfehlen, bei der Besichtigung vor allem auf folgende Schwachstellen zu achten:

- **Keller**
  Durchfeuchtete Kelleraußen- oder Innenwände
  Durchfeuchteter Kellerboden
- **Außenwände**
  Risse und undichte Fugen
  Risse in tragenden Teilen
  Putz- und Betonabplatzungen
  Wärmebrücken durch zu geringe Wandstärken der Heizkörpernischen
- **Innenwände**
  Mangelhafter Wärme- und Schallschutz durch dünne Wohnungstrennwände
  Mangelhafter Brandschutz durch zu dünne Treppenhauswände
  Schadhafter Wandputz
- **Fenster und Außentüren**
  Undichte und verzogene Holzfensterrahmen
  Verfaulte Holzteile an Fensterflügeln
  Einfachverglasung
  Schadhafte Fensterbeschläge
  Undichte, verzogene Außentüren
- **Dach**
  Holzschäden durch Schädlingsbefall
  Morsche Dachgesimse
  Schadhafte Dachdeckung
  Fehlende Wärmedämmung der Decken im Dachraum
  Schadhafte Dachentwässerung
  Holzschutzmittelbelastung

- **Fußböden, Innentüren**
  Durchgetretene Holzdielen
  Schadhafte Holzfußleisten
  Schadhafte Fliesen oder Teppichböden
  Mangelhafter Trittschallschutz
  Verzogene Türen

- **Treppen**
  Durchgetretene Holztreppen
  Schadhafte oder fehlende Teile am Treppengeländer
  Befall der Holzteile durch Schädlinge

WISO rät: Machen Sie möglichst viele Fotografien vom Objekt. Sie können sehr nützlich sein, weil sie die Erinnerung stützen, den Vergleich erleichtern und vor allem Fachleuten, eventuell auch aus dem Bekanntenkreis, Hinweise zur Beurteilung geben.

Baumängel erkennen und bewerten

Bei älteren Immobilien ist es besonders wichtig, die Bausubstanz genau zu prüfen. Häufig müssen Heizung, Fenster und die komplette Elektroinstallation ausgetauscht werden. Zum Beispiel sind Fünfzigerjahre-Häuser nicht oder nur sehr unzureichend wärmegedämmt. Dagegen haben Häuser aus der Gründerzeit sehr dicke Mauern und Wände. Doch auch mit verborgenen Mängeln müssen Sie rechnen. Wenn Sie selbst nicht sachkundig sind, sollten Sie einen Fachmann zu Rate ziehen.

Das kann zum Beispiel der Bezirksschornsteinfeger sein. Er hilft bei der Beurteilung von Lüftungs- und Schornsteinproblemen. Er gibt Hinweise auf den baulichen Zustand von Schornsteinzügen und entscheidet, welche Wärmeerzeuger an welchen Schornstein angeschlossen werden, zum Beispiel ein offener Kamin im Wohnzimmer. Vorsicht, wenn Sie nur Ihren Heizungsfachmann fragen, denn der Schornsteinfeger entscheidet letztlich über Eignung und Zulassung, er hat das letzte Wort.

Auch Handwerker können oft aus ihrer praktischen Erfahrung zur Beurteilung bautechnischer Sachverhalte beitragen und Lösungen zur Schadensbehebung beisteuern. Sie können eventuell auch die Kosten für bauliche Maßnahmen benennen. Kostenvoranschläge sind üblicherweise kostenfrei, es sei denn, mit dem Handwerker wurde vorher eine andere Vereinbarung getroffen. Bei umfangreichen Maßnahmen sollten Sie von mehreren Handwerksbetrieben ein Angebot einholen. Der Handwerksbetrieb, der den Zuschlag erhält, sollte möglichst über Erfahrungen mit Altbausanierung verfügen.

Besondere Kenntnisse vom Bau haben Architekten und Bauingenieure. Sie können das Gebäude sowohl in seiner Gesamtheit als auch in seinen Einzelteilen erfassen und bewerten. Sie wissen, was bei der Planung, beim Einholen von Genehmigungen, bei der Kostenberechnung und Überwachung von Baumaßnahmen zu tun ist.

Eventuell müssen auch Fachingenieure wie ein Statiker hinzugezogen werden. Das ist dann nötig, wenn die Standsicherheit gefährdet sein könnte, zum Beispiel bei durchgehenden Rissen in tragenden Teilen oder wenn das Gebäude stark verändert werden soll, weil Wände eingerissen werden und Balkone neu hinzukommen. Der Statiker wird auf Veranlassung des Architekten nach Erfordernis beauftragt. Die Honorartabelle entspricht jener der Architekten.

Der Expertenrat ist auch für die richtige Einschätzung des Kaufpreises wichtig. Denn erst wenn Sie wissen, welche Kosten für die Renovierung und Instandsetzung auf Sie zukommen, wissen Sie auch, welcher Preis sich zu zahlen lohnt.

Achtung Schadstoffe!
Holzschutzmittel ist nicht gleich Holzschutzmittel. Vor 30 Jahren war Xylamon in Mode. Heute weiß man, dass dieses Mittel gesundheitsschädlich ist, auch jetzt noch, nach so vielen Jahren. Mittlerweile sind die Wirkstoffe PCP, Lindan oder DDT verboten. Besonders vorsichtig sollten Sie sein, wenn an Gebäuden aus den Siebzigerjahren besonders viel Holz verbaut wurde oder ein Schädlingsbefall zu erkennen ist. Damals wurde besonders häufig mit giftigen Holzschutzmitteln gearbeitet. Aber auch in Span- und Sperrholzplatten oder in Parkettklebern können Gefahren stecken. Krebserregende Stoffe wie PAK, PCB oder Asbest wurden vor allem in Häusern gefunden, die zwischen den Fünfziger- und Siebzigerjahren gebaut wurden, besonders häufig in den neuen Bundesländern, wo man in der DDR zum Beispiel Asbestpappen als Hitzeschutz hinter Öfen, Heizkörpern und Fensterbrettern einsetzte. Schadstoffe in Wohnräumen lassen sich messen und testen. Zum Beispiel können Sie zur ersten Orientierung eine Formaldehydbelastung durch eine Raumluftmessung selbst ermitteln. Entsprechende Tests erhalten Sie für wenig Geld in der Apotheke. Holz-, Staub- und Kleberproben von Böden und Wänden müssen Sie in einem Labor von Experten untersuchen lassen. Die Stiftung Warentest vermittelt Adressen von Analysten, die auch die Qualität von Trinkwasser und Pilzbefall untersuchen. Zum Beispiel kann das Trinkwasser von Schwermetallen belastet sein: Zink, Kupfer und Kadmium sind die größten Feinde. Steht das Wasser zu lange in alten, belasteten Leitungen, kann es zu Vergiftungen führen. Auch Schimmel ist selbst in Neubauten keine Seltenheit. Allergien sind häufig die ersten Anzeichen, um auch nach Gründen im Gebäude zu suchen. Häufig kann jedoch durch eine bessere Raumbelüftung und gezieltes Heizen dem Schimmel der Garaus gemacht werden.

Das Baugutachten

Hat sich herausgestellt, dass entweder Grund und Boden, vielleicht wegen Rissbildung am Haus, oder das Haus selbst wegen Feuchtigkeit oder Schimmelbildung auf den Prüfstand gehören, stellt sich die Frage, ob ein Gutachter beauftragt werden soll. Für Bauschäden an Gebäuden vermitteln die Industrie- und Handelskammern (IHK) Adressen von Gutachtern. Sind nur einzelne Handwerksleistungen betroffen, sind die Handwerkskammern zuständig. Auch einen Architekten kann man mit einer Begehung beauftragen. Die Architektenkammern nennen Ihnen geeignete Experten, zum Beispiel für denkmalgeschützte Häuser oder Fünfzigerjahre-Bauten. Eine einfache Wertermittlung kann von jedem Fachkundigen erstellt werden. Dagegen werden an ein Gutachten spezielle Anforderungen gestellt. Es muss vollständig und nachvollziehbar sein und entsprechende rechtliche Aspekte berücksichtigen.

WISO rät: Nehmen Sie sich die Zeit und gehen Sie gemeinsam mit dem Architekten, Gutachter oder Sachverständigen durch das Objekt. Stellen Sie viele Fragen. Lassen Sie sich vor Ort schon eine Einschätzung geben, damit Sie wissen, in welche Richtung das schriftliche Gutachten tendieren wird. Außerdem sollten bei der Begehung ein paar nützliche Tipps für Sie abfallen, etwa: Welche Baumaterialen sind zurzeit am besten für die Wärmedämmung oder den Dachausbau und wo findet man pfiffige Ideen und hilfreiche Informationen? Dann sind die Experten in jedem Fall Ihr Geld wert.

Folgende Angaben werden nach § 194 Baugesetzbuch für Sie in einem Gutachten zusammengestellt:

1. Allgemeine Angaben
2. Lagebeschreibung
3. Grundstücksbeschreibung
4. Art und Maß der baulichen Nutzung
5. Gebäudebeschreibung
6. Flächen- und Maßangaben
7. Wahl der Wertermittlungsverfahren
8. Bodenbewertung
9. Sachwertverfahren
10. Ertragswertverfahren oder sonstiges Verfahren
11. Verkehrswert
12. Datum, Stempel und Unterschrift
13. Ergänzende Angaben und Anlagen

Für die Schätzung des Gebäudes sind nicht nur das Baujahr und das oberflächliche Erscheinungsbild wichtig. Sie sollten sich auch über die verwendeten Materialien im

Einzelnen informieren lassen. Nur so lässt sich einschätzen, wann neue Investitionen für Renovierung oder Sanierung anfallen.

Solch ein Gutachten ist selbstverständlich nicht kostenlos. Besprechen Sie die Notwendigkeit eines Gutachtens und wer die Kosten dafür übernimmt, auf jeden Fall mit dem Verkäufer. Das Gutachten ist auch für den Fall, dass Sie die Immobilie nicht kaufen, für Interessenten eine wertvolle Verhandlungsbasis. Gleichzeitig stehen in dem Gutachten auch die wichtigsten Angaben, um Finanzierungsangebote einholen zu können. Spätestens bei Abschluss der Darlehensverträge verlangen einige Banken sogar eine solche Unterlage.

Welcher Preis ist angemessen?

Viele Wege führen nach Rom! So ist das auch bei der Preisfindung: Sie können es auf eigene Faust versuchen, besser ist es jedoch, wenn ein Gutachten des Sachverständigen vorliegt. Denn er wird, um den genauen Wert und damit den Preis einer Immobilie zu ermitteln, nach einer Begehung den so genannten Verkehrswert nach drei Methoden ermitteln:

- Beim Vergleichswertverfahren werden die Verkaufspreise vergleichbarer Objekte herangezogen.
- Bei der Sachwertermittlung werden Gebäude und Boden getrennt bewertet.
- Die Ertragswertmethode stellt erzielbare Mieteinnahmen dem Kaufpreis gegenüber.

Am Ende erhalten Sie eine genaue Aufschlüsselung und wissen dann exakt, wie sich der Wert der Immobilie zusammensetzt. Sie verfügen damit über Angaben, die Sie weder vom Verkäufer noch von einem Makler erhalten werden. Doch bleiben Sie gelassen, wenn der verlangte Preis etwas über dem Gutachterwert liegt, denn letztlich ist gerade bei gebrauchten Immobilien auch die individuelle Note gefragt. Was dem einen gefällt, findet der andere vielleicht unpraktisch oder hässlich. Das alles findet in Gutachten keine Beachtung, ist aber für Ihre Lebensqualität vielleicht kaufentscheidend. Dafür sind Sie dann eventuell bereit, etwas mehr auszugeben.

Ein Wertgutachten ist sicher die optimale Lösung und manchmal sogar unumgänglich, jedoch nicht ganz billig. Zwischen 1.000 und 2.000 Euro sind üblich. Wenn Sie sich selbst einen Überblick über die Immobilienpreise verschaffen wollen, ist der Immobilienbericht des Gutachterausschusses eine zuverlässige Quelle. Gutachterausschüsse findet man in jeder Stadt und auch in der kleinsten Gemeinde. Diese Expertengremien tragen einmal im Jahr alle wichtigen Daten zusammen. Danach werden aus den tatsächlich erzielten Verkaufspreisen bestimmte Richtwerte ermittelt. Der bekannteste ist der so genannte Bodenrichtwert. Die Immobilienberichte enthalten alle Angaben über verkaufte Grundstücke, bebaut und unbebaut, und sind für jedermann erhältlich, meist auch im Internet. Darin ist alles einzeln aufgeschlüsselt nach Wohnlage, nach Art der Immobilie, unterteilt in Neu- und Altbauten.

Zwar verfügen auch Makler durch ihre Verbände (VDM und RDM) über einen so genannten Preisspiegel, doch gibt es diese nur für größere Städte. Außerdem sind sie bei weitem nicht so detailliert wie die Immobilienberichte der Städte und Gemeinden. Die Verbände verlassen sich dabei auf die Angaben ihrer jeweils rund 2.000 Mitglieder. Der Preisspiegel wird jedoch zeitnah (zweimal im Jahr) erstellt und ist dadurch etwas aktueller als der Immobilienbericht der Gemeinde. Zusätzlich enthält er eine Prognose für die weitere Entwicklung des Immobilienmarktes.

WISO rät: Holen Sie sich beim Gutachterausschuss Auskunft über den so genannten Bodenrichtwert ein. Die Ausschüsse sind an die Stadt- oder Gemeindeverwaltung angeschlossen. Der Bodenrichtwert wird für jede Straße und für jeden Gebäudetyp jährlich neu ermittelt. Grundlage der Daten sind die tatsächlich erzielten Verkaufspreise des betreffenden Jahres.

Was Sie vor der Unterzeichnung des Kaufvertrags tun sollten

Haben Sie Ihr Traumhaus gefunden und sind Sie sich mit dem Verkäufer im Wesentlichen einig, beginnt die nächste Phase des Kaufs, die Vorbereitung des Kaufvertrags. Bei Angeboten von privat kaufen Sie im Prinzip nach Augenschein und müssen sich auf die Angaben des Verkäufers verlassen. Auch im Nachhinein kommt es deshalb oft zum Streit. Vor allem, wenn später Mängel entdeckt werden, von denen vorher niemand etwas gewusst haben will. Da man Immobilien nicht so einfach zurückgeben kann, sollten Sie deshalb alle Angaben so gut es geht überprüfen. Zum Beispiel lohnt auch schon vor der Unterschrift ein Blick ins Grundbuch beim Amtsgericht. Dafür müssen Sie ein berechtigtes Interesse nachweisen, das bei Ihnen als konkretem Kaufinteressenten selbstverständlich vorliegt. Natürlich kann auch ein Notar Ihrer Wahl für Sie den Gang erledigen, was allerdings auch für Recherchezwecke Gebühren kostet.

Zum Beispiel finden Sie in den unterschiedlichen Abteilungen des Grundbuchs Hinweise auf folgende Fragen:

- Ist der vermeintliche Verkäufer auch wirklich als Eigentümer eingetragen?
- Ist das Grundstück unbelastet oder existiert zum Beispiel ein Wegerecht? Eingetragene Lasten müssen nicht unbedingt negativ und preismindernd sein, dies sollte aber abgeklärt werden.
- Sind die Grundschulden gelöscht oder läuft das Hypothekendarlehen weiter? Dabei gilt es zu entscheiden, ob mit der Kaufpreiszahlung die Grundschuld gelöscht wird,

was üblich ist, oder ob es für Sie sinnvoll ist, die Finanzierung zu übernehmen. Vielleicht erhalten Sie aber zum jetzigen Zeitpunkt bessere Konditionen als damals der Verkäufer.

- Besteht ein Vorkaufsrecht, zum Beispiel von Verwandten? Wird auf die Ausübung des Vorkaufsrechts bestanden oder verzichtet? Kann man es unter Umständen abkaufen? Meistens haben Städte und Gemeinden obligatorisch ein Vorkaufsrecht, was in der Regel nicht ausgeübt wird. Dennoch sollte diese Frage geklärt werden.
- Ist die so genannte Auflassungsvormerkung eingetragen? Denn erst wenn Ihr Name im Grundbuch steht, sind Sie als zukünftiger Eigentümer vorgemerkt. Vielleicht steht ja auch schon ein anderer Name drin. Die Auflassungsvormerkung wird vor Zahlung des kompletten Kaufpreises, aber nach der Unterzeichnung des Kaufvertrags ins Grundbuch eingetragen. Der Notar muss die Auflassungsvormerkung beantragen. Der Kaufvertrag allein reicht als Dokument nicht aus.
- Als Käufer dürfen und sollten Sie den Notar Ihres Vertrauens auswählen. Auf jeden Fall kritisch nachhaken, wenn Ihnen der Makler seinen Notar aufdrängen will.

WISO rät: Klären Sie vorher, ob alle negativen Grundbucheintragungen gelöscht werden können. Denn haben Sie bereits unterschrieben und alles bezahlt, geht in der Regel nichts mehr.

Wenn das Kind schon in den Brunnen gefallen ist

Mängel kommen später zu Tage: feuchter Keller, Defekt an der Heizanlage, undichtes Dach. Wer hat Schuld? Wurden Details absichtlich verschwiegen? Zwar können auch Kaufverträge rückabgewickelt werden, doch der Streit ist auf jeden Fall programmiert. Anwälte sind teuer und Bauprozesse dauern besonders lange. Deshalb schützt auch keine Rechtsschutzversicherung davor. Für Streitigkeiten „rund um die Immobilie" gibt es ein Schlichtungsverfahren, das den Parteien zu einer außergerichtlichen Lösung verhelfen soll.

In einem Schlichtungsverfahren wird ein öffentlich bestellter Sachverständiger als Schiedsgutachter zum Beispiel von der IHK benannt. Voraussetzung ist, dass die Parteien ein solches Vorgehen im Kaufvertrag (und das ist üblich) vereinbart haben. Der Sachverständige schließt dann einen Schiedsgutachtervertrag mit den Parteien und erstellt nach einer Ortsbegehung ein Schiedsgutachten. An die getroffenen Entscheidungen müssen sich beide Parteien halten.

Wurde die Möglichkeit der außergerichtlichen Einigung durch ein Schiedsgutachten nicht Bestandteil des Kaufvertrages, kann diese Vereinbarung auch noch nachträglich getroffen werden. Außerdem kann ein öffentlich bestellter Sachverständiger auch privat beauftragt werden. Das ist zwar besser, als irgendjemand anderen zu engagieren, dennoch bleibt die Ungewissheit, ob der Richter bei einer Klage (der Rechtsweg steht beiden Parteien weiterhin offen) dem Gutachten folgen oder das Gericht einen eigenen Sachverständigen benennen wird. Beim zuständigen Gericht kann auch ein selbstständiges Beweisverfahren beantragt werden. In diesem Fall wird der öffentlich bestellte Sachverständige als Gerichtsgutachter tätig. Letzte Möglichkeit ist die Klage ohne vorherige Gutachterbeauftragung. Aber auch dann wird der Richter einen eigenen Sachverständigen bestimmen.

Beim Schiedsgutachten werden die Kosten anhand der Menge und der Komplexität der Fragen ermittelt. Üblicherweise liegen sie zwischen 500 und 1.500 Euro. Sie werden in der Regel nach Obsiegen und Unterliegen geregelt, es sei denn, im Vertrag ist etwas anderes bestimmt. Den Kostenrahmen kann der Sachverständige auf Grund einer Mängelliste vor dem Abschluss eines Schiedsgutachtervertrages abstecken. Beim Gerichtsgutachterauftrag wird der Sachverständige nach dem ZSEG (Gesetz über die Entschädigung von Zeugen und Sachverständigen) entschädigt.

Bei einer Rückabwicklung geht es meist um Mängel, die vom Verkäufer nicht angegeben wurden. Es gilt also zu beweisen, dass der Verkäufer von den Mängeln wusste, diese aber verschwiegen hat. Für solch komplizierte Auseinandersetzungen brauchen Sie in der Regel einen Rechtsbeistand. Eine Rechtsschutzversicherung zahlt für solche Prozesse nicht, da sie meist zu langwierig und zu teuer sind.

WISO rät: Geben Sie besser ein paar Euro mehr für ein Gutachten aus, als nachträglich vor Gericht Ihr Recht zu erstreiten. Das kostet Sie wesentlich mehr.

Die Energieeinsparverordnung setzt Maßstäbe

Früher hieß das Regelwerk Wärmeschutzverordnung. Sie sollte helfen, das Verpuffen von Energie zu reduzieren. Die nachfolgende Energieeinsparverordnung (EnEV) ist breiter angelegt und verlangt weit mehr. Bei einem Neubau ist das Einhalten der Energieeinsparverordnung jedoch kein Problem. Die Vorschriften können unkompliziert umgesetzt werden. Kennzeichen energiesparender Gebäude:

- Kompakte Bauweise
- Luftdichte Gebäudehülle
- Niedrige U-Werte der Außenbauteile
- Reduzierung der Wärmebrücken
- Bedarfsgerechte Lüftung
- Südorientierung der Wohnräume
- Nutzung erneuerbarer Energien

Doch was ist zu tun, wenn Sie sich für den Kauf einer gebrauchten Immobilie entschieden haben? Dann ist es durchaus notwendig, sich mit den Regeln der Energieeinsparverordnung auseinander zu setzen. Bei einem Eigentümerwechsel gilt es zudem Fristen einzuhalten.

Achtung Eigentümerwechsel: Bei Wohngebäuden mit nicht mehr als zwei Wohnungen, von denen zum 1. Februar 2002 eine der Eigentümer selbst bewohnt, sind die Anforderungen nur im Falle eines Eigentümerwechsels zu erfüllen. Die Frist beträgt zwei Jahre ab Eigentumsübertragung. Sie läuft jedoch nicht vor 31.12.2006 ab.

Neuer Buchstabe, gleiche Wirkung: der U-Wert

Der neue U-Wert löst den bisherigen k-Wert ab, die beide ein Maß für den Wärmedurchgang durch einen Bauteil sind und in W/(qm*K), also Watt pro Quadratmeter und Kelvin, angegeben werden. Mit dem U-Wert wird genau genommen ausgedrückt, welche Leistung pro qm des Bauteils auf einer Seite benötigt wird, um eine Temperaturdifferenz von 1 Kelvin aufrecht zu erhalten (Leistung ist Energie pro Zeiteinheit). Je kleiner der U-Wert ist, desto besser, weil weniger Wärme durch den Bauteil geleitet wird. Der U-Wert kann aber nur die Wärmeleitung beschreiben, und dies auch nur im stationären Fall. Instationäre Vorgänge, Speicherung oder Wärmestrahlung werden dabei nicht berücksichtigt.

Haben Sie den Sanierungsbedarf Ihrer Immobilie ermittelt, ist es notwendig, die EnEV mit einzubeziehen. Sie verlangt, dass die Wärmedurchgangskoeffizienten nicht überschritten werden dürfen, wenn bestimmte Änderungen an Gebäuden vorgenommen werden. Dies gilt nur bei den Außenwänden, Fenstern, Fenstertüren und Dachflächenfenstern, wenn mehr als 20 Prozent der Bauteilflächen gleicher Orientierung betroffen sind. Bei der Erweiterung des beheizten Gebäudevolumens um mindestens 30 Kubikmeter gelten Neubauanforderungen. Ein Energiebedarfsausweis ist zu erstellen, wenn eine Berechnung des Primärenergiebedarfs und des spezifischen Transmissionswärmeverlustes stattgefunden hat. Diese Regel gilt auch für Eigentümer: Planen Sie im selbst bewohnten Haus Erneuerungsmaßnahmen, wie beispielsweise den Wärmeschutz zu verbessern, müssen Sie sich an die Verordnung halten. Ansonsten begeht der Eigentümer eine Ordnungswidrigkeit.

Rund acht Millionen Bundesbürger planen in den nächsten zwei Jahren Modernisierungsmaßnahmen. Davon entfallen über 80 Prozent auf Wärmedämmung. Das ist auch notwendig, denn wiederum 80 Prozent aller Wohngebäude in Deutschland gelten als energetisch veraltet und verbrauchen im Durchschnitt etwa dreimal so viel Heizenergie wie ein vergleichbares Niedrigenergiehaus. Das mit Abstand größte Einsparpotenzial für Hausbesitzer liegt nach Ansicht mancher Fachleute in der energiesparenden Modernisierung. Zum Beispiel lassen sich die hohen Energiekosten eines Fünfzigerjahre-Hauses nach dem Umbau in ein Passivhaus auf ein Zehntel reduzieren.

Die Energieeinsparverordnung ist bereits 2002 in Kraft getreten. Ein Regelwerk aus Begriffsbestimmungen, Paragrafen und Formeln, das auch private Hauseigentümer unter bestimmten Umständen zu Nachrüstungen an ihrem Wohneigentum verpflichtet, löst nicht überall Freude aus. Denn wer ab sofort den Wärmeschutz am Haus verbessern oder gar anbauen möchte, muss die Vorgaben der EnEV einhalten.

In-Kraft-Treten der EnEV-Novelle

Ab 2007 tritt die Novelle der Energieeinsparverordnung (EnEV) in Kraft. Sie begrenzt den zulässigen Jahres-Primärenergieverbrauch für Heizung und Warmwasserbereitung. Dieser errechnet sich aus Jahres-Heizwärmededarf plus Verlusten der Anlagentechnik plus Hilfsenergie plus Verlusten bei der Energieumwandlung und beim Energietransport. Die EnEV verknüpft Gebäude- und Anlagentechnik. Sie gibt die maximal zulässigen Primärverbrauchswerte vor. Planer und Bauherren können entscheiden, wie sie die Grenzwerte einhalten. Verbesserter Wärmeschutz und effiziente Anlagentechnik sind nach der neuen Verordnung gleichberechtigte Energiesparmaßnahmen.

Die EnEV gilt für alle Neubauten und für bestehende Gebäude. Durch die EnEV wird aber kein Hauseigentümer grundsätzlich gezwungen, beispielsweise sein Dach oder die Fassade besser zu dämmen. Die Verordnung greift wie erwähnt nur dann, wenn ohnehin und in einem bestimmten Umfang Sanierungen vorgenommen werden. Dagegen besteht für die Heizungserneuerung und die Dämmung oberster Geschossdecken eine Nachrüstpflicht.

- Nicht begehbare, aber zugängliche oberste Geschossdecken beheizter Räume müssen bis Ende 2006 auf einen bestimmten Wert hin gedämmt werden.
- Die Dämmpflicht gilt auch für bislang ungedämmte, aber zugängliche Heizungs- und Warmwasserrohre sowie Armaturen in unbeheizten Räumen, Frist bis Ende 2006.
- Gas- oder Ölheizkessel, die vor dem 1. Oktober 1978 eingebaut wurden, sind bis zum Ende 2006 ganz außer Betrieb zu nehmen.
- Eine kleine Schonfrist besteht für Heizungen bis Ende 2008, wenn bestimmte Grenzwerte für Abgasverluste eingehalten werden.

Ausnahme: Wohnen Sie als Eigentümer in Ihrem Ein- oder Zweifamilienhaus und haben Sie es vor dem 1. Februar 2002 erworben, sind Sie von Nachrüstpflichten befreit. Die zwei wesentlichen Bereiche der Nachrüstung betreffen die Heizungs- und Warmwasserbereitungsanlage sowie die Gebäudehülle mit allen Unterbereichen wie Keller, Außenwände, Dach, Fenster und Außentüren.

WISO rät: Bevor Sie modernisieren, sollten Sie erst einmal prüfen, wozu die EnEV eigentlich verpflichtet. Es kann jedoch aus wirtschaftlichen Gesichtspunkten heraus sinnvoll sein, über die Vorgaben der EnEV hinauszugehen und in eine umfassende Gebäudemodernisierung zu investieren. Auch muss das Haus zunächst eingehend von Fachleuten untersucht werden. Denn werden die Gebäudehülle mit Keller, Dach und Fenster oder auch die Heizungsanlage verändert, hat das nicht nur bauliche Auswirkungen, sondern auch nachhaltige bauphysikalische Folgen.

Wunderdämmstoff TRISO 9 D?

Bauherren sollten Werbeaussagen zu Dämmstoffen kritisch hinterfragen und vor Bau- oder Modernisierungsmaßnahmen kompetenten Rat bei Fachleuten suchen, so die Empfehlung der Verbraucherzentralen. Bereits vor einigen Jahren wurde eine ca. 2 cm dicke Dämmmatte unter dem Namen TRI-ISO SUPER 9 angeboten, die im eingebauten Zustand genauso gut dämmen sollte wie eine 20 cm dicke Dämmung mit Faserdämmstoff. Fachleute zweifelten zu Recht an den Werbeaussagen, der Anbieter des Produkts wurde schließlich wegen irreführender Werbung abgemahnt.

Jetzt wird solch eine Matte unter dem neuen Namen TRISO 9 D erneut angeboten und als alleinige Dämmung für ein Steildach eingebaut. Um jegliche Zweifel an der Eignung für die Dämmung auszuräumen, wird gern eine Allgemeine bauaufsichtliche Zulassung vom Deutschen Institut für Bautechnik vorgelegt. Dies allein ist für den Laien aber irreführend, denn besagte Zulassung bestätigt lediglich, dass das Material verwendet werden darf. Sie sagt nichts darüber aus, ob das verwendete Material in einschichtiger Verlegung als Dämmung im Dach ausreicht oder nicht.

Zum Beispiel haben auch Gipskartonplatten diese Zulassung. Niemand käme aber auf die Idee, nur mit Gipskartonplatten ein Dach zu dämmen. Betrachtet man allein die Wärmeleitfähigkeit als Kriterium der Eignung, dann müssten auf Grund der Wärmeleitfähigkeit von Gipskarton diese Platten nämlich 66 cm dick übereinander verlegt werden, um im Schrägdach den Grenzwert der Energieeinsparverordnung (EnEV) von 0,30 W/(qm*K) einhalten zu können. Nichts gegen Gipskartonplatten, sie haben viele sehr gute Einsatzzwecke, aber als Dämmstoff sind sie absolut ungeeignet.

Wenn es sich also um ein Dach handelt, das beheizte Räume nach oben gegen die Außenluft abgrenzt, muss die EnEV eingehalten werden. Wird hier eine TRISO 9 D-Matte verlegt, muss entgegen den Werbeaussagen dann zusätzlich gedämmt werden.

WISO rät: Weitere Tipps und Hinweise zum Einsatz von Dämmstoffen erha bei den Energieberatern der Verbraucherzentralen. Die Beratung ist in der Regel k tenfrei und anbieterneutral.

Wer sein Haus modernisiert, kann seine Energiekosten senken, die Umwelt schonen und nicht zuletzt die Anforderungen der neuen Energieeinsparverordnung erfüllen oder sogar übertreffen. Doch an welchen Stellen im Gebäude treten die größten Energieverluste auf, und wie lassen sie sich beheben? Wie lässt sich eine komplette Gebäudemodernisierung planen und umsetzen? Den Weg dorthin erläutert der Ratgeber „Gebäude modernisieren – Energie sparen" der Verbraucherzentralen, in dem folgende Themenkomplexe abgehandelt werden:

- Gebäudeuntersuchung: Wo verliert Ihr Haus Energie?
- Gebäudediagnose: Warum verliert Ihr Haus Energie?
- Modernisierung: Wie lässt sich der Energieverbrauch senken?

Der Modernisierungsratgeber führt Laien durch das sehr komplizierte und schwer zu verstehende Regelwerk und erläutert die nicht einfach zu durchschauenden Paragrafen und Vorschriften. Außerdem erhalten Sie praxistaugliche Hinweise mit Checklisten und Hilfen zu einer selbst durchzuführenden Hausdiagnose, woraus sich ein konkreter Modernisierungsplan ausarbeiten und umsetzen lässt. Der Ratgeber „Gebäude modernisieren – Energie sparen" kostet 12,80 Euro. Für zusätzlich 2 Euro für Porto und Versand kommt er – gegen Rechnung – auch ins Haus. Erhältlich bei allen Verbraucherzentralen, Energieberatungsstellen sowie online unter bestellung@zukunfthaus.info.

Der Energiepass kommt

Ab Januar 2006 gilt eine neue EU-Richtline und damit der Energiepass. Dann können Sie als Käufer, aber auch als Mieter den genauen Energieverbrauch beziehungsweise die Energieeffizienz Ihres Hauses genau beurteilen. Bei jedem Nutzerwechsel eines Gebäudes oder einer Wohnung muss ein entsprechendes Zertifikat über den Energiebedarf vorgelegt werden. Der Energiepass informiert objektiv, und Gebäude werden bundesweit vergleichbar. Der Gebäudepass wird damit ein wichtiges Bewertungskriterium für eine Immobilie, das es so noch nicht gegeben hat.

In Deutschland wird circa ein Drittel des gesamten Primärenergieverbrauchs für Heizung und Warmwasser benötigt. Wer sich nicht die Abrechnungen der letzten Jahre vorlegen ließ, konnte bislang kaum zuverlässige Informationen über den Energiebedarf einer Immobilie erhalten.

Zukünftig sollen alle Eigentümer einer Immobilie den Energieverbrauch in einem

Energiepass festhalten. Dadurch lassen sich dann auch genaue Empfehlungen geben, mit welchen Sanierungsmaßnahmen Sie eine bessere Energieklasse erreichen können. Bei drastisch steigenden Energiekosten erhalten Sie somit einen Marktvorteil, Energieeffizienz wird zum Qualitätsmerkmal.

Der Energiepass trägt dazu bei, den gegenwärtigen Energieverbrauch und CO_2-Ausstoß zu reduzieren. So können Sie einen wichtigen Beitrag dazu leisten, den Treibhauseffekt nicht weiter voranzutreiben.

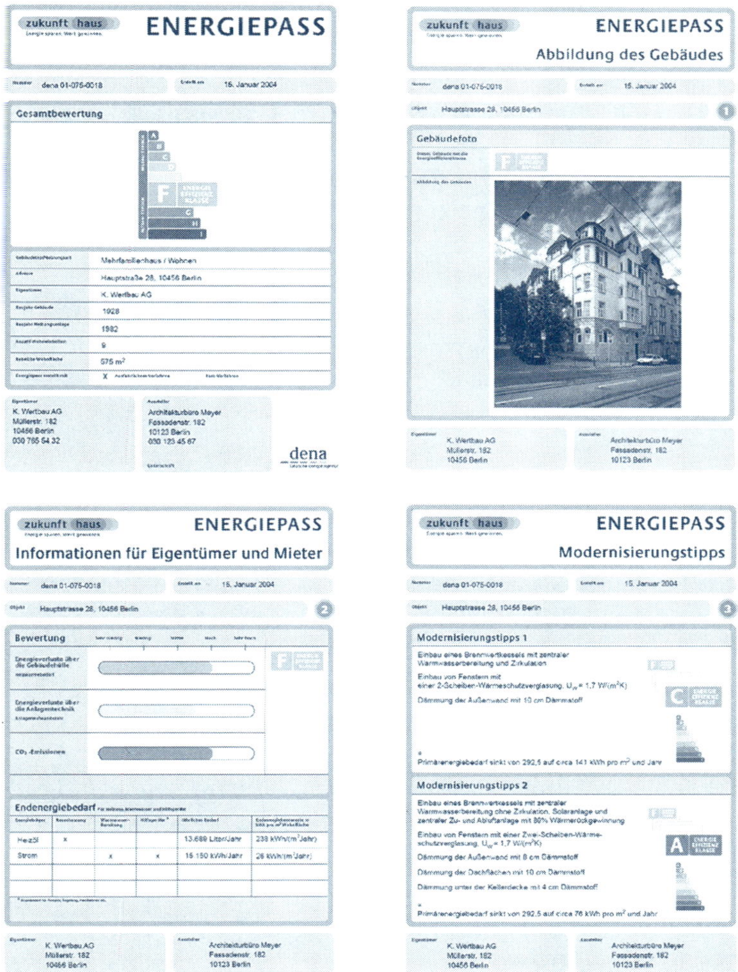

Abb.: So sieht der neue Energiepass der Deutschen Energie-Agentur aus. Foto: dena

Das Bundesamt für Wirtschaft und Ausfuhrkontrolle bezuschusst hierfür auch eine Energieberatung vor Ort mit 300 Euro bei einem Ein- bis Zweifamilienhaus.

Wo gibt es Zuschüsse?

Damit sich jeder die umweltfreundlichen Investitionen leisten kann, bieten zahlreiche Institutionen Fördermittel in Form von Zuschüssen oder zinsgünstigen Darlehen an. Allein in den Bereichen Energieeinsparung und erneuerbare Energien gibt es mehr als 200 öffentliche Förderprogramme.

Um den „Förderdschungel" etwas transparenter zu machen, haben wir eine Auswahl der Bundesprogramme im Bereich Gebäudesanierung zusammengestellt:

- KfW-Wohneigentums-Programm
- KfW-Wohnraum-Modernisierungs-Programm
- KfW-CO_2-Gebäudesanierungs-Programm
- KfW-Programm zur CO_2-Minderung
- KfW-Umweltprogramm
- Eigenheimzulage
- Marktanreiz-Programm – Förderung erneuerbarer Energien
- Energiesparberatung für Wohngebäude
- Passiv-/Energiesparhäuser
- Rationelle Energieverwendung/Erneuerbare Energien

Darüber hinaus gibt es eine Vielzahl an regionalen Förderprogrammen von Ländern und Kommunen. Informieren Sie sich hierüber bei Ihrer Stadt- oder Gemeindeverwaltung. Weitere Förderprogramme finden Sie unter www.deutsches-energieberaternetzwerk.de oder auf der Fördermitteldatenbank der Energieagentur Rhein-Main unter www.earm.de.

Anträge auf Förderung müssen vor Beginn der Baumaßnahmen gestellt werden. Außerdem ist auf so genannte Kumulierungsverbote zu achten – in der Regel ist es nicht möglich, verschiedene öffentliche Fördertöpfe gleichzeitig anzuzapfen. Daher sollten Sie die Programme in Anspruch nehmen, die am besten zu Ihren Baumaßnahmen passen und die höchsten Förderbeiträge für das Projekt erzielen.

Informationen zu diesem Thema erhalten Sie auch unter folgender Adresse:

„jetzt!" Bundesinitiative Zukunftsorientierte Gebäudemodernisierung e.V.

Geschäftsstelle Ehningen	71139 Ehningen
Im Letten 26	e-Mail: info@initiative-jetzt.de

Aufgrund der steigenden Energiepreise wollen drei von vier Hausbesitzern in den nächsten Jahren ihre Energiekosten mit ökologischen Baumaßnahmen erheblich senken.

Auch für ökologische Wärmedämmungen gibt es interessante Fördermittel vom Staat. Ressourcenschonende Baumaßnahmen überzeugen inzwischen nicht nur mit ökologischen, sondern auch mit interessanten wirtschaftlichen Vorteilen. Ein wichtiges Argument für die Investitionen sind vor allem die bereits erwähnten Fördermittel, die die Bundesregierung, die Kreditanstalt für Wiederaufbau (KfW) sowie Länder und Gemeinden bereithalten. Die Nachfrage nach den staatlichen Unterstützungen hält unvermindert an. Unter den verschiedenen Programmen zur CO_2-Minderung findet man für nahezu jede Bau- oder Sanierungsmaßnahme eine entsprechende Förderung.

Wer mit Solarkollektoren Wasser erwärmt, kann finanzielle Unterstützung vom Bundesamt für Wirtschaft und Ausfuhrkontrolle (BAFA) beanspruchen. Seit Januar 2004 gibt es 110 Euro für die ersten 200 Quadratmeter installierte Kollektorfläche, für jeden weiten Quadratmeter 60 Euro. Eigentümer von Fotovoltaikanlagen erhalten 57,4 Cent pro Kilowattstunde für eingespeisten Solarstrom statt bisher 45,7 Cent.

Wollen Sie die Energiekosten in einem Altbau reduzieren, können Sie in manchen Bundesländern zusätzliche Mittel beantragen. Zum Beispiel fördert der Hamburger Senat Wärmeschutzmaßnahmen mit maximal 5.000 Euro sowie den Einbau einer modernen Heizung mit Darlehen zu günstigen Konditionen. In Nordrhein-Westfalen wird unter anderem flächensparendes Bauen honoriert; hier bekommen Sie als Bauherr mit Grundstücken bis 200 Quadratmeter einen Ökobonus über 5.000 Euro.

WISO rät: Wenn das Geld für die Pflichtnachrüstung oder andere aufwändige Modernisierungen fehlt, haben Sie als Hauseigentümer die Möglichkeit, öffentliche Gelder zu beantragen. Die Zinssätze dafür sind deutlich niedriger als auf dem freien Geldmarkt.

Richtig bewerten: Zwölf Schritte zum Erfolg

Verlassen Sie sich nicht auf die Preisangaben von einzelnen Personen. Manche Makler ködern zum Beispiel ihren Auftraggeber, also den Verkäufer einer Immobilie, damit, dass sie einen weit höheren Verkaufspreis erzielen könnten, als der Markt hergäbe. Ihre Klientel sei zahlungskräftig, solvent und würde nicht auf den einzelnen Euro schauen, lauten die Argumente für den Optimismus. Doch das Ziel solcher Maklerstrategien besteht meist darin, einen Alleinauftrag zu bekommen und die Immobilie mit genügend Zeit so teuer wie möglich zu verkaufen. Das geht aber letztlich auf Kosten des Verkäufers, der vielleicht länger auf sein Geld warten muss, als wenn er zu einem niedrigeren Preis verkauft hätte. Großer Nachteil: Viele potenzielle Käufer werden von den überzogenen Preisvorstellungen abgeschreckt und verunsichert. Nur wenn Sie wissen, wie sich der Wert des Objekts zusammensetzt, können Sie mit entsprechender Sachlichkeit in das Verkaufsgespräch gehen und Ihre Karten auf den Tisch legen.

Profis, also Wertermittler und Sachverständige, gehen nach einem festen Schema vor. Wir zeigen Ihnen hier die Schritte auf, die Sie setzen sollten, um den adäquaten Preis Ihrer gewählten Immobilie herauszubekommen.

Erster Schritt: Bodenrichtwert einholen

Erkundigen Sie sich beim Gutachterausschuss, wie bereits ausführlich im Kapitel über die Lage beschrieben, nach dem Bodenrichtwert. Für einzelne Lagen sind teilweise sogar für bebaute oder unbebaute Grundstücke entsprechende Einzelwerte ausgewiesen. Die Bodenrichtwerte einzelner Städte und Gemeinden werden mittlerweile auch im Internet dokumentiert, dies ersetzt jedoch nicht das persönliche Gespräch mit einem Mitarbeiter des Gutachterausschusses. Da die Vertreter des Gutachterausschusses sämtliche notariell beurkundeten Kaufverträge einsehen, haben sie einen äußerst fundierten Einblick in das Marktgeschehen und wissen zum Beispiel, wie sich die Preise in den letzten Jahren in der Gemeinde entwickelt haben. Sie beantworten Ihnen gerne auch noch weitere Fragen: Wie hoch ist die Nachfrage nach Objekten in dem von Ihnen gewählten Wohnquartier? Wie viele Kaufverträge wurden in den letzen Jahren in diesem Gebiet abgeschlossen? Daraus können Sie eventuell neue Erkenntnisse ableiten, etwa warum die Bodenrichtwerte in einem Quartier sinken oder steigen. Mit dem Bodenrichtwert verschaffen Sie sich einen ersten, schnellen Überblick. Er allein reicht aber nicht aus, um den individuellen Wert (Marktwert) eines konkreten Objekts zu beziffern.

Beispiel: Sie wollen in der Schönen Aussicht in Wiesbaden ein Einfamilienhaus erwerben. Der Bodenrichtwert liegt in diesem reinen Wohngebiet (WR) bei 800 Euro pro Quadratmeter. Die zulässige Geschossflächenzahl (GFZ) liegt bei 0,5 – das heißt, die Grundstücksfläche, multipliziert mit dem Faktor 0,5, ergibt bei 1.000 Quadratmetern Grundstück 500 Quadratmeter Bruttogeschossfläche. Das ist nicht zu verwechseln mit der reinen Wohnfläche. Ihre Abmessung ist komplexer: Wände und Geschosse müssen genau berechnet werden. Einfach ausgedrückt, könnten Sie in unserem Beispiel eingeschossig ein Gebäude mit einer Grundfläche von 500 Quadratmetern errichten, zweigeschossig dürften es nur 250 Quadratmeter sein.

Zweiter Schritt: Mietspiegel einsehen

Auch wenn Sie Ihr Gebäude kaufen und nicht vermieten wollen, lohnt sich ein Blick in den so genannten Mietspiegel Ihrer Stadt oder Gemeinde. Hierdurch können Sie able-

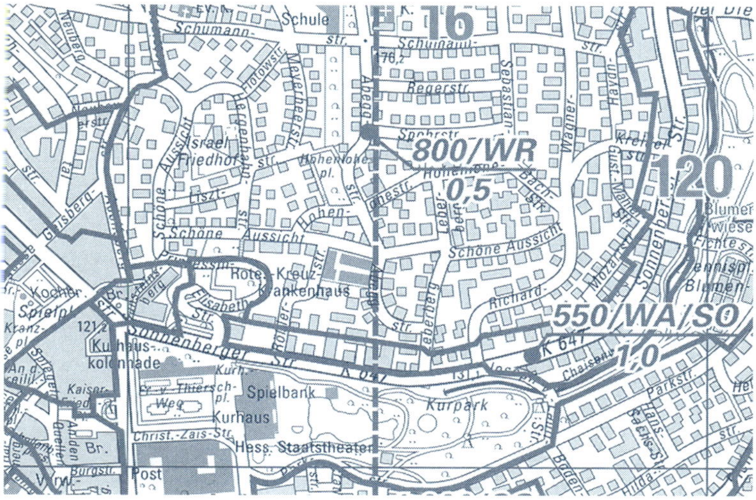

Zeichenerklärung

400/WR/RH
0,7

400	Bodenrichtwert in EURO/qm Grundstücksfläche (erschließungsbeitragsfrei)	*0,7*	Geschossflächenzahl
		18	Richtwertzone
	beispielhafte Lagekennzeichnung	———	Gemarkungsgrenze

Art der baulichen Nutzung

W	Wohnbaufläche	*M*	Gemischte Baufläche	*BR*	Baurohland
WA	Allgemeines Wohngebiet	*MK*	Kerngebiet	*BE*	Bauerwartungsland
WB	Besonderes Wohngebiet	*MD*	Dorfgebiet	*WE*	Wohnungseigentum
WR	Reines Wohngebiet	*GE*	Gewerbegebiet	*RH*	Reihenhaus
WS	Kleinsiedlungsgebiet	*GI*	Industriegebiet	*MW*	Mietwohnungen
MI	Mischgebiet	*SO*	Sondergebiet		

Art der landwirtschaftlichen Nutzung

LW	Landwirtschaftliche Flächen, Wiesen	*LA*	Landwirtschaftliche Flächen, Ackerland
		LO	Landwirtschaftliche Flächen, Obstbau
		LWW	Landwirtschaftliche Flächen, Waldwiese

Abb.: Bodenrichtwert: Schöne Aussicht, Wiesbaden

sen, welche Mieten pro Quadratmeter für Wohngebäude unterschiedlichen Alters, mit entsprechendem Standard und in welchen Lagen zu erzielen sind. Durch eine entsprechende Mieteinnahme sollte auch sichergestellt sein, dass – zum Beispiel bei einem Wohnortwechsel aus beruflichen Gründen – die monatlichen Belastungen weitestgehend abgedeckt sind. Die meisten Banken finanzieren in der Regel auch nur das 13- bis 14fache einer Jahresmiete, den restlichen Teil müssen Sie dann durch Ihr Gespartes, das Eigenkapital, aufbringen. Hierzu mehr im Kapitel „Immobilien und Steuern" unter „Vermietete Eigentumswohnungen können wieder lohnen".

Dritter Schritt: Lärmbelästigung, Emissionen, Elektrosmog

Das schönste Haus, die vermeintlich sehr gute Lage, verliert an Wert, wenn Verkehrslärm, Gerüche oder sonstige Emissionen – auch nur zu bestimmten Tageszeiten – die Qualität Ihrer Immobilie beeinträchtigen. Überschätzen Sie nicht Ihre Nerven. Beim ersten Besichtigungstermin, in der ersten Euphorie, mag das romantische Siedlungshäuschen eine wahre Ruheoase sein. Der freundliche Makler hat mit Ihnen – da Sie berufstätig sind – extra einen Termin am Sonntagvormittag vereinbart.

Trauen Sie nicht diesem Frieden. Schon am Nachmittag kann Sie das Fußballspiel eine Straße weiter nerven, ab Montag 6.00 Uhr erweist sich die ruhige Anliegerstraße als Ausweichstraße für Berufspendler, und um 8.00 Uhr belästigt Sie das Verkehrschaos durch die benachbarte Grundschule.

Aber auch andere Einrichtungen, Gewerbe- oder Industriebetriebe können durch ihre Emissionen eine mehr oder weniger starke Beeinträchtigung darstellen. Manche mögen den Geruch einer Kaffeerösterei, andere empfinden ihn als Belästigung.

Bisher konnten wissenschaftliche Untersuchungen nicht bestätigen, dass Mobilfunksendeanlagen die Gesundheit der Anwohner beinträchtigen. Wenn Sie trotzdem für solche Störungen, den so genannten Elektrosmog, empfindlich sind, können Sie sich bei Ihrer Gemeinde nach den realisierten und geplanten Sendeanlagen erkundigen. Manche Städte veröffentlichen hierzu bereits Kartenmaterial im Internet.

Beispiel: In der Straße Schöne Aussicht befindet sich kein Mobilfunksender, aber in unmittelbarer Nachbarschaft sind mehrere Standorte markiert.

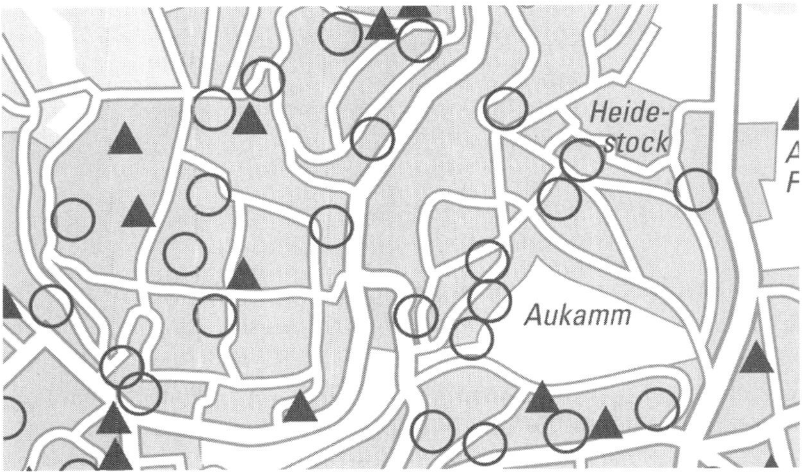

Abb.: Standorte von Mobilfunksendern eines Wohngebiets in Wiesbaden

Vierter Schritt: Himmelsrichtung, Sonneneinstrahlung und Neigung

Wie gut ist Ihre Orientierung? Können Sie auch an grauen Besichtigungstagen im Winter nachvollziehen, ob durch das Fenster am Frühstückstisch spätestens im Sommer die Morgensonne scheinen wird? Hat wenigstens ein Aufenthaltsraum einmal am Tag über mehrere Stunden hinweg Sonne? Das schöne Doppelhaus – ausschließlich nach Norden ausgerichtet – sollten Sie kritisch bewerten, wenn Sie nicht sowieso den ganzen Winter auf Mallorca residieren. In Architekturplänen ist meist die Himmelsrichtung genordet, aber auf vielen Exposés und Grundrissen fehlen solche wichtigen Angaben, die Sie in jedem Fall nachfordern sollten. Gehen Sie zu unterschiedlichen Tageszeiten zum Grundstück. So können Sie herausfinden, ob die Ausrichtung des Gebäudes stimmt, ob Bäume im Weg sind oder andere Gebäude das Grundstück beschatten.

Wichtig zur Beurteilung ist auch die Neigung des Grundstücks. Ist es stark nach Norden abfallend, kommt die Sonne vielleicht erst gegen Mittag zu Ihnen. Handelt es sich um ein Hanggrundstück, muss die Talseite eine Südwest-Ausrichtung haben, damit Sie die Lichtverhältnisse optimal ausnützen können. Hier werden sich außerdem die Hauptlebensräume befinden, und Sie werden später regelmäßig enttäuscht sein, wenn die Sonne überwiegend auf der anderen Seite scheint.

Fünfter Schritt: die individuelle Komponente

Wie bei jedem Liebhaberstück, einem Oldtimer oder einem alten Möbelstück, müssen Sie auch bei einer charmanten Immobilie festlegen, was sie Ihnen wert ist. Diese individuelle Komponente kann einige Tausend Euro ausmachen, die Sie bereit sind, über den Wert der Immobilie hinaus zu bezahlen. So mögen Ihnen die Aussicht, der offene Kamin, die hochwertige Badausstattung und die luxuriöse Einbaubauküche auf Anhieb gefallen und für Sie einen Mehrwert darstellen. Dagegen würde ein anderer Kaufinteressent vielleicht alles rausreißen, weil ihm der Stil nicht gefällt. Wägen Sie ab, ob Sie bei einem späteren Wiederverkauf diese Eigenschaften genauso honoriert bekommen können, wie Sie es jetzt bereit sind zu tun.

WISO rät: Lassen Sie es den Verkäufer nicht merken, wenn Sie von dem einen oder anderen Zubehör stark beeindruckt sind; das schmälert Ihren Verhandlungsspielraum.

Sechster Schritt: Baumängel prüfen

Wie schon im Kapitel „Häuser aus zweiter Hand" erwähnt, ist es bei gebrauchten Immobilien ratsam, das Gebäude begutachten zu lassen. Fachleute können Ihnen sagen, wie hoch die Kosten sind, die für Sanierung, Modernisierung und Renovierung auf Sie zukommen. Diese Kosten müssen Sie ehrlicherweise zum Kaufpreis dazurechnen, um die Gesamtkosten zu ermitteln. Besser ist es, wenn Sie den Verkäufer von einem Preisabschlag überzeugen können.

Siebter Schritt: Erde, Wasser, Luft

Gerade bei bestehenden, älteren Häusern sollten Sie darauf achten, welche Bodenverhältnisse Sie vorfinden. Insbesondere wenn Sie Risse am Objekt entdecken, ist Vorsicht angesagt. Hier sollten Sie auf jeden Fall Beratung einholen und nach den Ursachen forschen lassen. Stehen sehr große Bäume auf dem Grundstück, könnten sie die Ursache für die Rissbildungen sein. Neigt der Boden durch Wasserentzug zum Austrocknen, schwindet er, und das Gebäude beginnt sich zu setzen. Diese Setzungen sind dann die Ursache für die Risse.

Auch das Grundwasser kann zum Problem werden. Ist der Keller feucht oder kommt es häufig zu Überschwemmungen, weil das Objekt in Flussnähe liegt, sind wieder Experten gefragt, die die Risiken einschätzen und bewerten können. Sie wissen auch, wie man das Gebäude sinnvoll schützen kann.

Voll im Trend: die Untersuchung des Grundstücks auf Wasseradern oder ähnliche Kraftlinien. Sie kostet nur wenige hundert Euro und wird von verschiedenen Bauherren oder Käufern mittlerweile sogar gefordert. Vom Wünschelrutengänger über den Feng-Shui-Berater bis hin zum Elektrosmogmesser, sie alle können Ihnen bei Bedarf helfen, Ihre Kaufentscheidung entweder zu untermauern oder noch einmal in Frage zu stellen.

Nur für die wenigsten ist die Wasserqualität vor dem Kauf einer Immobilie ein wesentliches Entscheidungskriterium, trotzdem müssen Sie sich spätestens dann damit auseinander setzen, wenn Sie Ihre erste Waschmaschine anstellen und auf der Waschmittelpackung nach dem Härtegrad gefragt wird oder das Dampfbügeleisen wegen Verkalkung seinen Dienst versagt. Der Härtegrad ist entscheidend für die Qualität des Wassers und deshalb auch maßgeblich für den weiteren Gebrauch. Ist es unbedenklich, das Leitungswasser täglich zu trinken, oder sollten Sie das besser lassen? Die Versorgungswerke geben Trinkwasseranalysen heraus, die Sie in der Regel speziell für Ihre Straße und Ihre Hausnummer kostenfrei anfordern können. Darin finden Sie alle wichtigen Angaben.

Manchmal ist das Wasser in Ordnung und die Leitungen wurden in der Straße gerade neu verlegt, dennoch findet man nach der Elektrolyse Schmutz- und Rostpartikel im Wasser. Der Grund: Häufig sind die Rohre, die zu Ihrem Haus gehören, nicht mehr auf dem neusten Stand. Schauen Sie sich deshalb beim Kauf einer Immobilie immer auch die Leitungen an. Normalerweise sollte die Wasserqualität die gesetzlichen Vorgaben unterbieten. Kontrollieren Sie im Zweifel, ob die Wasserqualität bis zum Zapfhahn Ihren Anforderungen genügt oder ob ein Austausch der gesamten Wasserversorgungsleitungen in absehbarer Zeit notwendig wird.

Jede Region, jedes Quartier hat schon allein auf Grund seiner topografischen Verhältnisse sehr verschiedene Luftqualitäten beziehungsweise Klimaverhältnisse. Die zuständigen Gemeinde-, Kreis- oder Stadtverwaltungen bieten hierzu Beratungen, verfügen über die jeweiligen Klimadaten und müssen entsprechende Gutachten erstellen lassen. Wichtig sind Aussagen über die Frischluftversorgung (Kaltluftschneisen), ob hier gebaut werden darf und wo hohe Ozonwerte gemessen wurden. Erkundigen Sie sich danach!

Achter Schritt: Kontakt mit der Nachbarschaft aufnehmen

Die Nachbarschaft ist eine der wichtigsten und direktesten Informationsquellen. Die Nachbarn danken es Ihnen meist, wenn Sie sich rechtzeitig, sogar schon vor Kaufabschluss, vorstellen. Gleichzeitig können Sie wichtige Informationen austauschen. Sie können schildern, was Sie auf dem Grundstück vorhaben, und nebenbei in Erfahrung bringen, wer sonst noch in der Straße wohnt: ob es laute oder ruhige Nachbarn sind, wie das soziale Umfeld aussieht, ob es leer stehende Wohnungen gibt, zu welchen Preisen vermietet wird und welche Grundstücke in den letzten Jahren und zu welchen Preisen die Besitzer gewechselt haben. Sie spüren und hören sofort, ob ein angenehmes nachbarschaftliches Verhältnis besteht oder ob es ständig zu Streitereien kommt. Fragen Sie nach dem Warum. Es gibt Fälle, wo ein Nachbarschaftsstreit die ganze Gegend tyrannisiert. Letztlich müssen Sie wissen, was Ihnen Ruhe und Frieden wert sind.

WISO rät: Suchen Sie die neuen Nachbarn auf jeden Fall schon vor dem Umzug auf, und nicht erst, wenn Baulärm und Dreck Anlass für ein erstes Gespräch liefern. Ein positives Aufeinanderzugehen ist der Grundstein für ein gutes Verhältnis. Schließlich brauchen Sie einander, spätestens im Urlaub: Blumen gießen, Briefkasten leeren und Katze füttern sollte in einer guten Nachbarschaft selbstverständlich sein.

Neunter Schritt: Das Wertgutachten

Neben allen individuellen Komponenten, die den Wert eines Objekts beeinflussen, versachlichen Sie die Preisdiskussionen, gerade bei einer gebrauchten Immobilie, durch ein seriöses Wertgutachten. Können Sie sich nicht einigen, geben Sie ein Wertgutachten bei einem Immobiliensachverständigen (Gutachter) in Auftrag. Eventuell können Sie sich sogar die Kosten mit dem Verkäufer teilen. Schließlich hat auch er etwas davon, wenn Sie die Immobilie am Ende doch nicht kaufen. Mit diesem Gutachten können Sie prüfen, ob die Preisvorstellungen des Verkäufers oder des Maklers in etwa dem Marktwert entsprechen oder überteuert sind. Ein Verkehrswertgutachten kann zwar nicht den tatsächlichen Verkaufspreis bestimmen, es liefert aber eine Grundlage für einen Verhandlungsspielraum. Sie kaufen günstig, wenn Sie eine Immobilie (um 10 bis 20 Prozent) unter dem Verkehrswert erwerben können. Bei interessanten Objekten müssen Sie allerdings damit rechnen, dass gerade von Liebhabern problemlos um 10 Prozent mehr (oder sogar noch darüber) geboten werden. Der Verkehrswert ist damit ein Annäherungswert an den möglichen Marktpreis. Stellen Sie dem Gutachter auch alle Informationen, die Sie über das Anwesen bereits gewonnen haben, zur Verfügung (Lärmbelästigungen, Fotografien, Planunterlagen, Kostenvoranschläge von Handwerkern). Es ist wichtig, dass dem Gutachter alle Details, Daten und Unterlagen vorliegen. Das Gutachten sollte in verständlicher Sprache geschrieben sein, sodass auch Laien ihre Schlüsse daraus ziehen können. Ein Beispiel für ein Wertgutachten finden Sie weiter hinten.

WISO rät: Bei Zwangsversteigerungen werden vorab Wertgutachten erstellt. Die verschiedenen Wertgutachten können Sie bei den Amtsgerichten vor den Versteigerungsterminen einsehen. Dort lässt sich auch erkennen, welch unterschiedliche Qualität einzelne Wertgutachten haben können. Das ist gleichzeitig ein unkonventioneller Weg, um den Gutachter Ihres Vertrauens auszuwählen.

Verkehrswert, Sachwert, Marktwert – einfach erklärt

Der Verkehrswert wird laut § 194 Baugesetzbuch (BauGB) durch den Preis bestimmt, der in dem Zeitpunkt, auf den sich die Ermittlung bezieht, im gewöhnlichen Geschäftsverkehr nach den rechtlichen Gegebenheiten und tatsächlichen Eigenschaften, der sonstigen Beschaffenheit und der Lage des Grundstücks oder des sonstigen Gegenstands der Wertermittlung ohne Rücksicht auf gewöhnliche oder persönliche Verhältnisse zu erzielen wäre.

Begriffserklärungen:

Verkehrswert: In Wertgutachten ermittelte Verkehrswerte werden nach einem objektiven Kriterienkatalog ermittelt. Es handelt sich dabei um den im Augenblick tatsächlich erzielbaren Tauschwert, errechnet aus Sachwert und Marktlage.

Marktwert: Der Marktwert spiegelt den Preis wider, der auf dem Immobilienmarkt möglicherweise erzielt werden kann. Dieser Wert kann über dem in einem Gutachten ermittelten Verkehrswert liegen. Häufig werden die Begriffe Marktwert und Verkehrswert aber als Synonym verwandt.

Sachwert: Wird ermittelt aus dem Boden-, Gebäude- und Außenanlagenwert. Er ist auch die Basis für die Ermittlung des Beleihungswerts einer Immobilie und deshalb für die Bank von Bedeutung.

Beleihungswert: Er gibt an, welcher Preis längerfristig sicher erzielt werden kann. In der Regel höchstens 80 Prozent des Verkehrswertes. Den Abschlag von 20 Prozent nehmen Banken für ihre Kreditsicherung vor.

Ertragswert: Verfahren für die Wertermittlung von Renditeimmobilien. Setzt sich zusammen aus dem Bodenwert und den langfristig erzielbaren Mieteinnahmen.

Zehnter Schritt: Lasten, Wegerechte, Beschränkungen

Auch wenn es viele nicht für erforderlich halten, sollten Sie sorgfältig die folgenden Angaben recherchieren beziehungsweise überprüfen lassen, ob die vielleicht allzu leichtfertig ausgesprochenen Angaben zu Ihrem konkreten Objekt auch wirklich stimmen.

Dazu müssen Sie sich eine vollständige Kopie des Grundbuchauszuges vom Verkäufer aushändigen lassen oder vorab Ihren Notar auffordern, Einsicht in das Grundbuch zu nehmen. Hier geht es nicht nur um die Eintragung von Grundschulden; auch Wegerechte, die längst in Vergessenheit geraten sind, oder Wohnrechte (Nießbrauch) können hier eingetragen sein. Solche Eintragungen können den Wert Ihrer Immobilie beträchtlich beeinflussen.

Immer wieder wird vergessen, dass die einzelnen Bauämter entsprechende Baulastenverzeichnisse führen. Gerade bei engeren Bebauungen oder sogar Grenzbebauungen werden mit den Nachbarn individuelle Vereinbarungen getroffen, die im Baulastenverzeichnis dokumentiert werden.

Häufig sind die Unterlagen, wie etwa die Baugenehmigungen, gerade bei älteren Häusern verschwunden. Die Bauherren stehen dann ohne Pläne da und müssen alles neu vermessen und zeichnen lassen. Doch hier können die Archive der jeweiligen Bauämter helfen, sie archivieren sehr sorgfältig. Fehlt die Baugenehmigung zu Ihrem konkreten Objekt, können Sie – oft noch vorhanden – die gesamte Akte im Archiv des Bauamtes einsehen und gegen Gebühr auch kopieren lassen. Hierzu ist in der Regel eine schriftliche Zustimmung der derzeitigen Eigentümer erforderlich. Durch diese wichtige Recherche können Sie feststellen, ob für das Gebäude beziehungsweise sämtliche Gebäudeteile eine Baugenehmigung vorliegt, oder ob es sich am Ende um einen so genannten Schwarzbau handelt. Wäre für das nachträglich ausgebaute Dachgeschoss eine Baugenehmigung erforderlich gewesen? Liegt für das Fenster an der Grenzmauer die Zustimmung des Nachbarn vor beziehungsweise ist hierzu eine Baulast im Baulastenverzeichnis eingetragen? Dürfen Sie das Haus irgendwann abreißen und auf dem Grundstück dann wieder neu bauen?

WISO rät: Die Bauaufsichts- und Stadtplanungsämter beraten Sie gerne. Besprechen Sie persönlich oder mit Unterstützung – zum Beispiel durch einen Architekten – Ihr konkretes Objekt, auch wenn Sie selbst derzeit keine konkreten Bautätigkeiten planen.

Folgende Fragen können sehr aufschlussreich sein:
- Gibt es für das Gebiet einen rechtsgültigen Bebauungsplan?
- Welche Nutzungen sind in dem Wohngebiet zulässig (Büro, Praxis, Gewerbe)?
- Was ist bei einer Nutzungsänderung zu beachten?
- Liegt das Gebäude in einem Sanierungsgebiet? Was ist bei einer Sanierung zu beachten? Sind so genannte Luxussanierungen überhaupt zulässig?
- Welche Bauvorhaben sind in der Nachbarschaft derzeit in Bearbeitung?
- Dürfen Sie anbauen, aufstocken oder abreißen?
- Liegt für sämtliche Gebäudeteile eine Baugenehmigung vor?
- Was ist zu berücksichtigen, wenn Sie das Gebäude oder Grundstück gegebenenfalls teilen wollen?
- Dürfen Sie Bäume auf dem Grundstück fällen, gibt es eine Baumerhaltungssatzung?
- Gibt es eine Gestaltungssatzung für Bauten, Gärten oder Vorgärten?
- Gibt es eine Stellplatzsatzung in der Gemeinde?
- Gab es in der Vergangenheit baurechtliche Probleme?
- Sind bei Veränderungen neue Auflagen bezüglich Brand-, Schall- und Wärmeschutz zu erfüllen?
- Stellen die Gemeinde oder regionale Versorgungsunternehmen entsprechende Zuschüsse für Schallschutzmaßnahmen (Schallschutzfenster), Energie oder wassersparende Maßnahmen zur Verfügung?

Seit den Achtzigerjahren gibt es in Deutschland den Denkmalschutz. Damit sind viele ältere Häuser, die Sie vielleicht gar nicht für bedeutend erachten, entweder unter Denkmal- oder Ensembleschutz gestellt worden. Dies bedeutet, Sie dürfen entweder gar keine oder nur geringe Veränderungen an dem Gebäude vornehmen.

Mittlerweile können auch Gebäude aus den Fünfzigerjahren, insbesondere von bedeutenden Architekten, unter Denkmalschutz stehen, obwohl das Gebäude – frisch renoviert – fast wie ein Neubau wirken kann.

Erkundigen Sie sich bei dem zuständigen Denkmalschutzbeauftragten nach den entsprechenden, manchmal auch sehr willkürlich erscheinenden Auflagen für Ihr Objekt. Gleichzeitig können Sie klären, welche Fördertöpfe für den Denkmalschutz zur Verfügung stehen. Wenn diese Förderungen auch meist an gewisse Auflagen gebunden sind, erleichtern sie dennoch die Entscheidung für das eine oder andere Liebhaberstück, ob eine große Gründerzeitvilla oder nur das kleine Kutscherhäuschen.

Elfter Schritt: Richtig messen

Beim Immobilienkauf hat jeder Quadratmeter seinen Preis. Es gibt zwei Methoden: die DIN 277 oder die II. Berechnungsverordnung zur Ermittlung der Wohnfläche. Beide Methoden haben Vor- und Nachteile. Bei Wohngebäuden wird jedoch empfohlen die II. Berechnungsverordnung anzuwenden. Nachmessen ist wirklich sinnvoll, denn kaum eine Angabe stimmt. Das muss nicht immer absichtlich geschehen, denn die Bestimmungen zur Wohnflächenberechnung haben sich in den letzten Jahren teilweise geändert.

Wohnflächenberechnung anhand der II. Berechnungsverordnung (BV) im Vergleich mit DIN 277

Räume	BV	DIN 277
Kellergeschoss		
Kellerräume	–	Nutzfläche
Tankraum	–	Funktionsfläche
Flur	–	Verkehrsfläche
Treppenraum	–	Gesamte Grundfläche wird der Verkehrsfläche zugerechnet
Erdgeschoss		
Wohn-/Esszimmer	Wohnfläche	Nutzfläche
Küche	Wohnfläche	Nutzfläche
Gäste-WC	Wohnfläche	Nutzfläche
Windfang	Wohnfläche	Nutzfläche
Flur	Wohnfläche	Nutzfläche
Treppenraum	Raum unter der Treppe ab 2 m lichter Höhe wird der Wohnfläche zugerechnet	Gesamte Treppengrundfläche = Verkehrsfläche, gesamte Treppengrundfläche im Wohnraum = Nutzfläche
Wintergarten (unbeheizt)	Wohnfläche	Nutzfläche
Terrasse, Loggien	1/4 bis 1/2 der Grundfläche = Wohnfläche	Nutzfläche (ist getrennt auszuweisen)
Terrasse (nicht überdacht)	–	Grundfläche muss gesondert ausgewiesen werden
Ober-/Dachgeschoss		
Schlaf-, Kinder-, Arbeits-, Badezimmer und Flur	Wohnfläche unter Dachschrägen von 1–2 m Höhe zur 1/2, unter 1 m Höhe gar nicht anzurechnen	Nutzfläche; Grundfläche unter Dachschrägen bei weniger als 1,5 m Höhe ist getrennt auszuweisen
Treppenraum	Raum unter der Treppe ab 2 m lichter Höhe wird der Wohnfläche zugerechnet	Gesamte Treppengrundfläche = Verkehrsfläche, gesamte Treppen grundfläche im Wohnraum = Nutzfläche
Balkon, Dachterrassen	1/4 bis 1/2 der Grundfläche = Wohnfläche	Nutzfläche (ist getrennt auszuweisen)

Besonderheiten	Nischen mit mehr als 0,13 m Tiefe = Wohnfläche	Bis zum Fußboden reichende Fenster- und Wandnischen zählen nicht zur Nutzfläche
	Erker und Wandschränke mit mehr als 0,5 qm Grundfläche = Wohnfläche	Erker, Wandschränke und andere fest eingebaute Gegenstände = Nutzfläche
	Bei Zugrundelegung des Rohbaumaßes müssen 3% der Wohnfläche für Putz abgezogen werden	Bei Zugrundelegung des Rohbaumaßes müssen 3% der Wohnfläche für Putz abgezogen werden
	Von der errechneten Grundfläche können 10% abgezogen werden	

Zwölfter Schritt: Kaufen - oder nicht?

Sie lesen beispielsweise folgende Anzeige in der Wochenendausgabe Ihrer Tageszeitung – einer Stadt mit 280.000 Einwohnern. Die Stadt liegt in den verschiedenen Immobilien-Rankings weit vorne.

> **Gründerzeithaus** mit 1.020 qm Wohnfläche, 5 Geschosse in zentraler, verkehrsgünstiger Lage. Preis: Höchstgebot, gewerbl. Telefon: 0171-123 45 67

Sie rufen sofort den Makler an und vereinbaren einen Besichtigungstermin. Das Haus, Baujahr 1898, hat eine beeindruckende Fassade – allerdings ist es renovierungsbedürftig. Das Haus ist weitestgehend vermietet. Das nicht ausgebaute Dachgeschoss könnte Ihr sensationelles Penthouse mit Blick über die ganze Stadt werden.

Der Makler spricht davon, dass schon Gebote von 400.000 Euro vorliegen, und drängt Sie, bis Ende der Woche eine Entscheidung zu treffen. Sie sollen also innerhalb kurzer Zeit Ja oder Nein sagen und müssen außerdem noch herausfinden, wie kostspielig die Renovierungsarbeiten werden. Da Ihnen das unter Denkmalschutz stehende Haus zusagt, denken Sie darüber nach, die vom Makler genannte Summe zu überbieten.

Dennoch lassen Sie sich nicht unter Druck setzen und entscheiden sich, ein Wertgutachten in Auftrag zu geben. Darüber informieren Sie den Makler. Zwischen Ihrem ersten Besichtigungstermin und der Vorlage des Gutachtens vergehen 14 Tage. Währenddessen drängelt der Makler weiter – fast täglich kommen Anrufe.

Das Spannendste an dem gesamten Gutachten ist natürlich in diesem Fall der Verkehrswert, und tatsächlich trauen Sie kaum Ihren Augen, als Sie lesen, dass der Verkehrswert für das mit einem Mehrfamilienhaus bebaute Grundstück mit der Anschrift Kaiser-Friedrich-Ring in Wiesbaden zum Stichtag vom 14. Februar 2004 mit 81.000

Euro festgelegt wird. Also ist das Objekt nicht 400.000 Euro wert, wie der Makler behauptete, sondern nur ein Fünftel davon. Wie kommt der Preisunterschied zustande? Im Folgenden Auszüge aus dem Wertgutachten.

Zusammenstellung der Ergebnisse des Verkehrswertgutachtens:

			Bemerkungen der Autoren
Objekt:	Mehrfamilienhaus		
Unter der Anschrift	Kaiser-Friedrich-Ring XX, 65185 Wiesbaden		
Wertermittlungsstichtag:	14. Februar 2004		
Verkehrswert:	81.000,– Euro		
Art der Nutzung:	Wohnnutzung		
Nutzflächen	Kellergeschoss:	ca. 31,77 qm (Laden)	
	Lager:	ca. 80,00 qm	
Wohnfläche	Erdgeschoss:	ca. 204,33 qm	
	1. Obergeschoss:	ca. 218,03 qm	
	2. Obergeschoss:	ca. 218,03 qm	
	3. Obergeschoss:	ca. 217,04 qm	
	Dachgeschoss	ca. 163,46 qm	
	Wohnfläche gesamt:	ca. 1.020,89 qm	
Anzahl der Räume:			
Kellergeschoss:	Ladengeschäft, Kellerräume und Heizungskeller		
Erdgeschoss.	9 Zimmer, 2 Dusche/WC, 2 WC-Räume		
1. Obergeschoss:	10 Zimmer, 2 Dusche/WC, 2 WC-Räume		
2. Obergeschoss:	10 Zimmer, 2 Dusche/WC, 2 WC-Räume		
3. Obergeschoss:	10 Zimmer, 2 Dusche/WC, 2 WC-Räume		
Dachgeschoss	8 Zimmer, 2 Dusche/WC, 2 WC-Räume		
Grundstücksgröße:	343 qm Gesamtgrundstück		
Erschließungszustand:	erschlossen		
Garagen/PKW-Stellplatz:	Nicht vorhanden		
Bodenwert	171.500,– Euro		*Interessant, wenn das Grundstück mehr wert ist als Haus und Grundstück zusammen.*
Baujahr:	ca. 1898 (Ursprungsjahr) ca. 1947/1948 Sanierung auf Grund von Kriegsschäden		
Restnutzungsdauer:	Auf Grund des Denkmalschutzes besteht eine Erhaltungspflicht auf Dauer.		*Kaufen Sie kein älteres Haus, wenn Sie nicht vorher konkret mit dem zuständigen Denkmalschutzbeauftragten gesprochen haben und die Auflagen schriftlich festgehalten sind.*
Ertragswert:	80.959,– Euro		
Sachwert:	66.735,– Euro		

1. Grundlage dieses Gutachtens

1.1 Auftrag, Zweck, Stichtag

1.1.1 Herr Mustermann, Musterstadt, beauftragte mich mit dem Telefonat vom 05.12.2003 zur Erstellung des vorliegenden schriftlichen Gutachtens.

1.1.2 Art, Umfang und Inhalt des Auftrages wurden festgelegt in dem Telefonat mit Herrn Mustermann vom 05.12.2003.

1.1.3 Es ist der Verkehrswert zu ermitteln im Sinne von § 194 BauGB *(Baugesetzbuch)*

1.1.4 Der Stichtag, auf den sich die Wertermittlung bezieht, ist der **14. Februar 2004.**

Besprechen Sie, wofür Sie das Gutachten benötigen. Jeder Gutachter hat einen gewissen „Interpretationsspielraum".

1.2 Voraussetzung der Wertermittlung

1.2.1 Alle Feststellungen in diesem Gutachten zur Beschaffenheit und zu den tatsächlichen Eigenschaften der baulichen Anlagen und des Grund und Bodens erfolgen ausschließlich auf Grund auftragsgeberseits vorgelegter Unterlagen, eigener Ermittlungen und auf Grund der Ortsbesichtigung ...

1.6 Objektbezogene Unterlagen

Von dem Auftrageber erhielt ich am 18.12.2003 nachfolgende Unterlagen:

1.6.1 Ablichtung des Grundbuchs von Wiesbaden-Innen, Blatt XXXXX vom 04.11.2003

1.6.2 Auszug aus der Liegenschaftskarte vom 10.11.2003

Mit schriftlicher Vollmacht des Hauseigentümers beschafft der Gutachter:

1.6.3 Die Planunterlagen, mit sämtlichen planungsrechtlichen Gegebenheiten, wurden den beim Bauamt der Landeshauptstadt Wiesbaden eingesehenen Bauantragsunterlagen entnommen.

1.6.4 Auskunft aus dem Baulastenverzeichnis der Landeshauptstadt Wiesbaden.

1.6.6 Einsicht in die Grundbuchakte

Spätestens der Gutachter sollte Akteneinsicht bei dem zuständigen Bauamt nehmen. Selten steht etwas im Baulastenverzeichnis – umso tückischer, wenn doch!

Von dem Ehemann der Eigentümerin, Herrn Helmut S., wurden Grundrisse und eine Wohnflächenberechnung vom 05.02.1994 und 29.07.1995 überlassen.

1.7 Ortsbesichtigung

Der erste Besichtigungstermin fand am 10.01.2004 in der Zeit von 10.00 Uhr bis 11.30 Uhr statt. Daraufhin wurde eine zweite Besichtigung am 31.01.2004 und ein dritter Ortstermin am 14.02.2004 durchgeführt. Der Ortstermin am 14.02.2004 fand gemeinsam mit der Grundstückseigentümerin in der Zeit von 13.00 Uhr bis 14.30 Uhr statt.

Einige während der Objektbesichtigung gefertigte Fotoaufnahmen sind diesem Gutachten in der Anlage beigefügt.

2. Gegenstand der Wertermittlung
Es werden nachfolgend insbesondere die rechtlichen Gegebenheiten des Bewertungsobjektes beschrieben, jedoch ohne die planungsrechtlichen Gegebenheiten, die unter Nr. 3.4 dieses Gutachtens erläutert sind.

2.1 Grundbuch (nur auszugweise)
Amtsgericht Wiesbaden
Grundbuch von Wiesbaden-Innen
Blatt XXXXX

Bestandsverzeichnis:

lfd. Nr. 1:	gelöscht
lfd. Nr. 2:	Gemarkung Wiesbaden, Flur XX, Flurstück XXX/XXXX Hof- und Gebäudefläche Kaiser-Friedrich-Ring XX Größe 3 a 43 qm
lfd. Nr. 3:	gelöscht

Eintragung in Abt. I des Grundbuches:

lfd. Nr. 1 bis 3	gelöscht
lfd. Nr. 4:	Sigrid S., geb. Weber * (24.12.1939) Frankfurt/Main

** Namen wurden von der Redaktion geändert*

Eintragung in Abt. II des Grundbuches:

lfd. Nr. 1 bis 3	gelöscht

2.2 **Öffentlich-rechtliche Gegebenheiten**
Zu den öffentlich-rechtlichen Abgaben, Beiträgen und Gebühren liegen mir keine weiteren Informationen vor. Es wird deshalb unterstellt, dass alle Abgaben, Beiträge und Gebühren, die möglicherweise wertbeeinflussend sein können, erhoben und bezahlt sind.
Der Inhalt des Baulastenverzeichnisses wurde erfragt. Das Baulastenverzeichnis der Landeshauptstadt Wiesbaden enthielt zum Bewertungsstichtag keine wertrelevanten Eintragungen. Das Gebäude Kaiser-Friedrich-Ring XX **steht als Einzeldenkmal unter Denkmalschutz**. Demnach sind sämtliche bauliche Maßnahmen an der Fassade und im Innenausbau genehmigungspflichtig

Planen Sie Veränderungen, lassen Sie sich vorher von der Bauaufsicht und dem Denkmalschutz beraten.

2.3 **Miet-, Pacht- und sonstige Nutzungsverhältnisse**
Von der Eigentümerin des Hauses werden die Zimmer einzeln vermietet. Zum Bewertungsstichtag waren nur einige Zimmer vermietet. Es gibt keine weiteren Informationen zu den Miet- oder sonstigen Nutzungsverhältnissen.

Bei der Besichtigung mit dem Makler ist Ihnen der Leerstand gar nicht aufgefallen.

2.4 **Sonstige Rechte und Lasten am Grundstück**
Mir sind keine Rechte und Lasten am Grundstück bekannt, die nicht im Grundbuch und nicht im Baulastenverzeichnis eingetragen sind, weshalb ich auf Grund fehlender gegenteiliger Informationen davon ausgehe, dass keine weiteren bestehen.

Man merkt, der Gutachter möchte seine Haftung und Verantwortung begrenzen.

2.5 **Berücksichtigung besonderer rechtlicher Gegebenheiten**
In dem vorliegenden Gutachten werden keine besonderen Rechte und Belastungen berücksichtigt.

2.6 **Einheitswert, Gebäudeversicherung, frühere Wertermittlung**
Es gibt keine aktuellen Informationen über den Einheitswert und den Versicherungswert der Brandversicherung. Weiterhin gibt es keine Informationen über bereits durchgeführte Verkehrswertermittlungen.

3. **Beschreibung des Grundstücks ohne bauliche Anlagen**
3.1 **Lagemerkmale**
Gebietslage
Land Hessen
(Einwohner zum 30.06.2002 = 6.083.000)
Landeshauptstadt Wiesbaden
(Einwohner zum 31.01.2003 = 270.087)

Ortslage
Das Grundstück liegt am Rande der Stadtmitte der Landeshauptstadt Wiesbaden in einem innerstädtischen Wohngebiet. Wiesbaden bietet alle Vorzüge einer Großstadt und verfügt in der Nähe am Taunus und des Rheingaus in landschaftlich schöner Umgebung über hervorragende Naherholungsbereiche. In Wiesbaden stehen ausreichend Kindergärten und Schulen zur Verfügung. Die Ortslage kann aus der in der Anlage 1 beigefügten Übersichtskarte ersehen werden.

Verkehrslage
Das Grundstück grenzt als Eckgrundstück an den Kaiser-Friedrich-Ring. Eine Bushaltestelle des öffentlichen Personennahverkehrs ist in unmittelbarer Objektnähe vorhanden. Tagsüber bestehen ausreichende Verkehrsanbindungen zum Innenstadt-

Mit neuen Schallschutzfenstern hört man von den Bussen auch nachts so gut wie nichts mehr.

bereich. Der Hauptbahnhof Wiesbaden ist ca. 400 m entfernt
Der Kaiser-Friedrich-Ring und Nebenstraßen sind als innerörtliche Hauptverkehrsstraßen voll ausgebaut mit beidseitigen Gehwegen. Die Straßen führen direkt an dem Grundstück vorbei mit Anschluss an innerörtliche und überörtliche Verbindungsstraßen. Die Stadt Wiesbaden ist über die A66 an das überregionale Autobahnnetz angebunden. Der Flughafen Frankfurt ist in einer Entfernung von ca. 35 km in ca. 25 Minuten erreichbar.
Die Stadtmitte von Wiesbaden ist ca. 800 m entfernt.

Infrastruktur
Das Umfeld des Objekts verfügt unter Beachtung der Nähe zur Innenstadt mit sämtlichen grundlegenden öffentlichen und privaten Einrichtungen über eine gute Infrastruktur. Geschäfte des täglichen Bedarfs sind teilweise auch im näheren Umfeld fußläufig erreichbar.

Nachbarschaftsbebauung
Die überwiegend wohnbauliche Nachbarbebauung wurde mit 4- bis 6-geschossiger Mehrfamilienhausbebauung vollzogen. Bei offener Bauweise verfügen die umliegenden Grundstücke über vergleichsweise geringe Flächen an Außenanlagen.

Immissionen
Während der Objektbesichtigung waren im Umfeld des Objekts wesentliche Immissionen durch den starken innerstädtischen Straßenverkehr festgestellt. Von den an dem Grundstück vorbeiführenden innerstädtischen Hauptverkehrsstraßen gehen tagsüber vergleichsweise starke Lärm- und Abgasbelastungen aus. Weitere erwähnenswerte Immissionen waren im Rahmen der Objektbesichtigung nicht feststellbar

Da der Besichtigungstermin mit dem Makler am Sonntag, 10.00 Uhr, war, haben Sie von dem Verkehrslärm des Berufsverkehrs gar nichts mitbekommen.

Lagequalität
Die Lagequalität findet unter Beachtung des innenrstädtischen Umfeldes und insbesondere auf Grund der guten Infrastruktur in der Nähe zur Stadtmitte von Wiesbaden eine „mittlere" Bewertung.

3.2 **Beschaffenheitsmerkmale**
Größe
Zuschnitt
Oberflächengestaltung
Erschließungsanlagen
Anlagen zur Ver- und Entsorgung
Bodenbeschaffenheit

Es folgen weitere, detaillierte Beschreibungen der Beschaffenheitsmerkmale des Objekts, hier die entsprechende Gliederung.

3.4 **Baurechtlicher Zustand und planungsrechtliche Gegebenheiten** *(auszugsweise)*

Entwicklungszustand
Qualitätsstufe: Baureifes Land
Das Grundstück ist vollständig bebaut.

Art und Maß der zulässigen baulichen Nutzung
Flächennutzungsplan:
Entsprechend dem rechtsverbindlichen Flächennutzungsplan der Stadt Wiesbaden liegt das Grundstück im Bereich einer gemischten Baufläche (M).
Bebauungsplan:
Für den Bereich des Bewertungsobjekts trifft der rechtskräftige Bebauungsplan 1984/2 Wiesbaden folgende Festsetzungen:
MI = Mischgebiet
GRZ = 0,6 (Grundflächenzahl)
GFZ = 2,4 (Geschossflächenzahl)
III bis VI = 3 bis 6 Vollgeschosse geschlossene Bauweise

Mischgebiet, neben Wohnen sind also noch andere Nutzungen möglich, zum Beispiel Büro und Praxisräume.

Das Grundstück liegt im Geltungsbereich der Erhaltungssatzung im Innenstadtbereich. Innerhalb der Erhaltungsgebiete sind unter Umständen auch nach der Hessischen Bauordnung nicht genehmigungspflichtige Baumaßnahmen genehmigungspflichtig.

Es sind nicht nur die verschiedenen Gesetze, Verordnungen, Normen, Richtlinien, Erlasse zu beachten, auch die Satzungen der jeweiligen Kommunen. Da hat nur noch ein engagierter Planer entsprechenden Durchblick.

Art und Maß der tatsächlichen Nutzung
Aus den Bauakten war kein Ausnutzungsnachweis über das Maß der baulichen Nutzung zu entnehmen. Grob überschlägig wurde folgende Maß der baulichen Nutzung ermittelt:
Mehrfamilienwohnhaus mit einer baulichen Grundfläche (§ 19 BauNVO) von GR = ca. 353,01 qm und einer Geschoßfläche (§ 20 BauNVO) von GF = ca. 649,13 qm somit
Grundflächenzahl: GRZ = ca. 0,24
Geschossflächenzahl: GFZ = ca. 0,45
4 Vollgeschosse

Anbauen können Sie nicht mehr, eine Aufstockung, zusätzliche Geschosse sind noch möglich – wenn der Denkmalschutz einverstanden ist.

4. **Beschreibung der Baulichen Anlagen**
4.1 **Gebäude**
4.1.1 Art, Baujahr, Nutzung
4.1.2 Bauzahl
4.1.3 Rohbau und Fassade
Fundamente, Wände, Decken
Treppen
Dach
Fassade
Gebäudeeingang

Auch wenn Sie die detaillierten Beschreibungen vorerst nicht benötigen, da Sie das Gebäude selbst besichtigt haben, sind die Beschreibungen dennoch später wertvoll, wenn Sie das Gutachten an Banken versenden, um Finanzierungsangebote einholen zu können.

4.1.4 Ausbau
Heizung/Warmwasserbereitung/Sanitäre Einrichtungen
Versorgungsleitungen/Antenne/Kabelanschluss/Fenster
Türen /Bodenbeläge/Wand- und Deckenbekleidungen
Balkon/Terrasse
Einbaumöbel
4.1.5 Grundrissgestaltung
4.1.6 Belichtungs- und Belüftungsverhältnisse

4.2 Besondere Bauteile

4.3 Besondere Betriebseinrichtungen

4.4 PKW-Stellplätze/Garage

4.5 Außenanlagen einschl. sonstiger Anlagen

4.6 Nebengebäude

4.7 Baulicher Zustand

Entsprechend den Feststellungen in den zugänglichen Bereichen befindet sich das Gebäude unter Beachtung des Baualters in einem stark sanierungsbedürftigen baulichen Unterhaltungszustand. Das gesamte Gebäude hat einen erheblichen Instandsetzungs- und Reparaturstau. Ohne eine grundlegende Sanierung und Modernisierung erscheinen die Wohnflächen nicht mehr nachhaltig vermietbar. Während der Besichtigung waren visuell wertbeeinflussende Schäden oder stichtagsnah erforderliche Instandsetzungsmaßnahmen feststellbar:

Jetzt kommt der spannendste Teil. Es ist nicht nur mit neu Tapezieren und Streichen getan. Mehrere Schäden haben Sie bei der Besichtigung mit dem Makler nicht gesehen.

- Feuchtigkeitsschäden im Kellermauerwerk
- Teilsanierung des Leitungssystems
- Elektroverteilung überaltert
- Teilsanierung der gesamten Fassade
- Korrosionsschäden an den Balkonen
- Sanierung und Renovierung im Innenausbau

Zum Beispiel ist die Sanierung der Balkone sehr aufwändig!

Der genaue Umfang der Bauschäden und die genauen Kosten zur Sanierung des Gebäudes können nur im Zusammenhang mit einem Bauschadensgutachten ermittelt werden. Kleinere Gebäudeschäden, wie zum Beispiel Risse in Fliesen, Renovierungsmaßnahmen in den Allgemeinbereichen, werden in den Wertansätzen oder im Rahmen der Instandhaltungskosten berücksichtigt.

Da dies kein Bauschadensgutachten ist, können noch verborgene Schäden und Mängel vorhanden sein.

4.8 **Gesamtbeurteilung**

5. **Ermittlung des Bodenwertes**

5.1 **Bodenrichtwert (§ 196 BauGB)**

(auszugsweise)

500,– Euro/qm ebf

Der Richtwert bezieht sich auf ein unbebautes Grundstück der Qualitätsstufe „Baureifes Land" mit folgenden Merkmalen:

MI = Mischgebiet
Ebf = erschließungsbeitragsfrei

Das unbebaute Grundstück wäre zurzeit mehr wert als das bebaute Grundstück!

Allerdings dürfen Sie das Haus nicht abreißen!

5.2 **Abweichungen vom Bodenrichtwert**

5.3 **Bodenwert im bebauten Zustand**

Der Bodenwert, abgeleitet aus dem angepassten Bodenrichtwert, ergibt sich wie folgt:

343 qm x 500,– Euro/qm	= 171.500,– Euro
Bodenwert gerundet	= 171.000,– Euro

6. **Ermittlung des Ertragswertes**

Bei der Ermittlung des Ertragswertverfahrens ist der Wert der baulichen Anlagen, insbesondere der Gebäude, getrennt von dem Bodenwert auf der Grundlage des Ertrages nach § 16 bis § 19 WertV zu ermitteln.
Der Bodenwert ist analog der Berechnung unter Nr. 5.3 dieses Gutachtens in Ansatz zu bringen.
Bei der Ermittlung des Ertragswertes der baulichen Anlagen ist von dem nachhaltig erzielbaren Reinertrag des Grundstücks auszugehen. Der Reinertrag ermittelt sich aus dem Rohertrag (§ 17 WertV) nach Abzug der Bewirtschaftungskosten (§ 18 WertV) und der angemessenen Bodenwertverzinsung. Bei der Berechnung der Bodenwertverzinsung ist in der Regel der für die Kapitalisierung maßgebende Liegenschaftszinssatz (§ 11 WertV) zugrunde zu legen.
Der Bodenwert und der Ertragswert der baulichen Anlagen ergeben den Ertragswert des Grundstücks.

Aus der Anlage 5 sind die Wohnflächen zu ersehen. Danach hat das Wohnhaus eine Wohn- und Nutzfläche von insgesamt ca. 1.1.32,66 qm.
Da während der Objektbesichtigung Mängel und Schäden feststellbar waren, der Unterhaltungszustand nicht zufrieden stellend war, wird von folgenden Wertansätzen zur Bestimmung

der **wirtschaftlichen Restnutzungsdauer RND** ausgegangen:
Mehrfamilienwohnhaus **fiktives** Baujahr 1923
Gesamtnutzungsdauer GND 100 Jahre (geschätzt)
Restnutzungsdauer RND 20 Jahre

Entsprechend den erhaltenen Angaben und unter Berücksichtigung der Feststellungen bei der Ortsbesichtigung wurde das circa um das Jahr 1898 erbaute Objekt in der Vergangenheit teilweise saniert, umgebaut und modernisiert. Die Abschätzung der verlängerten Restnutzungsdauer auf Grund durchgeführter Modernisierungen erfolgt entsprechend Anlage 10.2 der NHK 95. Das Gebäude verfügt über einen **mittleren Modernisierungsgrad.** Mit einer modifizierten Restnutzungsdauer des Objekts wird unter Beachtung der durchgeführten Modernisierungen die wirtschaftliche Restnutzungsdauer zur Feststellung des Sachwertes und des Ertragswertes zum Bewertungsstichtag für das Wohnhaus mit **RND = 20 Jahren** in Ansatz gebracht. Die in Ansatz gebrachte Restnutzungsdauer setzt jedoch voraus, dass die unter Punkt 4.7 in Ansatz gebrachten, zwingend notwendigen Maßnahmen zeitnah ausgeführt werden.

Die in Ansatz gebrachte Miete für das Bewertungsobjekt basiert auf aktuellen Marktinformationen über die ortsüblich nachhaltig erzielbaren Mieten in Wiesbaden.

6.1 Rohertrag (§ 17 WertV)

Der erzielbare Rohertrag lässt sich zum Stichtag, unter Beachtung der Lage und der in Ansatz gebrachten Ausstattungen des Hauses, mit marktgerechten, nachhaltig erzielbaren Nettokaltmieten wie folgt darstellen:

	Nutz- bzw.	Nachhaltig erzielbare Nettokaltmiete		
Mieteinheit	**Wohnflächen (qm)**	**Euro/qm**	**gerundet Euro**	**jährlich Euro**
Laden Souterrain	31,77	10,00	318,00	3.816,00
Laden Souterrain	80,00	3,00	240,00	2.880,00
Wohnung EG	204,33	4,00	817,00	9.804,00
Wohnung 1. OG	218,03	4,00	872,00	10.464,00
Wohnung 2. OG	218,03	4,00	872,00	10.464,00
Wohnung 3. OG	217,04	4,00	868,00	10.416,00
Wohnung DG	163,46	4,00	654,00	7.848,00
	1.132,66		4.641,00	55.692,00

Die Ertragswertermittlung wird auf der Grundlage der nachhaltig erzielbaren Nettomiete durchgeführt (vgl. § 17 Abs. 1 WertV)
Jahresrohertrag = 55.692,– Euro

6.2 **Bewirtschaftungskosten (§ 18 WertV)**

An Bewirtschaftungskosten des Eigentümers, die nicht als so genannte Neben- und Umlagekosten neben der Miete weiter verrechnet oder nicht von dem Mieter unmittelbar getragen werden, werden angesetzt:

– Verwaltungskosten (6%)	= 3.352,– Euro
– Mietausfallwagnis 3 % bezogen auf den Jahresertrag	
3% von 55.692,– Euro	= 1.671,– Euro
– anteilige Betriebskosten (2,5%)	
0,10 Euro/qm und Jahr x 1.132,66 qm	= 1.359,– Euro
– kalkulatorische Instandhaltungskosten (26,4%)	
13,– Euro/qm und Jahr x 1.132,66 qm	= 14.725,– Euro
– die Bewirtschaftungskosten betragen	**= 21.107,– Euro**
(ca. 37,9% des Jahresrohertrages von 55.692,– Euro)	

Bei den Bewirtschaftungskosten werden nur die nicht umlagefähigen Betriebskosten berücksichtigt, i.d.R. sind die Betriebskosten weitestgehend auf den Mieter umlagefähig. Die Betriebskosten können nur dann umgelegt werden, wenn die einzelnen Kostenstellen konkret im Mietvertrag aufgeführt sind. Da die Mietverträge nicht vorlagen, wird aus Sicherheitsgründen in der Berechnung ein relativ geringer, nicht umlagefähiger Betriebskostenanteil von 0,10 Euro/qm in Ansatz gebracht. Bei den Instandhaltungskosten wurde auf Grund des Denkmalschutzes ein erhöhter Ansatz gewählt. Weiterhin wird unterstellt, dass die Mieter die Kosten für Schönheitsreparaturen tragen.

6.3 **Jahresreinertrag (§ 16 Abs. 1 und 2 WertV)**

Der Jahresreinertrag beträgt

55.692,– Euro/21.107,– Euro	= 34.585,– Euro

Unter Beachtung der Lage des Objekts und der daraus resultierenden Nutzungsmöglichkeiten erscheint eine Verwertung möglich. Entsprechend dem allgemein für vergleichbare Objekte in Ansatz gebrachten Liegenschaftszinssatz, mit dem der Verkehrswert vergleichbarer Grundstücke im Durchschnitt marktüblich verzinst wird, wird für folgende Berechnungen ein Liegenschaftszinssatz von z = 4,5% zugrunde gelegt. Hierbei findet die gute Lage des Objekts Berücksichtigung. Die Angaben des Gutachterausschusses über den Liegenschaftszinssatz wurden berücksichtigt. Danach ergibt sich der Jahresreinertrag aus dem Bewertungsobjekt wie folgt:

Verzinsungsbetrag des Bodenwertes

4,5% von 171.500,– Euro = 7.718,– Euro

Reinertragswert der baulichen Anlage

34.585,– Euro ./. 7.718,– Euro = 26.867,– Euro

6.4 Ertragswert der baulichen Anlage (§ 15 Abs. 1 WertV)

Wie zuvor bereits erläutert, wird die wirtschaftliche Restnutzung des Objekts auf Grund des Unterhaltungszustandes mit **RND = 20 Jahre** angesetzt. Der Vervielfältiger **V = 13,007** wird analog dem Barwertfaktor einer jährlich nachschüssigen Rente in Ansatz gebracht.

Der Ertragswert der baulichen Anlage aus dem Objekt ergibt sich zu

13,007 x 26.867,– Euro = 349.459,– Euro

6.5 Vorläufiger Ertragswert

Bodenwert im bebauten Zustand = 171.500,– Euro

(siehe Nr. 5.3 dieses Gutachtens)

Ertragswert der baulichen Anlage = 349.459,– Euro

Vorläufiger Ertragswert = 520.959,– Euro

6.6 Berücksichtigung sonstiger wertbeeinflussender Umstände (§ 19 WertV)

In der Wertermittlung werden als sonstige wertbeeinflussende Umstände nur Maßnahmen berücksichtigt, die stichtagsnah zur weiteren Nutzung ausgeführt werden müssen:

Sonstige Umstände		**Wertbeeinflussung insg.**
Bauschäden		– 140.000,00 Euro
Putzschäden (Entfernen loser Putzflächen und Ausbesserungen)	– 100.000,00 Euro	
Feuchtigkeitsschäden	– 20.000,00 Euro	
Teilsanierung Leitungssystem	– 20.000,00 Euro	
Modernisierungsbesonderheiten		– 300.000,00 Euro
Innenausbau, z.B. Sanitärbereiche, Wände und Fußböden zu modernisieren	– 300.000,00 Euro	
Summe		**– 440.000,00 Euro**

Die Kosten wurden grob überschlägig ermittelt und können je nach Ausführung und Materialwahl abweichen. Da ein Abriss des Gebäudes auf Grund des Denkmalschutzes nicht möglich ist, stehen nach Ablauf der Restnutzungsdauer weitere erhebliche Investitionen an. Der genaue Umfang der Bauschäden und die Höhe der Kosten zur Beseitigung der Bauschäden können nur durch ein Bauschadensgutachten festgestellt werden.

6.7 **Ertragswert (§ 15 Abs. 3 WertV)**
Vorläufiger Ertragswert = 550.959,– Euro
Sonst. wertbeeinflussende Umstände ./. = 440.000,– Euro
Ertragswert = 80.959,– Euro

7. **Ermittlung des Sachwertes**
Bei Anwendung des Sachwertverfahrens ist der Wert der baulichen Anlagen getrennt vom Bodenwert nach Herstellungskosten zu ermitteln. Bodenwert und Wert der baulichen Anlagen und sonstigen Anlagen ergeben den Sachwert. ...

Über ein ganz anderes Verfahren wird nochmals der Wert der Immobilie ermittelt

Sachwert: = 66.735,–Euro

8. **Berücksichtigung der Marktlage und Verkehrswert (§ 194 BauGB)**
Es wurde ermittelt für das mit einem Mehrfamilienhaus bebaute Grundstück unter der Anschrift Kaiser-Friedrich-Ring XX in Wiesbaden

Ertragswert zu 80.959,–Euro
Sachwert zu 66.735,–Euro

... Der Teilmarkt für Mehrfamilienhäuser orientiert sich nahezu ausschließlich an dem Ertragswert. Somit beträgt der Verkehrswert nach § 194 BauGB für das mit einem Mehrfamilienhaus bebaute Grundstück unter der Anschrift Kaiser-Friedrich-Ring XX in Wiesbaden aus dem Ertragswert

Wenn die Immobilie kein Liebhaberstück werden soll, müssen Sie bei Ihrer Entscheidung vor allem den Ertragswert berücksichtigen.

80.959,–Euro

Fazit: Das Gutachten hat sich gelohnt. Der Makler ist von einer völlig falschen Kaufpreisschätzung ausgegangen. Der Verkäufer wird sich jetzt mit einem geringeren Preis zufrieden geben müssen: Das Wertgutachten schafft Fakten! Sie als potenzieller Käufer haben jetzt eine Unterlage in der Hand, die Ihre Verhandlungsposition stärkt. Wenn Sie die Immobilie unter den neuen Erkenntnissen immer noch haben wollen, dann haben Sie jetzt gute Chancen auf einen fairen Preis. Der Makler als Dritter im Bunde muss auch mit weniger Provision auskommen. Seine Druckmittel haben bei Ihnen nicht gefruchtet: Pech für ihn – Glück für Sie. Denn mehrere Monate nach der ersten Anzeige in der Tageszeitung steht die Immobilie immer noch zum Verkauf. Gut, wenn Immobilienentscheidungen nicht an einem Tag getroffen werden!

Auslandsimmobilien – irgendwie, irgendwo, irgendwann?

Schätzungsweise eine Million Deutsche haben sich den Traum von der eigenen Ferienwohnung oder dem eigenen Ferienhaus bereits erfüllt. 70 Prozent der Bundesbürger hätten gerne eine Immobilie im Süden, so das Ergebnis einer Umfrage des Finanzdienstleisters BHW. Sonne, Strand und Meer versprechen Erholung pur. Spanien, Österreich, Italien und Frankreich sind die Favoriten. Durch das enger zusammenwachsende Europa eröffnen sich viele neue Möglichkeiten, nicht nur geografisch. Denn der Euro als gemeinsame Währung liefert Vergleichbarkeit und durch die stetig fortschreitende Harmonisierung des Zahlungsverkehrs werden auch die finanziellen Transaktionen einfacher und billiger. Für den Verkauf von Immobilien oder Grund und Boden an Ausländer gilt jedoch wie überall in Europa: Jedes Land hat seine eigenen Regeln und Gesetze. Sie sind mitunter komplizierter als in Deutschland, manchmal aber auch einfacher. Manche Staaten haben sogar restriktive Maßnahmen ergriffen, um sich vor einem möglichen Ausverkauf ihres Landes zu schützen, wie etwa Dänemark.

Denn neben den südlichen Ländern ist auch der Norden interessant geworden: Die Niederlande und Skandinavien waren zwar schon immer bei den Norddeutschen beliebt, aber auch aus dem Süden reisen immer mehr Deutsche gen Norden, zum Beispiel mit dem Wohnmobil. Wer die kleinen roten schwedischen Häuschen am Meer und an den Seen gesehen hat, weiß, wovon man träumen kann. Der Erwerb einer Immobilie in Schweden ist nicht schwer. Aber auch noch weiter im Norden wird es interessant. Litauen, Lettland und Estland bieten weites Land und satte Landschaften mit viel Wasser. Außerdem gibt es im Winter garantiert Schnee. Wer also Hundeschlitten, Bären, Skilanglauf oder Schneeschuhwandern mag, ist hier richtig.

Der europäische Immobilienmarkt hat seit Mai 2004 einiges mehr zu bieten. Estland, Lettland, Litauen, Polen, Tschechien, Slowakei, Ungarn, Slowenien, Zypern und Malta erweiterten die Europäische Union um zehn neue Beitrittsländer. Neben Kunst und Kultur lässt sich viel unberührte Natur entdecken. Aber auch in den und um die Hauptstädte herum wird sich in den nächsten Jahren viel tun. Freie Arbeitsplatzwahl, freies Niederlassungsrecht, günstige Steuern und niedrige Lohnkosten werden westliche Unternehmer nach Osteuropa locken. Das wird auch Einfluss auf die Immobilienpreise haben.

Im Alltag wird sich der Beitritt der Neuen aber nicht allzu schnell bemerkbar machen. Es gelten für viele Bereiche, wie zum Beispiel für den Zoll und die Ausweisbestimmungen, Übergangsfristen. Erst in zwei bis drei Jahren soll die Harmonisierung abgeschlossen sein. Die Personenkontrollen an den Grenzen bleiben zunächst also, auch deshalb, weil kein Neu-Mitglied die Schengener Auflagen bisher vollständig erfüllt. Der Euro löst frühestens in ein paar Jahren die Estnische Krone oder das Zypern-Pfund ab. Teilweise befolgen die Neuen bereits die auf 80.000 Seiten im „Acquis communautaire" festgeschriebenen EU-Rechte.

Wer über die EU-Grenzen hinaus auf die Suche nach der richtigen Immobilie geht, landet vorwiegend in der Schweiz oder in Florida. Aber auch in Kanada, auf den Bahamas und in Südafrika sind deutsche Immobilienbesitzer zu finden. Bei einem Immobilienkauf in Übersee müssen Sie sich auf den Makler und den Notar verlassen können. Die weiten Entfernungen und die Zeitverschiebung machen die Abwicklung schwieriger. Um gute Adressen von Vermittlern, Rechtsanwälten und Notaren zu bekommen, wenden Sie sich an die deutschen Botschaften, Konsulate und die gemeinsamen Handelskammern. Dort erfahren Sie, wer Ihnen kompetent weiterhelfen kann.

Beim Kauf einer Auslandsimmobilie spielt die Frage der Nutzung eine wesentliche Rolle. Was wollen Sie im Ausland tun? Wie viele Wochen im Jahr wollen Sie dort verbringen? Planen Sie irgendwann einmal Ihren ersten Wohnsitz dorthin zu verlegen? Denken Sie an eine Immobilie auf Zeit, dann sollten Sie den Wiederverkaufswert im Auge behalten. Weitab vom Schuss ist zwar idyllisch, aber der Kreis der Käufer wird sich dadurch stark einschränken. Entscheiden Sie sich für eine Ferienanlage in guter Lage und Infrastruktur, kann das den Wiederverkauf erleichtern. Wenig sinnvoll ist es dagegen, bei der Urlaubsimmobilie an ein Steuersparmodell oder an eine Kapitalanlage zu denken. Für beides ist sie primär nicht geeignet. Es wird Ihnen kaum möglich sein, alle Faktoren, die die Immobilienpreise in Ihrem Urlaubsland bestimmen, von zu Hause aus richtig einzuschätzen. Auf Gesetze, Bebauungspläne und die Entwicklung der Region haben Sie keinen Einfluss. Grundsätzlich sollten Sie davon ausgehen, dass Ihre Urlaubsadresse im Ausland Luxus ist, den Sie sich und Ihrer Familie gönnen. Denn die Preise von Pauschalreisen können Sie auf Dauer nicht unterbieten. Flug, Hotel, Service, Reiseleitung und vor allem die Haftung – alles drin in einem Preis. Dafür müssen Sie als Individualist jedes Mal extra zahlen und anteilig die Anschaffungskosten Ihrer Immobilie und die Fixkosten noch dazurechnen.

Wenn Sie sich für die Vermietung entscheiden, müssen Sie sich auf die Einrichtungen und Gegebenheiten vor Ort und auf die Einheimischen verlassen. Gute Leistung kostet Geld. Sie zahlen Vermittlungsprovision für die Vermietung, Reinigungskosten, Wäscheservice, Hausverwaltung und meist noch mehr. Außerdem müssen Sie wegen schneller Abnutzung häufiger renovieren und reparieren. Wenn am Jahresende unterm Strich noch etwas für Sie übrig bleibt, können Sie sich glücklich schätzen. Machen Sie vorab einen Kosten-Check, nicht dass Sie am Ende noch draufzahlen müssen. Alternativ können Sie Ihre Ferienwohnung oder das Ferienhaus Ihren Freunden und Verwandten gegen ein angemessenes Entgelt überlassen, wenn Sie nicht vor Ort sind. Sie werden auf der Beliebtheitsskala deutlich nach oben klettern und haben damit den programmierten Ärger mit der Vermietungsgesellschaft von vornherein ausgeschlossen.

Ferienwohnung und Ferienhaus – oder der erste Schritt zum Auswandern

Optimal ist es, wenn Sie Ihr zukünftiges Feriendomizil bereits kennen. Vielleicht haben Sie dort schon mal zur Miete gewohnt. Dann wissen Sie genau, worauf Sie sich einlassen. Wenn das nicht möglich ist, versuchen Sie in der Nachbarschaft etwas zum Mieten zu finden. Beschnuppern Sie das Objekt Ihrer Träume von allen Seiten. Gehen Sie ruhig an die Rezeption in der Ferienanlage und fragen Sie nach, ob Sie sich mal näher umsehen dürfen und ob Ihnen jemand das Wichtigste zeigen kann. Fragen Sie nach dem Hausverwalter oder nach dem Ansprechpartner der Eigentümergemeinschaft. Das hat den Vorteil, dass die Sprache vermutlich kein Problem bei der Verständigung sein wird. In anderen Ländern ist man Fremden gegenüber eher aufgeschlossen, vor allem in Touristenzentren. Und schließlich haben die jetzigen Eigentümer auch ein Interesse daran, dass ihre Ferienwohnung zügig verkauft werden kann.

In vielen beliebten Urlaubsländern werden Touristenströme gezielt geleitet. Das heißt, es gibt ausgewiesene Urbanisationen, in denen Ausländer kaufen und wohnen. Sie wurden eigens für diese Zielgruppe gebaut. Dadurch hat man versucht, die besonderen Bedürfnisse der einzelnen Nationalitäten aufzugreifen. Das ist nicht überall gleich gut geglückt. Es gibt leider viele abschreckende Beispiele, vor allem in Italien und Spanien. Auffällig ist, dass sich die Landsleute häufig in Gruppen zusammenscharen. So gibt es vielerorts zum Beispiel ein britisches Viertel, ein deutsches Viertel oder etwa das französische Viertel. Der Vorteil: Für Appartements und Ferienhäuser in diesen Anlagen gibt es eher einen Markt. Wenn Sie also kaufen und verkaufen wollen, treffen Sie hier auf Interessenten. Eine Wohnung in einer Ferienanlage hat aber noch weitere Vorteile. Sie bietet meist eine Reihe von Annehmlichkeiten: Supermarkt, Einkaufsmöglichkeiten, Restaurants, Frisör, Fitnessstudio, Tennisplatz und Pool sind in unmittelbarer Nähe. Verkehrswege und Infrastruktur stimmen. Je nach Lage und Architektur müssen solche Einrichtungen aber nicht unansehnlich sein, sondern können durchaus Atmosphäre haben. Außerdem sind Sie in einer Anlage nie allein. Ein nicht zu unterschätzender Aspekt, wenn Sie auch im Alter hier leben oder viel Zeit verbringen wollen. Außerdem bietet eine Urbanisation mehr Sicherheit vor Einbrechern, vor allem in Zeiten, in denen Sie Ihre Immobilie mal nicht bewohnen.

Was ist eine Urbanisation?

Dabei handelt es sich um eine dorfähnliche Anlage mit relativ kleinen Grundstücken bis maximal 1.000 Quadratmetern, bebaut mit Ferienhäusern, Doppelhäusern oder villenähnlichen Gebäuden. Meistens finden sich darin Gemeinschaftseinrichtungen, wie ein Pool, Tennisplätze oder Gartenanlagen, die gemeinsam

durch Umlagen finanziert werden. Wichtig ist es, sich in Urbanisationen über die Eigentümergemeinschaft, zu informieren. Ursprünglich galten Regelungen dafür nur für Apartment-Anlagen, heute fallen auch Urbanisationen darunter.
Achten Sie auf die Abgrenzung zwischen Gemeinschaftseigentum, also Miteigentum, das gemeinsam verwaltet werden muss, und Sondereigentum, also Ihr persönliches Eigentum. Wie ist das System der Kostenaufteilung? Gibt es Sonderregelungen?

Checkliste

Wohnungskauf

- ○ Liegt eine ordentliche Teilungserklärung vor? Ist die Teilungserklärung im Kaufvertrag als Anlage enthalten? Vorsicht, wenn der Verkäufer, etwa ein Bauträger, nachträglich noch Änderungen vornehmen kann, ohne dass die Eigentümergemeinschaft zustimmen muss.
- ○ Erkundigen Sie sich beim Kauf einer Ferienwohnung nach den Rechten und Pflichten innerhalb der Eigentümergemeinschaft. Gibt es eine Satzung? Wer ist der Vorsitzende? Welche Befugnisse hat er? Mit welchen Mehrheitsverhältnissen können Veränderungen durchgesetzt werden? Können sich Abwesende durch Vollmacht vertreten lassen? Vorsicht, wenn viele Vollmachten in einer Hand liegen!
- ○ Gibt es eine Hausordnung? Stimmen die Regeln mit den gesetzlichen Vorschriften überein? Zum Beispiel Kehr- und Reinigungsdienste oder das Anbringen von Satellitenschüsseln auf dem Balkon.
- ○ Gibt es eine Hausverwaltung? Wer kontrolliert sie? Kümmert sie sich auch um die Vermietung von Wohnungen? Achtung, wenn die Kosten dafür als Gesamtposten erscheinen und als Verwaltungskosten gebucht werden und nicht direkt zugeordnet werden können.
- ○ Hat die Eigentümergemeinschaft noch Schulden?
- ○ Sind ausreichend Rücklagen gebildet?
- ○ Dürfen Sie Umbaumaßnahmen durchführen?
- ○ Wie werden die Umlagen berechnet?

Wenn Sie eine Wohnung für das Alter suchen, können Sie sich auch nach speziellen Seniorenresidenzen erkundigen. Die Angebote sind zwar nicht üppig, aber sie werden mehr. Dabei sollten Sie genau wie auch bei der Suche zu Hause auf das Betreuungsangebot achten: Gibt es einen Arzt in der Anlage? Wie sind die Mahlzeiten geregelt? Welche Pflege- und Serviceleistungen können Sie in Anspruch nehmen? Schauen Sie sich den Betreiber genau an. Lassen Sie sich die Preissteigerungsraten zeigen, die Nebenkostenabrechnung und den Instandhaltungsbedarf auflisten. Aufgepasst bei umgebauten Hotels in Altenwohnanlagen. Da ist oft einiges nicht adäquat. Die Gänge sind zu schmal, zum Beispiel für Krankenbetten, die Zimmer zu klein und die Sanitäranlagen nicht zweckgemäß. Barrierefreie Zugänge werden Sie oft vergeblich suchen.

WISO rät: Bei der Suche nach der richtigen Seniorenimmobilie gehen Sie nicht alleine los. Erkundigen Sie sich zum Beispiel bei den Ärzten vor Ort, im Rathaus, beim Pfarrer oder in einer Sozialstation nach dem Ruf der Einrichtung. Ein ansässiger Makler kann Ihnen eine Einschätzung zu den Preisen geben.

Individualisten suchen etwas anderes, etwa die Finca in Spanien, das Rustico in der Schweiz oder das Bauernhaus in Frankreich. Mit solchen Latifundien werden Sie zum Großgrundbesitzer. Denn selbst wenn die Häuser klein sind, gehören dazu oft viele tausend Quadratmeter Land. Wie wollen Sie das bewirtschaften? Wer soll ernten und pflegen? Lässt sich ein Pächter dafür finden? Darüber müssen Sie vorab nachdenken.

Wenn Sie das Gebäude näher unter die Lupe nehmen, sollten Sie einen neutralen Sachverständigen dabei haben, der sich mit dem landesüblichen Bauwesen auskennt und Deutsch spricht. Das kann zum Beispiel ein Architekt oder ein Gutachter sein. Eventuell brauchen Sie noch einen Dolmetscher oder einen Übersetzer, der Ihnen Schriftstücke verständlich macht. Es ist absolut wichtig, dass Sie alles verstehen. Nur so können Sie beurteilen, welche Kosten, zum Beispiel für die Instandsetzung, auf Sie zukommen.

Checkliste

Erstbegehung

- ○ Nehmen Sie einen Zollstock, Stift, Papier und einen Fotoapparat mit!
- ○ Die Lage sollte gut sein, schöner Blick und ruhige Gegend, nur dann können Sie auch einen angemessenen Wiederverkaufspreis erzielen. Gibt es Einkaufsmöglichkeiten in der Nähe? Ist die Immobilie mit öffentlichen Verkehrsmitteln erreichbar?
- ○ Kann die Immobilie auch vermietet werden?
- ○ Lassen Sie sich Pläne zeigen: Grundrisse, Zeichnungen vom Architekten, Berechnungen vom Statiker, Installateur, Elektriker etc.
- ○ Verlangen Sie bei Anbauten die Baugenehmigung. Nur dann können Sie sicher sein, dass der Bau kein „Schwarzbau“ ist und den landesüblichen Vorschriften entspricht.
- ○ Vermessen Sie das Grundstück! Häufig gibt es in jedem Land andere Normen

und Vorschriften. Doch überall gilt: Die Quadratmeterangaben sind häufig falsch!

- ○ Boden untersuchen: Eventuell ein Bodengutachten in Auftrag geben.
- ○ Besichtigen Sie auch die Auffahrt: Ist der Weg befestigt? Hält er Regen und Unwetter stand?
- ○ Bausubstanz prüfen bzw. später vom Fachmann prüfen lassen.
- ○ Wie ist der erste Eindruck? Zustand von außen: Mauerwerk, Fassade, Dach, Entwässerung (Drainage). Zustand von innen: Bodenbeläge, Wände, Fenster, Türen, Treppen, Bäder.
- ○ Gibt es Balkone und Terrassen?
- ○ Strom: In welchem Zustand sind die Elektroinstallationen? Letztlich kann nur ein Elektriker qualifizierte Auskunft geben.
- ○ Gibt es eine Heizung? In welchem Zustand ist sie?
- ○ Gibt es Extras? Zum Beispiel eine Klimaanlage, Aufzug, Korrosionsschutz (vor allem bei Lagen direkt am Meer zu empfehlen), Sonnenschutz.
- ○ Gibt es eine Scheune und Unterstellmöglichkeiten?
- ○ Gibt es eine Garage oder einen Stellplatz mit Sonnenschutz?
- ○ Machen Sie von allem Fotos!

Wenn Sie zunächst alleine auf Besichtigungstour gehen, ist das sicher sinnvoll. Sie können sich in Ruhe alles ansehen und sich einen eigenen Eindruck von Lage und Zustand der in Frage kommenden Immobilien machen. Makler führen einen sowieso nur an die Orte, wo es für sie Provision zu holen gibt. Dennoch werden Sie in den meisten Ländern beim Kauf nicht um Makler herumkommen. Aber trösten Sie sich. Ihr Ruf ist in anderen Ländern besser als bei uns. Zum Teil müssen Makler sogar eine Ausbildung machen und einige Jahre Berufserfahrung vorweisen, bevor Sie an die Vermittlung gehen dürfen.

WISO rät: Wenn Ihnen eine Lage besonders gut gefällt, erkundigen Sie sich zum Beispiel an der Einfahrt zu einer Urbanisation nach Immobilien, die zum Verkauf stehen. In Ortschaften können Sie im Rathaus oder im Touristenbüro nachfragen. Scheuen Sie sich nicht, denn schließlich ist man in den meisten Urlaubsregionen auf solche Fragen vorbereitet. Selbst im Alimentari oder beim morgendlichen Brötchenkauf kann man gute Tipps bekommen.

Finanzierung: in Deutschland oder im Urlaubsland?

Wenn Sie sich mit dem Ansinnen, eine Immobilie im Ausland kaufen zu wollen, an Ihre Bank wenden, werden Sie vermutlich auf Ablehnung stoßen. Weder Ihre Hausbank noch die Bank am Urlaubsort wird auf Anhieb ja sagen. Ihre Hausbank hat das Problem, dass ihr die Kreditabsicherung für ein Hypothekendarlehen fehlt. Die Immobilie steht im Ausland, die Bank hat kein Zugriffsrecht auf Grund und Boden. Auch eine Zwangsversteigerung ist nicht einfach zu erwirken. Häufig sind zudem die Immobiliengesetze in dem Land Ihrer Wahl so abweichend vom deutschen Recht, dass sich die Bank die Mühe, da tiefer einzusteigen, erst gar nicht machen will. Es sei denn, Ihre Hausbank hat Partner oder gar eigene Filialen in Ihrem Urlaubsland. Das kann die Finanzierungsverhandlungen deutlich erleichtern. Grundsätzlich sind große deutsche Banken erst ab hohen Investitionssummen, etwa ab 500.000 Euro, bereit, bei Ihrer Auslandsimmobilie einzusteigen. Außerdem werden meist hohe Eigenkapitalquoten verlangt. Wenn Sie dagegen andere Sicherheiten bieten können, zum Beispiel inländische Immobilien, wie Ihr bereits abbezahltes Einfamilienhaus, ist der Weg zum Darlehen einfacher. Denken Sie auch daran, dass sich festverzinsliche Wertpapiere oder Lebensversicherungen hinterlegen lassen. Sicher ist jedoch: Ohne inländische Sicherheiten geht bei deutschen Banken nichts.

Die ausländischen Banken gehen bei der Prüfung des Darlehensantrags in der Regel genauso vor wie deutsche Banken. Sie wollen Sicherheiten sehen. Die können Sie bieten, denn Ihre Auslandsimmobilie hat ja einen Wert – nur welchen? Der Kaufpreis ist zwar ein guter Anhaltspunkt, doch nicht das Maß aller Dinge. Es kommt auf das Wertgutachten an. Häufig werden solche Wert- oder Schätzgutachten schon vom Verkäufer vorgelegt, wenn die Bank damit aber nicht zufrieden ist, wird sie ein aktuelles verlangen. Die Kosten gehen natürlich zu Ihren Lasten.

WISO rät: Geben Sie ein Wertgutachten in Auftrag, dann haben Sie Gewissheit, ob der Kaufpreis angemessen ist, und gleichzeitig verfügen Sie über ein Dokument zur Vorlage bei der Bank. Mehr zum Wertgutachten finden Sie weiter vorne, im Kapitel „Richtig bewerten: Zwölf Schritte zum Erfolg“.

Wie die meisten deutschen Banken finanzieren auch die ausländischen Kreditinstitute Ihre Immobilie nicht zu 100 Prozent. Die Beleihungsgrenzen bewegen sich zwischen 50 und 80 Prozent, je nach dem Wert der Immobilie. Das heißt gleichzeitig, dass Sie den jeweiligen Restbetrag als Eigenkapital mitbringen müssen. Das hat zumindest den Vorteil, dass sich dadurch auch die Zinsbelastung verringert. Ausländische Banken werden zu ihrer eigenen Sicherheit auch einen Einkommensnachweis von Ihnen verlangen. Dass es sich dabei um deutsche Belege handelt, ist nicht hinderlich. Eventuell müssen sie jedoch beglaubigt und übersetzt werden.

WISO rät: Für die Finanzierung Ihrer Auslandsimmobilie können Sie auch ein Bauspardarlehen verwenden. Haben Sie allerdings in der Ansparphase staatliche Wohnungsbauprämien und Zulagen kassiert, müssen Sie diese wieder zurückzahlen. Außerdem sind bestimmte Unterlagen einzureichen. Erkundigen Sie sich bei Ihrer Bausparkasse nach den konkreten Regeln.

Welche Unterlagen müssen bei der Bank vorgelegt werden?
Einkommensnachweis, Grundbuchauszug bzw. Hypothekenregisterauszug, Bebauungsplan/Lageplan, Grundrisse, Wohn- und Nutzflächenberechnung, bei Neubau Baugenehmigung und Baubeschreibung, Lichtbilder, Wertgutachten, häufig wird eine Feuerversicherung verlangt; falls vorhanden, der Vorvertrag, Teilungserklärungen bei Eigentumswohnungen, Abnahmeprotokoll, für Renovierungsmaßnahmen ein Kostenvoranschlag,

Bei einer Immobilienfinanzierung sollten Sie auf jeden Fall auch nach den Transaktionskosten oder sonstigen Entgelten fragen. Häufig sind die Kosten für bankspezifische Sonderwünsche hoch. Ein WISO-Zuschauer schreibt, dass er für die Bezahlung seiner Immobilie in Spanien von seiner spanischen Bank dem Verkäufer zwei bankbestätigte Schecks von jeweils 60.000 Euro vorlegen musste. Für das Ausstellen dieser Schecks wurden ihm zusammen 600 Euro in Rechnung gestellt. Bei der Bank nebenan hätte der gleiche Service nur 60 Euro gekostet. Vergleichen lohnt auch im Ausland!

Steuern zahlen – einfach, doppelt oder gar nicht?

Bundesbürger können hoffen. Für die Finca auf Mallorca sollen bald die gleichen Vorteile gelten wie für ein Ferienhaus auf Sylt. Der Bundesfinanzhof (BFH) bezweifelt nämlich, dass die deutschen Vorschriften mit der Europäischen Union vereinbar sind.

Bisher müssen deutsche Steuerzahler ihre Vorliebe für eine Immobilie jenseits der Grenze mit dem Verzicht auf Steuervorteile bezahlen. Wird die Auslandsimmobilie zeitweise vermietet, machen viele Eigentümer während dieser Zeit Verluste. Denn Abschreibung, Kreditzinsen und sonstige Kosten sind oft höher als die Einnahmen aus Vermietung. Bislang weigern sich die deutschen Finanzämter, rote Zahlen aus Immobilieninvestitionen im Ausland sofort inländischen Einkünften – egal ob Arbeitnehmer oder Selbstständiger – zu verrechnen. Weder direkt noch indirekt ist die Anrechnung auf den Steuersatz erlaubt. Bei diesem so genannten negativen Progressionsvorbehalt würde der Steuersatz für seine übrigen Einkünfte sinken. Typisch Fiskus: Von den Verlusten aus Vermietung und Verpachtung der Auslandsimmobilie will er nichts wissen, aber von den Gewinnen fordert er seinen Anteil. Es kommt noch schlimmer, wenn die Einkünfte aus Vermietung sowohl dem ausländischen Fiskus als auch dem deutschen Finanzamt am Heimatort gemeldet werden müssen. Im ungünstigsten Fall droht sogar die Doppelbesteuerung.

Was ist ein Doppelbesteuerungsabkommen?
Das Abkommen zur Vermeidung der Doppelbesteuerung auf dem Gebiet der Steuern vom Einkommen und vom Vermögen und zur Verhinderung der Steuerverkürzung, kurz DBA, ist innerhalb Europas nicht einheitlich geregelt. Deutschland hat mit allen wichtigen Industriestaaten ein solches Abkommen getroffen. Das DBA muss jedoch als völkerrechtliche Vereinbarung dem jeweiligen nationalen Steuerrecht vorgeschaltet sein. Die meisten Abkommen betreffen das Einkommen- und Vermögenssteuerrecht. In dem DBA wird geregelt, welche Steuer von welchem Staat kassiert werden darf und ob diese Beträge auf die bereits bezahlte Steuer im Heimatland angerechnet werden können. Bei Immobilien gilt meist die Regel: In dem Land, in dem sich die Immobilie befindet, wird auch die Steuer erhoben.

Ab sofort dürfen Eigner von Immobilien in Spanien, Italien, Frankreich, Portugal, Österreich, Griechenland, Benelux und Dänemark auf steuerliche Entlastung hoffen – eventuell genau wie beim Kauf eines Ferienhauses zwischen Flensburg und Füssen. Denn der Bundesfinanzhof hat einen Fall an den Europäischen Gerichtshof (EuGH) in Luxemburg weitergeleitet (AZ: C-152/03). Dort soll entschieden werden, ob eine unterschiedliche Behandlung der Vermietungsverluste die in der EU garantierte Niederlassungsfreiheit oder den freien Kapitalverkehr behindern. Sind die höchsten Europarichter der gleichen Meinung wie der BFH, dürfen Immobilienverluste im EU-Ausland aus Ferien- und Bürohäusern mit inländischen Einkünften verrechnet werden.

WISO rät: Aufgrund dieser dem EuGH vorgelegten Entscheidungsfrage sollten Sie als Eigentümer einer in einem anderen EU-Staat gelegenen, mit Verlust vermieteten Immobilie gegen alle noch nicht bestandskräftigen Steuerbescheide Einspruch einlegen und Antrag auf Ruhen des Verfahrens stellen.

Unabhängig von den Regeln der EU-Besteuerung fallen bei jedem Immobiliengeschäft Steuern an; in jedem Fall eine Art Grunderwerbssteuer und die regelmäßig zu zahlende Grundsteuer. Außerdem können Sie von Land zu Land, je nach Zuordnung, auf unterschiedliche Steuersätze stoßen: für Residenten, also für solche Personen, die ihren Lebensmittelpunkt ins Ausland verlegt haben, und solche, die sich nur vorübergehend im Ausland aufhalten. Dafür müssen in der Regel bestimmte Aufenthaltstage im Jahr über Jahre hinweg nachgewiesen werden. Außerdem werden Unterschiede zwischen Privatpersonen und Gesellschaften, also juristischen Personen, gemacht.

WISO rät: Bevor Sie sich ins Immobiliengeschäft stürzen, klären Sie mit Ihrem Steuerberater alle wichtigen Steuerfragen. Über dessen Berufsorganisation lassen sich auch Kontakte zu kompetenten Kollegen vermitteln, die Ihnen bei den Recherchen zum Immobilienrecht in dem jeweiligen Land weiterhelfen können.

Achtung Schwarzgeld!
Erfährt der deutsche Fiskus – wann und wie auch immer –, dass Sie eine Immobilie im Ausland haben, liegt die Frage nach der Besteuerung nicht fern. Sie sollten also wissen, ob Sie und wo Sie Ihren Besitz versteuern müssen und ob dem deutschen Staat gegebenenfalls auch etwas zusteht. Außerdem wird eine Überprüfung unangenehm, wenn dabei herauskommen sollte, dass Ihr Ferienquartier mit Schwarzgeld finanziert wurde. Dann sind die Steuerprüflinge hier wie anderswo nicht zimperlich. Es kann sich je nach Rechtslage um eine Steuerordnungswidrigkeit oder gar um eine Steuerstraftat handeln.

Erbschaft gemacht – Kummer gebracht?

Gerade bei der Erbschafts- und Schenkungssteuer haben viele Länder innerhalb der EU keine Doppelbesteuerungsabkommen geschlossen, trotz gemeinsamer Währung, Abkommen zu Sicherheitsfragen, Niederlassungsrecht und freier Arbeitsplatzwahl. Immer wieder stößt man auf Beschränkungen auf Grund nicht vollzogener Harmonisierungsprozesse. Deshalb ist zunächst zu klären, welches Landesrecht im Erbfall zum Tragen kommt. Gelten die Bestimmungen des Landes, in dem Sie als Resident leben oder sich dort vorübergehend aufhalten, oder die des Heimatlandes, also Deutschland? Es ist also ratsam, sich rechtzeitig kundig zu machen, wie die Regelungen im Gastland aussehen. Wird zum Beispiel im Gastland gezahlte Erbschaftssteuer auf den deutschen Freibetrag angerechnet? Was besagt das Erbrecht über Erbfolge, Pflichtteil und Ausschlüsse? Muss ein Testament zweisprachig vorliegen oder reicht die Vorlage in der Muttersprache aus?

Zum Beispiel gilt in Italien und Spanien allgemein, dass für Personen mit deutscher

Staatsangehörigkeit das Testament genauso behandelt wird wie in Deutschland. Ist darin keine Erbfolge festgelegt, kommt das deutsche Erbrecht zum Zuge. In Frankreich werden Immobilien dagegen nach dem französischen Erbrecht vererbt. Die Erbfolge richtet sich in erster Linie nach der Blutsverwandtschaft. Der hinterbliebene Ehegatte hat eine schlechtere Position als nach deutschem Erbrecht.

WISO rät: Lassen Sie sich am besten im Zusammenhang mit den Kaufverhandlungen über die Details des jeweiligen Erb- und Schenkungsrechts von einem Anwalt beraten. Beachten Sie hierbei das alte, aber treffende Sprichwort: Was du heute kannst besorgen, verschiebe nicht auf morgen!

Bei Auslandsimmobilien sollten Sie sich auf jeden Fall nach dem Doppelbesteuerungsabkommen für die Erbschafts- und Schenkungssteuer erkundigen. Denn nur mit Griechenland, Österreich, Schweden, der Schweiz und den USA besteht eine solche Vereinbarung. Zwar kann dadurch eine Doppelbesteuerung nicht immer ganz vermieden, aber zumindest gemildert werden.

Zum Teil kann die Erbschaftssteuer im Ausland deutlich höher ausfallen als in Deutschland. Es ist deshalb ratsam, sich schon vorher Gedanken darüber zu machen, ob man nicht schon zu Lebzeiten eine Immobilienübertragung vornimmt, zum Beispiel im Wege einer Schenkung. Dafür sollten Sie sich von einem Notar beraten lassen!

Die beliebtesten Länder

Unsere direkten Nachbarn sind nicht nur für den Urlaub, sondern auch für das Ferienhaus die erste Wahl. Allen voran liegt aber Spanien, gefolgt von Österreich, Italien und Frankreich. Auf drei Länder werden wir in den folgenden Kapiteln näher eingehen. Wesentlichste Vorteile: die Erreichbarkeit und der Euro. Auch wenn die Harmonisierung der Gesetze noch andauert, so ist es doch für EU-Bürger einfacher geworden, eine Immobilie zu erwerben. Offene Grenzen, freies Aufenthalts- und Niederlassungsrecht, und auch arbeiten und Rente beziehen kann man im Ausland.

Über die Preise lässt sich nur schwer etwas sagen. In begehrten Lagen muss man mehrere tausend Euro pro Quadratmeter hinblättern, in ländlichen Regionen gibt es sogar noch Schnäppchen. Außerdem teilt sich der Immobilienmarkt in den meisten Ländern in einen einheimischen und einen ausländischen Markt. Die Geschmäcker sind verschieden. Wollen Sie zum Beispiel eine gute Ausstattung haben, weil Sie vor Ort nichts in Ihrem Domizil entbehren wollen, geben sich einheimische Immobilienkäufer vielleicht mit der Ferienausstattung zufrieden. Sie haben es in jedem Fall näher als Sie, bis sie zu Hause sind, und können vielleicht als Wochenendbewohner auf einiges verzichten.

Was Sie nicht unterschätzen dürfen, sind die Sprachbarrieren und die anderen Sitten. Doch wahrscheinlich ist es genau das, was Sie an Ihrem Urlaubsland schätzen und lieben. Schließlich klingt Buscetta besser als gehackte Tomaten und Blanc de Blanc besser als Schoppenwein. Stellen Sie sich bei Immobiliengeschäften jedoch darauf ein, dass Sie einen Dolmetscher oder Übersetzer engagieren müssen. Das hat den wesentlichen Vorteil, dass Sie alles verstehen können, was Sie unterschreiben. In vielen Ländern haben auch die Notare die Pflicht, sich nach Ihren Sprachkenntnissen zu erkundigen.

Wo gibt es Informationsmaterial zu Auslandsimmobilien?

In Deutschland:

- Botschaften oder Konsulate des jeweiligen Urlaubslandes

- Auswärtiges Amt
Werderscher Markt 1
10117 Berlin
Postadresse: 11013 Berlin
Tel.: +49 (030) 5000-0
Fax: +49 (030) 5000-3402
Evtl. Nummer für Notfälle: +49 (030) 5000-2000
(auch außerhalb der Dienstzeiten)
Internet: www.auswaertiges-amt.de

- Deutscher Industrie- und Handelskammertag
Info Center
Breite Straße 29
10178 Berlin
Tel.: +49 (030) 203 08 16-19
Fax: +49 (030) 203 08 16-16
Internet: www.dihk.de

- Bundesagentur für Außenwirtschaft
Agrippastraße 87–93
50676 Köln
Postanschrift: Postfach 10 05 22, 50445 Köln
Tel.: +49 (0221) 2057-0
Fax: +49 (0221) 2057-212
Internet: www.bfai.de

- Bellevue, Zeitschrift mit Informationen und Immobilienangeboten im Ausland, monatliche Erscheinungsweise, zum Beispiel als Miniabo 9,95 Euro für drei Ausgaben, erhältlich im deutschen Zeitschriftenhandel, Verlagsgruppe Milchstraße, oder bestellen über
  Bellevue Leserservice
  Postfach 302
  77649 Offenburg
  Tel.: 0781/6396-997
  Fax: 0781/6396-191
  Internet: www.bellevue.de

- Informationen zum Thema Auswanderung finden Sie auch beim Bundesverwaltungsamt. Das BVA ist auf elf Dienstorte verteilt. Wenn Sie im Internet unter www.bundesverwaltungsamt.de auf die jeweilige Stadt klicken, erhalten Sie die gewünschten Informationen wie Adresse, Telefon- und Faxnummer.

Im Ausland:

- Deutsche Botschaft oder deutsche Konsulate
- Außenhandelskammern des Deutschen Industrie- und Handelskammertages
- Immobilienzeitungen und Zeitschriften vor Ort;
- Anzeigen in touristischen Zeitungen und Zeitschriften, zum Beispiel erhältlich in der Touristeninformation oder im Zeitschriftenhandel;
- Makler vor Ort;
- eigenes Engagement vor Ort: umsehen, Preise erfragen, vergleichen.

Spanien nach wie vor der Favorit: Küste, Festland und die Inseln

Bei den Deutschen sind die Costa Blanca, die Costa del Sol und auf den Kanarischen Inseln vor allem Teneriffa und Gran Canaria beliebt, und auf den Balearen steht Mallorca, neuerdings Malle genannt, nach wie vor hoch im Kurs.

Bei der Suche nach der richtigen Immobilie werden Sie die Bekanntschaft mit einigen Maklern machen, denn die meisten Ferienwohnungen und Häuser werden über Vermittler verkauft. Verständlich, denn der Eigentümer, vielleicht ein Deutscher, wird nicht vor Ort sein können, wenn Interessenten kommen. In Spanien brauchen Makler eine Zulassung. Die erhalten sie, wenn sie die staatliche Aufnahmeprüfung bestanden haben. Danach dürfen sie den Titel der Berufsbezeichnung „API“, *agente de la propriedad immobiliaria,* tragen.

Außerdem müssen sie der spanischen Maklerkammer, *colegio de API,* beitreten und dort eine Kaution hinterlegen. Sie gilt als Sicherheit bei Pflichtverletzung und wenn daraus Schadensersatzansprüche abgeleitet werden können. Der Makler muss ein Gewerbe anmelden und Gewerbesteuer zahlen. Wie auch in Deutschland ist einem Immobilienverwalter das Vermakeln von Immobilien untersagt. Hausverwalter dürfen also keine Provision kassieren, auch wenn sie nicht selten mit dem Makler nach perfektem Geschäftsabschluss halbe-halbe machen. Schwarze Schafe unter den *administradores de fincas* gibt es überall, auch in Spanien.

Die Maklercourtage zahlt in Spanien in der Regel der Verkäufer. Es sei denn, Sie beauftragen den Makler damit, für Sie eine Immobilie zu finden. Sie liegt zwischen 3 und 10 Prozent des Verkaufspreises und muss schriftlich festgehalten werden. Üblich sind auch in Spanien so genannte Exklusivverträge. Das heißt, nur der eine beauftragte Makler kassiert die Courtage, egal, wer tatsächlich den Kaufinteressenten gefunden hat. So wird immer eine Maklerprovision fällig, selbst dann, wenn der Verkäufer selbst einen Käufer gefunden und der beauftragte Makler dafür keinen Finger krumm gemacht hat.

Nach dem spanischen Recht muss der Makler die Interessen des Auftraggebers wahrnehmen. Er darf zum Beispiel nicht den Preis in die Höhe treiben, um eine höhere Provision zu erhalten. Auch darf er nicht von beiden Seiten eine Provision verlangen. In Deutschland ist das jedoch zulässig. Käufer und Verkäufer zahlen je die Hälfte.

Spanische Makler müssen auch haften. Zum Beispiel, wenn sie wichtige Informationen zurückhalten, Fehler der Immobilie arglistig verschweigen, und für Falschberatung. Da Makler üblicherweise die Interessen des Verkäufers vertreten, sollten Sie als Käufer alle Angaben überprüfen, zum Beispiel auch ins Grundbuch Einsicht nehmen lassen.

Wählen Sie einen Anwalt aus, der prüft, ob es rechtliche Probleme gibt!

Der private Kaufvertrag ist bindend

Das Schönste zuerst: Bürger aus der Europäischen Union brauchen in Spanien keine Beschränkungen beim Immobilienerwerb zu befürchten. Als Deutscher sind Sie EU-Bürger, das erleichtert die Sache zusätzlich. Es gibt deutliche Unterschiede, aber auch Gemeinsamkeiten. So wird der Immobilienbesitz genau wie in Deutschland ins Grundbuch, *registro de la propiedad,* eingetragen, die Beurkundung durch einen Notar ist nicht vorgeschrieben, aber auch in Spanien zu empfehlen. Üblicherweise wird zunächst ein privater Kaufvertrag unterschrieben, der erst danach notariell beurkundet wird. Auch ein mündlicher Vorvertrag ist nach spanischem Recht bindend.

Achtung: Bereits der private Kaufvertrag, *contrato privado,* ist bindend, also nicht erst der Notarvertrag, *escritura.* Glauben Sie niemandem, der Ihnen etwas anderes erzählt. Im Kaufvertrag sind im Wesentlichen aufgeführt: Art, Lage, Ausstattung der Immobilie, Zahlungsbedingungen, Höhe der Anzahlung, Übergabetermin von Nutzen und Lasten, Ummeldungstermin für die Steuer, Kosten für die Eigentumsübertragung und weitere Details. Lassen Sie sich schon beim Aufsetzen des Kaufvertrags unbedingt anwaltlich beraten!

Eine Anzahlung ist bei einer Immobilienreservierung üblich. In dem so genannten Optionsvertrag wird dem potenziellen Käufer das Recht eingeräumt, die Immobilie innerhalb einer festgelegten Reservierungsfrist zu erwerben. Bei Zahlung des Kaufpreises wird die Anzahlung damit verrechnet. Entscheidet sich der potenzielle Käufer anders und verstreicht die Frist, verfällt nicht nur die Reservierung, sondern auch die Anzahlung. Häufig bedienen sich Makler solcher Verträge. Wird die Anzahlung dagegen im Rahmen des privaten Kaufvertrags gezahlt, müssen beide Parteien für die Erfüllung des Vertrags geradestehen. Häufig wird vereinbart, dass, wenn der Käufer von dem Vertrag zurücktritt, auch die Anzahlung verloren ist. Tritt der Verkäufer vom Vertrag zurück, muss er dagegen die doppelte Anzahlung als Schadensersatz zahlen. Generell gilt die konkrete vertragliche Vereinbarung. Klären Sie in jedem Fall das Prozedere um die Anzahlung!

WISO rät: Wollen Sie sichergehen, dass Sie Ihre Anzahlungen bei Nichteinhaltung des Vertrags zurückerhalten, wählen Sie den Umweg über das Notaranderkonto. Das kostet zwar ein bisschen mehr, ist aber sicher.

Ihr Anwalt sollte gleich zu Beginn der Verhandlungen ins Grundbuch schauen und klären, wie die Eigentumsverhältnisse aussehen und ob das Objekt in irgendeiner Form belastet ist, zum Beispiel durch Mietverträge, Vorkaufsrechte oder Schulden. Wurden die Grundsteuern und die Gemeindeabgaben für die letzten fünf Jahre bezahlt? Lassen Sie sich eine Quittung vorlegen, denn für Rückstände müssen Sie als neuer Eigentümer einstehen. Im Zweifelsfall können Sie mit der Katasternummer des Grundstücks bei der Gemeinde nachfragen. Gerade Eigentümer, die eine Immobilie in Spanien nur als Feriensitz benutzen, sind mit der Zahlung nicht selten in Verzug.

Alles, was im Grundbuch eingetragen ist, ist wichtig. Selbst kleine Nummern können Ihnen Nachteile bringen. Sie deuten auf Urkunden hin, die dem Grundbuchauszug, *nota simple informative,* anhängen. Was genau darin steht, sollte geklärt sein, bevor Sie den Vertrag unterschreiben. Es können allerdings auch Einträge fehlen. Auf Grundstücke, die direkt am Meer liegen, hat der spanische Staat ein Zugriffsrecht. Es könnte also eine Enteignung stattgefunden haben, die noch nicht im Grundbuch vermerkt ist. Auch gibt es viele Grundstücke, für die keine Neubauerklärung eingetragen ist. Das heißt, nur der Erstbau ist genehmigt, die nachträgliche Erweiterung nicht. Das sollte nachgeholt werden.

WISO rät: Erst wenn Ihr Anwalt alles geprüft und den Kaufvertrag für einwandfrei befunden hat, folgt der Gang zum Notar. Er wird das Rechtsgeschäft beurkunden. Das ist notwendig, um einen Eintrag ins Grundbuch vornehmen zu lassen.

Spanische Notare, *notarios,* sind wie in den meisten deutschen Bundesländern ausschließlich als Notare tätig. Sie sind nicht gleichzeitig auch noch Rechtsanwälte. In Spanien können auch Konsule eine Beurkundung durchführen.

Obwohl der Notarvertrag beim Immobilienerwerb in Spanien nicht zwingend vorgeschrieben ist, werden alle Immobiliengeschäfte notariell beurkundet. Der Grund: Die Beurkundung ist Voraussetzung, um einen Eintrag ins Grundbuch zu erwirken. Das ist zwar nicht zwingend vorgeschrieben, aber dringend zu empfehlen. Denn wenn Sie nicht als Eigentümer aufgeführt sind, werden vielleicht andere diesen Umstand zu ihrem Vorteil nutzen.

Wie hoch sind Kosten und Nebenkosten – und wer zahlt was?

Grob geschätzt müssen Sie mit Nebenkosten von etwa 10 Prozent des Kaufpreises rechnen. Je nachdem, ob ein Makler beteiligt ist oder nicht, kann es noch etwas günstiger werden. Die Notarkosten liegen zwischen 0,3 und 0,5 Prozent des Kaufpreises. Der Anwalt nimmt 0,9 bis 1,0 Prozent des tatsächlichen Kaufpreises. Den Makler bezahlt der Verkäufer: Die Spanne reicht von 3 bis 10 Prozent. Diese Kosten sind jedoch meist schon im Kaufpreis enthalten. Die Grunderwerbssteuer beträgt 6 Prozent, für die Eintragungen ins Grundbuch werden etwa 0,2 bis 0,3 Prozent fällig. Für eine Neubauerklärung wird ein halbes Prozent des angegebenen Wertes berechnet. Die jährliche Grundsteuer wird vom Katasteramt festgelegt, die Höhe der Abgaben von der Gemeinde.

Üblicherweise trägt der Verkäufer nur die Kosten für die Ausstellung der Urkunde. Der Käufer zahlt für die erste Kopie des Vertrags und trägt weitere Kosten, zum Beispiel die Wertzuwachssteuer, *plusvali* (in Italien zum 1.2.2003 abgeschafft). Die Wertzuwachssteuer fällt bei Veräußerung (Verkauf, Schenkung, Erbschaft etc.) sowie bei Bestellung oder Übertragung dinglicher Rechte an spanischen Immobilien an. Es handelt sich um eine Gemeindesteuer in Bezug auf städtische Grundstücke, betrifft aber keine ländlichen Liegenschaften. Der Steuersatz hängt von der Gemeinde ab und bewegt sich zwischen 26 und 30 Prozent. Sie müsste eigentlich vom Verkäufer entrichtet werden, wird aber in der Praxis meist auf den Käufer abgewälzt. Außerdem wird nach der Unterzeichnung des Notarvertrags der volle Kaufpreis fällig. Doch zahlen sollten Sie nicht, bevor Sie nicht den Schlüssel haben. Der Verkäufer sollte spätestens am Tag der notariellen Beurkundung ausgezogen sein, die Immobilie leer geräumt und sämtliche Schlüssel an Sie übergeben haben.

Achtung Frist: Zwischen der Anforderung des Grundbuchauszugs und der Vorlage des notariellen Kaufvertrags sollten nicht mehr als zehn Tage vergehen. Nur so lange ist die Immobilie beim Grundbuchamt quasi reserviert. Innerhalb dieser Frist wird in der Regel der notarielle Kaufvertrag geschlossen. Das Grundbuchamt ist verpflichtet, den Notar über eventuelle Veränderungen der Grundbuchsituation zu informieren. Spätestens am zehnten Tag muss der Notarvertrag zusammen mit dem Antrag auf Grundbucheintragung beim Amt vorliegen. Wenn nicht, verfällt die Reservierung, und andere könnten beim Kauf Vorrang erhalten.

WISO rät: Schützen Sie sich vor unerwünschten Eintragungen nach der Unterzeichnung des Notarvertrags, indem Sie noch am gleichen Tag das Grundbuchamt per Fax vom Kaufvertrag informieren. Lassen Sie sich den Eingang des Fax vom Grundbuchamt bestätigen, dann können Sie sicher sein, dass bis zum Ablauf der Zehn-Tages-Frist kein anderer als Eigentümer eingetragen werden kann. Der Fax-Schriftwechsel sollte über die Notariatsadresse laufen!

Beispielrechnung:

Neben einem Kaufpreis von 100.000 Euro fallen in etwa folgende Steuern und Gebühren an:

Grunderwerbssteuer (6% bei Gebrauchtimmobilie, bei Neubau 7 %)	6.000 Euro
Notarkosten	550 Euro
Grundbuchkosten, örtliche Wertzuwachssteuer	450 Euro
Abwicklungskosten	500 Euro
Summe	7.500 Euro

Quelle: LBS „Casa Europa", www.lbs.de

Nützliche Adressen:

Deutsche Handelskammer für Spanien

Cámara de Comercio Alemana para España
Avda. Pío. XII, 26–28
E-28016 Madrid
Tel.: 0034/91/353 09 10
Fax: 0034/91/359 12 13
e-Mail: ahk_spanien@comuserve.com
Internet:www.embajada-alemania.es

Deutsche Handelskammer für Spanien
Cámara de Comercio Alemana para España
Geschäftsstelle
Calle Córega, 301–303
E-08008 Barcelona
Tel.: 0034/93/415 54 44
Fax: 0034/93/415 27 17

Die Vertretung der Handelskammer verfügt über deutschsprachiges Personal und kann Ihnen mit Rat und Tat zur Seite stehen.

Italien – molto bene

Früher waren Lagen direkt am Meer, auf den Inseln oder am See die begehrtesten. Wer Eigentümer eines Hauses an einem der norditalienischen Seen wie dem Lago Maggiore, dem Gardasee oder dem Comer See ist, kann sich glücklich schätzen. Sie sind von Süddeutschland schnell zu erreichen. Sie können in Frankfurt starten und in sechs Stunden im Tessin sein. In den Achtziger- und Neunzigerjahren sind die Toskana und Sardinien dazugekommen. Während in der Toskana vom einfachen Rustico bis zum mittelalterlichen Herrschaftshaus mit allem Schnick-Schnack die Preise weiter nach oben schnellen, gilt Sardinien immer noch als Geheimtipp. Selbst wenn auch dort die guten Lagen schon sehr teuer sind, können im Landesinneren noch günstige Objekte erworben werden. Bei den Deutschen und bei den Italienern gleichermaßen weckt Sardinien die Lust zum Kaufen. Interessant sind auch die Gebiete nördlich der Toskana, Piemont, Friaul und Ligurien. In den Cinque Terre, den fünf Tälern, ist der Tourismus neu entfacht. Dort müssen Ausländer noch nicht einmal eine Immobilie kaufen, um dort heimisch werden zu können. Wer will, kann über einen langen Zeitraum hinweg Land pachten. Wenn Sie zum Beispiel 20 Jahre lang Weinberge bestellen oder Olivenhaine abernten möchten, können Sie einen Antrag bei der Nationalparkbehörde stellen. Die Parco Nazionale schickt Ihnen alles auch auf Deutsch zu:

Parco Nazionale delle Cinque Terre
Via Telemaco Signorini, 118
I-19017 Riomaggiore
Tel.: +39/0187/7600-00
Fax: +39/0187/7600-61
e-Mail: info@parconazionale5terre.it
Internet: www.emmeti.it

Über diese Seiten finden Sie auch Immobilienangebote und können per Klick auf die Landkarte durch ganz Italien surfen.

Mit den Maklern in Italien ist das so eine Sache. Sie sollten in jedem Fall viel Zeit investieren, um herauszufinden, ob es sich um einen seriösen Makler handelt, vor allem dann, wenn Sie ihm Geld geben sollen. Hat der Makler den Käufer gefunden, hat er in aller Regel Anspruch auf eine Provision, die der Käufer zahlen muss. Sie liegt zwischen 4 und 6 Prozent. Außerdem verlangt er 1 bis 2 Prozent mehr, wenn er sich um die Finanzierung kümmern soll. Vergessen Sie dabei nicht: Gerade in Italien ist alles verhandelbar! Sie sollten über den Makler Auskünfte einholen, zum Beispiel, ob er bei der Handels- bzw. Maklerkammer eingetragen ist. Wenn nicht, erkundigen Sie sich, ob er für eine Maklerfirma arbeitet. Das ist wichtig, um zu wissen, mit wem Sie sich einlassen. Außerdem können Sie Ihren Notar fragen, ob ihm die Maklerfirma bekannt ist. In jedem Fall sollten Sie, wie auch in Deutschland, von dem Recht Gebrauch machen, als Käufer den Notar auszusuchen. Bei der Auswahl sind Ihnen die Botschaften, Konsulate und das Auswärtige Amt behilflich.

Deutsche Botschaft
Via San Martino della Battaglia 4
I-00185 Roma, Italia
Tel.: 0039-06-49 21 31
Fax: 0039-06-49 21 33 20 oder 0039-06-445 26 72
e-Mail: deutsche-botschaft@rom.diplo.de
Internet: www.rom.diplo.de

Deutsches Generalkonsulat
Via Solferino 40
I-20121 Mailand
Tel.: 0039-6-655 44 34
Fax: 0039-6-665 542 13
Internet: www.konsulate.de

Deutsch-Italienische Handelskammer
Via Napo Torriani 29
I-20124 Mailand
Tel.: 0039-02-67 91 31
Fax: 0039-02-669 809 64
Internet: www.ahk-italien.it

Wenn Sie die richtige Immobilie gefunden haben, kommt es unweigerlich zu den Vertragsverhandlungen. Diese müssen nicht, sollten aber vor einem Notar geführt werden. Zunächst wird ein Vorvertrag, *compromesso*, abgeschlossen, der alle wichtigen Bestandteile enthält, die zur Eigentumsübergabe notwendig sind. Der Vorvertrag ist rechtlich bindend. Die Ansprüche daraus können vor einem Gericht eingeklagt werden. Der Käufer verpflichtet sich, die Immobilie zu kaufen, und kümmert sich um die Finanzierung. Er übernimmt auch die Steuern, die beim Kauf fällig werden, und trägt die Kosten des Vertrags: Registersteuer, *imposta di rigistro,* Hypothekensteuer, *imposta ipotecaria*, Katastersteuer, *imposta castastale,* und bei Kauf vom Bauträger fällt zusätzlich die Mehrwertsteuer, *imposta sul valore aggiunto (IVA)* an. In Italien werden Zweitwohnsitze höher besteuert als Hauptwohnsitze, und auch die Mehrwertsteuer unterscheidet sich je nachdem, ob Sie eine Erstwohnung oder eine Luxuswohnung erwerben. Außerdem fällt jährlich die Immobiliensteuer, *imposta communale sugli immobili,* an, die direkt an die Gemeinde abzuführen ist.

Für die Registersteuer zahlen Residentes circa 3 Prozent, für den Zweitwohnsitz sind es etwa 7 Prozent. Die Katastersteuer liegt bei etwa 4 Prozent des steuerpflichtigen Werts der Immobilie. Sie ist bei Verkäufen, Hypotheken-, Erbschafts- und Schenkungsverträgen zu zahlen. Der Notar erhält bis zu 3,5 Prozent vom Kaufpreis. Der Verkäufer besorgt alle notwendigen Unterlagen: vom Katasteramt, Eigentumsnachweise, eventuell Erbscheine, Steuerbescheide und einen Verzicht auf mögliche Vorkaufsrechte. Achten Sie darauf, dass die Vorkaufsberechtigten eine Kopie Ihres Vorvertrags erhalten. Erfolgt innerhalb von 30 Tagen keine Rückmeldung, ist das Recht verwirkt, und Sie können den Vertrag unterschreiben. Der Verkäufer muss Ihnen ebenfalls bescheinigen, dass die Immobilie frei von Lasten und Mängeln ist.

Beispielrechnung:
Neben einem Kaufpreis von 100.000 Euro fallen in etwa folgende Steuern und Gebühren an:

Registersteuer (7%)	7.000 Euro
(Bei Erstwohnsitz 3%	*3.000 Euro)*
ca. 3% Notar,	
ca. 3,5% Steuern,	
3% Gebühren	ca. 9.500 Euro
Summe	ca. 19.500 Euro

Quelle: LBS „Casa Europa“, www.lbs.de

WISO rät: Der Vertrag wird in der Regel auf Italienisch abgefasst sein. Unterschreiben Sie nichts, was Sie nicht verstanden haben. Auch wenn Sie etwas Italienisch sprechen, reicht das häufig nicht, um das Fachvokabular richtig zu übersetzen und dessen Bedeutung richtig zu bestimmen. Im Zweifelsfall bemühen Sie besser einen fachkundigen Übersetzer.

Die genaue Besteuerung einer italienischen Immobilie hängt von vielen Details ab. Dem Laien ist eine Berechnung fast unmöglich. Deshalb ist es üblich, dass der Notar die Kosten ermittelt. Die Kosten werden auch nach Unterzeichnung des Kaufvertrags an ihn entrichtet. Er ist dafür verantwortlich, dass dem Staat die Steuern zufließen.

Achtung: Wird Ihnen angeboten, im notariellen Kaufvertrag einen niedrigeren Preis einzutragen, als Sie tatsächlich nach Vorvertrag zahlen sollen, ist das zwar nicht selten, aber auch riskant. Das Ziel dabei ist, Steuern zu sparen. Im Klartext handelt es sich aber um Steuerhinterziehung. Mit einer Überprüfung muss immer dann gerechnet werden, wenn der Preis unter dem des Katasteramtes liegt. Außerdem: Bekommt der Vorkaufsberechtigte heraus, dass die Immobilie zu einem niedrigeren Preis als im Vorvertrag genannt, verkauft wurde, kann er den Vertrag innerhalb eines Jahres anfechten und darauf bestehen, dass ihm die Immobilie zu dem niedrigeren Preis, der im Notarvertrag fixiert wurde, verkauft wird.

Zwischen Deutschland und Italien besteht ein Doppelbesteuerungsabkommen. Wenn Sie in Deutschland Ihren Hauptwohnsitz haben und dort Ihre Einnahmen erzielen, werden diese auch dort versteuert. Die Einnahmen oder die Veräußerung Ihrer Italien-Immobilie müssen Sie jedoch in Italien versteuern, so sieht es das Abkommen vor. Sie können sich davon aber freistellen lassen. Erkundigen Sie sich bei Ihrem Steuerberater nach den Details! Die Erbschaftssteuer ist in Italien abgeschafft worden, es fallen nur noch 3 Prozent Hypothekar- und Registersteuer an, ansonsten unterliegt die Immobilie in Italien der deutschen Erbschaftssteuer. Im Gegensatz zu Frankreich gibt es in Italien keine Probleme mit der Erbfolge. Die deutsche Erbfolge, also auch der deutsche Erbschein, wird akzeptiert.

Frankreich – Käse, Rotwein, Meer und Berge

Frankreich hat fast alles zu bieten. Das gilt auch für den Immobilienmarkt. Er ist rege und immer in Bewegung. In den Neunzigerjahren kam es zwar zu einem Preisverfall, doch scheint sich die Lage wieder stabilisiert zu haben. Die Inlandsnachfrage spielt dabei eine große Rolle. Die meisten Franzosen wohnen zwar in Paris, denn dort ist der Mittelpunkt des gesellschaftlichen und beruflichen Lebens, aber in den Ferien wollen sie raus aus der Großstadt. Viele Franzosen haben deshalb ein Ferienhaus im eigenen Land. Keine andere Nation kann eine solch hohe Quote vorweisen. Beliebt sind zum Beispiel die Normandie, die Bretagne und die Côte d'Azur. Die Nähe zu Paris macht die Preise hoch, mitunter sind sie sogar unangemessen hoch. Doch keine Sorge: Frankreich hat für jeden Geschmack und für jeden Geldbeutel etwas zu bieten. Ländliche Regionen sind bei den Einheimischen zum Beispiel nicht sehr beliebt. Weitab vom

Touristenrummel lassen sich sogar noch richtige Schnäppchen machen. So tummeln sich gerade in Burgund neuerdings viele Deutsche und Engländer, während es immer mehr Schweizer in das Elsass zieht. Jede Region hat ihre Besonderheiten, auch beim Immobilienkauf. Grenzgängern winken in Frankreich viele Vorteile: So liegt die Einkommenssteuer für Familien etwa ein Drittel unter der in Deutschland. Auskunft an Umzugsinteressierte geben deutsche Finanzämter, die in der Grenzregion liegen.

Die richtige Immobilie finden

Im Prinzip kann man in Frankreich genauso vorgehen wie in Deutschland. Sie können auf eigene Faust suchen und Anzeigen schalten. Im Immobilienteil gibt es regelmäßig Angebote. Auch in überregionalen Tageszeitungen, der *Frankfurter Allgemeinen Zeitung, Der Zeit* und in der *Welt am Sonntag,* finden Sie eine spezielle Rubrik für Auslandsimmobilien. In Frankreich gibt es außerdem spezielle private Immobilienzeitungen: *De Particulier à Particulier* und *La Centrale des Particulier.*

Erkundigen Sie sich auch in den Rathäusern, bei ortsansässigen Geschäftsleuten oder beim Kaffeetrinken an der Theke in der Bar. Hilfreich ist der Besuch beim Notar vor Ort. Er kennt sich auf dem Immobilienmarkt häufig gut aus. Notare haben in Frankreich mehr Befugnisse als bei uns. Sie dürfen nicht nur Kaufverträge beurkunden, sondern auch bei Immobiliengeschäften vermitteln und beraten. Außerdem können sie Sie über Versteigerungstermine informieren. Ebenso wissen ortsansässige Architekten, wo Grundstücke frei sind und Häuser zum Verkauf stehen. Erkundigen Sie sich nach den Adressen bei der Architektenkammer, *Ordre des Architectes.*

Immobilien werden auch über Bauträger, *constructeurs,* angeboten. Sie gehören, wenn Sie als seriös und kompetent gelten wollen, einem Berufsverband an. Es gibt zwei bekannte: *Fédération Nationale Promoteurs Constructeurs (FNPC)* und die *Union Nationale des Constructeurs de Maisons Individuelle (UNCMI).* Der Bauträger muss eine Bankgarantie vorweisen. Das heißt, das Haus muss in der vereinbarten Zeit zum festgelegten Preis erstellt sein. Die Bank verbürgt sich dafür. Tricks gibt es dennoch, zum Beispiel werden Leistungen versprochen, die im Vertrag nicht mehr auftauchen. Nehmen Sie den Vertrag auf jeden Fall mit nach Hause, ergänzen Sie Fehlendes und streichen Sie Überflüssiges. Gehen Sie also auch hierbei wie in Deutschland vor: Die Bau- und Leistungsbeschreibung ist das A und O und muss mit Ihren Vorstellungen und Wünschen übereinstimmen. Was da nicht drinsteht, ist nachträglich nur schwer durchzusetzen.

Die meisten Immobilienverkäufe an Ausländer laufen in Frankreich über Makler, *agents immobilier.* Deren Rechte und Pflichten sind per Gesetz geregelt. Jedes Jahr müssen französische Makler eine Legitimationskarte, *carte professionnelle,* bei der Präfektur des Départements beantragen. Sie wird erteilt, wenn es keine Einwände gegen den Antragsteller gibt. Außerdem müssen Sicherheiten hinterlegt sein: eine Bankbürgschaft und der Nachweis einer Haftpflichtversicherung. Wie in Deutschland zahlt meist der Käufer die Provision. Sie ist frei verhandelbar und liegt zwischen 5 und 10 Prozent des Kaufpreises.

Weitere Besonderheit: Auch die französischen Notare, *notaires,* makeln. Aber Vorsicht, es gibt auch noch die so genannten Grundstückshändler, *marchands de biens.* Diese sind ohne Zulassung tätig und verkaufen im eigenen Namen gekaufte Immobilien weiter. Die Vermittlungsprovision beträgt circa 5 Prozent, kann aber auch höher ausfallen, das ist letztendlich Verhandlungssache.

WISO rät: Der Maklervertrag muss schriftlich abgeschlossen werden. So sichern Sie sich auch den Schadensersatz im Haftungsfall, zum Beispiel, wenn falsch beraten wurde oder wichtige Mängel verschwiegen wurden.

Wenn Sie Ihre Immobilie auch vermieten wollen, sollte sie gut ausgestattet sein, vor allem dann, wenn auch Franzosen als Mieter in Betracht kommen. Selbst in der kleinsten französischen Ferienwohnung gibt es eine Spülmaschine, einen Mikrowellenbackofen und einen Fernseher mit vielen Programmen. Wenn dann noch Strand oder Skilift zu Fuß erreichbar sind, brauchen Sie sich über Buchungen keine Sorgen zu machen.

Der Kaufvertrag

Dem notariellen Kaufvertrag geht ein Vorvertrag voraus. Dieser Vorvertrag, *promesse de vente,* ist rechtlich bindend. Inhalt ist die genaue Beschreibung des Objekts mit der genauen Angabe der Nettowohnfläche. Außerdem schreibt das Verbrauchergesetzbuch vor, wie hoch die Kreditaufnahme ausfällt, wenn der Kaufpreis mit Fremdmitteln finanziert werden soll. Durch falsche Angaben kann der Vorvertrag ungültig sein. Deshalb ist es ratsam, für die Anfertigung schon hier einen Notar heranzuziehen.

Lassen Sie sich nicht von der Bezeichnung Vorvertrag täuschen, diese Verträge sind – auch ohne notarielle Beurkundung – verbindlich. Achten Sie daher genau auf den Vertragsinhalt. Meist wird ein gegenseitiges verbindliches Versprechen, also ein Vertrag über den Kauf und Verkauf der Immobilie, abgeschlossen. Wird der Notar schon für den Vorvertrag eingeschaltet, sollte die Anzahlung beim Notar deponiert werden. Steht der Finanzierung nichts mehr im Wege, kann der Notar den notariellen Kaufvertrag aufsetzen. Zwischen dem Abschluss des Vorvertrags und der Bankzusage dürfen nicht mehr als vier Wochen liegen. Die Frist ist gesetzlich vorgeschrieben. Beim Erwerb von Immobilien im Neuzustand besteht ein siebentägiges Widerrufsrecht.

Schon nach dem Abschluss des Vertrags wird üblicherweise eine Anzahlung von 10 Prozent des Kaufpreises verlangt. Nimmt der Käufer aber vom Kauf Abstand, geht die Anzahlung an den Verkäufer verloren. Die Höhe der Anzahlung ist Verhandlungssache. Lassen Sie sich vom Verkäufer eine Vertragsstrafe zusagen für den Fall, dass er trotz dieser verbindlichen Reservierung nicht oder an andere verkauft. Zum Beispiel muss dem Käufer die Anzahlung innerhalb von 21 Tagen zurückerstattet werden, wenn es nicht zum Kauf kommt. Nichteinhaltung wird mit 30.000 Euro bestraft.

Der Notar in Frankreich gehört zu einer stark reglementierten Berufsgruppe. Er muss unparteiisch sein und beide Seiten neutral beraten. Außerdem muss er alle Vertragsbestandteile überprüfen. Dazu gehören die Eigentumsverhältnisse, das Vorkaufsrecht, eventuelle Bauvorhaben, die das Grundstück berühren könnten, und die Einträge im Hypothekenregister. Der Notar ist dafür verantwortlich, dass das Grundstück lastenfrei übergeben wird. Kommt es dabei zu irgendwelchen Problemen, können Sie aus dem Vorvertrag unbeschadet aussteigen. Für seine Dienste berechnet der Notar 2 bis 3 Prozent des Kaufpreises.

WISO rät: Ausländische Käufer müssen beim Notartermin nicht persönlich anwesend sein. Sie können dem Notar also eine Vollmacht erteilen. Da im Vorvertrag schon alle wesentlichen Bestandteile geklärt wurden, steht dem Fernbleiben auch nichts im Wege.

Auch in Frankreich fallen beim Immobilienkauf etliche Steuern an. Leider gibt es dort keine einheitliche und für alle Grundstücksarten geltende Grunderwerbssteuer. Der genaue Wert ist abhängig von der Nutzung und Lage des Grundstücks. Konkret zahlen Sie verschiedene Steuern mit unterschiedlichen Prozentsätzen: bei gebrauchten Wohnungen und Häusern mit Grundstücken bis 2.500 qm circa 5 Prozent, bei Baugrundstücken und Neubauten 20,6 Prozent, wobei als Neubau Immobilien bis zum erstmaligen Verkauf innerhalb von fünf Jahren gelten. Alle Steuern zusammen genommen machen ca. 7 bis 8 Prozent des Kaufpreises aus.

WISO rät: Mobile Einrichtungsgegenstände, die im Vorvertrag aufgelistet und mit dem Kaufpreis bezahlt wurden, unterliegen nicht der Steuer. Rechnen Sie diese zuvor heraus, dann können Sie mit dieser Methode ganz legal ein wenig Steuern und Gebühren sparen.

Obendrauf kommen noch zwei weitere Steuern: die des Départements, sie liegen zwischen 4,2 und 5 Prozent; und die Gemeindezuschlagssteuer, die auf 1,2 Prozent festgelegt ist. Diese Sätze gelten auch für unbebaute Grundstücke. Bei einer Wohnung oder einem Ferienhaus zu Wohnzwecken muss man mit 4,2 Prozent rechnen, plus der bereits erwähnten Gemeindezuschlagssteuer von 1,2 Prozent. Wollen Sie Bauland kaufen oder eine Immobilie, die nicht älter als fünf Jahre alt ist, werden 13,2 Prozent Mehrwertsteuer (TVA) fällig. Das gilt auch für fertige Objekte vom Bauträger. Als laufende Belastung kommt die Grundsteuer dazu. Sie fällt je nach Département unterschiedlich aus und wird auf der Basis des Netto-Pacht-Wertes ermittelt.

WISO rät: Die Vorjahresbescheide sollten unbedingt eingesehen werden. Die Grundsteuer, *taxe foncière,* wird zeitanteilig mit dem Voreigentümer verrechnet, die Wohnsteuer, *taxe d'habitation,* für das ganze Jahr entrichtet derjenige, der am 1. Januar im Haus lebte. Die Grundsteuer wird in einigen Kommunen bei Neubauten für ein bis zwei Jahre erlassen – nachfragen!

Die Grunderwerbssteuer ist in Frankreich höher als in Deutschland, wo sie nur 3,5 Prozent vom Kaufpreis ausmacht. Dennoch sollten Sie sich nicht auf eine Unterverbriefung – es steht ein niedrigerer Betrag im Kaufvertrag, als Sie tatsächlich zahlen – einlassen. Das ist nicht nur illegal, sondern lohnt sich zudem nicht. Spätestens beim Wiederverkauf werden Sie es bereuen. Die Steuer auf Spekulationsgewinne beträgt 33,3 Prozent für Immobilien, die kein Hauptwohnsitz sind. Sie fällt an, wenn das Grundstück innerhalb von 22 Jahren nach dem Erwerb verkauft wird. Ein vom Verkäufer zu eigenen Wohnzwecken genutztes Objekt bleibt in jedem Fall steuerfrei. Dazu müssen Sie, wenn Sie als Verkäufer auftreten, zum Zeitpunkt der Veräußerung Ihren Wohnsitz in Frankreich haben und auch dort einkommensteuerpflichtig gewesen sein.

Rentner, die ihren Sitz nach Frankreich verlegen wollen, sollten nachrechnen, ob es sich nicht lohnt, einen Wohnsitz in Deutschland aufrechtzuerhalten. Bei hohen Rentenbezügen können die deutschen Steuern niedriger ausfallen als die französischen.

Zwischen Frankreich und Deutschland existiert ein Doppelbesteuerungsabkommen. Danach werden Steuern auf Immobilieneinkünfte üblicherweise nur in Frankreich erhoben.

WISO rät: Bleiben Sie steuerehrlich! Es gibt zwar keinen spontanen Informationsfluss von Frankreich nach Deutschland über den Auslandsimmobilienbesitz. Es besteht jedoch ein Recht auf Auskunftserteilung, wenn deutsche Finanzbehörden anfragen.

Beispielrechnung:
Neben einem Kaufpreis von 100.000 Euro fallen in etwa folgende Steuern und Gebühren an:

Grunderwerbssteuer (4,89%)	4.890 Euro
Notarkosten (2–3%)	2.500 Euro
Grundbuchkosten (0,1%)	100 Euro
Gemeindezuschlagssteuer (1,2%)	1.200 Euro
Summe	8.690 Euro

Quelle: LBS „Casa Europa", www.lbs.de

Bei der Finanzierung sollten Sie sich auf 40 Prozent Eigenkapital einstellen. Zur Besicherung können Sie auch deutsche Immobilien einsetzen. Aber trotz Europäischer Union gelten Auslandsimmobilien immer noch nicht als „normales Geschäft".

Das französische und deutsche Erbrecht unterscheidet sich zum Teil erheblich. Für in Frankreich gelegene Immobilien gilt – ebenso wie für deutsche Eigentümer und Erben – französisches Erbrecht. Wichtigstes Merkmal: Die Blutsverwandten haben in Frankreich Vorrang vor dem Ehegatten. Diese Bevorzugung kann auch durch ein Testament nicht völlig ausgeschlossen werden, weshalb man verschiedene Konstruktionen mittels Gesellschaftsgründung und Gütergemeinschaft etc. anwendet, um die Benachteiligung des überlebenden Ehegatten aufzuheben. Informieren Sie sich schon vor dem Kauf genau nach den erbrechtlichen Bestimmungen!

Hilfreiche Adressen:

Deutsche Botschaft
13–15, Avenue Franklin D. Roosevelt
F-75008 Paris
Tel.: 0033-1-538 345 00
Fax: 0033-1-435 974 18
Internet: www.amb-allemagne.fr

Generalkonsulat
377, Boulevard du Président Wilson
F-33200 Bordeaux-Cauderan
Tel.: 0033-5617-1222
Fax: 0033-5642-3265
Internet: www.bordeaux.diplo.de

Handelskammer
Chambre Franco-Alemande de Commerce et d'Industrie
18, rue Balard
F-75015 Paris
Tel.: 0033-1-4058-3535
Fax: 0033-1-4575-4739
Internet: www.francoallemand.com

Particulier à Particulier:
Internet: www.pap fr

La Centrale des Particulier:
Internet: www.lacentrale.fr

Fédération Nationale Promoteurs Constructeurs (FNPC):
Internet: www.fnpc-provence.com

Union Nationale des Constructeurs de Maisons Individuelles (UNCMI):
Internet: www.uncmi.org

Timesharing: Immer wieder neue Tricks

Nepper, Schlepper, Bauernfänger gibt es überall. Doch besonders vorsichtig sollten Sie sein, wenn man Sie im Urlaub ungefragt anspricht und versucht, Sie mit Gewinnen zu ködern, oder wenn man Sie bedrängt. Nicht selten sind das die Methoden, derer sich die Timesharing-Branche bedient. Lukrative Geschäfte wurden vor allem in den Neunzigerjahren gemacht. Sogar Europas größter Reiseveranstalter, die TUI, war in diesem Bereich aktiv. 2000 erwarb sie die Mehrheit an dem spanischen Urlaubskomplex Anfi del Mar auf Gran Canaria mit knapp 700 Appartements. Doch immer wieder wurden Vorwürfe laut, Kunden würden mit Drückermethoden zur Unterschrift genötigt. Als dann auch noch Mitarbeiter vor Ort Erlöse beim Wiederverkauf der Wohnungen in die eigene Tasche wirtschafteten, reichte es den Hannoveranern. Nach vier Jahren trennte sich die TUI, trotz attraktiver Gewinne, von seinem 51-prozentigen Anteil an vier Wohnanlagen.

Urlauber konnten für die Dauer von 99 Jahren ein Wohnrecht für ein bis drei Wochen im Jahr in einem Appartement kaufen. Mit unseriösen Vertriebsmethoden wurden den Urlaubern Timesharing-Verträge aufgeschwatzt. Für eine Woche Urlaubswohnrecht zahlten sie bis zu 16.000 Euro plus 330 Euro Nebenkosten jährlich.

Was ist Timesharing genau?
Beim Timesharing geht es um das Recht, während der Laufzeit des Vertrages in einer festgelegten Zeit eine bestimmte Ferienwohnung nutzen zu können. Anreise und Verpflegung vor Ort sind darin nicht enthalten, sondern müssen vom Urlauber zusätzlich gezahlt werden. Der Kunde zahlt im Voraus pro Urlaubswoche einmalig viele tausend Euro und zusätzlich in jedem Jahr mehrere hundert Euro an Nebenkosten. Die Vertragsdauer beträgt üblicherweise zwischen zwei und 50 Jahren, aber auch lebenslänglich ist möglich. Beispiel: Mit einem Timesharing-Vertrag erwerben Sie das Recht, in den kommenden 15 Jahren immer in der 15. Kalenderwoche das Zwei-Zimmer-Appartement Nr. 312 der Ferienanlage „Paradiso“ auf Teneriffa bewohnen zu dürfen.

Die Käufer werden fast ausnahmslos über Vermittler angeworben, fast immer mit rüden Drückermethoden. Ein WISO-Zuschauer berichtete darüber, dass er und seine Frau auf Gran Canaria an der Uferpromenade angesprochen wurden. Sie erhielten ein kostenloses Rubbellos und erzielten sogar den Hauptgewinn. Angeblich konnten Sie ein Wochenende in einem Vier-Sterne-Hotel verbringen. Dafür müssten Sie jedoch noch am selben Abend in einem Hotel in der Nähe erscheinen. Ein Fahrer würde Sie abholen. Alles sei organisiert. Es kam anders als erwartet. Sie wurden zwar abgeholt, es gab auch einen kleinen Cocktail zum Empfang, jedoch keinen Gewinn. Die kleine Schar der vermeintlichen Rubbellos-Gewinner musste sich einen Vortrag nach dem anderen anhören. Die Bedingungen für ein Timesharing seien unglaublich günstig, das Objekt sei wunderschön und vor allem müsse alles schnell gehen, weil es nur noch wenige Anteile zu kaufen gäbe. Unsere WISO-Zuschauer haben nichts unterschrieben!

Doch nicht immer geht alles so glimpflich aus. Oft sind Timesharing-Angebote gar nicht als solche zu erkennen. Das Wort ist in der Branche sogar tabu, da es die Kunden von vornherein verschrecken könnte. Deshalb werden neue Wege gesucht. So kann es Ihnen passieren, dass Sie bereits unmittelbar nach der Ankunft im Urlaubsland, auf dem Weg vom Flughafen ins Hotel, von Ihrer Reiseleitung vom Erwerb eines Ferienwohnrechts überzeugt werden sollen. Manche Veranstalter versprechen sogar Bargeld dafür, dass Sie Ihren Fuß in eine Timesharing-Wohnanlage setzen. Oder Sie finden eine Einladung in Ihrem Hotelzimmer, mit einem Gutschein für eine Flasche Sekt, mit der man sich in stilvoller Atmosphäre und einem kleinen Imbiss über eine „neue Urlaubsidee“ unterhalten will.

Wie erkennt man Timesharing?

Timesharing-Anbieter nutzen Ihre gute Laune im Urlaub aus. Sie werden Ihnen niemals widersprechen. Und auch die an Sie gestellten Fragen sind so aufgebaut, dass Sie garantiert nur mit „Ja“ antworten werden. Das soll Sie gefügig machen für das, was auf Sie in den nächsten Stunden zukommt. Es ist nicht sofort zu erkennen, an wen Sie geraten sind. Erst im Hotel werden Sie merken, dass die netten Leute auf der Promenade nichts mehr mit den aggressiven Verkäufern des Abends zu tun haben. Alle Alarmglocken sollten klingeln, wenn

- Ihnen Preisnachlässe versprochen werden, die „nur heute“ gelten;
- Sie den Vertrag und alle anderen Unterlagen zur Prüfung nicht mitnehmen dürfen;
- Sie nicht über Ihre Verbraucher- und Widerspruchsrechte aufgeklärt werden;
- der Vertrag eine Laufzeit von 35 Monaten beziehungsweise von zwei Jahren und elf Monaten hat;
- Sie Mitglied in einem Ferien-Club werden sollen;
- Sie sofort eine Anzahlung leisten müssen;
- die Ferienanlage noch nicht fertig gestellt ist;

- Ihnen das Objekt nicht real gezeigt werden kann;
- Sie Ihre Entscheidung auf Grund von Hochglanzbroschüren treffen sollen;
- Sie nicht einmal für eine Sekunde allein gelassen werden, um sich mit Ihrem Partner besprechen zu können;
- Sie merken, dass Sie nur deshalb einen Vertrag unterschreiben wollen, damit Sie endlich wieder in Ihr Ferienhotel können.

Vorsicht: In der Vergangenheit ging es vor allem um Fälle, in denen Ferienanlagen vertragswidrig nicht fertig gestellt worden sind. Zwar wurden Bauplätze gezeigt und halbfertige Anlagen vorgeführt, doch bewohnbar wurden diese Anlagen nie. Sobald genügend Geld durch Timesharing-Verträge eingesammelt war, wurden die Baumaßnahmen eingestellt. Den Schaden trugen die Käufer der Timesharing-Anteile. Die Anbieter waren über alle Berge.

Auch wenn mit „Garantiert kein Timesharing“ geworben wird, können Sie fast sicher sein, dass Sie auf ein solches gestoßen sind. Die Tarnung ist gut und die Verträge sind so undurchsichtig, dass selbst Personen mit juristischen Kenntnissen Schwierigkeiten haben, das Kleingedruckte auf Anhieb zu verstehen. Der Trick dabei: Sie sollen Mitglied in einem Ferien-Club werden. Die Vereinbarungen über die Clubmitgliedschaft und deren Aufnahmebedingungen sind wiederum an die Bedingungen über die Nutzung geknüpft. Ziel ist es, dadurch die EU-Timesharing-Richtlinien zu umgehen. Ein Beispiel: Der Vertrag hat die unübliche Laufzeit von zwei Jahren und elf Monaten, die Aufnahmegebühr ist ungewöhnlich hoch, etwa 10.000 Euro, der Mitgliedsbeitrag soll 400 Euro jährlich betragen, die Verwaltungsgebühr wird auf 350 Euro festgelegt.

WISO rät: Lassen Sie sich nicht ein ungewolltes Gespräch aufdrängen. Wer es dennoch tut und sich auf das Abendprogramm einlässt, hat fast schon verloren. Also Hände weg von Rubbellosen auf Strandpromenaden und von Taxifahrten zu wildfremden Ferienanlagen.

Pauschalreisen contra Timesharing!

Erfahrungsgemäß sind Pauschalreisen kostengünstiger, bequemer und flexibler. Sie erlauben auch kurzfristigere Entscheidungen. Zudem sind Pauschalurlauber gesetzlich geschützt. Dafür wurde eigens der Sicherungsschein eingeführt, den Reiseveranstalter ihren Kunden vor Abflug aushändigen müssen. Er garantiert zwar nicht, dass Ihr Veranstalter nicht Pleite geht, aber dafür haben Sie auf jeden Fall Anspruch auf einen gleichwertigen Urlaub und der Hin- und Rückflug sind gewährleistet. Auch Urlaubsmängel können jederzeit geltend gemacht werden. Schlechte Unterbringung, große Verspätungen oder andere Mängel führen zu einklagbaren Preisnachlässen.

Welche Rechte haben Sie?

Wer vielleicht vor zehn Jahren unterschrieben hat, kam aus den Timesharing-Verträgen nur schwer wieder raus. Der Streit war programmiert, wenn herauskam, auf welche überteuerte Ferienimmobilie man sich eingelassen hatte. Wohl deshalb haben alle Rechtsschutzversicherungen Timesharing-Verträge aus Ihrem Leistungskatalog herausgestrichen. Der Rechtsstreit war einfach zu teuer.

Als Reaktion auf die vielen Urlauber, die seit Anfang der Neunzigerjahre durch windige Timesharing-Modelle schwer zu Schaden gekommen sind, haben das Europäische Parlament und der Rat der Europäischen Union am 26.10.1994 die so genannte Timesharing-Richtlinie (94/47 EG) erlassen.

Die Richtlinie ist mittlerweile von allen EU-Mitgliedstaaten in nationales Recht umgesetzt worden: in Deutschland seit dem 1. Januar 1997 als Teilzeit-Wohnrechtgesetz. In Spanien, dem größten europäischen Timesharing-Markt, trat ein vergleichbares Gesetz zwei Jahre später in Kraft. Danach gilt für Timesharing-Verträge mit einer Laufzeit von mindestens 36 Monaten:

- Bei allen Timesharing-Verträgen mit einer Laufzeit von mindestens drei Jahren beziehungsweise von 36 Monaten besteht in Deutschland ein vierzehntägiges Widerrufsrecht. In Spanien beträgt die Frist nur zehn Tage.
- Eine Anzahlung darf nicht vor Ablauf von zehn Tagen nach Aushändigung der Vertragsurkunde gefordert oder angenommen werden.

WISO rät: Jeder Anbieter kann über die gesetzliche Mindestanforderung hinaus eine längere Frist anbieten. Bestehen Sie aber in jedem Fall auf ein Widerrufsrecht von 14 Tagen bei allen Timesharing-Verträgen, ungeachtet der tatsächlichen Vertragslaufzeit.

Außerdem haben die Anbieter eine umfassende Informationspflicht, zum Beispiel muss Ihnen als Interessent bereits vor Vertragsabschluss ein Schriftstück ausgehändigt werden, woraus Sie ersehen können, mit wem Sie es zu tun haben. Darin müssen folgende Angaben enthalten sein:

- Name, Geschäftssitz und Rechtsstellung des Verkäufers;
- Name und Geschäftssitz des Eigentümers;
- Art des im Vertrag vorgesehenen Rechts;
- Beschreibung der Immobilie;
- gemeinsame Dienstleistungen wie Licht, Wasser, Instandhaltung und ihre Nutzungsbedingungen;
- gemeinsame Einrichtungen, wie zum Beispiel Pool, und deren Zugangsbedingungen;
- Grundsätze, nach denen Instandhaltung und Instandsetzung sowie Verwaltung und Betriebsführung erfolgen;

- Preis des erworbenen Rechts;
- Schätzung der Kosten für die Nutzung der gemeinsamen Dienstleistungen und Einrichtungen;
- Berechnungsgrundlage der Kosten für die Nutzung, die Steuern und Abgaben sowie die zusätzlichen Verwaltungskosten für Betriebsführung, Instandhaltung und Instandsetzung;
- vollständige Widerrufsbelehrung;
- Hinweis auf das Widerrufsrecht.

WISO rät: Widersprüche sind immer schriftlich einzureichen. Wählen Sie das Einschreiben mit Rückschein. Eine Begründung müssen Sie nicht abgeben. Halten Sie unbedingt die Fristen ein. Das Schreiben ist an den in der Widerrufsbelehrung genannten Empfänger zu richten.

Die Frist kann sich auf drei Monate verlängern, wenn in dem Vertrag wesentliche Angaben fehlen. Hierzu zählen neben den Informationspflichten auch Angaben zum Stand der Bauarbeiten und zur voraussichtlichen Fertigstellung noch im Bau befindlicher Anlagen. Falls Sie innerhalb dieser Frist nicht widerrufen, bleiben Ihnen noch weitere zehn Tage, um von diesem Recht Gebrauch zu machen. Fazit: Nach drei Monaten und zehn Tagen gibt es kein Zurück aus schriftlichen Timesharing-Verträgen!

Die neuesten Maschen

Anteilseigner, die ihre Immobilienrechte auf ehrlichem Weg loswerden wollen, haben es schwer. Deshalb bieten windige Geschäftemacher ihre Dienste an und versprechen, solvente Käufer zu finden. Mit welchen Methoden diese gefunden werden sollen, verrät man nicht. In jedem Fall muss eine Vorauskasse geleistet werden: 500 Euro sind keine Seltenheit. Es besteht ein hohes Risiko, dass nicht nur der Vermittler, sondern auch Ihr Geld auf Nimmerwiedersehen verschwindet.

Gelockt werden potenzielle Käufer von Timesharing-Anteilen auch damit, dass sie nicht immer jahrein, jahraus in derselben Anlage Urlaub machen müssten. Dazu brauche man sich nur einer so genannten Tauschorganisation anzuschließen. Durch einen Beitritt könne man sein eigenes Nutzungsrecht zeitlich und örtlich verlegen. Dazu stellt man seine Anteile dem Tauschpool zur Verfügung und nutzt im Gegenzug ein anderes Wohnrecht. Das Ganze ist natürlich nicht umsonst. Da das Tauschrecht meist schon bei Vertragsabschluss mitverkauft wird, fallen die Summen, die dahinter stehen, aber zunächst nicht auf. Einzeln betrachtet können sich jedoch Mitgliedsbeitrag, Extrakosten und eine geringe oder schlechte Auswahl an Tauschplätzen auf ein stattliches Sümmchen addieren.

Finanzieren – richtig rechnen vor dem Kauf!

Machen Sie den Kassensturz!

Auch wenn in diesem Buch das Kapitel zur Finanzierung weiter hinten zu finden ist, ist sie doch die zentralste Frage beim Immobilienkauf überhaupt. An der Finanzierung kann alles scheitern. Deshalb ist der berühmte Kassensturz schon vor Beginn der Suche so wichtig. Lassen Sie nichts weg, seien Sie ehrlich! Weder Banker noch Berater kennen Ihre Lebensgewohnheiten so genau wie Sie.

WISO rät: Die monatliche Belastung sollte Sie nicht überfordern. Überlegen Sie sich genau, ob Sie Ihren Lebensstandard verringern können und wollen. Besser ist es natürlich, wenn Sie auch weiterhin in Urlaub fahren und sich auch mal ein paar Extras gönnen können. Gehen Sie nicht bis ans Limit. Einen Puffer für Unvorhersehbares sollten Sie sich finanziell immer offen halten.

Der erste Schritt zum persönlichen Preislimit für eine Immobilie ist die Gegenüberstellung von Einnahmen und Ausgaben, berechnet auf monatlicher Basis. Bei den Einnahmen werden neben dem Nettoeinkommen auch andere regelmäßige, sichere Einkünfte summiert wie Kindergeld, Unterhaltszahlungen oder Renten. Bei den Ausgaben sollten auch jährlich anfallende Ausgaben, etwa für Versicherungen, Kfz-Steuer oder Sportverein, durch zwölf geteilt und auf eine Monatsbasis umgelegt werden.

Beachten Sie auch, dass die Wohnnebenkosten in einer neuen Immobilie in der Regel höher sind als in der aktuellen Wohnung. Meistens wird nach einem Umzug mehr Wohnfläche bewirtschaftet als vorher. Vor allem wenn Sie von einer Etagenwohnung in ein Einfamilienhaus wechseln, muss mit zusätzlichen laufenden Kosten gerechnet werden. Die vorher angewendete, meist günstigere Umlagenmethode auf mehrere Haushalte entfällt.

Wer die Summe der Ausgaben von den Einkünften abgezogen hat, erhält den Betrag, den er aus dem laufenden Alltag heraus zusätzlich zu seiner bisherigen Miete (netto kalt) für ein Baudarlehen aufbringen kann. Ein vereinfachtes Beispiel: Sind unterm Strich 200 Euro am Monatsende übrig und beträgt die Kaltmiete aktuell 600 Euro, darf die monatliche Kreditrate maximal 800 Euro betragen. Dafür kann man sich bei 5,5 Prozent Zinssatz derzeit knapp 150.000 Euro Baugeld bei einer Bank leihen.

Der maximal mögliche Darlehensbetrag kann nur noch durch Eigenkapital erhöht werden, zum Beispiel 50.000 Euro. Entweder haben Sie selbst so viel angespart oder Sie können sich von Eltern oder Großeltern einen Vorschuss aufs Erbe geben lassen. Auch lässt sich die Eigenheimzulage als festes Finanzierungselement einplanen. In unserem Beispiel könnte mit Eigenkapital plus Fremdkapital von der Bank eine Immobilie für maximal 200.000 Euro finanziert werden.

Bei dieser Summe handelt es sich jedoch um die Gesamtkosten und nicht nur um den reinen Kaufpreis. Denn neben dem Preis für Haus mit Grundstück oder Eigentumswohnung fallen noch einige Nebenkosten an. Dazu gehören in erster Linie die Grunderwerbssteuer (3,5 Prozent des Kaufpreises, die jeder bezahlen muss), eine eventuell anfallende Maklercourtage (sie liegt meist zwischen 5 und 7 Prozent, kann aber verhandelt werden), Notar-, Grundbuchamts- und Grundschuldgebühren (zusammen rund 1 bis 2 Prozent) oder Anschlusskosten bei einem Neubau (Gas-, Wasser-, Telefon- und Stromleitungen von der Straße bis zum Haus, sofern sie nicht bereits vorhanden oder inklusive sind). Diese Leitungsanschlüsse können einige tausend Euro verschlingen, vor allem wenn es sich um so genannte Pfeifenstielgrundstücke mit sehr langen Zufahrten zur Straße handelt.

Alle Nebenkosten zusammen machen etwa rund 10 Prozent des Kaufpreises aus, können im Extremfall aber auch bis zu 20 Prozent betragen.

WISO rät: Bemessen Sie Ihre Baufinanzierung nicht zu knapp, gehen Sie nicht bis ans Limit Ihrer finanziellen Möglichkeiten, auch wenn manche Bankberater damit keine Probleme hätten. Denn haften müssen *Sie*, wenn Sie sich finanziell überfordern!

Die Grundschuld

Die Grundschuld ist ein Pfandrecht an einem Grundstück. Sie gewährt dem Gläubiger des Darlehens, in der Regel einem Kreditinstitut, die dingliche Sicherheit an einem Grundstück. Meistens wird die Grundschuld bei mittel- bis langfristigen Ausleihungen, vor allem im Rahmen der Baufinanzierung, bestellt. Damit haben die Kreditgeber die Möglichkeit, ein Grundstück versteigern zu lassen, wenn das Darlehen nicht vertragsgemäß zurückgezahlt werden kann.

Auf ein einzelnes Grundstück können im Grundbuch mehrere Grundschulden eingetragen werden; die Eintragungen geben dann an, in welcher Reihenfolge die Gläubiger bei einer Zwangsversteigerung ihr Geld zurückerhalten. Während die Pfandbriefinstitute in der Regel erstrangig gesicherte Darlehen gewähren, begnügen sich Geschäftsbanken, Sparkassen und Bausparkassen oft mit einer zweitrangigen Eintragung der Grundschuld. Das kostet aber einen Zinsaufschlag. Im Gegensatz zur Hypothek, die zwingend eine Darlehensforderung voraussetzt, ist die mit ihr eng verwandte Grundschuld nicht von einem bestehenden Kredit ab-

hängig. Sie wird daher wegen der größeren Beweglichkeit bei der Absicherung von Bankkrediten bevorzugt.
Die Grundschuld entsteht durch Einigung und Eintragung ins Grundbuch, vgl. §§ 1191 ff. BGB.

Bei der Berechnung, wie viel Immobilie Sie sich leisten können, dürfen Sie die Nebenkosten nicht unterschätzen. So rechnen Sie richtig: Kreditrahmen plus Eigenkapital ergeben den Betrag, den die Immobilie einschließlich aller Nebenkosten, beispielsweise für Wertermittlung, Notar, Amtsgericht und Makler, kosten darf. Der Zinsberechnung liegt der Nominalzins zu Grunde. Erst wenn am Monatsende zum Beispiel 1.000 Euro übrig bleiben, können Sie bei einem Zinssatz von 5 Prozent und 1 Prozent Tilgung die in unserem Beispiel anvisierte Immobilie zu den Gesamtkosten von 200.000 Euro finanzieren.

Checkliste: So viel darf die Immobilie kosten

	Nominalzins		
Monatsrate	5,0%	5,5%	6,0%
500 €	100.000 €	92.308 €	85.714 €
600 €	120.000 €	110.768 €	102.857 €
700 €	140.000 €	129.231 €	120.000 €
800 €	160.000 €	166.154 €	154.286 €
900 €	180.000 €	166.154 €	154.286 €
1.000 €	200.000 €	184.615 €	171.429 €
1.200 €	240.000 €	221.538 €	205.714 €

Um die Baukosten zu senken, wollen viele Bauherren ihre so genannte Muskelhypothek einsetzen. Dahinter verbirgt sich Eigenleistung, die Sie selbst oder zusammen mit Freunden und Verwandten beim Hausbau erbringen möchten. Nach einer Umfrage will die Hälfte der Befragten selbst Fliesen legen, um die Baukosten zu senken. Jeder Vierte traut sich zu, elektrische Leitungen zu legen, und jeder Fünfte will das Dach selbst decken. Unterm Strich rechnet mehr als jeder dritte Befragte damit, durch Eigenleistung die Kosten um bis zu 50 Prozent zu senken. „Viel zu mutig", warnen Experten vor solchen Plänen. Rund 10 Prozent Kostenersparnis seien normalerweise zwar machbar, mehr als 20 Prozent seien jedoch unrealistisch, heißt es auch von Seiten der Verbraucherzentralen.

Hilfe für Bauherren

Viele Verbraucherzentralen bieten Seminare für Bauherren an, zum Beispiel zu den Themen Baufinanzierung und Bauplanung oder zur Geldanlage in Immobi-

lien: Immer mehr Anleger stellen sich die Frage, ob sich ein Engagement in diesem Bereich überhaupt lohnt. Behandelt werden auch die Auswahl des Objekts, die Finanzierung, Steuerfragen sowie geschlossene und offene Immobilienfonds. Die Teilnahme an einem Dreieinhalb-Stunden-Seminar kostet etwa 30 Euro für Einzelpersonen und 50 Euro für Paare.
Tipps zum Thema geben auch zwei Bücher, die bei der Verbraucherzentrale bestellt werden können: „Häuser aus zweiter Hand". Ein Ratgeber für Interessenten, die ein gebrauchtes Haus kaufen möchten, um selbst darin zu wohnen. Abholpreis: 7,80 Euro. „Die Eigentumswohnung". Hier geht es um den Kauf, die Verwaltung und die Vermietung. Zudem lassen sich in einem Glossar wichtige juristische Begriffe aus dem Bereich nachschlagen. Der Ratgeber kostet 9,20 Euro.

Finanzierungsquellen – in der Ruhe liegt die Kraft

Für die Finanzierung kommen mehrere Quellen in Frage: Die Beste ist das Eigenkapital. Zwischen 20 und 30 Prozent sind optimal, denn nur die wenigsten Banken bieten eine hundertprozentige Beleihung Ihrer Immobilie an. Die Beleihungsgrenzen bewegen sich üblicherweise zwischen 60 und 80 Prozent. Brauchen Sie mehr Fremdkapital, ist das nur gegen Zinsaufschlag möglich.

WISO rät: Wollen Sie die Immobilie dagegen vermieten, kann der Einsatz von wenig oder gar keinem Eigenkapital sinnvoll sein. Der Grund dafür liegt im Steuerrecht begründet: Schuldzinsen für vermietete Immobilien lassen sich mit den Mieteinnahmen verrechnen. Bei selbst genutzten Immobilien gibt es keine steuerliche Absetzbarkeit der Darlehensraten.

Neben dem Eigenkapital aus Sparverträgen, Wertpapierdepots oder von Verwandten können Sie auch Ihren bereits vorhandenen Bausparvertrag einsetzen. Wenn Sie schon viel angespart haben und eine Zuteilung nicht mehr in weiter Ferne liegt, kann sich der Einsatz eines Bauspardarlehens auch im Zinstief rechnen. Allerdings müssen Sie ein Bauspardarlehen wesentlich schneller abzahlen als ein Bankdarlehen. Das treibt die monatliche Belastung in die Höhe. Während ein Bankdarlehen mit einer Tilgung von 1 Prozent beginnt, müssen bei Bausparkassen mindestens 4 Prozent hingeblättert werden. Die Bausparkasse als alleinige Finanzierungsquelle ist deshalb nicht zu empfehlen. Von der so genannten Sofortfinanzierung ist ebenfalls abzuraten. In einem solchen Fall erhalten Sie das Darlehen sofort und sparen den Bausparvertrag parallel dazu an. Wird er fällig, tilgen Sie mit diesem Geld einen Teil des Bauspardarlehens.

Immer wieder werden auch Baufinanzierungen über eine Kapitallebensversicherung angeboten. Das rechnet sich für Bauherren, die selbst in ihrer Immobilie wohnen wollen, nicht. Die bisherigen Steuervorteile bringen Selbstnutzern meist nicht viel. Außerdem ist die Wahl dieser Finanzierung häufig zu teuer, zu intransparent und mit dem erheblichen Risiko der Nachfinanzierung behaftet. Bei solchen Angeboten der Lebensversicherer handelt es sich um eine Kombination aus einem Spar- und Darlehensvertrag mit eingebauter Lebensversicherung. Der Darlehensnehmer erhält ein tilgungsfreies Darlehen, für das nur Zinsen zu zahlen sind. Zur Absicherung muss er gleichzeitig eine Lebensversicherung abschließen, die über monatliche Beiträge angespart wird. Am Ende der 20- bis 30-jährigen Versicherungslaufzeit wird mit Auszahlung der Versicherungssumme das Darlehen auf einmal getilgt. Das birgt das Risiko, dass alle Berechnungen nur auf einer Schätzung basieren. Das heißt, die Höhe der Auszahlung am Ende der Laufzeit ist nicht garantiert. Tritt die angekündigte Prognose nicht ein, fallen also Gewinne und Überschussanteil bei den Versicherungsgesellschaften niedriger aus, erhält auch der Sparer weniger ausbezahlt als erwartet. Dadurch konnten gerade in den letzten zwei Jahren, als die Branche mit finanziellen Schwierigkeiten zu kämpfen hatte und sogar ein Unternehmen in Konkurs gerieten, viele Bauherren ihre Kredite nicht wie geplant abzahlen. Die notwendig gewordene Nachfinanzierung kam sie teuer zu stehen.

Zinsen sparen mit Familiendarlehen

Günstige Darlehen gibt es aber nicht nur bei Banken, sondern es lässt sich auch Geld von Verwandten leihen. Auf der Bank gibt es zurzeit nicht viel für die Spargelder. Warum sollten also Oma, Opa oder Eltern nicht Interesse daran haben, Ihnen Geld zu leihen? Dann hat jeder etwas davon. Weiterer Vorteil: Wer ein Darlehen aufnimmt, kann die Zinsen von der Steuer absetzen, wenn die Immobilie vermietet wird. Der Vermieter darf anfallende Verluste steuerlich geltend machen. Das alles gilt auch, wenn Sie ein Darlehen von Ihren Eltern aufnehmen. Voraussetzung ist jedoch, dass die Verträge wie unter fremden Dritten vereinbart worden sind und auch tatsächlich durchgeführt werden. Halten Sie alle Formalitäten ein: Sorgen Sie dafür, dass ein angemessenes Entgelt vereinbart wird und dass dieses auch tatsächlich fließt. Darlehensverträge müssen Abreden über die Dauer, die Zinshöhe, die Tilgung und Sicherheiten enthalten. Nicht anerkannt werden Darlehen, bei denen das Geld vorher unter der Auflage verschenkt wurde, es dem Schenker als Darlehen zur Verfügung zu stellen.

Worauf es beim Bankdarlehen ankommt

Wenn Sie sich jetzt mit dem Gedanken tragen, eine Immobilie zu kaufen, spricht viel dafür: sehr niedrige Zinsen, moderate Preise und der Staat fördert mit günstigen Darlehen und Zulagen. Doch die Vergünstigungen sind nicht für alle Ewigkeit in Stein gemeißelt. Fast jedes Jahr steht die Eigenheimzulage auf dem Prüfstand. Aber es gibt sie noch, wenn auch in gekürzter Form.

Verschaffen Sie sich einen genauen Überblick über die Marktlage. Die am meisten verkaufte Finanzierung besteht aus einem Darlehen mit zehn Jahren Laufzeit und 1 Prozent Tilgung. Das klingt schlicht und einfach, was es auch ist. Aber ist das auch für Sie finanziell am günstigsten? Wahrscheinlich nicht, denn die Finanzierungskonzepte sollten so individuell sein wie Ihre Immobilie. Wollen Sie zum Beispiel eine schnelle Rückzahlung, die Eigenheimzulage als Förderkredit einbauen, sondertilgen oder ein so genanntes KfW-Darlehen der Kreditanstalt für Wiederaufbau nutzen? Viele Institute bieten Ihnen die Möglichkeit, diese vielen Extras auf dem Kreditkonto in Ihr Konzept zu integrieren.

Der wichtigste Maßstab für die Vergleichbarkeit ist nach wie vor der Effektivzins. Er liegt höher als der Nominalzins, nach dem sich die Zinslast berechnet, denn im effektiven Jahreszins sind Kosten enthalten, die während der gesamten Finanzierungslaufzeit anfallen, zum Beispiel Bearbeitungsgebühr, Vermittlungsprovision sowie die Zins- und Tilgungsberechnung. Nach der Preisangabenverordnung muss im Effektivzins aber nicht alles enthalten sein. Es können also noch weitere Zusatzkosten auf Sie zukommen, wie zum Beispiel eine jährliche Kontoführungsgebühr, Schätzkosten und Bereitstellungszinsen, wenn Sie die Gelder nicht innerhalb von meist drei Monaten nach Vertragsunterzeichnung abrufen. Auch die Schätzkosten können zu einer deutlichen Verteuerung führen, verlangt werden bis zu 0,5 Prozent.

WISO rät: Immer mehr Banken sind bereit, auf Schätzkosten und Entgelte für die Kreditbearbeitung zu verzichten. Verhandeln Sie! Gerade bei der Baufinanzierung sind Banken zu Zugeständnissen bereit.

Tilgung: Mehr ist meist besser!

Entscheiden Sie sich im Zinstief für eine höhere Tilgung, denn in Zeiten niedriger Zinsen benötigen Sie für den Schuldenabtrag deutlich länger. Zum Beispiel müssen Sie bei einem Zinssatz von 6 Prozent ca. 30 Jahre rechnen, um ein Darlehen mit einer anfänglichen Tilgung von 1 Prozent zurückzuzahlen. Bei einem Zinsniveau von 4 Prozent sind es dagegen ca. 40 Jahre.

Der Grund: Die Kreditrate eines Annuitätendarlehens ist über die gesamte Laufzeit gleich hoch. Sie setzt sich aus Zins und Tilgung zusammen. Während der Laufzeit verringert sich der Zinsanteil in der Rate, da die Restschuld des Darlehens immer kleiner wird. Gleichzeitig steigt jedoch der Tilgungsanteil, sodass die Rate auch weiterhin gleich bleibt. Bei niedrigen Zinsen reduziert sich der Zinsanteil langsamer – und dadurch steigt auch der Tilgungsanteil langsamer als bei höheren Zinsen. Daraus folgt: Obwohl die Tilgungsrate sowohl in der Niedrigzinsphase als auch in der Hochzinsphase anfänglich bei 1 Prozent liegt, brauchen Sie im Zinstief länger, um das Darlehen zurückzuzahlen.

Erforderliche anfängliche Tilgung

bei einem Zinssatz von ...			
Laufzeit	4,0%	5,0%	6,0%
10 Jahre	8,2%	7,8%	7,4%
15 Jahre	4,9%	4,5%	4,2%
20 Jahre	3,3%	2,9%	2,6%
25 Jahre	2,3%	2,0%	1,8%
30 Jahre	1,7%	1,4%	1,2%
35 Jahre	1,3%	1,1%	0,8%

Quelle: www.Interhyp.de

Beispiel: Wenn Sie heute 35 Jahre alt sind und mit 60 in den Ruhestand gehen möchten, sollten Sie für die Laufzeit von 25 Jahren und einem Zinsniveau von 5 Prozent einen Tilgungssatz von ca. 2 Prozent pro Jahr wählen. Dann sind Sie als Rentner schuldenfrei!

WISO rät: Wählen Sie im Zinstief statt 1 Prozent Tilgung 2 oder mehr. Halten Sie vertraglich fest, dass Sie bei Bedarf die Tilgung flexibel reduzieren können. Eine hohe Tilgung führt zwar zu einer höheren monatlichen Belastung, aber auch zum schnelleren Schuldenabbau. Der Vorteil: Die Restschuld am Ende der Laufzeit sinkt auf ein kalkulierbares Maß. Selbst wenn Sie dann noch einmal umschulden müssen und die Zinsen deutlich höher liegen sollten als heute, können Sie so Ihre monatliche Rate stabil halten.

Wenn Sie zu denjenigen gehören, die sich eine schnelle Tilgung leisten können, erkundigen Sie sich bei der Bank nach speziellen Finanzierungsmodellen. Für Schnelltilger sollte es einen satten Zinsnachlass geben, denn auch die Banken haben dadurch Vorteile. Je höher die Tilgung, desto günstiger ist die Refinanzierung der Bank. Beispiel: Tilgen Sie Ihr Darlehen innerhalb von 15 Jahren zu einem Zinssatz von 4,5 Prozent, spart die Bank gegenüber der einprozentigen Tilgung derzeit fast 0,4 Prozentpunkte Zinsen pro Jahr. Außerdem muss sie nur mit einem kürzeren Ausfallsrisiko kalkulieren, schließlich hat sie ihr geliehenes Geld schneller zurück als von Kunden, die mit einer Langzeitfinanzierung größere Risiken mit sich bringen. Nicht alle Banken geben diesen Zinsvorteil an Sie weiter, deshalb konkret nachhaken.

Niedrige Zinsen lange sichern

Die Frage aller Fragen lautet: Wie entwickeln sich die Zinsen? Seit Jahren sind die Zinsen schon auf einem niedrigen Stand. Baugelder für eine Laufzeit von zehn Jahren gibt es für weniger als 5 Prozent, aber wie lange wird das noch so bleiben? Ein wesentliches Kriterium ist das Wirtschaftswachstum. Solange die Konjunktur in Deutschland noch nicht wieder angezogen hat, so lange wird auch das Geld billig bleiben, erklären Experten. Auch die Inflationsentwicklung hängt damit zusammen. Je niedriger die Inflationsrate, desto weniger gibt es geldpolitisch einen Grund, an der Zinsschraube zu drehen. Die Rate ist in Deutschland seit Jahren sehr niedrig.

Die Zinskurve der letzten 50 Jahre zeigt, dass Baugeld selten so günstig war. Deshalb ist es empfehlenswert, sich das niedrige Zinsniveau so lange wie möglich zu sichern, zum Beispiel mit 15-jährigen Laufzeiten, die mittlerweile fast überall angeboten werden. Sie kosten etwa ein viertel Prozentpunkt mehr, bieten dafür aber lange Sicherheit. Die günstigsten Angebote machen Baugeldvermittler im Internet. Sie sind um bis zu einem halben Prozentpunkt billiger als die Angebote aus der Filialbank.

WISO rät: Schließen Sie jetzt das Risiko einer Zinssteigerung aus, indem Sie sich für lange Laufzeiten entscheiden. Der Vorteil: Nur die Bank ist an die Zinszusage über eine Laufzeit von zehn Jahren gebunden. Sie als Kreditnehmer haben dagegen das Recht (§ 609a BGB Absatz 3), nach zehn Jahren das Darlehen mit einer Frist von sechs Monaten zu kündigen. Sie können Ihre Schulden dann teilweise oder vollständig und ohne Zahlung einer Vorfälligkeitsentschädigung zurückzahlen.

Zinsschnäppchen genau unter die Lupe nehmen

Die billigsten Baugeldanbieter finden Sie im Internet. Mehr als 100 Unternehmen werben um die Gunst des Kunden mit Top-Niedrigzinsen. Sie vermitteln Darlehen von Banken, Hypothekenbanken, Landesbanken und Versicherungen. Würden Sie jedoch die Bank als einzelner Kunde selbst aufsuchen, würden Sie die günstigen Konditionen gar nicht bekommen. Nur weil der Vermittler im Jahr viele Kunden akquiriert, erhält er quasi Mengenrabatt und gibt einen Teil davon an Sie weiter.

Doch darauf sollten Sie achten: Die Angebote im Internet sind keinesfalls verbindlich. Oft ist das Zinsschnäppchen noch an zahlreiche Bedingungen geknüpft. Meistens wird nur ein Beleihungswert von maximal 60 Prozent akzeptiert, was im Umkehrschluss heißt, dass Sie viel Eigenkapital, nämlich 40 Prozent, benötigen. Außerdem müssen Einkommen und Sicherheiten tadellos sein. Ist das Haus nicht mehr das Neueste oder verdienen Sie in den Augen der Internetfinanzierer nicht genug, müssen Sie bis zu 0,5 Prozent Zinsen mehr zahlen. Außerdem muss man wissen, dass einige Baugeld-Discounter nur Darlehen über 100.000 Euro vergeben. Auch für Sonderbedingungen und Extras sind sie nicht gerne zu haben.

Die Online-Vermittler bieten keine individuelle Beratung an. Auch persönliche Gespräche gibt es nicht. Nur einige wenige bieten sowohl kompetente Informationen im Internet als auch unabhängige Beratung am Telefon. Kennen Sie sich schon gut aus und haben Sie bereits ein Finanzierungsmodell im Kopf, sollten Sie sich nicht scheuen, Angebote von Internetvermittlern einzuholen. Erkundigen Sie sich auch danach, ob Förderdarlehen in die Finanzierung mit einfließen können und ob Sonderwünsche möglich sind.

WISO rät: Wer auf individuelle Beratung verzichten kann, höheren Zeitaufwand und mehr Papierkrieg nicht scheut, sollte sich ein verbindliches Angebot machen lassen. Fordern Sie einen Zins- und Tilgungsplan an. Nur so können Sie das beste Angebot auswählen.

Zusatzvereinbarungen nicht vergessen!

Bauen bleibt eine individuelle Angelegenheit. Jede Immobilie ist anders, jede Finanzierung hat ihre Besonderheiten. Deshalb ist es wichtig, dass Sie bei der Vorbereitung auch Ihre Einkommensentwicklung und die Familienplanung berücksichtigen.

Sondertilgung vereinbaren: Vergewissern Sie sich beim Baugeldanbieter, ob Sie einmal im Jahr kostenfrei sondertilgen können. Üblich sind 5 bis 10 Prozent der Darlehenssumme, mindestens aber in Höhe der Eigenheimzulage. Wenn Sie nicht tilgen können, weil das Geld am Jahresende doch auf dem Konto fehlt, ist das kein Problem, denn die Sondertilgung erfolgt freiwillig. Allerdings können die nicht getilgten Gelder im kommenden Jahr nicht nachgeholt werden. Vereinbaren Sie Sondertilgungsrechte mit präzisen Formulierungen. Zum Beispiel: Einmal im Jahr, jeweils zum 30.12., kann eine Sondertilgung von 10 Prozent der ursprünglichen Darlehenssumme kostenfrei in Anspruch genommen werden.

Eigenheimzulage: Die Eigenheimzulage wurde per 1. Januar 2004 neu festgesetzt worden. Die neue Zulage beträgt nun einheitlich für Alt- und Neubauten 1 Prozent der Anschaffungs- und Herstellungskosten, maximal aber acht Jahre lang 1.250 Euro pro Jahr und maximal 10.000 Euro innerhalb von acht Jahren. Für jedes Kind gibt es 800 Euro zusätzlich. Beispiel: Eine Familie mit zwei Kindern kann insgesamt 16.400 Euro erhalten. Es sind Einkommensgrenzen zu berücksichtigen: Ledige bekommen die Förderung nur dann, wenn ihre Einkünfte im Jahr des Kaufes oder Baus einer Immobilie und im Jahr davor zusammen nicht mehr als 70.000 Euro ausmachen. Bei Ehepaaren liegt die Grenze bei 140.000 Euro. Pro Kind steigt diese Grenze um 30.000 Euro. Beispiel: Eine vierköpfige Familie kann also 300.000 Euro innerhalb der maßgeblichen zwei Jahre verdient haben. Wer seinen notariellen Kaufvertrag bereits 2003 unterschrieb oder seinen Bauantrag noch vor dem Jahreswechsel einreichte, erhält noch die alte Förderung. Das hat sich vor allem bei Neubauten gelohnt, für die sich die neue Förderung mehr als halbiert hat.

Achtung Neujahrsfalle: Maßgeblich für den Bewilligungszeitraum ist der Tag des Einzugs bzw. der Fertigstellung der Immobilie. Liegt zwischen der Fertigstellung bzw. dem Kauf der Immobilie und dem Einzug ein Jahreswechsel, verfällt die Eigenheimzulage für das erste Jahr. Also direkt nach Fertigstellung bzw. der Übergabe von Nutzen und Lasten bei gebrauchten Immobilien einziehen. Die Meldebescheinigung vom Einwohnermeldeamt zählt!

Bereitstellungszinsen: Klären Sie mit der Bank, ob und ab wann Bereitstellungszinsen für nicht ausgezahlte Darlehensgelder anfallen. Die meisten Banken verlangen ab dem dritten Monat 0,25 Prozent oder mehr.

Darlehensvertrag in unterschiedliche Laufzeiten splitten: Haben Sie noch weitere Finanzierungsquellen, die zum Zeitpunkt des Kaufs der Immobilie noch nicht zur Verfügung stehen, sollten Sie die Auszahlungstermine genau im Auge behalten. Erkundigen Sie sich zum Beispiel bei Ihrer Bausparkasse, wann Ihr Vertrag zuteilungsreif ist. Behalten Sie den Zeitpunkt im Auge, an dem Ihre Lebensversicherung ausbezahlt wird. Es lohnt sich, alle diese Gelder zur schnelleren Tilgung einzusetzen. Zum Beispiel lässt sich die Darlehenssumme in mehrere Darlehensverträge aufsplitten. Damit können Sie die Laufzeiten exakt auf die Fälligkeiten Ihrer Spargelder abstimmen. Jeder Euro, den Sie nicht teuer über Kredit finanzieren müssen, bringt Sie schneller ans Ziel.

KfW-Darlehen: Erkundigen Sie sich bei der Bank, ob Sie bei ihr Darlehen der Kreditanstalt für Wiederaufbau beantragen können. Für Modernisierung, Energiesparmaßnahmen und Gebäudesanierung sind sie konkurrenzlos günstig. Bis zu 30 Prozent der Herstellungskosten können Sie über die KfW finanzieren. Der Zinssatz ist um bis zu einem halben Prozent günstiger. Ein weiterer KfW-Vorteil ergibt sich daraus, dass Sie von der Bank den besten Zinssatz nur bis zu einem Beleihungswert von meist 60 Prozent erhalten. Mehr würden Sie mit einem KfW-Darlehen aber auch nicht brauchen, vorausgesetzt, Sie bringen noch 10 Prozent Eigenkapital mit. Leider vermitteln etliche Banken keine KfW-Kredite, da sie dafür meist auch haften müssen. Gerät der Kreditnehmer in Zahlungsschwierigkeiten, hat die Hausbank die Scherereien. Außerdem wollen Banken ihre eigenen Darlehen verkaufen. Daran verdienen sie mehr als an der circa einprozentigen Provision, die sie von der KfW erhalten. Dort gibt es auch spezielle Kredite für junge Familien und ganz normale Baudarlehen. Dabei lohnt jedoch der Vergleich mit Banken, weil hier die KfW nicht immer günstiger ist. Aktuelle Informationen zu den Förderprogrammen finden Sie unter www.kfw.de oder unter der Telefonhotline 01801/33 55 77.

Solarenergie: Seit 2004 gelten für Solaranlagen neue Regeln. Danach werden neue Anlagen zum Heizen oder zur Warmwasserbereitung vom Bundesamt für Wirtschaft und Ausfuhrkontrolle (Bafa) nur noch mit einem Zuschuss von 110 Euro pro Quadratmeter Kollektorfläche (Anlage mit einer Fläche bis zu 200 qm) gefördert. Erstmals gibt es für die Erweiterung einer Anlage einen Zuschuss von 60 Euro pro Quadratmeter Kollektorfläche. Infos im Internet und telefonisch: www.bafa.de oder Tel.: 06196/90 86 25.

Photovoltaik: Betreiber, die eine neue Photovoltaikanlage auf ihrem Dach montiert haben, erhalten mehr Geld für die Stromeinspeisung ins allgemeine Stromnetz. Der Netzbetreiber muss 57,4 Cent pro Kilowattstunde Solarstrom zahlen. Infos unter www.erneuerbare-energie.de.

Die richtige Baufinanzierung ist in erster Linie ein Rechenexempel. Je genauer Sie rechnen und je ehrlicher Sie mit Ihren Einnahmen und Ausgaben sind, desto solider wird das Fundament der Finanzierung. Beim Rechnen finden Sie vielerorts Hilfe, auch bei WISO, www.wiso.de.

Darlehensangebote richtig vergleichen

Bauen – das ist wohl die größte Investition im Leben. Doch wer es wagt, kann im Alter mietfrei wohnen und hat durch die Wertsteigerung seiner eigenen vier Wände unter Umständen noch eine Rücklage. Im Notfall können Sie Ihr Eigentum sogar verkaufen. Doch bis die Immobilie nicht mehr der Bank, sondern Ihnen gehört, müssen viele Jahre der Finanzierung überbrückt werden. Kalkulieren Sie mit 30 Jahren. So lange braucht es im Schnitt, bis Sie schuldenfrei sind. Deshalb ist es umso wichtiger, die richtige Bank an Ihrer Seite zu wissen. Es sollte die sein, die Ihnen das günstigste Angebot macht, und das ist nicht immer das Institut mit dem niedrigsten Zinssatz.

Ein Beispiel: Sie wollen neu bauen und benötigen deshalb einen Kredit von 200.000 Euro. Der Betrag soll nach Baufortschritt abgerufen werden können. Sie rechnen mit vier Teilbeträgen à 50.000 Euro, jeweils im Abstand von zwei Monaten. Die Zinsbindung soll auf 10 Jahre und die monatliche Belastung auf 1.200 Euro festgelegt werden.
Bank 1 bietet ein Darlehen mit einem Nominalzins von 4,70 Prozent/4,80 Prozent Effektivzins. Sie verlangt zusätzlich 0,5 Prozent Schätzkosten und außerdem ab dem

zweiten Monat 0,25 Prozent Bereitstellungszinsen pro Monat für den noch nicht abgerufenen Darlehensbetrag.

Bank 2 bietet einen Nominalzins von 4,80 Prozent/4,91 Prozent Effektivzins. In den ersten sechs Monaten fallen keine Bereitstellungszinsen an.

Und so wird gerechnet:
Die Nebenkosten werden in den Effektivzins eingerechnet: Bank 1 = 5,04 Prozent, Bank 2 = 4,93 Prozent. Die Kosten, die Sie bei Bank 2 sparen, werden bei Bank 1 als Sondertilgung eingesetzt. Obwohl Bank 2 den höheren Effektivzins nennt, ist sie deutlich günstiger. Die Restschuld beträgt nach zehn Jahren bei Bank 1 = 142.169 Euro, bei Bank 2 = 139.971 Euro. Der Vorteil bei Bank 2 = 2.198 Euro.

Checkliste Finanzierung

So sollten Sie vorgehen

- ○ Holen Sie immer Angebote – mit Zins- und Tilgungsplänen – von mehreren Banken ein.
- ○ Geben Sie nie der ersten Bank den Zuschlag. Es gibt große Unterschiede!
- ○ Achten Sie beim Vergleich auf den effektiven Jahreszins. Nur in ihm sind auch die zusätzlichen Kreditkosten enthalten, die Ihnen die Bank nicht einzeln benennen muss. Einen großen Anteil daran haben zum Beispiel die Kundenakquisition und die Darlehensbearbeitung.
- ○ Weiterer wichtiger Baustein ist der Beleihungswert. Dabei gilt: Je höher Ihre Immobilie mit Schulden belastet wird, desto teurer auch der Zins. Üblich ist ein Beleihungswert von 60 Prozent, wer mehr will, zahlt Aufschläge. Auch die Eintragung ins Grundbuch kann in diesem Zusammenhang eine Rolle spielen. Beleiht die erste Bank 60 Prozent, steht Sie auf Platz eins im Grundbuch und wird im Falle einer Zwangsversteigerung zuerst bedient. Die zweite Bank, die die restlichen 40 Prozent beleiht, muss sich mit Platz zwei zufrieden geben. Auch dafür zahlen Sie einen Zinsaufschlag.
- ○ Individuelle Sonderbedingungen vor Vertragsabschluss klären! Zum Beispiel Sondertilgungsmöglichkeiten, Regelungen zur Vorfälligkeitsentschädigung, falls Sie vorzeitig kündigen müssen, oder die Kombination der Baufinanzierung mit einem Bausparvertrag oder öffentlichen Fördergeldern.

WISO rät: Lassen Sie sich von den Banken einen Zins- und Tilgungsplan aushändigen. Nur so können Sie richtig vergleichen. Jene Bank, die am Ende der Laufzeit die niedrigste Restschuld ausweist und Ihre Zinssatzvereinbarungen akzeptiert, sollte den Zuschlag erhalten.

Anschlussfinanzierung

Bei einer Baufinanzierung müssen Sie einen langen Atem haben, denn üblicherweise werden nach dem Auslaufen des Erstdarlehens noch weitere Darlehen nötig sein, um die Restschulden zu tilgen. Ein langer Planungshorizont ist deshalb schon von Beginn an notwendig. Zwar ist nicht alles kalkulierbar, wie beispielsweise die Zinsentwicklung, die Inflationsrate oder Veränderungen im Beruf. Doch egal, was passiert: In keinem Fall sollten Sie Ihr Hypothekendarlehen aus dem Auge verlieren, denn irgendwann kommt der Tag, an dem bei einer Festzinsvereinbarung die Zinsbindungsfrist ausläuft und Sie eine Anschlussfinanzierung benötigen.

Eine Anschlussfinanzierung gehört zu den alltäglichen Geschäften eines Kreditinstituts, denn Zinsgarantien werden für Hypothekendarlehen meistens nur für zehn oder 15 Jahre, manchmal auch bis zu 20 Jahre vergeben. Bis Sie schuldenfrei sind, braucht es aber häufig viel länger. Deshalb müssen Sie bei Ihrer Baufinanzierung schon bei Vertragsabschluss davon ausgehen, mehrmals im Leben mit einer Anschlussfinanzierung konfrontiert zu werden. Sie werden erstaunt sein, wie wenig der Schuldenberg nach zehn Jahren und einer einprozentigen Tilgung abgenommen hat.

Zur Verdeutlichung ein realitätsnahes Beispiel: Vor vielen Jahren haben Sie ein Darlehen in Höhe von 125.000 Euro aufgenommen. Sie haben einen Festzins von 8,6 Prozent mit einer einprozentigen Tilgung vereinbart. Das kostet Sie jeden Monat 1.000 Euro. Wenn die Zinsbindung in wenigen Wochen ausläuft, liegt die Restschuld immer noch bei rund 105.000 Euro. Sie haben also nur 20.000 Euro getilgt.

Wahrscheinlich werden Sie die Restschuld nicht auf einen Schlag zurückzahlen können. Deshalb ist es ratsam, bei möglichst vielen Kreditinstituten Angebote einzuholen, so wie bei der Erstfinanzierung. Fragen Sie aber zuerst bei Ihrer eigenen Bank nach. Das sollte frühzeitig geschehen, damit Sie noch genügend Handlungsspielraum haben. Nach der Rechtslage muss Ihnen die Bank nämlich erst vier bis sechs Wochen vor Ablauf der Zinsbindungsfrist ein neues Angebot vorlegen. Häufig viel zu spät, um einen umfassenden Vergleich zu starten.

WISO rät: Fordern Sie Ihre Bank viele Wochen früher, aber mindestens zwölf Wochen vor dem Ende der Zinsbindungsfrist schriftlich auf, Ihnen ein neues Angebot zu schicken. Das Angebot sollte möglichst verbindlich sein. So schließen Sie weitere Zinssteigerungen bis zum Tag X aus. Außerdem sollten Sie vereinbaren, dass sich eventuelle Zinssenkungen, die bis zur Anschlussfinanzierung durchgeführt werden, auf Ihr Darlehen senkend auswirken. Setzen Sie zur Beantwortung Ihrer Fragen freundlich, aber bestimmt eine Frist von zwei Wochen.

Gehen Sie chronologisch vor:

- Fragen Sie zunächst Ihre finanzierende Bank nach den aktuellen Konditionen: No-

tieren Sie Nominalzins und effektiven Jahreszins für die gewünschte Tilgungshöhe und eine Laufzeit von zehn Jahren.
- Holen Sie Angebote von Konkurrenzinstituten ein. Achten Sie dabei auf vergleichbare Bedingungen: Laufzeit, Tilgung und Tilgungsverrechnung müssen identisch sein.
- Erkundigen Sie sich in Niedrigzinsphasen auch nach 15-jährigen Laufzeiten. Dafür zahlen Sie zwar bis zu einem halben Prozentpunkt mehr, können sich dadurch aber ein niedriges Zinsniveau langfristig sichern. Vorteil: Nach zehn Jahren dürfen Sie den Vertrag jederzeit unter Einhaltung einer Frist von sechs Monaten kündigen. Dagegen muss Ihre Bank die Vereinbarung bis zum Ende der Laufzeit aufrechterhalten.
- Fordern Sie für alle Angebote immer einen Zins- und Tilgungsplan an. So können Sie schwarz auf weiß sehen, welche Bank am Ende der Laufzeit die niedrigste Restschuld ausweist.

Zwei Entscheidungen sollten Sie bei einer Anschlussfinanzierung neu überdenken: Wie hoch soll die Tilgung sein? Wie lange wollen Sie sich an einen Festzins binden?

Die Tilgung sollte mindestens der Tilgungshöhe entsprechen, die Ihr Darlehen am Ende der Laufzeit aufweist. Haben Sie zum Beispiel eine Tilgung von 3 Prozent erreicht, sollte Ihre Anschlussfinanzierung auch mit 3 Prozent starten, immer vorausgesetzt, Sie können sich das finanziell leisten. Doch normalerweise wird Ihr Einkommen angestiegen sein und Sie werden die gleiche Ratenhöhe auch weiterhin zahlen können. Noch besser wäre es natürlich, Sie könnten jeden Monat noch etwas mehr abbezahlen, umso schneller sind Sie schuldenfrei und damit früher am Ziel.

Bei der Entscheidung, ob Sie den Darlehensvertrag für die Anschlussfinanzierung für 15 Jahre oder kürzer abschließen, sollten Sie ebenfalls Ihre persönliche und finanzielle Planung mit berücksichtigen. Unter Kostengesichtspunkten kann es nämlich auch sinnvoll sein, den Hypothekenvertrag nur für zehn Jahre abzuschließen, wenn Sie den Zinszuschlag in eine höhere Tilgung investieren. Die höhere Tilgung hat den Vorteil, dass die Restschuld am Ende der Laufzeit niedriger ist als mit einer geringeren Tilgung. Dafür tragen Sie jedoch das Risiko, dass die Zinsen nach zehn Jahren über dem Zinssatz liegen, für den Sie jetzt im Zinstief abschließen können. Alles hat seinen Preis. Andererseits dürfen die Vorteile einer geringeren Restschuld nicht unterschätzt werden. Schließlich brauchen Sie dann für die neue Anschlussfinanzierung viel weniger Geld aufzunehmen. Hilfen dabei bieten eine Reihe von Baufinanzierungsrechnern. Sie finden Sie entweder im Internet oder als Software in guten Buchhandlungen, auch von WISO.

WISO rät: Vergleichen Sie immer den effektiven Jahreszins. Dabei ist wichtig, dass Sie erfragen, welche Kreditkosten darin bereits enthalten sind und welche zusätzlich noch dazukommen. Die Regelungen dazu sind bei den Banken nicht einheitlich!

Bankwechsel muss sich lohnen!

Wenn Sie sich bei den Kreditinstituten zunächst telefonisch erkundigen, sollten Sie ausdrücklich nach den Konditionen für Neukunden fragen. Häufig erhält neue Kundschaft ein besseres Angebot als der Kundenstamm. Also Achtung: Verfallen Sie nicht dem Glauben, dass eine langjährige Geschäftsbeziehung Grund genug für eine bessere Behandlung sei. Natürlich ist der Zinssatz sehr wichtig, doch sollte er nicht alles entscheidend sein, wie wir im vorangegangenen Kapitel bereits hervorgehoben haben. Fragen Sie aber auf jeden Fall nach den Kosten der Umfinanzierung. Bei einem Wechsel zu einem anderen Kreditinstitut fallen nämlich immer Kosten und Entgelte an. So müssen zur Darlehenssumme beispielsweise Gebühren für Notar, Grundbuchamt und Abtretungserklärungen dazugerechnet werden. Das sind etwa 200 Euro. Wenn Ihre Immobilie zur aktuellen Wertermittlung von der neuen Bank noch einmal geschätzt werden soll, wird es noch teurer. Versuchen Sie diesen Posten zu meiden. Heute ist es üblich, mit Fotos und der Flurkarte den bereits einmal festgestellten Wert zu verifizieren. Achtung: Manchmal wird der Posten Wertermittlungskosten aufgeführt, ohne dass sich jemand die Immobilie überhaupt angesehen hat. Haken Sie an dieser Stelle nach!

WISO rät: Damit sich der Wechsel unter Kostenaspekten lohnt, gilt als Richtwert eine Zinsdifferenz zwischen dem alten und dem neuen Kreditinstitut von mindestens einem halben Prozentpunkt.

Kleine Zahl, große Wirkung: Auch schon weniger als ein halber Prozentpunkt kann bei langen Laufzeiten einige tausend Euro plus oder minus bedeuten. Nachrechnen lohnt sich. Dabei sind Ihnen auch die neuen Banken behilflich. Denn die meisten Darlehensnehmer bleiben trotz der vielen günstigen Angebote ihrer alten Bank treu. Die Konkurrenz muss sich deshalb einen guten Service einfallen lassen, um den lukrativen Baukunden vom Wechseln zu überzeugen. Nutzen Sie die Gunst der Stunde. Wer weiß, wie lange der Kunde bei der Baufinanzierung noch König ist!

Manche Banken sind sogar bereit, die Kosten der Umfinanzierung ganz oder teilweise zu übernehmen. Bei Direktbanken und Baugeldvermittlern im Internet gibt es zum Teil kostengünstigere Angebote. Das ist natürlich ein dicker Pluspunkt. Dennoch sollten Sie für Ihre endgültige Entscheidung einen Restschuldvergleich verlangen. Denn nur die Bank, die am Ende der Laufzeit effektiv die niedrigste Darlehensschuld ausweisen kann, sollte Ihre Anschlussfinanzierung übernehmen dürfen. Zusammenfassend heißt das:

- Pluspunkt für die Bank mit dem niedrigsten Zinssatz und der geringsten Restschuld nach Zins- und Tilgungsplan.
- Pluspunkt, wenn Sie einmal im Jahr eine kostenfreie Sondertilgung leisten dürfen. Üblicherweise werden 5 bis 10 Prozent der Darlehenssumme oder die Eigenheimzulage akzeptiert.

- Pluspunkt, wenn die Bank eine lückenlose Anschlussfinanzierung gewährleisten kann. Akzeptieren Sie keine Wartezeiten zwischen dem Auslaufen des Altdarlehens und dem Beginn des neuen Darlehens.
- Pluspunkt, wenn die Bank die Tilgung flexibel handhabt. So können zum Beispiel Doppelverdiener am Anfang einen höheren Tilgungssatz wählen und später als junge Familien auf einen niedrigen umsteigen.
- Pluspunkt, wenn die vielen Extras ohne Zinsaufschlag zu haben sind.

WISO rät: Zur optimalen Vorbereitung Ihrer Anschlussfinanzierung können Sie regional bei Ihrer Verbraucherzentrale am Wohnort einige Hypothekenkonditionen abfragen. Zur bundesweiten Suche empfehlen wir das Internet. Dort finden Sie auch auf unserer Homepage, unter www.wiso.de, in der Rubrik „Zinskonditionen" einen aktuellen Baugeldvergleich.

Vorratsdarlehen: Heute schon an morgen denken

Wer erst in ein paar Monaten ein Anschlussdarlehen braucht, weil der alte Vertrag noch so lange läuft, müsste eigentlich bis zum Ende der Zinsbindungsfrist warten, um an neue Konditionen heranzukommen. Ein glücklicher Zufall, wenn dann die Zinsen niedrig stehen; und Pech gehabt, wenn der neue Zinssatz den alten übersteigt. Dann klettert die monatliche Belastung für Zins und Tilgung in die Höhe. So mancher Bauherr, der am Ende der Laufzeit in eine Hochzinsphase geriet, musste zur Rettung der Finanzlage seine Immobilie verkaufen. Doch jetzt ist Schluss mit Warten und Bangen. Inzwischen sind die so genannten Vorratsdarlehen auf dem Markt. Damit können Sie sich die niedrigen Zinsen von heute bis weit in die Zukunft sichern.

Beispiel: Angenommen, Sie haben 1995 ein Darlehen von 85.000 Euro aufgenommen, Zinssatz 7,65 Prozent. Ende der Laufzeit: 31. März 2005. Danach benötigen Sie eine Anschlussfinanzierung für die Restschuld von rund 80.000 Euro. Ihre Sorge: Die Zinsen könnten bis zum Umschuldungstermin steigen. Die erhöhte monatliche Belastung würde Sie finanziell überfordern, und Sie kämen dadurch in Zahlungsschwierigkeiten.

Zugegeben, ein Horrorszenario, aber vielen ist es schon so ergangen. Der Schuldenabtrag ist nämlich nach zehn Jahren mit der standardmäßigen Tilgung von 1 Prozent gering. Der Schock trifft vor allem Bauherren, die sich den Tilgungsplan vorher nicht genau angeschaut haben. Sie können sich kaum erklären, dass ihre Schulden fast nicht kleiner geworden sind.

Doch es ist Hilfe in Sicht! Ein Vorratsdarlehen oder englisch: Forward-Darlehen lohnt sich immer dann, wenn Sie glauben, dass die Zinsen bis zur Anschlussfinanzierung steigen werden. Da niemand so genau weiß, ob und wann das der Fall sein wird, gehen Sie ein gewisses Kostenrisiko ein. Denn Vorratsdarlehen gibt es nicht umsonst. Die Banken verlangen bis zum Anschlusstermin des neuen Vertrags einen Zinsaufschlag. Dieser liegt – je nach Kreditinstitut – zwischen 0,02 bis 0,03 Prozent pro Monat.

Das bedeutet für unser Beispiel: Mit einem Zinszuschlag für sechs Monate (6 x 0,02 Prozent) von insgesamt 0,12 Prozent können Sie sich aktuell ein Darlehen mit einem Nominalzins von 5 Prozent für 15 Jahre sichern. Im März 2005 würde Ihr Zinssatz also bei 5,12 Prozent liegen.

WISO rät: Die Kosten für ein Vorratsdarlehen rechnen sich umso mehr, je kürzer die Zeit bis zur Anschlussfinanzierung dauert und je länger Sie sich die niedrigen Zinsen über Jahre hinweg sichern können.

Ein Vorratsdarlehen kann sich maximal bis zu einem Zeitraum von drei Jahren rechnen. Haben Sie dagegen extrem kurze Zeiten bis zu sechs Monaten zu überbrücken, gibt es eine Alternative: Wird Ihr Altkredit schon in ein paar Monaten fällig, sollten Sie bei Ihrer Hausbank prüfen, ob sich die Darlehensgelder durch Bereitstellungszinsen reservieren lassen. Damit können Sie sich ebenfalls den niedrigen Zins von heute für eine Kreditabnahme in vielleicht einem halben Jahr sichern. Bereitstellungszinsen werden oft nicht sofort, sondern häufig erst ab dem dritten oder sechsten Monat fällig. Üblicherweise zahlen Sie pro Monat 0,25 Prozent der Darlehenssumme. Je nach Angebot ist die Zahlung von Bereitstellungszinsen für kurze Überbrückungszeiten günstiger als ein Vorratsdarlehen. Natürlich können Sie auch bei Ihrer Hausbank versuchen, sofort aus dem teuren Altkredit auszusteigen. Viele Banken bieten eine Umschuldung gegen Zahlung einer Vorfälligkeitsentschädigung an. Dazu erfahren Sie auf den nächsten Seiten mehr. Meistens ist das jedoch so teuer, dass es sich nicht lohnt. Verlassen Sie sich dabei aber nicht auf Ihr Gefühl, sondern rechnen Sie genau nach!

Beispiel: Sie hätten bei Ihrer alten Bank eine Vorfälligkeitsentschädigung von rund 4.000 Euro bezahlen müssen, um sofort auf niedrigere Zinsen umschulden zu können. Für das Vorratsdarlehen zahlen Sie einen Zinsaufschlag, plus die Kosten für Abtretungserklärung und Bankwechsel (geschätzt rund 200 Euro). Außerdem die Zinsen für den Altkredit bis zur Fälligkeit (10 x 600 Euro monatliche Rate). Die Restschuld liegt bei der Bank A per 30.5.2018 bei 17.000 Euro und bei der Bank B bei 14.000 Euro. Am Ende der Anschlussfinanzierung, nach einer Laufzeit von 14 Jahren, beträgt die Differenz rund 3.000 Euro. Das Vorratsdarlehen hätte sich also gelohnt!

WISO rät: Ob sich das Vorratsdarlehen gegen Zinsaufschlag oder die sofortige Umschuldung gegen Zahlung einer Vorfälligkeitsentschädigung lohnt, sollten Sie in jedem Fall prüfen und genau nachrechnen. Rechnen Sie dabei sämtliche Kosten hinzu, auch die für einen Bankwechsel, falls Sie nicht bei Ihrer Hausbank bleiben wollen.

Vorfälligkeitsentschädigung: Wer vorzeitig kündigt, zahlt meist viel

Wer sein Hypothekendarlehen mit fester Zinsvereinbarung vorzeitig ablösen will, muss dem Kreditinstitut dafür eine Entschädigung bezahlen. Die Bank darf den ihr entgangenen Zinsverlust dem Kunden in Rechnung stellen. Doch bei der Berechnung der so genannten Vorfälligkeitsentschädigung gibt es immer wieder Streit mit den Kunden. In mehreren Urteilen hat der Bundesgerichtshof festgelegt, wer vorzeitig kündigen darf und wer nicht, und wie gerechnet werden muss.

Bevor sich das höchste Zivilgericht, der Bundesgerichtshof (BGH) in Karlsruhe, in die Rechenpraxis der Banken eingeschaltet hat, ging es zu wie im Wilden Westen. Jede Bank rechnete, wie sie gerade wollte, zog irgendwelche Vergleichszinsen heran, und der Kunde blickte nicht durch. Es hat Jahre gedauert, bis nach langem Streit das erste weitreichende Urteil vom BGH gesprochen wurde. Erstmals mussten sich die Banken auf eine einheitliche Berechnung festlegen. Doch die Regelung der Details führte zu einer Kette von Rechtssprechungen. Erst im Mai 2003 haben die höchsten Richter wieder ein Urteil zur Vorfälligkeitsentschädigung gefällt. Es betrifft die Darlehensnehmer, die ihren Kredit vorzeitig tilgen wollen, ohne dass ein zwingender Grund vorliegt. Das sind vor allem Umschulder, also Darlehensnehmer, die in einer Niedrigzinsphase auf das günstige Angebot einer anderen Bank eingehen wollen.

Deutsche Kreditnehmer im Nachteil

In keinem anderen EU-Staat müssen Verbraucher so viel Vorfälligkeitsentschädigung zahlen wie hierzulande. Das Institut für Finanzdienstleistungen (iff) ermittelte europaweit die Kosten für die frühzeitige Ablösung eines Hypothekendarlehens mit zehnjähriger Zinsbindung. Danach kostet die frühzeitige Ablösung eines Kredits über 100.000 Euro nach fünf Jahren bei einer Zinsrate von 6 Prozent in Deutschland rund 11.000 Euro; in Österreich, dem zweitteuersten EU-Land, immerhin noch 5.000 Euro; in Portugal dagegen nur 1.400 Euro. Kaum ein Verbraucher weiß, welch hohe Kosten bei vorzeitiger Rückzahlung auf ihn zukommen. Die Berechnung sei zudem intransparent und könne nicht selbst nachkontrolliert werden, kommentierte der Bundesverband der Verbraucherzentralen das Ergebnis der iff-Studie.

Die Rechtslage

Banken müssen dem Kundenwunsch auf vorzeitige Darlehensablösung nur unter bestimmten Voraussetzungen nachkommen (BGH XI ZR 267/96 und XI ZR 197/96 vom 1.7.1997). Zum Beispiel beim Verkauf der Immobilie oder aus persönlichen Gründen wie Arbeitslosigkeit oder Krankheit. Allerdings dürfen sie im Gegenzug den ihnen entstandenen Schaden geltend machen. Die Summe daraus entspricht der Vorfälligkeitsentschädigung. Der rechnerisch gleiche Schaden fällt auch an, wenn der Kreditnehmer das Darlehen vereinbarungswidrig nicht abnimmt. Also auch dann, wenn noch kein Geld geflossen ist, können Ansprüche der Bank entstehen. Sie darf eine Nichtabnahmeentschädigung verlangen, wenn der Vertrag unterschrieben ist, die Gelder bereitliegen, der Kunde aber das Darlehen nicht mehr haben will. Das BGH-Urteil vom 7.11.2000 (XI ZR 27/00) präzisierte den in der Praxis bisher umstrittenen Rechenvorgang.

Wer muss zahlen?

Die meisten Darlehensnehmer in Deutschland schließen ein Baudarlehen über eine Laufzeit von zehn Jahren ab. Dabei wird aus Gründen der Zinssicherheit in der Regel ein Festzins vereinbart. Eine Vorfälligkeitsentschädigung darf von Banken also dann verlangt werden, wenn ein Hypothekendarlehen mit fester Zinsvereinbarung vor Vertragsende zurückgezahlt wird. Mit einem Urteil (AZ: XI ZR 27/00) des Bundesgerichtshofs wurde entschieden, dass die Kunden bei der Berechnung der Vorfälligkeitsentschädigung besser gestellt werden müssen. Die Kreditinstitute sind nun verpflichtet, bei der Festlegung der Entschädigungshöhe die Erträge aus Hypothekenpfandbriefen als Rechenbasis zu verwenden. Mit diesen werden nämlich höhere Renditen erzielt als mit öffentlichen Anleihen. Dieser Vorteil muss in Form einer geringeren Vorfälligkeitsentschädigung an die Kunden weitergegeben werden.

Dazu ein vereinfachtes Beispiel: Sie zahlen fünf Jahre vor Vertragsende 100.000 Euro an Ihre Bank zurück. Bisher durften die Banken den Zinsschaden anhand der Renditen von öffentlichen Anleihen errechnen. Diese liegen, bezogen auf die Restlaufzeit, zum Beispiel bei 4 Prozent. Nach dem Willen des Bundesgerichtshofs müssen jetzt die Renditen von Hypothekenpfandbriefen angesetzt werden. Das sind zum Beispiel 4,5 Prozent. Die Differenz von 0,5 Prozent, also 2.500 Euro, geht zu Ihren Gunsten und macht sich in einer niedrigeren Vorfälligkeitsentschädigung bemerkbar.

So setzt sich die Vorfälligkeitsentschädigung zusammen

Die Vorfälligkeitsentschädigung besteht aus dem so genannten Zinsschaden (Zinsmargenschaden und Zinsverschlechterungsschaden) und einer Bearbeitungsgebühr. Die Entschädigung vermindert sich um die Einsparungen der Bank an Verwaltungsgeldern (üblich sind bis zu 5 Euro monatlich) und Risikokosten (üblich sind 0,05 bis 0,06 Prozent der Darlehenssumme), die bis zum Ende der Laufzeit angefallen wären. Doch vor allem um die Höhe der Risikoabschläge gibt es nach wie vor Streit.

Die Risikokosten sind als Prozentsatz des Darlehens anzugeben. In Urteilen werden Spannen von 0,014 bis 0,06 Prozent genannt. Abweichungen von diesen Werten sind zulässig, da es auf die im konkreten Fall kalkulierten Risikoprämien ankommt. Verwaltungskosten verhalten sich nicht proportional zum Darlehensvolumen. Sie sind deshalb unabhängig von der Darlehenssumme in Euro zu beziffern: 25 bis 50 Euro pro Jahr gelten als angemessen.

Vor allem bei der vorzeitigen Rückzahlung von Hypothekendarlehen nach Zahlung einer Vorfälligkeitsentschädigung langen die Banken kräftig zu. Die Bearbeitungsgebühren lagen früher bei 100 bis 250 Mark, heute sind es im Schnitt 150 Euro. Doch nachdem der Bundesgerichtshof die Höhe der Vorfälligkeitsentschädigung begrenzt hat, werden Preiserhöhungen auf anderen Wegen durchgesetzt. Ein höchstrichterliches Urteil zu den Bearbeitungsgebühren gibt es bisher nicht. 500 Euro gelten aber nach Meinung der Verbraucherzentralen als sittenwidrig.

Berechnungen dürfen fiktiv bleiben

Meistens ist die Vorfälligkeitsentschädigung viel höher als erwartet, was viele Darlehensnehmer von einer vorzeitigen Tilgung ihres Kredits abhält. Wenn man nämlich einfach davon ausgeht, dass die Bank das vorzeitig zurückerhaltene Geld wieder als Hypothekendarlehen ausleiht, könnte man meinen, dass ihr dadurch gar kein Schaden entstünde. Doch die Richter sehen das anders. Bei der Berechnung der Vorfälligkeitsentschädigung geht es nämlich nicht darum, was die Bank tatsächlich mit ihrem Geld tut, sondern vielmehr darum, welchen Wiederanlagezins der Gesetzgeber für zulässig erklärt.

Auf die tatsächliche Refinanzierung des Darlehens kommt es also nicht an. Die konkrete Zuordnung einer einzelnen Refinanzierungsmaßnahme zu einem einzelnen Kreditgeschäft ist nicht nachweisbar. Es reicht daher aus, eine fiktive Wiederanlage zu unterstellen, die allerdings am Kapitalmarkt prinzipiell getätigt werden könnte.

Grundsätzlich gilt: Die Bank muss dem Kunden eine Überprüfungsmöglichkeit gewähren. Sie muss insbesondere die verwendeten Wiederanlagesätze offen legen. Diese müssen allgemein zugänglichen Quellen, zum Beispiel der Kapitalmarktstatistik der Bundesbank, entnommen werden können.

WISO rät: Wenn Sie den Verdacht haben, dass Ihre Vorfälligkeitsentschädigung falsch berechnet wurde, fordern Sie Ihre Bank zur Neuberechnung auf, die sich an den Urteilen des BGH ausrichtet. Mitunter können Darlehensnehmer mit hohen Rückzahlungen rechnen. Das gilt auch dann, wenn Sie schon längst bezahlt und alles abgewickelt haben. Denn in Sachen Vorfälligkeitsentschädigung gilt für Altfälle noch eine Verjährungsfrist von dreißig Jahre. Seit der Reform des Schuldrechts, also seit 2002, beträgt die Verjährungsfrist nur noch drei Jahre. Die Frist beginnt einheitlich am 1. Januar 2002. Wer noch aus früheren Zeiten Ansprüche geltend zu machen hat, muss bis zum 31.12.2004 tätig geworden sein. Die Zeit läuft.

Achtung: Sie haben einen Rechtsanspruch darauf, dass die Bank die Berechnung genau aufschlüsselt und nunmehr jede einzelne Ratenzahlung berücksichtigt. Wird für den gesamten Rückzahlungsbetrag mit einem einheitlichen Wiederanlagezins gerechnet, ist dies unzulässig.

WISO rät: Lassen Sie sich bei Ihrem Wunsch nach Neuberechnung nicht von Ihrer Bank abwimmeln, selbst dann nicht, wenn Sie damals eine Einverständniserklärung unterschrieben und die Höhe der Vorfälligkeitsentschädigung akzeptiert haben. Sie können dennoch eine Neuberechnung fordern. Auch das wurde bereits höchstrichterlich entschieden.

Bank darf Umschuldungsbegehren verweigern

Die bisherigen BGH-Urteile finden keine Anwendung auf die meisten Umschulder. also auf Darlehensnehmer, die nur auf Grund der günstigen Zinslage die Bank gewechselt haben oder wechseln wollen. Stimmt die Bank dem zu, obwohl sie dazu nicht verpflichtet ist, kann sie eine Entschädigung verlangen, die weit über der Vorfälligkeitsentschädigung liegt (BGH vom Mai 2003, AZ: XI ZR 226/02). Die Karlsruher Richter geben den Geldhäusern damit nahezu freie Hand. Will der Darlehensnehmer das Festzinsdarlehen ohne zwingenden Grund kündigen, kann die Bank entweder ablehnen oder die Höhe der Vorfälligkeitsentschädigung fast völlig nach freiem Belieben festlegen. Die Höhe wird aber nicht daraufhin geprüft, ob sie angemessen ist. Nur sittenwidriger Wucher bleibt verboten. Die Wuchergrenze beginnt bei den Gerichten „beim Doppelten des Üblichen“.

Als wichtigster zwingender Grund gilt der Verkauf der Immobilie. Der Eigentümer soll über sein Haus oder seine Eigentumswohnung uneingeschränkt verfügen dürfen. Ihm muss zugestanden werden, sein Eigentum schuldenfrei verkaufen zu dürfen. Auch persönliche Gründe, wie Arbeitslosigkeit, Tod oder schwere Krankheit, können zwingende Gründe sein, die es jedoch im Zweifelsfall vor Gericht zu klären gilt.

WISO rät: Selbst wenn Ihre Bank Ihre Umschuldungsbemühungen mit einem Angebot beantwortet, das nicht bis zur Wuchergrenze reicht, sollten Sie nicht ungeprüft zustimmen. Ob sich eine Umschuldung lohnt oder nicht, ist letztlich ein Rechenexempel. Lassen Sie sich beim Rechnen von einer Verbraucherzentrale (federführend sind Hamburg, Bremen und Nordrhein-Westfalen) helfen oder rechnen Sie selbst nach, zum Beispiel mit dem WISO-Vorfälligkeitsrechner (unter www.wiso.de).

Die Banken führen eine Neuberechnung nicht automatisch durch. Deshalb müssen Sie selbst tätig werden und die Bank dazu auffordern. Nur dann haben Sie eine Chance auf Rückzahlung von zu viel gezahlten Vorfälligkeitsbeträgen. Alle anderen, die sich nicht rühren, gehen leer aus.

Ein Schlupfloch: Objekttausch

Immobilienbesitzern steht jetzt eine Alternative zur teuren Vorfälligkeitsentschädigung offen: der Objekttausch. Wer sein Haus mit Grundstück verkaufen will und deshalb aus seinem Kredit vorzeitig aussteigen muss, kann seiner Bank nun die Fortführung des Altkredits mit Hilfe einer gleichwertigen Sicherheit, also einer anderen Immobilie inklusive Grund und Boden, anbieten.

Kreditnehmer können sich so vier- bis fünfstellige Eurobeträge sparen, die das Kreditinstitut als Entschädigung für einen frühzeitigen Ausstieg verlangen darf. Die rechtliche Grundlage für den Kniff liefert ein höchstrichterliches Urteil des Bundesgerichtshofs vom Februar 2004 (AZ: XI ZR 398/02).

In dem Fall hatte ein Darlehensnehmer sein altes, 197 Quadratmeter großes Grundstück mit Immobilie nach der Geburt seines zweiten Kindes veräußert. Er bot der Bank an, den Kredit auf das neu erworbene, 506 Quadratmeter große Grundstück mit einem größeren Haus zu übertragen, um ihn fortführen zu können und nur die Gebühren für den Tausch der Sicherheiten zahlen zu müssen. Das Kreditinstitut lehnte ab und verlangte eine Vorfälligkeitsentschädigung. Sie verlor jedoch den Prozess vor dem obersten Gericht. Danach sei ein Objekttausch der Bank zuzumuten, so die Richter. Drei Grundsätze müssen jedoch beachtet werden:

- Das Ersatzgrundstück muss das Bankrisiko genauso abdecken wie vorher.
- Der Kreditnehmer muss alle Kosten des Objekttauschs tragen.
- Die Bank darf keine Nachteile bei der Verwaltung oder Verwertung der neuen Sicherheit haben.

Weitere Informationen zur Finanzierung Ihrer Immobilie finden Sie im Ratgeber WISO-Immobilienfinanzierung (siehe Anhang), in der WISO-Bookware (Programm und Buch): Bau & Kauf, Buhl Data Service GmbH, Am Siebertsweiher 3/5, 57290 Neunkirchen, Internet: www.buhl.de, oder bei den Verbraucherzentralen unter www.baufoerderer.de.

Immobilienbesitz und Steuern

Grundsteuer

An jedem Immobilienkauf verdient der Fiskus mit. Egal, ob privat genutzt oder als Kapitalanlage angeschafft, es fällt immer Grunderwerbssteuer in Höhe von 3,5 Prozent des Kaufpreises an – nach der Maklercourtage der größte Batzen beim Kauf einer Eigentumswohnung oder eines Hauses. Üblicherweise setzt sich der Kaufpreis für das Finanzamt aus dem Wert für den Grund und Boden und aus dem Wert des Gebäudes zusammen. Klingt einfach, doch der Teufel steckt bekanntlich im Detail.

Nach einem Urteil der Oberfinanzdirektion Hannover (AZ: S 4500–106 StH 563) kommt es bei der Ermittlung der Grunderwerbssteuer auf die konkrete Vereinbarung an. Steuerzahler, die zum Beispiel ein Grundstück kaufen wollen, um später vielleicht ein Fertighaus darauf zu errichten, erwerben zunächst nur ein Grundstück. Darauf wird die Grunderwerbssteuer fällig. Wird auf dem Grundstück später ein Haus errichtet, muss der Käufer dafür keine Steuern zahlen. Wer jedoch mit einem Bauträger baut, der Grundstück und fertig gestelltes Haus in der Regel gemeinsam verkauft, muss auf die Gesamtsumme die Grunderwerbssteuer entrichten. Der Unterschied macht häufig fünfstellige Summen aus. Auch in einem anderen Fall entschied der Bundesfinanzhof (AZ: II R 31/02) gegen das Finanzamt. Die Behörde wollte von einem Käufer auch auf die künftig zu zahlenden Erschließungskosten Grunderwerbssteuer kassieren. Das darf sie aber nicht, wenn tatsächlich ein unerschlossenes Grundstück verkauft wurde.

WISO rät: Grunderwerbssteuer müssen Sie nicht zahlen, wenn Sie an Verwandte in gerader Linie verkaufen: Eltern, Großeltern, Kinder, Stiefkinder, Enkel oder Ehepartner. Steuerfrei sind auch Immobilien, die für weniger als 2.500 Euro den Besitzer wechseln. Außerdem zählt miterstandenes Mobiliar nicht zum Kaufpreis. Sind Kosten für Einrichtungsgegenstände in den Kaufpreis eingeflossen, sollten Sie diese wieder herausrechnen. Das spart bares Geld.

Von dem oben genannten Urteil der Oberfinanzdirektion Hannover können Sie profitieren. Wenn Sie also erst ein Grundstück kaufen und später bauen wollen, sollten Sie zwei getrennte Verträge erstellen. Damit gehen Sie auf Nummer sicher, dass das Finanzamt nur für den Grund und Boden Grunderwerbssteuer kassiert und später keinen Nachschlag verlangt. Glaubwürdig ist das Vorgehen aber nur dann, wenn der Verkäufer des Grundstücks und die spätere Baufirma nichts miteinander zu tun haben. Wenn Sie dennoch den Grundstücksverkäufer auch mit der Errichtung des Bauwerks beauftragen, muss beim Finanzamt Überzeugungsarbeit geleistet werden. Nur wenn Sie nachweisen können, dass Sie sich bei der Wahl des Bauträgers frei entscheiden konnten, können Sie Steuern sparen. Als Beweis dienen zum Beispiel Angebote, die Sie von verschiedenen Firmen eingeholt haben, bevor Sie einem Unternehmen den Zuschlag gaben.

Wenig Chancen auf getrennte Verträge werden dagegen Bauherren haben, wenn folgende Verknüpfungen zwischen Grundstückseigentümer und Baufirma bestehen:

- Baufirma wirbt mit Anzeigen und Prospekten unter Angabe des Grundstücks.
- Grundstückseigentümer und Bauunternehmer sind professionell oder in Form einer Gesellschaft miteinander verbunden.
- Die zum Verkauf stehenden Grundstücke werden vom Eigentümer selbst oder einem ihm verbundenen Unternehmen bebaut.
- Die Baufirma wird dem Bauherrn vom Grundstücksverkäufer benannt.
- Fertighausanbieter weisen auf Privatpersonen hin, die ihr Grundstück verkaufen wollen.
- Interessenten bieten in der Tageszeitung Grundstücke mit anschließend schlüsselfertiger Bebauung an.

WISO rät: Wenn Sie einen üblichen Bauträgervertrag geschlossen haben, werden Sie um die Zahlung der Grunderwerbssteuer, auf den Gesamtpreis berechnet, nicht herumkommen. Kaufen Sie jedoch erst das Grundstück und entscheiden sich danach frei für eine Baufirma, die Ihr Gebäude errichtet, sollten Sie, um Diskussionen mit dem Finanzamt zu vermeiden, sämtliche Unterlagen, die Ihre unabhängige Wahl untermauern, aufbewahren.

Spekulationssteuer

Seit 1999 gilt für die Versteuerung von Gewinnen aus Immobilienveräußerungen eine Spekulationsfrist von zehn Jahren, gerechnet ab dem Tag des Kaufvertrags. Das gilt auch dann, wenn Sie die Immobilie zunächst selbst einige Jahre nutzten und später vermieteten. Die Gesetzesänderung trat ohne Übergangsregelung in Kraft. Darum gibt es Streit bis zum Bundesverfassungsgericht.

Und das kam so: Im März 1999 hatte der Gesetzgeber rückwirkend die Spekulationsfrist für alle Verkäufe von nicht selbst genutzten Immobilien ab 1. Januar 1999 von zwei auf zehn Jahre verlängert. Alle Immobilienbesitzer, die nach dem Stichtag 31. Dezember 1998 verkauften, mussten ihre Gewinne versteuern, wenn die alte Spekulationsfrist von zwei Jahren bereits abgelaufen war. Dagegen hat ein Eigentümer bis zum Bundesfinanzhof (BFH, AZ: IX R 46/02) geklagt. Jetzt muss das Bundesverfassungsgericht entscheiden, ob die Regelung verfassungsgemäß ist.

Der Fall: Ein Eigentümer hat 1990 ein Einfamilienhaus gekauft und 1997 einen Makler mit dem Verkauf beauftragt. Im April 1999 verkaufte er das vermietete Grundstück mit rund 25.000 Euro Gewinn. Darauf sollte er Einkommensteuer zahlen. Für den BFH verstößt dies jedoch gegen den Vertrauensschutz. Es hätte zumindest eine Übergangsregelung für Fälle geben müssen, bei denen die zweijährige Spekulationsfrist bereits verstrichen war.

WISO rät: Wurden Ihnen Gewinne aus Immobilienveräußerungsgeschäften versteuert, obwohl die damals gültige Spekulationsfrist von zwei Jahren bereits abgelaufen war, legen Sie gegen den Bescheid Widerspruch ein. Zahlen Sie nichts. Berufen Sie sich auf das Urteil des BFH und beantragen Sie Aussetzung der Vollziehung, bis das Bundesverfassungsgericht entschieden hat.

Vermietete Eigentumswohnungen können wieder lohnen

Reine Kapitalanleger, die bei einem Kauf nicht in Erwägung ziehen, selbst einmal in der Immobilie zu wohnen, werden sich bei der Auswahl des Objekts häufig für Neubauten entscheiden. Dafür gibt es die besten Abschreibungssätze und die günstigsten Möglichkeiten, Kosten von der Steuer abzusetzen. Auch bei den Mieten erzielen Neubauten meist höhere Preise als Altbauten. Selbstverständlich darf der örtliche Mietspiegel auch hier nicht überschritten werden. Wenn Sie sich selbst um alles kümmern wollen, sollten Sie wissen, wie viel Zeit Sie damit verbringen wollen. Auch darf der Ärger mit den Mietern nicht unterschätzt werden. Schnell ist man Hausmeister, Installateur und Abflussreiniger in einer Person. Natürlich gibt es auch Hausverwaltungen, die ordentlich arbeiten und nicht allzu viel Geld verlangen. Die meisten Nebenkosten können Sie auf den Mieter abwälzen, aber nicht alle. Um die Nebenkostenabrechnung gibt es immer wieder Streit, auch vor Gericht.

WISO rät: Wenn Sie Immobilienbesitz für die Vermietung erwerben wollen oder Ihre bisher selbst genutzte Wohnung vermieten müssen, erkundigen Sie sich vorab nach Ihren Rechten und Pflichten. Sie sollten aber nicht nur Ihre Rechte kennen, sondern auch die des Mieters. Die Rechtssprechung gilt als mieterfreundlich. Lassen Sie sich auch bei der Auswahl des Mietvertrags beraten. Werden Sie eventuell Mitglied in einem Verein für Haus- und Grundbesitz.

Die Investition in eine einzelne Immobilie zur Kapitalanlage birgt jedoch auch Risiken, wie das Wochenmagazin „Der Spiegel“ ermittelte. Die Entwicklung des Immobilienmarktes in deutschen Städten zeigt im Vergleich zu 1992 bei den Immobilienpreisen nach unten. Spitzenmieten für Büros in der City von Frankfurt lagen einmal bei 34 Euro pro Quadratmeter, jetzt müssen die Vermieter mit 29 Prozent weniger klarkommen. In Leipzig ist es noch eklatanter: An die 10,50 Euro waren es früher, jetzt sind es um 71 Prozent weniger. Das heißt, der Quadratmeter Bürofläche ist gerade noch mal 3 Euro wert. Im Speckgürtel der Großstädte und in Ostdeutschland wurde viel gebaut. Doch durch die Konjunkturflaute der letzten Jahre stehen viele Gebäude leer. Das gilt nicht nur für Büroflächen, sondern auch ganze Wohnviertel lassen sich nicht mehr vermieten. Im Osten führten Steueranreize und utopische Marktprognosen zu einer gigantischen Fehlleitung von Kapital in nunmehr fast wertlose Immobilien. Auch in Westdeutschland wurden Fehler gemacht und Gelder zu einseitig investiert. Stehen Immobilien jahrelang leer, bleibt häufig nur noch eine Möglichkeit – der Abriss.

Wenn Sie jetzt in das Immobiliengeschäft einsteigen wollen, haben Sie einen großen Vorteil: ein äußerst niedriges Zinsniveau. Damit können bereits geringe Mieteinnahmen ausreichen, um die laufenden Zinszahlungen abzudecken. Bei einer soliden Finanzierung sind Nachsteuerrenditen von 5 bis 6 Prozent zurzeit durchaus realistisch. Diese Renditen sind vor allem für Anleger interessant, deren Sparerfreibetrag bereits ausgeschöpft ist und die ihre Kapitalerträge hoch versteuern müssen.

Eine Immobilieninvestition sollten Sie immer langfristig betrachten. Zehn bis 20 Jahre sind das Minimum. So lange sollten Sie auf Ihr Geld verzichten können. Außerdem steht einem schnellen Wiederverkauf der Renditeverlust entgegen. 5 bis 10 Prozent betragen allein die Kaufnebenkosten; die müssen Sie erst einmal wieder hereinholen, bevor sich ein Verkauf lohnen könnte.

Die vermietete Eigentumswohnung gehört zur klassischen Altersvorsorge oder zum Vermögensaufbau. Wie gut die Anlage ist, entscheidet das Verhältnis zwischen Mieteinnahmen und Kaufpreis, also die Mietrendite.

Wie wird die Mietrendite berechnet?

Die Bruttomietrendite ist das Verhältnis von Jahresmiete (Kaltmiete ohne Betriebskosten) zum Kaufpreis. Sie liegt bei Eigentumswohnungen je nach Objekt etwa zwischen 4 und 5 Prozent. Bei der Berechnung der Nettomietrendite werden die Nebenkosten berücksichtigt, indem sie auf den Kaufpreis aufgeschlagen werden. Das sind 3,5 Prozent Grunderwerbssteuer, 1,5 Prozent Notar- und Grundbuchgebühren, und für einen eventuellen Makler kommen noch 3,5 bis 7 Prozent Courtage dazu. Danach müssen die einmaligen und laufenden Nebenkosten, die der Eigentümer nicht auf die Mieter umlegen kann, zum Beispiel Verwaltungs- und Instandhaltungskosten, von der Nettokaltmiete abgezogen werden. Das sind etwa 200 bis 275 Euro für die Hausverwaltung und 6 bis 12 Euro pro Quadratmeter Wohnfläche im Jahr für die Instandhaltung.

WISO rät: Um die Mietrendite berechnen zu können, lassen Sie sich von der Eigentümergemeinschaft die Kostenabrechnungen der letzten Jahre zeigen. So können Sie mit genauen Zahlen kalkulieren.

Eine weitere Größe zur Beurteilungshilfe für die Rendite ist die **Objektrendite**. Sie soll die Vergleichbarkeit unterschiedlicher Angebote erleichtern. Dabei geht man davon aus, dass die Immobilie komplett mit Eigenkapital finanziert wurde. Außerdem schätzt man über einen langen Zeitraum von etwa 20 Jahren zukünftige Einnahmen und Ausgaben, Miet- und Kostensteigerungen ebenso wie spätere Verkaufserlöse.

Bei der **Eigenkapitalrendite** vergleicht man die Immobilieninvestition mit anderen Anlageformen. Doch Vorsicht: Je geringer das Eigenkapital im Verhältnis zum Kaufpreis ist, desto weniger aussagekräftig ist diese Berechnung.

Für alle Immobiliengeschäfte dieser Art gilt jedoch: nie ohne Eigenkapital! Auch wenn Makler und Banker mit lukrativen Steueraspekten werben, sollten Sie nicht ohne eigenes Geld eine Immobilie kaufen. Bei vermieteten Immobilien müssen Sie mit Durststrecken rechnen: Die alten Mieter ziehen aus, auf neue müssen Sie lange warten, aber die Zinsbelastung läuft weiter. Da kann aus dem Steuersparmodell schnell eine Kostenfalle werden Seien Sie also vorsichtig! Gehen Sie nur von moderaten Mietsteigerungen in den kommenden Jahren aus. 1 bis 2 Prozent, etwa so hoch, wie die Inflationsrate steigen könnte, lautet die Prognose. Der Wiederverkaufswert wird ebenfalls niedrig angesetzt: Das 15- bis 20fache der jährlichen Nettokaltmiete ist realistisch, obwohl viele Wohnungen teurer verkauft werden. Letztlich darf das Risiko der Zinssteigerung nicht unterschätzt werden. Läuft die Zinsbindung in zehn Jahren aus, sind 7 oder 8 Prozent Zinsen nicht utopisch. Dadurch könnte sich die Restfinanzierung erheblich verteuern.

Exkurs: Was bringen Immobilienfonds?

Käufer, die den Immobilienerwerb nur als Kapitalanlage sehen, sollten sich als Alternative einmal offene Immobilienfonds ansehen. Sie gelten als sicher und bringen eine angemessene Rendite. Außerdem verteilen sie damit das Risiko, das sich sonst auf ein Objekt konzentriert, auf mehrere Immobilien und Standorte. Allgemein gilt: Je breiter der Fonds investiert ist, desto geringer das Risiko. Weltweite Fonds, die das Kapital sowohl in Bürogebäude und Einkaufszentren als auch in Wohnsiedlungen anlegen, reduzieren dadurch die Gefahr, dass ein Immobilienpreisverfall in einem einzigen Land zum Niedergang des Fonds führt.

WISO rät: Bei der Auswahl eines Immobilienfonds sollten Sie sich die Entwicklung der vergangenen Jahre genau anschauen. Wer über viele Jahre hinweg eine gute Performance erzielen konnte, wird mit seinem Fondsmanagement vielleicht auch in Zukunft Glück haben. Eine Garantie gibt es dafür selbstverständlich nicht. Die Vergangenheit kann also nur ein Anhaltspunkt sein.

Inflationsgeschützte Geldanlage, sichere Sachwerte, einfacher als ein eigenes Haus – das sind die Werbebotschaften der Fondsbranche. Damit soll ein Personenkreis angesprochen werden, der sich zwar sichere Sachwerte für seine Kapitalanlage wünscht, aber nicht selbst auf dem Immobilienmarkt tätig werden will. Wer Fondsanteile erwirbt, kann an der Ertragskraft von Grund- und Hauseigentum beteiligt werden und dadurch sein Risiko deutlich vermindern. Immobilienfonds versprechen ein gewisses Maß an Wertbeständigkeit und Inflationsschutz. Gegen ein Einzelengagement auf dem Immobilienmarkt und für die Fondsanlage spricht außerdem eine Gesetzesänderung Anfang 2000. Damals hat der Gesetzgeber die Steuerfreiheit aus Veräußerungsgewinnen aus Immobilienbesitz von zwei auf zehn Jahre erhöht. Erst nach Ablauf dieser Zeit können Gewinne steuerfrei eingestrichen werden. Damit schwindet gleichzeitig der Anreiz, Immobilien mit Wertsteigerungen innerhalb der ersten zehn Jahre zu verkaufen. Wer es trotzdem tut und innerhalb von fünf Jahren drei oder mehr Immobilien verkauft, dem unterstellen die Finanzbehörden sogar ein gewerbsmäßiges Handeln mit allen steuerlichen Konsequenzen. Da ist natürlich der Kauf von Anteilen an einem Immobilienfonds im Vergleich zu einer Direktanlage nicht ohne Reiz. Offene Immobilienfonds stehen unter staatlicher Aufsicht und werden treuhänderisch von Grundstücks-Investment-Gesellschaften verwaltet. Die Immobilien, die zu dem Fonds gehören, werden von einem Sachverständigenausschuss mindestens einmal im Jahr bewertet. Sie nehmen die Objekte unter die Lupe. Wie das geschieht, dringt allerdings nicht an die Öffentlichkeit.

Offene Immobilienfonds werden an der Börse notiert. Der Anleger erwirbt über den Kauf eines Fondsanteils ein wirtschaftliches Miteigentum an den Vermögensgegenständen des Immobilienfonds. Die Anteile können börsentäglich erworben und zurückgegeben werden. Die Rückgabe an die Grundstücks-Investment-Gesellschaft erfolgt zum börsennotierten Rücknahmepreis.

Zurzeit können Sie unter etwas mehr als 20 Fonds auswählen. Laut Statistik hat noch kein solcher Fonds ein Geschäftsjahr mit Verlust abgeschlossen. Anleger erhalten eine jährliche Rendite, die meist klar über der Inflationsrate liegt. Die Durchschnittsrendite (bezogen auf den Basiszeitraum 1959) von offenen Immobilienfonds lag bisher bei etwas über 4 Prozent. Die genaue Entwicklung einzelner Immobilienfonds können Sie beim Bundesverband Investment und Assetmanagement (BVI) erfragen. Informationen finden Sie auch im Internet unter www.bvi.de.

Bewertungen offener Immobilienfonds, wie etwa durch die Stiftung Warentest, zeigen, dass diese Form der Kapitalanlage zwar als sicherer Hafen gilt, aber auch kein Garant für eine stetige Wertentwicklung über der jeweiligen Inflationsrate ist. Keinesfalls ist ein offener Immobilienfonds für die kurzfristige Geldanlage gedacht! Dafür sorgen schon die Kosten beim Kauf der Anteile. Der so genannte Ausgabeaufschlag liegt derzeit bei circa 5 Prozent. Diese müssen erst einmal wieder durch die Erträge ausgeglichen werden. In den Berechnungen des BVI finden diese Kosten keine Berücksichtigung. Sie müssen also von deren Renditeangaben abgezogen werden. Deshalb sollten Sie Ihr Geld für mindestens fünf Jahre anlegen.

WISO rät: Offene Immobilienfonds gelten als sichere und solide Geldanlage. Sie sind eine Alternative für Anleger, die von einer Wertsteigerung von Immobilien profitieren wollen, aber selbst nicht oder noch nicht in eine eigene Immobilie investieren wollen. Fondssparen eignet sich daher auch dafür, einen finanziellen Grundstock für die eigenen vier Wände zu schaffen. Je mehr Eigenkapital Sie ansparen können, desto weniger Kredit müssen Sie aufnehmen!

Achtung: Geschlossene Immobilienfonds!

Geschlossene Immobilienfonds werden im Gegensatz zu offenen Immobilienfonds nach einer gewissen Zeit „geschlossen", das heißt, sie nehmen keine neuen Anleger mehr auf. Auch die Anzahl der im Fonds enthaltenen Immobilien ist begrenzt.

Interessenten, die Geld in einem geschlossenen Immobilienfonds anlegen wollen, sollten beachten, dass es für solche Anteile keinen Markt gibt, wie etwa die Börse für Aktien, wo man solche Anteile jederzeit kaufen und verkaufen kann.

Beachten Sie daher folgende Punkte:

- Lassen Sie sich vom Fondsemittenten unbedingt die Leistungsbilanz zeigen, also eine Bilanz dessen, was die Gesellschaft in der Vergangenheit versprochen und gehalten hat.
- Fordern Sie ein Prospektgutachten nach dem so genannten IdW-Standard an, das zwar nicht die wirtschaftlichen Chancen prüft, aber die richtige und vollständige Prospektinformation abklärt.
- Lesen Sie unbedingt die Risiken im Prospekt und vertrauen Sie nicht nur auf die Aussagen des Vermittlers.
- Klären Sie vor Ort oder durch Anruf bei Mietvereinen, Maklern, Banken etc. die tatsächlich erreichbaren Mieten und vergleichen Sie diese mit den Versprechungen des Prospekts.
- Führen Sie eine Internetrecherche zu dem Fonds durch.
- Fordern Sie bei der Stiftung Warentest eine Liste der Gesellschaften an, die auf dem so genannten Grauen Kapitalmarkt tätig sind. Hier lautet der Rat: Hände weg!

Steuern sparen als Vermieter: Schuldzinsen, Afa und Co.

Für die selbst genutzte Immobilie sind schon seit 1999 keine Schuldzinsen mehr absetzbar, auch gibt es keinerlei Möglichkeit mehr, Aufwendungen, die vor dem Einzug getätigt wurden, steuermindernd geltend zu machen. Geblieben ist nur noch die Eigenheimzulage, die aber regelmäßig Subventionskürzungen zum Opfer fällt und die immer weniger Bauherren zusteht. Wer seine Immobilie vermietet, wird dagegen vom Staat durchaus noch belohnt. Er darf eine Reihe von Kosten bei seiner Steuererklärung geltend machen. Dazu gehören vor allem die Finanzierungskosten, die Abschreibung, kurz Afa genannt, der Instandsetzungsaufwand und die Betriebskosten.

Viele Eigenheimbesitzer nutzen ihr eigenes Haus als Steuersparmodell. Sie vermieten ganz oder teilweise, zum Beispiel die Einliegerwohnung oder das Dachgeschoss, und können deshalb anteilig Bau- oder Sanierungskosten von der Steuer absetzen. In der Steuererklärung werden Einnahmen und Ausgaben gegenübergestellt. Übersteigen die Einnahmen die Ausgaben, muss der Gewinn aus Vermietung oder Verpachtung versteuert werden. Verluste wirken sich hingegen steuersenkend aus. Das Ziel ist also, die Einnahmen so gering wie möglich zu halten. Der Gesetzgeber ist dabei sogar behilflich.

Bei der Vermietung an Verwandte akzeptiert das Finanzamt eine geringere Miete als ortsüblich. Achten Sie aber in jedem Fall darauf, dass tatsächlich eine Miete fließt: von Konto zu Konto, jeden Monat und nachvollziehbar. Sobald nämlich die Eltern oder andere nahe Verwandte in der Wohnung leben und weniger als 75 Prozent (früher 50 Prozent) der ortsüblichen Miete zahlen, werden die Beamten misstrauisch. Der Verdacht: Das Mietverhältnis werde nur vorgetäuscht. Ziel des Hauseigentümers sei gar nicht die Mieteinnahme, sondern allein die Steuerersparnis.

Die Konsequenz: Der Vermieter muss bereits gewährte Steuervergünstigungen zurückzahlen. Falls er die Immobilie per Kredit finanziert hat, kann er die Schuldzinsen nicht mehr steuerlich absetzen. Zudem droht eine Geldstrafe wegen Steuerhinterziehung.

WISO rät: Bieten Sie den Beamten keine Angriffsfläche. Prüfen Sie, ob persönliche Beziehungen zu den Mietern oder die Miethöhe das Misstrauen der Finanzverwaltung wecken könnten. Im Zweifelsfall müssen Sie belegen, dass sich die Miete, die Sie nahen Verwandten berechnen, im ortsüblichen Rahmen bewegt.

Wer seine Immobilie gemischt nutzt, also einen Teil selbst bewohnt und einen Teil vermietet, sollte schon bei der Planung des Bauvorhabens auf das richtige Finanzierungsverhältnis achten. Die Anschaffungs- und Herstellungskosten werden nach dem Verhältnis der selbst genutzten und der vermieteten Wohnfläche vom Finanzamt aufgeteilt. Aber nur die Schuldzinsen für die fremdgenutzte Wohneinheit können als Werbungskosten abgesetzt werden. Hier kommt dann die geschickte Aufteilung zwischen Eigen- und Fremdkapital zum Tragen.

Mit einem Urteil des Bundesfinanzhofs (AZ: IX R 65/00 vom 9. Juli 2002) wurde der Schuldzinsenabzug bei Hauskauf erweitert. Das Gericht entschied zu Gunsten eines hartnäckigen Steuerzahlers, der ein Mehrfamilienhaus erwarb, und kritisierte damit die umstrittene Aufteilungspraxis des Finanzamts. Bislang werden die Schuldzinsen strikt nach dem Verhältnis der Wohnflächen den einzelnen Gebäudeteilen zugerechnet. Viele Immobilienerwerber wollen jedoch für die eigene Wohnung komplett ihr Eigenkapital verwenden und die vermietete Wohnung zu 100 Prozent mit Fremdmitteln finanzieren. Das ist nun zulässig, wenn der Eigentümer zwei Voraussetzungen erfüllt: Im Kaufvertrag muss der Kaufpreis bereits anteilig den einzelnen Gebäudeteilen zugerechnet und der zur Vermietung vorgesehene Flächenanteil nachweisbar mit Kredit bezahlt worden sein.

WISO rät: Versuchen Sie, wenn Sie in einem gemischt genutzten Ein- oder Zweifamilienhaus wohnen, so viele Schuldzinsen wie möglich auf die vermietete Wohnung zu verlagern und das vorhandene Eigenkapital für die eigene Wohnung zu verwenden. Fragen Sie Ihren Steuerberater, wie weit das Finanzamt mitspielt.

Für die Ausgabenseite sind vor allem die Werbungskosten von Bedeutung. Darunter versteht man die Ausgaben, die nötig sind, um Einnahmen zu erzielen. Dazu gehören zwar in erster Linie die Finanzierungskosten, also die laufenden Zinsen, die Sie an die Bank zahlen. Aber auch die gezahlten Bereitstellungszinsen, Kreditnebenkosten und Schätzentgelte können Sie steuermindernd geltend machen. Die Tilgungsraten sind dagegen nicht absetzbar.

Ein wichtiger Posten sind auch die Abschreibungen. Sie werden nur auf den Gebäudewert angewendet. Der restliche Grundstückswert wird nicht berücksichtigt. Vor allem bei gebrauchten Immobilien ist darauf zu achten, dass der Wert des Gebäudes nicht zu niedrig angesetzt wird. Eine Aufsplittung des Kaufpreises im notariellen Kaufvertrag oder ein Wertgutachten können das Finanzamt überzeugen.

Üblicherweise werden Immobilien 40 bis 50 Jahre lang abgeschrieben. So lange können Sie jedes Jahr für Alt- und Neubauten unterschiedlich hohe Abschreibungen geltend machen. Bei Neubauten können Sie zwischen der degressiven und der linearen Abschreibung wählen, bei Altbauten ist nur die lineare Methode zulässig.

- **Degressive Abschreibung:**

1 bis 10 Jahre	4,00 Prozent
11 bis 18 Jahre	2,50 Prozent
19 bis 50 Jahre	1,25 Prozent

- **Lineare Abschreibung:**

50 Jahre lang	2 Prozent (ab Baujahr 1925 sowie Neubauten)
40 Jahre lang	2,5 Prozent (bis Baujahr 1924)

Wer eine gebrauchte Immobilie kauft, kann die Instandsetzungskosten absetzen. Dazu gehören der Einbau neuer Fenster oder einer Heizungsanlage, ein Fassadenanstrich, ein neues Dach, Elektro- und Malerarbeiten und andere Reparaturen. Im Vergleich zur Abschreibung haben die Aufwendungen für Instandsetzung den Vorteil, dass Sie die Kosten im Jahr der Zahlung sofort voll absetzen können. In der Regel akzeptieren die Finanzämter 2.000 Euro im Jahr anstandslos. Achten Sie jedoch auf die kleinen, aber feinen Unterschiede: Kosten, die dem Ausbau der Immobilie dienen, zählen nicht zu den Instandsetzungskosten. Solche Baumaßnahmen, die den Anschaffungs- oder Herstellungswert erhöhen, müssen in Form der Abschreibung auf mehrere Jahre verteilt werden. Bei Altbauten werden jedoch Ausnahmen gemacht. Sind Maßnahmen zur Erhaltung der Bausubstanz erforderlich, um die Immobilie auf den heutigen Stand zu bringen, sind die Finanzämter großzügiger.

Auch die laufenden Ausgaben für die Immobilie können Sie absetzen. Zu den so genannten Betriebskosten zählen die Müllabfuhr, die Straßenreinigung, Heizung oder auch Strom. Wohnen Sie in einer gemischt genutzten Immobilie, können Sie die Kosten anteilig auf Ihre Mieter umlegen. Erkundigen Sie sich beim Mieterbund beziehungsweise bei dem Vermieterverein Haus und Grund nach dem, was erlaubt ist, denn gerade um die Nebenkostenabrechnung gibt es immer wieder Ärger.

Steuern sparen bei Renovierung

Ein häufiger Streitpunkt zwischen Finanzamt und Hausbesitzern ist die Absetzbarkeit von Renovierungskosten. Handelt es sich um direkt absetzbare Kosten, können diese sofort im Jahr der Ausgaben abgesetzt werden. Handelt es sich dagegen um wertsteigernde Renovierungskosten, müssen lange Abschreibungszeiten in Kauf genommen und als so genannte Anschaffungs- oder Herstellungskosten auf 40 oder 50 Jahre verteilt werden.

Den Besitzern von Einliegerwohnungen im eigenen Haus oder einem Gebäude mit Mietparteien winkt jetzt Erleichterung. Das Bundesfinanzministerium hat seinen Widerstand gegen Urteile aufgegeben, mit denen der Bundesfinanzhof (AZ: IX R 98/00, 52/00, 37/00) vermieterfreundlicher geurteilt hatte, als es dem Fiskus lieb war. Dabei geht es immer wieder darum, ob zum Beispiel 20.000 oder 50.000 Euro auf einen Schlag steuerlich geltend gemacht werden können. Zu klären ist, ob es sich um einen so genannten anschaffungsnahen Aufwand handelt oder nicht.

Von anschaffungsnahem Aufwand gehen die Finanzämter aus, wenn ein Steuerzahler innerhalb von drei Jahren nach dem Kauf einer vermieteten Immobilie Reparaturen oder Renovierungen vornimmt, die im Verhältnis zum Kaufpreis hoch sind. Die Messlatte ist überschritten, wenn die Maßnahmen 15 Prozent des Kaufpreises oder der Herstellungskosten übersteigen. Ist das der Fall, rechnet das Finanzamt die Ausgaben dem Kaufpreis oder den Herstellungskosten zu und berücksichtigt sie nur im Wege der Abschreibung. Der Grund für diese Sichtweise: Die Finanzbehörden unterstellen, dass der Käufer einer vermieteten Immobilie schon beim Kauf die Beträge einkalkuliert, die er für Reparaturen oder Renovierungen im Anschluss an den Erwerb ausgeben wird. Deshalb handelte es sich bei den Ausgaben um abzuschreibende Anschaffungskosten.

WISO rät: Halten Sie die 15-Prozent-Grenze des Gebäudepreises bei Renovierungsarbeiten in Haus oder Wohnung ein. Dann wird das Finanzamt dies als Erhaltungsaufwand anerkennen, und Sie können die Kosten auf einen Schlag absetzen.

Wer ein baufälliges Gebäude, also eine Ruine, bewohnbar macht, hat wenig Chancen auf direkte Absetzbarkeit, denn Kauf und Renovierung sind eine Einheit. Maßstab ist die so genannte Betriebsbereitschaft. Muss sie erst hergestellt werden, handelt es sich um Anschaffungskosten, so der Bundesfinanzhof (AZ: IX R 70/00). Auch wenn der Immobilienkäufer Mietern kündigt, weil er die Wohnung renovieren will, um sie danach teurer zu vermieten, kommt er damit nicht durch. Dieser Fall ist ein eindeutiges Beispiel für Anschaffungskosten.

Bei der Verbesserung des Wohnungsstandards kommt es auf den Einzelfall an. Es gibt jedoch eine Faustregel: Wird in mindestens drei von vier Bereichen der Standard erhöht, gelten die Aufwendungen als Herstellungskosten. Die Bereiche sind: Heizung, Elektro-/Sanitär, Fenster. Zwei Verbesserungen gehen als steuerlich günstiger Erhaltungsaufwand durch. Werden die Öfen durch eine Zentralheizung ersetzt, wird das akzeptiert. Auch ein moderneres Bad zusätzlich schadet nichts. Werden aber dazu noch alte Fenster gegen neue aus Isolierglas getauscht, ist die Schwelle überschritten – also steuerliche Abschreibung über Jahrzehnte. Eine Sanierung in Raten ist übrigens kein Ausweg. Innerhalb von fünf Jahren fasst das Finanzamt die Maßnahmen zusammen.

Eine wesentliche Verbesserung liegt nicht automatisch dadurch vor, dass ein Gebäude generalüberholt wird. Es kommt also darauf an, die Behörde zu überzeugen. Nutzen Sie diesen Auslegungsspielraum zu Ihren Gunsten. Überzeugen Sie das Finanzamt davon, dass es sich bei den Maßnahmen um Erhaltungsaufwand und nicht um eine wesentliche Verbesserung handelt. Wenn die Maßnahmen zu einer wesentlichen Verbesserung des Gebäudes oder zur Erweiterung der Wohnfläche führen, liegen immer Herstellungskosten vor, die nur über die Abschreibung Berücksichtigung finden. Im Einsatz hochwertiger Materialien sehen die Richter allerdings noch kein Indiz für eine deutliche Verbesserung.

Achtung: Keine Chance auf sofortige Absetzbarkeit der Renovierungskosten besteht, wenn Wohnraum erweitert wird: Ein Dachgeschossausbau oder Anbau können nicht sofort abgesetzt werden. Auch wer Wände versetzt oder Fenster vergrößert, wird vom Finanzamt auf die Folterbank einer 40- oder 50-jährigen Abschreibungsdauer gespannt.

WISO rät: Wer eine geerbte oder geschenkte Mietimmobilie innerhalb von drei Jahren nach dem Erwerb aufwändig renoviert, kann die Kosten sofort als Werbungskosten in der Steuererklärung geltend machen. Das hat der Bundesfinanzhof entschieden (AZ: IX R 40/98). Die für Steuerzahler ungünstige Regelung zum so genannten anschaffungsnahen Aufwand gilt nach Ansicht der Richter nicht bei Erbschaften oder Schenkungen. Bei solchen Immobilien liegt keine Kaufsituation vor, deshalb handelt es sich bei den Umbaukosten um Werbungskosten. Das bedeutet, dass die Renovierungskosten nicht über mehrere Jahre hinweg abgeschrieben werden müssen. Sie sind vielmehr im Jahr der Zahlung abziehbar. Erben, denen das Finanzamt den Werbungskostenabzug versagt hat, sollten Einspruch einlegen und ihn mit dem Urteil des Bundesfinanzhofs begründen.

Achtung Schrottimmobilien!

Es kommt selten vor, dass der Bundesgerichtshof (BGH) öffentlich angegriffen wird. Doch nun hat der BGH für seine bankenfreundliche Rechtssprechung zum Kreditwiderruf bei der Finanzierung von so genannten Schrottimmobilien eine verbale Ohrfeige aus Brüssel erhalten. Der BGH wende die deutschen Vorschriften über das Rücktrittsrecht und die Rückabwicklung des Kreditvertrags formal und mechanisch an, ohne sich auch nur im Mindesten an den Gründen des Verbraucherschutzes auszurichten, lautet der Vorwurf aus der EU-Kommission. Zwar können geprellte Anleger die minderwertige und ihnen zwischen Tür und Angel angedrehte Schrottimmobilie wieder zurückgeben, nicht aber den dazugehörigen Kredit. Nun beschäftigt sich der Europäische Gerichtshof (EuGH) mit diesem Thema.

Im Streit zwischen dem BGH (AZ: II. ZR 392/01 u. a.) und dem EuGH (AZ: C-350/03) geht es für tausende Familien um ihre Altersvorsorge oder gar um die Existenz. Für die Banken stehen Kredite in zweistelliger Milliardenhöhe auf dem Spiel. Hintergrund sind die in den Neunzigerjahren beliebten, steuersparenden Anlegermodelle. Immobilien- und Finanzvermittler lockten Anleger mit Modellen, wonach sich der kreditfinanzierte Kauf einer Immobilie allein durch Steuerersparnisse und Mieteinnahmen rechnen sollte. In vielen Fällen waren die Schrottimmobilien aber nur halb so viel wert wie die vermittelte Kreditsumme. Die versprochenen Mieteinnahmen blieben aus, und auch die Steuereinnahmen waren insbesondere bei Geringverdienern niedriger als erhofft. Betroffen sind vor allem die HypoVereinsbank und die Commerzbank sowie einige kleinere Kreditinstitute und Bausparkassen. Nach Schätzung des Bundesverbands der Verbraucherzentralen sind mindestens 300.000, möglicherweise aber sogar bis zu einer Million Menschen Opfer der so genannten Erwerbermodelle geworden. Der Schaden dürfte schätzungsweise in die zweistelligen Milliarden Euro gehen.

Doch trotz der deutlichen Worte aus Brüssel muss der EuGH zunächst darüber entscheiden, ob der BGH die Interessen der Verbraucher ausreichend berücksichtigt hat. Selbst wenn die Richter zu einem für die Geschädigten positiven Urteil kommen, gehen viele mit großer Wahrscheinlichkeit leer aus. Der Grund liegt in der Reform des Schuldrechts 2001. Danach verkürzt sich die bisher geltende, 30-jährige Verjährungsfrist auf drei Jahre. Sie beginnt einheitlich am 1.1.2002. Die meisten Ansprüche verjähren deshalb am 31.12.2004.

WISO rät: Läuft Ihr Verfahren in Sachen Schrottimmobilien noch, haben Sie bessere Chancen, Ihre Haftungsansprüche geltend zu machen. Beantragen Sie bis zum Vorliegen des EuGH-Urteils die Aussetzung des Prozesses.

Steuern sparen mit dem Denkmalschutz

Schön und repräsentativ sind sie fast immer, auch die Lage ist häufig bestens: alter Ortskern, historisches Stadtbild, Fachwerk – für Liebhaber genau das Richtige. Doch Vorsicht: Wer sich für eine denkmalgeschützte Immobilie interessiert, sollte keinesfalls nur auf die Steuervorteile schielen. Die Sanierung solcher Objekte kann teurer sein als der Kaufpreis und ist wegen des höheren Aufwands meist auch kostspieliger als bei neueren Gebäuden. Ein Schnäppchen sind die alten schützenswerten Gemäuer deshalb meist nicht. Vor der Entscheidung für oder gegen eine denkmalgeschützte Immobilie müssen sämtliche Kosten erfasst werden, um nicht später finanziell ein böses Erwachen zu erleben. Eine solche Kostenkalkulation kann nur ein Fachmann leisten. Er ist an dieser Stelle unentbehrlich. Aber auch Bauträger, die sich auf Altbauten und die Sanierung solcher Objekte spezialisiert haben, können helfen. Sie kennen sich mitunter gut aus, wenn es um behördliche Auflagen und Genehmigungen geht und können Ihnen auch Sanierungen zum Festpreis anbieten. Dabei ist selbstverständlich besonders darauf zu achten, was im Preis inbegriffen ist und was nicht.

Denkmalgeschützte Gebäude können aber steuerlich hochinteressant werden. Kapitalanleger haben die Möglichkeit, die Modernisierungskosten acht Jahre lang mit jeweils 9 Prozent und vier weitere Jahre mit jeweils 7 Prozent steuerlich geltend zu machen. Neben den Modernisierungskosten können auch die Anschaffungskosten von der Steuer abgesetzt werden. Es gelten die allgemeinen Abschreibungsregeln: 40 Jahre lang 2,5 Prozent bis Baujahr 1924 und 50 Jahre lang 2 Prozent ab Baujahr 1925. Objekte mit geringen Anschaffungs-, aber hohen Modernisierungskosten sind wegen der besseren Abschreibung für Anleger besonders interessant.

Achtung: Wer vor dem 1. Januar 2004 eine fertig sanierte Denkmalschutz-Immobilie erworben hat, profitiert noch von der alten Förderung und kann zehn Jahre lang 10 Prozent der Sanierungskosten von der Steuer absetzen. Das gilt auch, wenn vor dem 31. Dezember 2003 mit der Sanierung begonnen wurde. Stichtag ist der Tag, an dem der Bauantrag gestellt wurde.

Selbstnutzer können entweder zehn Jahre lang jeweils 9 Prozent der Sanierungskosten von ihrem zu versteuernden Einkommen abziehen oder die Eigenheimzulage in Anspruch nehmen. Dies ist möglich, sofern das Einkommen bestimmte Grenzen nicht überschreitet (bei Ledigen: 70.000 Euro in zwei Jahren/bei Verheirateten: 140.000 Euro in zwei Jahren, plus 30.000 Euro für jedes Kind). Als Bemessungsgrundlage gelten der Kaufpreis plus die Modernisierungskosten, die innerhalb von zwei Jahren nach dem Kauf anfallen. Höchstbetrag sind 125.000 Euro. Davon zahlt der Staat acht Jahre lang jährlich 1 Prozent, maximal also 1.250 Euro pro Jahr. Für jedes Kind gibt es weitere 800 Euro. Die Neuregelung der Eigenheimzulage seit 1. Januar 2004 ist für Eigennutzer eine Verschlechterung. Bis zum 31. Dezember waren die Einkommensgrenzen für die Eigenheimzulage deutlich höher. Die Sanierungskosten wurden nicht über die Eigenheimzulage gefördert. Sie konnten zusätzlich mit jährlich 10 Prozent für denkmalgeschützte Immobilien zehn Jahre lang abgeschrieben werden.

Doppelförderung:
Der Bundesfinanzhof hat entschieden (BHF, AZ: XR 19/02), dass Eigenheime, die Baudenkmäler sind, zweimal Förderung bekommen können. Für Anschaffungskosten bis maximal 51.120 Euro erhalten sie die Eigenheimzulage. Außerdem können staatlich anerkannte Sanierungskosten zu 90 Prozent (früher 100 Prozent) als Sonderausgaben abgezogen werden.

Neben den Abschreibungen gibt es in einigen Gemeinden auch Zuschüsse für Denkmalschutz-Sanierungen, etwa in städtebaulichen Entwicklungs- und Modernisierungsgebieten. Diese Gelder werden bei der steuerlichen Berücksichtigung allerdings von den Modernisierungskosten abgezogen, eine Doppelförderung soll damit ausgeschlossen werden. Unter bestimmten Voraussetzungen kann es Vergünstigungen bei der Grundsteuer, Gewerbesteuer, Erbschafts- und Schenkungssteuer oder auch bei der Umsatzsteuer, also für Unternehmer, geben.

Nicht alle Modernisierungen können bei Denkmalschutz-Immobilien von der Steuer abgesetzt werden. Nicht abzugsfähig sind beispielsweise Außenanlagen. Absetzbar sind Sanierungen, die für eine sinnvolle Nutzung und den Gebäudeerhalt notwendig sind. Dazu gehört beispielsweise der Einbau von Heizung, Bad und Toilette. Was gefördert wird, entscheidet die örtliche Denkmalschutzbehörde. Ihre Bescheinigung ist rechtsverbindlich. Das heißt, das Finanzamt kann sich nicht quer stellen. Wichtig: Eine Denkmalschutz-Immobilie zu kaufen und gleich loszulegen, ist ungünstig. Erst wenn die Bescheinigung vorliegt, darf man mit der Sanierung beginnen und erhält die Steuervergünstigungen. Nicht immer steht außerdem das gesamte Gebäude als Einzeldenkmal unter Denkmalschutz; oft trifft das nur auf die Fassade als Teil einer Gebäudegruppe zu. Dann können nur die Kosten von der Steuer abgesetzt werden, die das äußere Erscheinungsbild des Hauses betreffen.

Selbst der Putz ist genehmigungspflicht
Im Gegensatz zu gewöhnlichen Gebäuden sind bei unter Denkmalschutz stehenden Häusern auch solche Renovierungen und Sanierungen genehmigungspflichtig, die sonst keiner Baugenehmigung bedürfen, zum Beispiel die Erneuerung von Anstrichen und Putzen. Der Grund: Die Behörden wollen sichergehen, dass das Denkmalschutzgebäude nicht durch ungeeignete Renovierungsmaßnahmen Schaden nimmt.

Steuern sparen durch Schenkung

Der Gesetzgeber wurde mit einem Urteil des Bundesverfassungsgerichts aufgefordert, die Besteuerung von Immobilien gerechter zu gestalten. Das soll spätestens bis zum 1. Januar 2005 geschehen. Immobilien werden ab da für die Ermittlung der Erbschafts- und Schenkungssteuer mit höheren Werten berücksichtigt. Wer jetzt richtig plant, kann dem Finanzamt allerdings noch ein Schnippchen schlagen.

Bis Ende 2004 sieht das geltende Recht so aus: Gehen Immobilien durch eine Erbschaft oder Schenkung auf einen neuen Eigentümer über, zeigt sich das Finanzamt großzügig. Für die Ermittlung der Erbschafts- bzw. Schenkungssteuer werden nämlich etwa nur 60 Prozent des Immobilienwerts herangezogen. Nach Abzug der üppigen Freibeträge muss sich das Finanzamt bei Immobilienübertragungen mit weniger zufrieden geben, als wenn Bargeld oder Wertpapiere vermacht werden, wie das folgende Beispiel zeigt. Danach will ein Vater seinem Kind eine Summe von 400.000 Euro schenken.

	Geldschenkung	Immobilienschenkung
Wert der Schenkung	400.000 Euro	400.000 Euro
Bemessungsgrundlage	400.000 Euro	240.000 Euro
abzgl. Freibetrag	–205.000 Euro	–205.000 Euro
Zu versteuern	195.000 Euro	35.000 Euro
Schenkungssteuer	**21.450 Euro**	**2.450 Euro**

WISO rät: Die Rechnung macht deutlich, dass die Immobilienschenkung dem Vermachen von Bargeld vorzuziehen ist. Bedenken Sie, dass nach einer Gesetzesänderung die Unterschiede wesentlich geringer ausfallen werden. Wenn Sie jetzt eine Vermögensübertragung planen, realisieren Sie diese im Zweifelsfall bis zum Ende des Jahres.

Geldschenkungen können auch mit Auflagen verbunden werden. Steuerlich lässt sich dann derselbe positive Effekt wie bei einer Immobilienschenkung erzielen, etwa wenn Sie die Geldverwendung mit dem Kauf einer Immobilie verknüpfen. Dieses Vorgehen nennt sich mittelbare Grundstücksschenkung. In diesem Fall wird die Geldschenkung bei der Ermittlung der Schenkungssteuer ebenfalls nur mit rund 60 Prozent berücksichtigt. Die Kehrseite der Medaille: Sie können bei einer Geldschenkung unter Auflage nicht frei über das Geld verfügen, sondern sind gezwungen, sich eine Immobilie zu kaufen (R 16 Erbschaftssteuer-Richtlinien).

Beispiel: Eltern wollen ihrem Kind für den Kauf eines Reihenhauses 600.000 Euro schenken. Weil Bares deutlich höher besteuert wird als Immobilienvermögen, entscheiden sich die Eltern für eine Schenkung mit der Auflage, dass ihr Kind sich dafür ein Haus kaufen muss.

	Geldschenkung	Geldschenkung mit Immobilien-Auflage
Wert der Schenkung	600.000 Euro	600.000 Euro
Bemessungsgrundlage	600.000 Euro	360.000 Euro
abzgl. Freibetrag (je Elternteil 205.000 Euro)	–410.000 Euro	–410.000 Euro
Zu versteuern	190.000 Euro	0 Euro
Schenkungssteuer	**20.900 Euro**	**0 Euro**

Angesichts der hohen Steuerersparnis vergessen viele Steuerzahler, sich Gedanken über die Eigenheimzulage zu machen. Ziehen Sie selbst in die geschenkte Immobilie ein und beantragen Sie die staatliche Zulage von derzeit 1.250 Euro pro Jahr, wird das Finanzamt diesen Antrag ablehnen. Der Grund: Eigentümer eines Grundstücks müssen zum Kaufpreis eigenes Geld beigesteuert haben. Um die volle Zulage zu erhalten, müssen zum Kaufpreis mindestens 125.000 Euro zugeschossen werden. Dabei ist es egal, ob es sich um Ersparnisse oder um ein Bankdarlehen handelt.

Und so wird es gemacht: Sie kaufen sich ein Haus für 400.000 Euro, in das Sie nach dem Kauf selbst einziehen möchten. Ihre Eltern schenken Ihnen aus den oben genannten Gründen 275.000 Euro unter der Auflage, ein Haus zu kaufen. Die noch fehlenden 125.000 Euro des Kaufpreises können Sie selbst aufbringen. Der ganz legale Steuertrick: Die Geldschenkung wird wie eine Grundstücksschenkung behandelt. Es fällt zum einen nach Abzug des persönlichen Freibetrags keine Schenkungssteuer an und Sie können die volle Eigenheimzulage beantragen.

Wenn Sie noch zu Lebzeiten Vermögen an Ihre Kinder übertragen, müssen Sie als Schenker nicht auf alles verzichten. Zum Beispiel können Sie sich die Einkünfte aus einer übertragenen vermieteten Immobilie in Form des Nießbrauchs sichern. So gehört die Immobilie zwar zivilrechtlich dem Beschenkten, die Einkünfte stehen Ihnen jedoch weiterhin bis zum Lebensende zu. Wenn Sie als Schenker selbst in der übertragenen Immobilie wohnen möchten, können Sie sich ein Wohnrecht bis ans Lebensende zusichern lassen.

Von solchen Steuersparmodellen profitieren alle Beteiligten, wie die BFH-Urteile zur Grundstücksübertragung zeigen. In einem Fall schenkten Eltern ihren zwei Söhnen mehrere Häuser. Beide hatten den Eltern in den Häusern ein lebenslanges Wohnrecht eingeräumt. Ein Sohn zahlte außerdem jeden Monat 400 Mark bis zum Lebensende. Der Bundesfinanzhof (BFH) erkannte die Verluste der Immobilien als Werbungskosten und die Zahlung an die Eltern als Sonderausgaben an. Zwei weitere, ähnliche Fälle wurden unter den Aktenzeichen AZ: IX R 60/98 und AZ: IX R 12/01 ebenfalls anerkannt. Nicht erfolgreich war dagegen ein Sohn, dessen Mutter zunächst ein kostenloses Wohnrecht eingeräumt wurde. Sie zahlte später 400 Mark Miete im Monat und sollte dafür vom Sohn lebenslang 400 Mark im Monat erhalten. Das lehnte der BFH (AZ: IX R 56/03) ab, weil beide Zahlungen gleich hoch waren.

WISO rät: Lassen Sie sich in Erbschafts- und Schenkungsangelegenheiten unbedingt von einem Anwalt oder Notar beraten. Bei Grundstücksübertragungen ist der Notarbesuch sowieso unumgänglich.

Wahl ohne Qual – die richtige Immobilie

In diesem Buch haben Sie viel über Wohnungen und Häuser erfahren, wie sie aussehen könnten, welche Hürden zu nehmen sind und wie Sie sicher ans Ziel kommen. Wir hoffen, dass Sie jetzt einen Überblick darüber gewonnen haben, was auf dem Immobilienmarkt machbar ist und was Ihre Immobilie kosten darf. Sie können jetzt selbst Informationen einholen, um Ihre Immobilie zu bewerten. Sie wissen, wo die Anlaufstellen sind, wie Sie konkret vorgehen können und wie man die Tricks der Branche durchschaut. Das alles soll Ihnen den Weg zur richtigen Immobilie für Sie und Ihre Familie erleichtern. Wer sich allein auf die Angaben von Maklern und Bauträgern verlässt, kann ziemlich reinfallen.

Unser Rat für Immobilienkäufer: Backen Sie zunächst kleine Brötchen. Einsteigern empfehlen wir die Eigentumswohnung – klein, aber fein. Das schafft einen Grundstock für mehr. Viele haben sich aus dem Erlös ihrer ersten Eigentumswohnung später den Traum vom Eigenheim erfüllt. Das können auch Sie schaffen.

Im Gegensatz zu früher gibt es heute auch viele qualifizierte Helfer und Adressen, die Ihnen nützen können: Bauherrenschutzverbände, Verbraucherzentralen, Internetseiten. Die Information ist verfügbar, Sie müssen Sie nur abrufen und durchforsten. Auch wenn das viel Zeit kostet, sollten Sie nicht vergessen, dass die Immobilie für die meisten von uns die größte Anschaffung des Lebens ist. Wenn Sie bedenken, wie viel Zeit Sie in den Kauf einer Stereoanlage investieren: Testzeitschriften wälzen, Elektromärkte ablaufen und viele, viele Gespräche mit Freunden und Verkäufern führen, dann sollten Sie gerade beim Kauf der eigenen vier Wände nicht an der Zeit sparen!

In diesem Buch haben Sie hoffentlich das Wichtigste, um sich auf den Kauf einer Immobilie gut vorzubereiten, gefunden. Nutzen Sie es als Handbuch und Nachschlagewerk, damit Sie gewappnet sind für die nächsten Schritte: den Kauf und die Finanzierung Ihrer Traum-Immobilie.

Stichwortregister

Z